Uwe Johnson
Begleitumstände

Frankfurter Vorlesungen

Suhrkamp

edition suhrkamp 1019
Neue Folge Band 19
Erste Auflage 1980

Erstausgabe.

Satz: Fotosatz Hümmer, Waldbüttelbrunn
Druck: Ebner Ulm
Umschlagentwurf: Willy Fleckhaus
Printed in Germany.

*Geschrieben
für Siegfried Unseld*

I

Zwei Bilder

Poetik wird noch in den neueren Wörterbüchern der gegenwärtigen deutschen Sprache beschrieben als eine »Lehre von den literarischen Gattungen und Formen der Dichtkunst«. Dem Worte Dichtkunst geht es so, dass man ihm begegnet mit Mitleid, die Berufsbezeichnung Dichter wird auf lebende Personen selten angewandt als ein Ehrentitel, eine Tätigkeit als Dichten unbefangen beschreiben wird nur jemand, der darin das althochdeutsche »dihtôn« erkennt, das Verbum »schreiben«, das vor neunhundert Jahren an Bedeutung erweitert wurde durch das lateinische »dictare«, das sowohl »vorsagen« wie »verfassen« bedeutet. Es wird also die Rede sein vom Schreiben.

Statt einer Lehre vom Schreiben. Denn ein solches Programm verspräche sämtliche Auskünfte über eine Produktion, und überhebt sich mit dem Versprechen einer Ausbildung zum Facharbeiter. Zum anderen, die dritte Silbe des Wortes »Poetik« mag noch so technisch klingen und verwandt tun mit so genauen Disziplinen wie Arithmetik und Akustik; eher ist die Sache durch ihren Gegenstand auf die Forschung beschränkt.

Die Forschung des neunzehnten Jahrhunderts spricht von einer »machenden, schaffenden, dichtenden« Kunst und billigt ihr einige Gemeinsamkeiten mit Wissenschaften zu. So habe sie mit der Heuristik, »der wissenschaftlichen Erfindungskunst«, das erfindende Element gemein. Das wird ihr in der damaligen Auffassung von Heuristik grossen Teils wieder weggenommen, wenn die nämlich verstanden wird als die Anweisung, auf methodischem Wege Erfindungen zu machen, so dass sie folglich eins sei mit dem System des folgerichtigen Denkens oder ein Teil der angewandten Logik, auf wahre Gedanken gerichtet, statt auf ästhetische. Immerhin, mit der

Wissenschaft im allgemeinen habe die Poesie, wie sie auch genannt wird, noch gemein die Darstellung einer Gedankenwelt durch Worte, mit der Rhetorik im besonderen das Mittel der Sprache. Von der Wissenschaft trenne sie allerdings, »dass sie Darstellung einer ästhetischen (d.h. nicht für wahr ausgegebenen, obgleich innerlich wahrscheinlichen, d.h. poetisch wahren)« Gedankenwelt sei. Die Wissenschaft hingegen führe etwas vor, was sie für wahr halte, wahrer als etwas, das hierfür nur ausgegeben werde, in welchem Falle man ja sich eingelassen habe mit einer Lüge. Als Voraussetzungen für die »erfindende Kunst« sind 1890 bekannt die Kraft der Erfindung, ein rhythmisch-musikalisches Sprachmaterial, vollkommene Herrschaft über die logischen, etymologischen und grammatischen Elemente der Sprache. Auch wurde eine »poetische Stimmung« benötigt, im Hinblick auf die Erfindung belegt durch ein Zitat von Goethe, »die Lust zu fabulieren«, in Hinsicht auf die poetische Phantasie nach Schiller als »rhythmisch-musikalische« Seelenzustände. Die Einteilung der Ergebnisse kann sodann ausgehen von dem Gegenstand oder Mittel der Darstellung, also einen subjektiven oder objektiven Versuch einerseits feststellen, andererseits unterscheiden zwischen gebundener (metrischer) und ungebundener Sprache. Subjektiv, zum Beispiel, sei Lyrik, objektiv die Darstellung eines vom Verfasser getrennten Vorwurfs. Die älteste Poetik sei verfasst von Aristoteles, jedoch nur erhalten in Bruchstücken, die sich beziehen auf das Heldengedicht und die Tragödie. Es folgt die »ars poetica« des Horaz und weitere Literatur. So Meyers Allerneuestes aus Leipzig vom Jahre 1890.

Achtzig Jahre später verlautet aus Leipzig, in zwei Bänden eines Buches über die deutsche Sprache, das ausdrücklich sich beschränkt auf »relativ gesicherte[n] Wissensstoff«, dass die Poetik weiterhin zwischen den Wissenschaften stehe, nach wie vor unadoptiert. In den fast dreissig Seiten des dreispaltig gesetzten Registers fehlt ihr Begriff überhaupt. Auf den nahezu zwölfhundert Seiten kommt er ein einziges Mal vor, als beschreibende (deskriptive) Stilkunde, im Gegensatz zur normativen. Diese Stilistik befasst sich mit dem »Studium sprachlicher Ausdrucksmöglichkeiten einer konkreten Sprache überhaupt«, sowohl mit ihren Erfolgen als ihren Risiken. Zu ihren Aufgaben gehört es, die Stileigentümlichkeiten der literarischen Gattungen herauszuarbeiten, den Stil einzelner Dichter, literarischer Schulen und Epochen zu untersuchen, und zwar nach Methoden, die sich entweder an der Psychologie des Schreibers oder an seinem Stiltyp oder mehr grundsätzlich an der Funktion des Stils orientieren. Diese Stilistik wohnt im Bereich der Sprachwissenschaft, sie übernachtet bei der Literaturwissenschaft. Für die praktische Anwendung ihrer Erkenntnisse bemüht sie die bekannten Paten:

> Wir haben das unausweichliche, täglich zu erneuernde, grundernstliche Bestreben, das Wort mit dem Empfundenen, Geschauten, Gedachten, Erfahrenen, Imaginierten, Vernünftigen möglichst unmittelbar zusammentreffend zu erfassen. Jeder prüfe sich, und er wird finden, dass dies viel schwerer sei, als man denken möchte, denn leider sind dem Menschen die Worte gewöhnlich Surrogate; er denkt und weiss es meistenteils besser, als er sich ausspricht. GOETHE.
> Wenn man den Gedanken hat, so wählt man das Wort, welches ihn ausdrückt. Wenn wir das rechte Wort nicht wählen, so tun wir eben das, was derjenige tut,

> der durch seine Miene etwas sagen will, und dem die Miene misslingt... KLOPSTOCK.
> Nur wer Ungewöhnliches denkt, soll ungewöhnliche Ausdrücke benutzen. KARL PHILIPP MORITZ, Vorlesungen üben den Styl.
> In Dingen, wo es vorzüglich auf den lebhaften Vortrag ankömmt, sollte man, nachdem Alles parat ist, was man sagen will, erst beybringen was man beybringen kan, gantz für sich, also bloss des *Beybringens* wegen; alsdann alles noch ein mal schreiben des *Weglassens* wegen. Das Erste ist das Dreschen, das zweite ist das *Sichten* und *Sieben* ... LICHTENBERG.

Jedoch was zu lernen ist an schriftlichem Umgang mit der deutschen Sprache, wird auf den über hundert Seiten des Abschnitts Stilistik vermittelt, insbesondere brauchbar sind die Warnungen. Das Buch als Ganzes sei nachdrücklich empfohlen: »Die Deutsche Sprache, Kleine Enzyklopäde in zwei Bänden«, Volkseigener Verlag Bibliographisches Institut, Leipzig 1970. Damit ist der erste Ansatz dieser Vorlesung in die Falle gelaufen, die ihm gestellt wurde: die Aufgabe Poetik ist als Lehrbuch vorhanden, weitere Äusserungen von meiner Seite können ohne Schaden entfallen.
Es gibt einen zweiten Entwurf, den manche meiner Vorgänger glücklich ausgeführt haben, nämlich an Hand von Zitaten aus der bereits geschriebenen Literatur deren Machart, Wirkung und Bedeutung vorzuführen. Verlockende Stellen sind übrig, so die folgende:

> Sie springt in den Kahn, ergreift das Ruder und stösst ab. Sie muss Gewalt brauchen, sie wiederhohlt den Stoss, der Kahn schwankt und gleitet eine Strecke

Seewärts. Auf dem linken Arme das Kind, in der linken Hand das Buch, in der rechten das Ruder, schwankt auch sie und fällt in den Kahn. Das Ruder entfährt ihr, nach der einen Seite, und wie sie sich erhalten will, Kind und Buch, nach der anderen, alles ins Wasser. Sie ergreift noch des Kindes Gewand; aber ihre unbequeme Lage hindert sie selbst am Aufstehen. Die freye rechte Hand ist nicht hinreichend sich umzuwenden, sich aufzurichten; endlich gelingt's, sie zieht das Kind aus dem Wasser, aber seine Augen sind geschlossen, es hat aufgehört zu athmen.
(J. W. Goethe, Die Wahlverwandtschaften, 1. Band: Text. Akademie-Verlag, Berlin 1963, p. 250.)

Eine Untersuchung des Unglücks muss ihr Augenmerk vor allem richten auf das Faktum, dass das Boot an diesem Tage lediglich mit einem Ruder versehen ist, statt mit zweien, wie bei einer früheren Benutzung des Fahrzeugs (a.a.O., p. 95) nachgewiesen. Leider versäumt die Erzählung die Avenue einer kriminalistischen Aufklärung zur Gänze, taub für die Frage, wer unter den am Buche beteiligten Personen sich anbietet für den Verdacht, sie oder er habe das zweite Ruder versteckt oder entfernt, mit der Absicht einer Sabotage im Sinn oder um sich einen (rechtswidrigen) Vermögensvorteil zu verschaffen; für unter ihrem Range stehende Chargen dürfte etwa eine Verletzung von Dienstpflichten angenommen werden. Wenn der Verfasser verzichtet auf die Erörterung einer Mit- oder Hilfsschuld, mag er der Täterin die alleinige umso tiefer haben einprägen wollen. Wie immer, nach einhundertsiebzig Jahren sind die Spuren verwischt; dem Leser bleibt nur, sich zu halten an die gegebene Darstellung:

Nachdem die Dame an Bord gegangen ist, lässt ein Komma sie innehalten. Ausdrücklich steht das markante Interpunktionszeichen für die Pause, in der sie den Zustand der Bootsausrüstung wahrnimmt und gleichwohl sich entschliesst, damit vorlieb zu nehmen – es ist das einzelne Ruder, das sie zur Hand nimmt, mit dem sie den Kahn abstösst. Sofern ihr vorschwebte, es seitlich zu gebrauchen, so stand ihrem Gefährt eine andauernde Kreisbewegung in Linksrichtung bevor; nur durch einen Zufall hätte sie landen dürfen am gewünschten Ufer. Die Landschaft, die diesen See umgibt, gemahnt eher an Thüringen als an norddeutsche Gewässergegenden, in denen das Wriggen bekannt ist, nämlich das Vorantreiben eines Ruderbootes vermittels nur eines Riemens, der dazu in einer auf dem Achtersteven befestigten Dolle bewegt wird. Wer das können will, muss standfest sein und wird es vermeiden, sein Gleichgewicht durch eine obendrein lebendige Sache zu belasten. Ähnlich, in des Mädchens Verfassung noch mühseliger, verhält es sich bei der Fortbewegung des Kahns durch Staken, immer vorausgesetzt, das Gewässer sei dafür flach genug gewesen. Die Annahme verwirft sich, da in oder aus geringer Wassertiefe eine Rettung des Kindes leicht gewesen wäre. Es ist vor allem das starrsinnige Festhalten der Kindeshüterin an dem Buch, das auf den Unfall zuführt, so dass der teilnehmende Betrachter zu ihrer Entlastung vorbringen möchte, das Druckwerk sei womöglich ein eminent verdienstliches gewesen, oder unersetzbar, eine Bibel, oder die »Beyträge zur Optik II« in der Erstausgabe von 1791, jeden Falles bewahrenswerter als ein kindliches Leben. Ganz verkehrt geraten! Es wird beiläufig eingeführt, sogar ohne einen Titel, lediglich als

> eins von denen die ein zartes Gemüth an sich ziehen und nicht wieder los lassen.
> (Goethe, a.a.O., p. 247)

In Würdigung aller Gründe, zumal der Eile, wie sie geboten war durch der rechtmässigen Mutter »ungeduldiges Harren nach dem Kinde«, ergibt sich dennoch ein ernstes Verlangen an die Bootsführerin, wenigstens vorläufig das Buch fahren zu lassen und sodann den Knaben, denn ein solcher ist es, sicher abzulegen. Jedoch verschliesst sich der Verfasser dem Notschrei, da er die Notlage benötigt. Wer noch anmerken möchte, es sei doch nunmehr Ottiliens – denn dies ist ihr Name – linke Hand auch »frei« gewesen, wird im nächsten Satze vorsorglich abgefangen mit der Auskunft: erst in diesem Augenblick sei ihre ganze Besonnenheit zurückgekehrt. Auswege und Vorkehrungen zur Sicherheit gehen dem Regisseur und Autor der Szene gegen den Strich und seine Entschlossenheit, an dieser Stelle einen Eingriff des Schicksals herbeizuführen, und notwendig muss es zu dem Unfall kommen genau so, wie er es verständnisvoll und unausweichlich vor uns ausbreitet.
Da er jedoch sich besser auskennt in anderen als nautischen Bereichen, steht nach siebzehn Dekaden unbeschädigt der letzte Absatz seines Buches:

> So ruhen die Liebenden neben einander. Friede schwebt über ihrer Stätte, verwandte Engelsbilder schauen vom Gewölbe auf sie herab, und welch ein freundlicher Augenblick wird es seyn, wenn sie dereinst wieder zusammen erwachen.
> (Goethe, a.a.O., p. 288)

»So«, das ist die kräftige Zusammenfassung eines Endes, dem ein Begräbnis und notarielle Erklärungen vorangegangen sind. Das Präsens, »die Liebenden«, trotzt ihrem abgeschiedenen Zustand, dem schliesslich ein Futurum, eine Zukunft versprochen werden. Dieser Schreiber hat noch gewusst, dass in »einander« die Beziehung zweier Personen enthalten ist, und er bewahrt sie durch die Trennung von dem blossen Verhältniswort »neben«. Wenn über der Stätte der Liebenden »Friede schwebt«, so würde er ausserhalb dieses Buches nur kurze Zeit überleben, aber die »Stätte« hat gehalten, als die bleibende Statt, die die Bibel dem Menschen verweigert, und als der Ort, der ihm bestimmt ist: die Grabstätte. »Verwandte Engelsbilder« sind Skulpturen, deren vertraute, wissende Antlitze und Mienen die Erwachenden begrüssen sollen, damit keine Fremde dann sie schreckt. Der letzte Satz, selbst »ein freundlicher Augenblick«, stärkt sich aus zwei Zuversichten, der auf die Zukunft und der auf die angemessene Verwendung des Adjektivs, in dem ja ausser entgegenkommenden Manieren auch das Verhalten des Freundes bewusst ist, demnach »dereinst« Verhältnisse zu einem Zeitpunkt, der dem Menschen ein Freund ist. Der Raum, den die Gefängnisverwaltungen in Sachsen nach 1945 ihren Insassen für brieflichen Verkehr mit der Aussenwelt beliessen, war streng bemessen, und dennoch hat ein Verurteilter gerade diesen Raum greifenden Satz geschrieben bekommen, als eine Mitteilung und Vorhersage: und welch ein freundlicher Augenblick wird es sein, wenn *wir* dereinst wieder zusammen erwachen. Die Zensur liess den Satz als unverdächtiges Deutsch passieren, und so hatte er noch diesen Test bestanden.

In einem anderen Buch werden schon auf der vierzehnten Druckseite die beiden Leute zusammengebracht, deren Liebesgeschichte im Italien des Ersten Weltkriegs so überhand nimmt, dass die Erzählung leider den Krieg vergisst. Sie ist eine britische Krankenschwester, er ein amerikanischer Ambulanzchauffeur. Ein Freund, nachdem zwei Stregas zur Brust genommen wurden, führt ihn ein:

Das Britische Krankenhaus war eine grosse Villa, die die Deutschen vor dem Krieg gebaut hatten. Miss Barkley war im Garten, mit einer anderen Schwester. Wir sahen ihre weissen Uniformen zwischen den Bäumen und gingen auf sie zu. Rinaldi salutierte. Ich salutierte auch, aber mehr zurückhaltend.
»Guten Tag« sagte Miss Barkley. »Sie sind kein Italiener, oder?«
»Oh nein.«
Rinaldi unterhielt sich mit der anderen Schwester. Sie lachten.
»Wie sonderbar – dass Sie in der italienischen Armee sind.«
»Es ist nicht die richtige Armee. Ich bin bloss bei den Sankas.«
»Es ist trotzdem sehr sonderbar. Warum haben Sie das getan?«
»Weiss nicht« sagte ich. »Es gibt nicht immer für alles eine Erklärung.«
»Wirklich nicht? Ich bin erzogen zu dem Glauben, dass es sie gibt.«
»Wie schön.«
»*Müssen* wir in einem fort so reden?« [sagt *sie*]
»Nein« sagte ich.
»Da bin ich aber erleichtert. Sie auch?«

»Was bedeutet der Stock« fragte ich. Miss Barkley war ziemlich gross gewachsen. Sie trug etwas, das mir vorkam wie eine Schwesternuniform, war blond, hatte eine gelblich braune Haut und grüne Augen. Für mich war sie sehr schön. Sie hielt einen dünnen Rohrstock, wie eine Spielzeugpeitsche, der mit Leder überzogen war.

»Der hat einem sehr netten Jungen gehört. Er wollte mich heiraten, und er ist an der Somme umgekommen.«

»Da ist es grausig zugegangen.«

»Waren Sie da?«

»Nein.«

»Ich hab davon erzählen hören« sagte sie. »Da unten gibt es nicht wirklich einen Krieg. Sie haben mir den Stock geschickt. Seine Mutter hat ihn mir geschickt. Sie haben ihn mit seinen Sachen abgeliefert.«

»Sind Sie lange verlobt gewesen?«

»Acht Jahre. Wir sind zusammen aufgewachsen.«

»Und warum haben Sie nicht geheiratet?«

»Ich weiss nicht« sagte sie. »Ich bin ein Dummkopf gewesen. Ich hätte ihm das so wie so geben können. Aber ich dachte, es würde nicht gut für ihn sein.«

»Ich verstehe.«

»Haben Sie schon mal jemand geliebt?«

(Nach: Ernest Hemingway, A Farewell to Arms. Bernhard Tauchnitz, Leipzig o.J. (= Tauchnitz Edition No. 4935), p. 19f.)

Sie fragt das, eine Dame, eine Britin, und die Königin Victoria ist erst siebzehn Jahre tot. Am nächsten Abend schlägt sie den jungen Mann ins Gesicht, als er sie zu küssen versucht. Da er sich geschickt, nach allen Vorschriften, entschuldigt, lacht sie endlich, nennt ihn ausdrück-

lich einen »lieben« Menschen und fügt hinzu: »Ich würde Sie sehr gern küssen, wenn es Ihnen nichts ausmacht.«
Bei einer solchen Vorstellung ritt mich die Empirie, jene Lehre, die auf Erfahrungen sich gründet, und ich begab mich in ein öffentliches Haus (wie die Engländer es genannt wünschen), dortselbst so eine erste Unterhaltung unter bislang wildfremden Leuten bekannt zu machen. (Denn die Herrschaften, denen ich begegne in jenem Biergeschäft, pflegen einen Widerwillen, etwas anderes zu lesen als eine Zeitung.) Die Zuhörer, gegen Verblüffung gehärtet durch Streiks bei den Eisenbahnen wie in den Krankenhäusern, durch Sturmfluten obendrein, sie liessen sich hinreissen zu sichtbarem Erstaunen. Es galt weniger meinen Vortragskünsten als dem unerhörten Tempo zwischen den Partnern des Gespräches, und noch mehr fiel auf, dass Miss Barkley es bestimmte, dass es ihre Initiative ist, die das beiläufige Geplauder überführt in sehr intime Gegenden. Mit höflicher Ungläubigkeit wurde aufgenommen, dass die Erzählung daran festhält: Frederick will bloss ein Mädchen, mag sie ihm auch ein wenig verrückt vorkommen, nur zum Spiel, wie im Bridge, dessen Einsätze ihm gleichgültig sind; Catherine hingegen geht es vorläufig nur um den Moment der Illusion, der Täuschung des Gefühls, und sie ist es, die das Spiel beim Namen nennt und abbricht fürs erste. Frederick wehrt sich gegen das Gefühl der Liebe, so lapidar auch es ihm erklärt und vorhergesagt wird, von einem Priester obendrein:

»Sie lieben Gott kein kleines Bisschen?« fragte er.
»Manchmal nachts hab ich Angst vor ihm.«
»Lieben sollten Sie ihn.«

»Mir ist selten nach Lieben.«

»Doch« sagte er. »Sie tun es. Was Sie mir von den Nächten erzählen – das ist keine Liebe. Das ist bloss sexuelles Verlangen und Fleischeslust. Wenn Sie lieben, wollen Sie etwas dafür tun. Sie wollen Opfer dafür bringen. Sie wollen dienen.«

(Nach: Hemingway, a.a.O., p. 72)

So spricht der unerschütterliche junge Mann, und es bedarf lediglich einer längeren Trennung von ihr, einer Verwundung, eines hilflosen Zustands in einem Krankenhausbett, schlicht der Situation eines Kindes, damit ihr blosser Anblick ihn stürzen lässt in das gefürchtete Gefühl. Die Überlegene bleibt Catherine, und er so naiv, dass ihm sogar ihre spöttischen Distanzen entgehen. Mittlerweile wurde der Meinungenforscher offen gefragt, ob dies sich zugetragen habe unter Leuten von Hochadel, und sei Catherine eine Dame? Nein. Jedoch eine Dame sei sie, und gebildet. Eine Engländerin? hiess es, noch mehr befremdet. Britischen Geblüts, mit einem schottischen Einschlag. Jetzt war einer dicht vorm Kopfschütteln. Zwar vermied er den direkten Widerspruch, aber er wollte zugeben: Wenn es eine Person von solcher Wesensart gebe, und sie sei zuverlässig englisch, so werde er ihr recht vorsichtig über den Weg laufen.
Dieser also, Engländer, misstraute der Wirklichkeit von Catherine Barkley, und zu seiner Erleichterung brachte seine Frau von der Gemeindebücherei statt des Romans den Bescheid mit, dies sei ja mehr ein älteres Werk, geradezu ein Klassiker. So blieb ich unter Briten der einzige, der an diese Britin glaubt, und obendrein war ich gebracht um die Warnung und Bitte, die Lektüre ja am Ende des Vierten Buches zu beenden. Denn im

Fünften benimmt sich die Erzählung wie ein junger Frederick Henry und vergisst vollends ihr Zentrum, den Krieg. In einem privaten Exil muss seine Catherine sterben, an dem biologischen Zufall einer missglückten Schwangerschaft und Entbindung, ungenügend abgesichert durch ihre Angst vor dem Regen, die sie zwar schon ausgesprochen hat im Ersten Buch. Es lässt sich denken, dass der Autor pünktlich für Regen sorgt. Aber die wahre, und fahrlässige, Ursache ihres Todes bleibt doch, dass dieser Regisseur sich einsperren liess in das Zitat aus dem sechzehnten Jahrhundert, das der Geschichte als Motto voransteht: »Aber das war in einem anderen Land, / und die Hure ist übrigens tot« (Marlowe). Hier hat die Schweiz als Alternative eine Geschichte ins Süssaure ziehen dürfen.

Dies liesse sich fortsetzen. Aber es käme mir dienlich vor für kaum einen Zuhörer dieser Vorlesung. Was Sie dabei erführen, ist ausser dem Dauervergleich mit Ihren eigenen Kenntnissen lediglich meine Art und Gewohnheit, Erfundenes zu lesen. Das ist eine Übung, die ein jeder Leser für sich allein erwerben muss, und auch hierfür bedarf es einer eigentümlichen Begabung.

Desgleichen werde ich Ihnen und mir das Vergnügen versagen, hier literarisch Geschriebenes auf die Wiese der Soziologie, der Gesellschaftskritik, der politischen Funktion zu treiben. Einmal möchte ich vermeiden, Gedankengänge meiner Vorgänger zu wiederholen, zu kommentieren oder zu bestreiten. Zum anderen ist für mich bei einem Studium der Germanistik (mit Abschluss) eine Vorliebe für das Konkrete herausgekommen, eine geradezu parteiische Aufmerksamkeit für das, was man vorzeigen, nachweisen, erzählen kann.

Damit ist die Katze aus dem Sack. Was ich Ihnen anbieten werde, sind meine Erfahrungen im Berufe des Schriftstellers. Das wird bar des Anspruches sein, mit meinen Arbeiten sei ein Fall etabliert, oder etwas Beispielhaftes. Als ein Beispiel, immerhin, könnten meine zwanzig Jahre in diesem Bereich durchgehen. Für mich wird es eine Gelegenheit sein, abschliessende Auskunft zu geben in den Fragen, die freiwillige Leser oder Verfasser von Dissertationen mir so unablässig gestellt haben über zwei Dekaden. Und beherrrschte mich etwas, was ich einen pädagogischen Eros habe nennen hören, so wäre ihm vollauf Genüge getan mit dem Ergebnis, dass auch nur einer von Ihnen, der heute noch anbandeln möchte mit einer Ausrichtung seines Lebens auf das so genannte Schreiben, in einigen Wochen versichert: gewarnt worden sei er allerdings.

An dieser Stelle bitte ich Sie, mit mir den fälligen Augenblick einer Peinlichkeit durchzustehen: Weiterhin wird gelegentlich das Wort »ich« mit seinen Abwandlungen vorkommen. Objektivierungen wie »der Verfasser« oder »Johnson« würden eine Wirkung nur formal durchsetzen, riskant sind sie desgleichen. Denn in diesem Gewerbe ist das Verfassen nur eine von mehreren Tätigkeiten, und der Nachname ist auf die Dauer so schwierig auszusprechen wie die Assoziationen zu verdrängen wären, die der Klang einer Abkürzung einlüde. Bitte, wollen Sie von mir annehmen, und im Gedächtnis behalten, dass ich von einem anderen Subjekt sprechen werde als dem, das heute nachmittag auf dem Flughafen Rhein/Main kontrolliert wurde auf seine Identität mit einem Reisepass. Das Subjekt wird hier lediglich vorkommen als das Medium der Arbeit, als das Mittel einer Produktion.

Damit ist Ihnen garantiert, dass private Mitteilungen

zur Person entfallen werden. Es trifft sich mit meiner Überzeugung, sie seien ohnehin wenig ergiebig. Was immer wir wissen über Fontanes häusliches Leben, es ist eher erstaunlich als aufschlussreich gegenüber seiner Begabung, Unglücksfälle gerade in der ehelichen Beziehung schlüssig zu machen. Was Günter Graß uns im Druck mitgeteilt hat über den Zustand seiner Familie, ist nutzlos als Spürrute in seinem Umgang mit einem dicken Fisch. Wenn Martin Walser die Öffentlichkeit wissen lässt, es gehe ihm gut, und er habe nicht zu klagen, ausser vielleicht, weil er auf die Welt gekommen sei, so wird er unseren Ableitungen wenig später entkommen mit einer »Seelenarbeit«. Was haben wir denn von der gesicherten Kenntnis, dass Ernest Hemingway im Sommer 1928 angesichts seiner hochschwangeren Frau, nach nur einem Jahr einer zweiten Ehe, sich daran macht, den Tod einer Frau im Kindbett zu beschreiben? Und wenn es hoch kommt, werden wir Verdacht schöpfen gegen einen Erfinder, der uns zum dritten Mal kommt mit einer Geschichte, in der ein geschiedener Mann Groll ausbreitet gegen eine nie anwesende Frau, weil sie ihm das Wohlleben erschwert mit ihren Forderungen nach Unterhalt, oder weil sie ihm die Vaterschaft belastet, indem sie sein Kind von ihrem Liebhaber erziehen und waschen lässt. Schließlich können Sie sich vorstellen, wie geknickt Max Frisch sich empfand, als einer seiner Romane bedacht wurde mit dem grundsoliden Kommentar, über das Scheitern seiner Ehe habe man doch längst Bescheid gewusst. Wie bei allen, genügt für mich das Jahr der Geburt, 1934.

Mithin war ich fast elf Jahre alt, als ich meinem Staatsoberhaupt Adolf Hitler zum letzten Mal begegnete in einem mecklenburgischen Dorf. Vertrauensvoll und gerissen blickte der da in eine Gute Stube, als stünden keine Sowjets vor seinem Bunker, als sei der Reichssender Hamburg immer noch in grossdeutschen Händen statt in denen der Angelsachsen. Dann gilt als Kindermund die Frage, ob dieser Wandschmuck auch rechtzeitig abgehängt werde.

Die Antwort lautete: Das hat äe nich vedient, mein Kint.

Das Bildnis des Deserteurs war aufgenommen zu einer Zeit, als dessen Person noch gesund aussah, obwohl seine schriftlich niedergelegten Geisteskrankheiten seit langem, schon seit zwanzig Jahren, im Buchhandel und auf Standesämtern erhältlich waren. Gerade als Bild eines gesunden, also mächtigen, Erwachsenen war es ein Alptraum gewesen für eine Kindheit. Er hatte in seinem stummen Stieren die lebensgefährlichen Drohungen des ersten Schultags unterstrichen mit einem scharfen Lineal, und so jeden Tag in der Schule, wenn die Hand des Lehrers spielte mit dem schweren Stab aus Stahl. Zu Hause blickte er in die Schulhefte, in die Gespräche, in die Träume. Er war es, der Strafexerzieren verordnete für ein Kind, das mit der Übungshandgranate bloss auf neun Meter kam. Er sah einem zu in den Wartezimmern der Ärzte, in der Schalterhalle der Sparkasse, beim Friseur. Noch als Briefmarke kam er ins Haus; was nützte die Faust, die ihm heimlich aufs Gesicht schlug. Er schwoll an zur Gefahr, wenn bei den Grosseltern die Kriegsgefangenen am Tisch essen durften, und er grinste, wenn sie vor dem Besuch des Ortsbauernführers in die Küche gebeten werden mussten. Unter seinem Kommando verdarb der Sonntag, wenn die Jugend seines Namens in geschlossener Formation, Uniform Vorschrift, abmarschierte zum Besuch von Filmvorführungen über Leute wie Bismarck oder Rudolf Diesel, von denen zuverlässig anzunehmen war, sie hätten Leute mit kinematografischen Apparaten aus dem Hause gewiesen. Unter seiner Stabführung war zu behaupten, eine Fahne flattere dem Marschzuge voran, auch bei windstillem Wetter, war zu bekennen, aus dem Grunde der Liedzeilen insgesamt sei die Fahne mehr als der Tod, ein Stück gefärbten Tuches schrecklicher als die Erinnerung an den Grossvater in seinem Sarg, grauenhafter als die im Feuer geschrumpften Menschenstummel, unkenntlich als die Nachbarn von gestern noch. War in Hitlers Sinne die Darstellung von Fröhlichkeit angesetzt, so hatte man die Farbe der Haselnuss als schwarzbraun zu bestimmen, hierauf bei einer unbekannten zweiten Person Einzahl den selben Farbton aufzufinden und hieraus zu folgern, dies beweise das Recht auf Eigentum an einem Mädchen, von dem lediglich die Haar- und Augenfarbe in Erfahrung zu bringen war. Dies war hinzunehmen als Schnaps, und dem folgte allemal der Dienst, in dem die Laufgeschwindigkeit von Halbwüchsigen gemessen wurde an der von Hunden englischen oder schottischen Ursprungs, auf die man in anderen Ländern Geld wettete. Er hatte noch die Tageszeiten weggenommen und besetzt, bei Strafe war in einem fort »Heitler« auszurufen, auch als manche von den Erwachsenen schon Ohrfeigen dafür anboten. Das waren wenige. Ihre Mehrheit verlangte weiterhin von den Kindern, sie sollten an den glauben, den sie »den Führer« nannten. Aber selbst beim Satze des Pythagoras war das verboten, den musste man beweisen, und geführt hatte jener mittlerweile bis zum Verlust der Heimatstadt, auf die Flucht und in die unsichere Ankunft in einem fremden Dorf bei Leuten, die nach wie vor mit ihm wohnten und zur Auskunft gaben, das habe er sich verdient.

Ein Kind konnte die Wahrheit wissen: nur vorläufig war auch in diesem Ort ein Ortsbauernführer, ein Bürgermeister noch im Amt und befugt, flüchtende Feldgendarmen anzuhalten und zu beordern mit der Exekution von Staatsfeinden, die ein Bild des Staates von der Wand nehmen. Wenn es dann nach dem ersten Besuch eines sowjetischen Pferdewagens mit Maschinengewehr bloss mehr anwesend ist als hell gebliebener Tapetenfleck, unzulänglich verdeckt durch einen Öldruck, heisst es von Kindern, sie seien viel zu jung, um davon etwas zu verstehen. Hört man die Erwachsenen, so ist Manches erhalten von des Wahnsinnigen Verdienst. Die Initialen seines Grusses waren auf jeweils den achten Buchstaben des Alphabets gefallen; Freunde in der Gesinnung verständigten einander nunmehr mit dem Ruf: »Achtundachtzig!« Unübersehbar für ein Kind waren seine Leistungen in einer eher weitläufigen Landschaft: Fahnenflüchtige aller dreier Waffengattungen, zuzüglich der Schutz-Standarte, trotteten nach Westen, zivilen Zeuges begierig, unbehaglich beim Imbiss, ergriffen und angetrieben von einer Eile, mit der man fortläuft von etwas. Die Sachen zur Eroberung der Welt lagen am Wegrand, im Teich, im Wald: Seitengewehre, Munition, Karabiner, Handgranaten; leer blieb der Himmel von den Geheimwaffen des Ministers für Volksaufklärung und Propaganda. Das Dorf war bedrängt von zivilen Flüchtlingen aus der östlichen Richtung, widerliche, unbequeme Mahnung waren sie an die so geläufig im Gebete bezeugte Tugend der Nächstenliebe, eine Gefahr für den Wohnraum, selbst für die Gute Stube, für die eigenen Vorräte an Mitteln zum Leben (was im Mecklenburgischen, als »läven«, ein Wort ist auch für das Essen). An den Sonntagen dieses Frühsommers ist die Kirche dicht

besetzt, hier wollen die einheimischen Bauern den Flüchtlingen ihre Frömmigkeit etwas weniger kostspielig beweisen, so wie diese ihnen vorzuführen gedenken, dass sie immerhin in der Innigkeit des Glaubens gleichgestellte Personen sind. Was aber hat der Pastor, der Ergebung predigt in Gottes unerforschliche Fügung, was für Ratschläge hat dieser verkleidete Mann noch im Januar gegeben? Eine ungehörige Frage, für Kinder. Und wieso war es Gott, der hier gefügt hat? wo bleiben Adolf Hitler und das Oberkommando der Wehrmacht mit allem, was ihnen anzurechnen ist als Verdienst?
Hinter dem Gemeindewald steht ein Schloss, darin spukt es. Das ist der Tod, der dort vorspricht bei den Flüchtlingen; mit den Trecks aus dem Osten ist die Typhusseuche angekommen. Am Schloss ist ein Begräbnisplatz nur für Personen gräflichen Standes. So werden die Toten auf Erntewagen ins Dorf gebracht, wie Fracht gestapelt, wie Abfall verscharrt. Ein elfjähriges Kind sieht von der Kirchhofmauer aus heimlich zu, da rutscht das Bein einer jungen weiblichen Leiche für einen Augenblick aus der Zeltbahn, bevor der Körper aufschlägt und das schmierige Tuch zurückgezogen wird aus dem Massengrabloch. Woher weiss ein Kind, dass es hiernach wider den Anstand wäre, wie alle Tage zu Mittag zu essen? Kann man von Erwachsenen lernen? Sie sagen: Hunger treibtass rain, un wennas Schwainebratn is. Von einer Achtzehnjährigen heisst es, in bedauerndem Ton: Gerade Insa war so eigen mit dem Wasser – ein Kind versteht sofort, dass Insa liegt, krank auf den Tod, mit einer Trauer um Insa wird fortan gefälligst weitergelebt, bis zu dem Augenblick dreissig Jahre später, wenn jemand aufsteht und sich weigert, gestorben zu sein, abermals vergeblich. Auch ist es so, dass einige Kinder es besser haben als

andere. Zwar müssen alle in die Schule gehen, unausweichlich vorbei an der Tür, hinter der der vormalige Lehrer seine Frau, dann seine drei Kinder, schliesslich sich selbst aus dem Leben geschossen hat, bis in den letzten Fingerdruck auch hierin seinem Führer getreu; es gibt aber Kinder, die müssen schlafen in den Betten, an deren Kopfbretter das Gehirn der Toten gespritzt ist. Immerhin, mit dem Dienst ist es vorbei. Antreten, Strammstehen, Meldung machen, Rühren, im Glied schwenkt Marsch, ein Lied! das entfällt. Die Kinder sind, fürs erste, befreit von Adolf Hitler. Anders die Erwachsenen. Für die ist nur etwas zusammengebrochen. So nennen sie es: Zusammenbruch, wohingegen Kinder schon beim Indianer- wie beim Geländespiel gelernt haben, dass es verloren heisst, und verloren bleibt. Die Erwachsenen sprechen von der völkerrechtlichen Pflicht der Besatzungsmächte, Deutschland zu erhalten in den Grenzen von 1937. Sie sind in den Krieg gezogen, haben für den Krieg gearbeitet, ohne seine erste Regel zu kennen: das Eroberte wird behalten. Die Ukraine als eine deutsche Provinz, sie wäre ihnen eben recht gewesen; aber die Sowjets, mit ihnen die Ukrainer, sollen ihnen Schlesien wiedergeben und Pommern und Westpreussen und Danzig und Ostpreussen. Auch ihre Zeitrechnung ist falsch. Sie sagen: Nach dem Zusammenbruch. Die Kinder wissen: Seit dem Ende des Bombens. Seit wir den Krieg verloren haben.

Es ist ihnen wenig zu verdenken, wenn sie abrücken von den Erwachsenen und sich zusammentun in einem Abstand von ihnen. Das ist das Jahr der letzten Spiele. Die Erinnerung macht daraus ein unschuldiges, unverletztes Bild: zwölf, zwanzig Kinder spielen im Kreis auf einer rauschhaft grünen Wiese mit dem Plumpsacke, der hinter ihnen umgeht. Reihenweise springen sie von den höchsten Balken der Kirchenscheune in die Fächer voller Heu. Auf dem Eis über den überschwemmten Wiesen laufen sie um die Wette mit ihren Peekschlitten, und wenn eines einhält für einen Augenblick, sieht es deutlich wie niemals wieder die einzelnen Halme, die in dem gefrorenen Wasser eingeschlossen sind. Auf acht, auf zehn an einander gekoppelten Rodelschlitten fahren sie auf das schnellste den Berg hinunter, der ausläuft in den spukhaft schwarzen Wald, und glauben, dies Spiel heisse Bob. Es gibt Momente, da ist die Welt der Erwachsenen aufgehoben mit allen ihren Unterschieden.

Hier muss Ordnung geschaffen werden, und die Einstufung nach Rängen kehrt zurück. Hier sind zwei, die sieht man öfter mit einander, sie sind geradezu ein Paar. Beide sind sie Flüchtlinge, das sollte genügen. Gefehlt. Denn das Mädchen steht im Ansehen einer Familie, die hat im Schlesischen alles verloren, das Haus ist zerschossen, die Möbel sind verbrannt. Die Eltern des Jungen aber bekommen vielleicht einen Teil ihrer Möbel zurück, überdies besteht ein Erbanteil an einem Bauernhof in Pommern. Entlang dieser Linie ist zu trennen. Ein anderer kann schon mit elf Jahren zu erkennen geben, was man ihm gesagt hat: er ist der Erbe eines mecklenburgischen Hofes mit achtzehn Hektar Ackerland, unterhalb der Grenze für die Enteignung, dieser künftige Hofbesitzer wird er bleiben wie der Flüchtling ein Flüchtling. Hier ist zu trennen. Ein Stadtkind weiss andere Dinge als hier gelehrt, unerbittlich wird es zugeschoben auf ein anderes, das war vornehm genug für ein städtisches Internat. Gehorsam versuchen die beiden die gebotene Freundschaft und schreiben einander Botschaften, verschlüsselt mit den Buchstaben des kyrillischen Alphabets (so sicher sind sie, sie hätten etwas zu verbergen), verbunden mögen sie sein, von den anderen getrennt sind sie. Wer einmal auf einem Gymnasium war, soll noch eine andere Sprache lernen als die russische; Unterricht in der englischen wird erteilt zu getrennten Stunden. Wer es sich leisten kann, einen Pastor einzuladen zum eigenen Weihnachtsessen, dessen Kinder sind näher bei Gott. Hier trennen, bitte. Wer imstande ist, für Lernhilfe zu bezahlen mit frischen Hühnereiern, gehört einem gehobenen Stande an; auch inskünftig wird er es weiter bringen als andere. Hier trennen. Das Schuljahr ist kaum zu Ende, da ist die alte Ordnung von neuem eingerichtet; ein jedes Kind weiss nun seinen Platz.

Manche Plätze können in ihrem Wert verändert, meistens beschädigt werden. So ist es erspriesslich für ein Kind, wenn es allezeit zu sagen weiss, wo der Vater sich aufhält, tot oder lebendig; werden oder bleiben dessen Bewandtnisse ungewiss, so hat der Sohn sich zurückgesetzt zu fühlen für die Zukunft. Wenn dieser Platz der einzige ist in Mecklenburg, bleibt noch die Aussicht auf ein Unterkommen auf jenem Hof in Pommern. Ungünstig ist die Nachricht, dass die Verwandtschaft dort arbeiten muss für die Polen, die sie gehalten hat als Gefangene. Sobald sie ausgewiesen ist über die neue polnische Westgrenze, hat auch der Rest der Familie dies Stück Erde verloren. So erfährt Einer erst als Dreizehnjähriger, welchen Beitrag er zu den Verlusten des Krieges geleistet hat für die eigene Person. Es ist nunmehr bloss vernünftig, wenn er einstimmt in das einhellige Urteil, er sei auch vom Alter her kräftig genug, zu arbeiten für sein Bett und sein Brot. In der Zukunft wird er brauchen können, will er diese Arbeiten beschreiben: das Verziehen von Rüben. Das Binden von Korn. Das Aufnehmen von Kartoffeln, auf den Knien wie hinter der Wrackmaschine. Umgang mit Pferden. Das Ausmisten von Kuhställen, Schweinekoben, Hühnerstiegen. Die Entwicklung einer Kaninchenzucht. Das Mähen, das Wenden, das Aufstaken von Heu. Das Füttern eines Dreschautomaten. Grundzüge in der Schmiedelehre: das Schmieden eines Hufnagels, Aufziehen der glühenden Reifen auf die Radkränze. Leider wird diese Lehrzeit abgebrochen durch einen Wunsch des Vaters, der durch seinen Tod in ein Vermächtnis verwandelt ist: »Der Junge soll es einmal besser haben.« Darunter hat man zu jener Zeit unberatener Weise verstanden: den Übergang auf eine weiterbildende Schule, das Abitur und, womöglich, ein Studium. Hätte es damals eine Wahl gegeben, ich riete mir von heute her zur Schmiedelehre.

Das Alarmsignal war so unübersehbar, es hätte wahrgenommen werden müssen: dies Kind las. Mit zehn Jahren hatte es sich gelangweilt in der Gesellschaft von Winnetou und Karl Mays Bände durchgenommen wie eine Schulaufgabe, da sie als Geschenk zu würdigen waren. Noch die genaueren Indianerbücher waren Pflichtstücke gewesen, Märchen gehörten zur Grundausstattung des Krankseins, waren verordnet wie Medizin, und die Erinnerung misstraut der gefälligen Legende, man habe einmal auf dem Dachboden der Grosseltern, in einer Luft voll sauberen Staubes, von der Sonne geheizt, den »Robinson Crusoe« gefunden. Die psychologische Ausbildung des Wehrwillens durch die militärischen Dreigroschenhefte hatte so wenig angeschlagen, dass das Gedächtnis sich begnügt mit einem einzigen Satz, in dem ein Mann auf einem Flussdampfer dem Bordhund eine Scheibe Brot »hauchdünn« mit Schmalz bestreicht; der Rest dieser Szene ist das einzige, was bedauerlich fehlt.

Wenn die Erwachsenen sich die Flucht mit Büchern belasteten, das Kind hatte verzichtet. Jetzt war dieser Junge in jeglicher Zeit zwischen den Arbeiten zu finden, wo die Bücher aufbewahrt wurden, von der gebundenen »Gartenlaube« bis zu »Die letzte Reckenburgerin« von Louise von François (1817–1893). Das war ein weltvergessenes Lesen, fiebrig, süchtig, übrigens durchaus in dem wahnwitzigen Wissen, dass die dort geschilderten Personen unwahrscheinlich waren, ihre Handlungen wenig zu empfehlen, kaum wünschenswert. Dies an die Empfindung von Sünde reichende Bewusstsein wurde nur notdürftig beruhigt von der mechanischen Stimmigkeit, in der die Erzählung jeweils sich zusammenfasste. Im Grunde verdankte sich die Faszination der immer von neuem staunenden Einsicht, dass die Namen auf dem Titelblatt einmal wirklich gewesen waren, bis zum Nachweis der Anmeldung bei der Polizei, dass es also Menschen gab, die sich die Welt selber machen können, und sei es eine, in der ein August Müller, vermeintlich der Sohn der Hardine von Reckenburg, am Ende bestätigt wird als doch immerhin der Abkömmling eines Prinzen August von Reckenburg, worauf die Aristokratin ihren Besitz seiner bürgerlichen Pflegetochter vererbt. War je eine solche Geschichte denkbar gewesen, so war sie hier aufbewahrt. Dies war ein Mittel gegen die Zeit, zumindest gegen ihr Vergehen. Jedoch die fast narkotische Wirkung des Soges in erfundene Bereiche hätte jedem Beobachter auffallen müssen als Zeichen für eine bedenkliche Affinität. Da sie bequemer begriffen werden konnte als eine Flucht vor der Arbeit, wurde diese gefährliche Entwicklung gefördert statt umgeleitet. Jetzt war nur noch eine Lehre im Handel mit Büchern geeignet, dies Kind zu retten vor der Neigung, selber welche zu schreiben, in Ansicht des Bildes von Adolf Hitler.

In der Stadt, vom Hörensagen im Dorf bekannt, erschien das zweite Bild.

Der werte Name war Stalin, J., Josef, Jossif Wissarionowitsch. Im Bilde wurde er meist gezeigt nach der Manier seines Portraits auf dem Frontispiz seines Standardwerkes »Über den Grossen Vaterländischen Krieg der Sowjetunion«, Verlag für fremdsprachige Literatur, Moskau 1946: ein fülliger Mann mit frappierend glatter Uniformbrust, an einen Harnisch gemahnend, mit wenig Hals im verzierten Kragen und einem straffen Gesicht (keinerlei Pockennarben), das merkbar wurde durch die behagliche Behaarung über Stirn und Schläfen, über den Augenbrauen und unterhalb der Nase. Der Mann, dargestellt in der Verfassung eines fünfzigsten Lebensjahres, tatsächlich den Siebzig nah, liess sich sehen im Halbprofil, den starr glänzenden Blick abwendend auf etwas Erheblicheres als den Betrachter, mit auffällig senkrecht hängenden Armen, als sei er schon längere Zeit unbeweglich und werde so verbleiben, einem Denkmale zu Lebzeiten gleich. Es war zu erwarten gewesen, und liess sich hinnehmen wie ein Stück Natur in der Einrichtung der menschlichen Gesellschaften, dass auch die Sieger einen Obersten hatten, einen Anführer, einen Chef, einen Woschd: wie allsogleich zu lernen war in der Neuen Schule. Spätestens im Jahre 1950 hatte man sich befriedigend auszukennen in seiner »Kurzen Lebensbeschreibung« von immerhin 158 Seiten, von seinem Geburtstag am 21. Dezember 1879 neueren Stils, dem Abonnementsanlass für die letzte Schulversammlung vor den Weihnachtsferien, bis zu den Schlussfolgerungen, Garantien für edle Noten im Jahreszeugnis:

In Stalin sehen Millionen Arbeiter aller Länder ihren Lehrer, aus dessen klassischen Werken sie lernten und lernen, wie man erfolgreich gegen den Klassenfeind kämpft, wie die Voraussetzungen für den Endsieg des Proletariats geschaffen werden. [...]
Die Arbeiter aller Länder wissen, dass jedes von Stalin gesprochene Wort das Wort des Volkes ist, dass auf jedes Wort die Tat folgt. [...]
J. W. Stalin ist der geniale Führer und Lehrer der Partei, der grosse Stratege der sozialistischen Revolution, der Lenker des Sowjetstaates und sein Heerführer. [...]
Das gesamte Wirken Stalins ist für uns ein Musterbeispiel der Vereinigung gewaltiger theoretischer Kraft mit einer in ihrem Umfang und Ausmass ungewöhnlichen praktischen Erfahrung des revolutionären Kampfes.
An der Spitze der grossen Partei der Bolschewiki leitet Stalin zusammen mit seinen nächsten Kampfgefährten [...] einen Staat, wie ihn die Geschichte bisher noch nicht gekannt hat. [...]
Alle kennen die unüberwindliche, bezwingende Kraft der Stalinschen Logik, die kristallene Klarheit seines Verstandes, seinen stählernen Willen, seine Ergebenheit für die Partei, seinen Glauben an das Volk und seine Liebe zum Volk. Allen ist seine Bescheidenheit, Einfachheit, Feinfühligkeit gegenüber den Menschen und seine Schonungslosigkeit gegen die Volksfeinde bekannt. Alle kennen seine Unduldsamkeit gegen Sensationsmacherei, gegen Phrasendrescher und Schwätzer, gegen Flenner und Panikmacher. Stalin ist weise und bedachtsam bei der Entscheidung schwieriger politischer Fragen, wo eine allseitige Erwägung aller Für

und Wider notwendig ist. Zugleich ist Stalin der grösste Meister kühner revolutionärer Entscheidungen und schroffer Wendungen.
Stalin ist der würdige Fortsetzer des Werkes Lenins, oder wie man in unserer Partei zu sagen pflegt: Stalin – das ist der Lenin von heute. [...]
In Stalin sehen die Völker der Sowjetunion die Verkörperung ihres Heroismus, ihrer Liebe zur Heimat, ihres Patriotismus. [...]
Mit dem Namen Stalins im Herzen vollbrachte die Arbeiterklasse der Sowjetunion im Grossen Vaterländischen Krieg beispiellose Ruhmestaten der Arbeit und versorgte die Rote Armee mit erstklassigem Kampfgerät und mit Munition.
Mit dem Namen Stalins im Herzen arbeitete die Bauernschaft der Kollektivwirtschaften aufopferungsvoll [...].
Mit dem Namen Stalins im Herzen arbeitete die Sowjetintelligenz hingebungsvoll [...].
Mit dem Namen Stalins im Herzen arbeitet jetzt das ganze Sowjetvolk erfolgreich an der Heilung der vom Kriege geschlagenen Wunden [...].
Der Name Stalins ist das Symbol des Mutes, das Symbol des Ruhmes des Sowjetvolkes, der Ruf zu neuen heroischen Taten zum Wohle der grossen Sowjetheimat.
Den Namen Stalin tragen in ihrem Herzen die Jünglinge und Mädchen des Landes des Sozialismus, die Jungpioniere und -pionierinnen. Es ist ihr sehnlichster Traum, wie Lenin, wie Stalin zu sein, Politiker von Lenin-Stalinschem Typus zu werden. [...]
In zahlreichen Sprachen wird Stalin von den Völkern der Sowjetunion in Liedern besungen. Diese Lieder

sind der Ausdruck der grossen Liebe und grenzenlosen Ergebenheit der Völker der Sowjetunion für ihren grossen Führer, Lehrer, Freund und Feldherrn. [. . .]
Der Name Stalins ist das Symbol der moralischen und politischen Einheit der Sowjetgesellschaft.
An den Namen Stalins knüpfen die ganze fortschrittliche Menschheit, alle freiheitliebenden demokratischen Völker ihre Hoffnungen auf dauerhaften Frieden und Sicherheit.

Herausgegeben in zweiter, verbesserter und ergänzter Auflage vom Marx-Engels-Lenin-Institut zu Moskau 1947.
Wer nun noch ausserhalb der Neuen Schule zu Ehren kommen wollte, etwa der, einer Verwaltung der Neuen Ordnung würdig befunden zu werden, konnte sich bedienen an der Broschüre von Viktor Stern, »Stalin als Philosoph«, 1949 als feinste Broschur auf holzfreiem Papier erschienen in der Aufbau Verlag G.m.b.H. zu Berlin. Es heisst dort in dem Kapitel »Den letzten Ergebnissen der Wissenschaft entsprechend«:

Die Stalinsche Gesamtdarstellung des dialektischen Materialismus lässt auch den inneren Zusammenhang erkennen, in dem die einzelnen Grundzüge zueinander stehen. Der Kampf der Gegensätze z.B. wird als das bezeichnet, was den inneren Gehalt des Umschlagens quantitativer Veränderung in qualitative bildet. [. . .] Für den wissenschaftlichen Wert dieser Stalinschen Darstellung ist es kennzeichnend, wie genau sie den neuesten Ergebnissen der modernen Physik, Biologie und aller anderen Naturwissenschaften ent-

> spricht. Die neuesten Einsichten in die Struktur der kleinsten Bausteine der Materie, von der widerspruchsvollen Natur des Lichts und der Materieteilchen, die Rolle des Sprunges in der Quantentheorie, die gegenseitige Abhängigkeit von Raum, Zeit und Bewegung, die in der Relativitätstheorie eine so grosse Rolle spielt, die theoretischen und praktischen Ergebnisse Lyssenkos, das alles entspricht bis ins kleinste den Formulierungen Stalins. (p. 50f.)

Belegt wird das mit der Versicherung Max Plancks, die Aussenwelt stehe dem Menschen als etwas von ihm Unabhängiges, Absolutes gegenüber, oder, ein Gegenstand bleibe an seinem Ort, auch wenn man ihm den Rücken zukehre. Zu dem Wirken von Trofim Denissowitsch Lyssenko sei verwiesen auf das Buch von Shores A. Medwedjew, »Der Fall Lyssenko«, seit 1974 erhältlich als Taschenbuch (dtv Nummer 972).
Ein vielseitiger und obendrein glänzend beschlagener Mann, dieser Stalin, das Mindeste zu sagen. Offenbar einer von denen, zu denen ein Zeitgenosse Napoleons rät:

> Gegen grosse Vorzüge eines Andern giebt es kein Rettungsmittel als die Liebe.
> (Goethe, a.a.O., p. 182 (Aus Ottiliens Tagebuche))

Wenn auch mit der Einschränkung, dass diese Überlegung zum ersten Mal formuliert wurde in Ansehung eines Buches, in der unausweichlich zu Begeisterung angehaltenen Rezension, die ein jüngerer Kollege dem Verfasser von »Wilhelm Meisters Lehrjahre« schuldig war:

> Wie lebhaft habe ich bei dieser Gelegenheit erfahren, [. . .] dass es dem Vortrefflichen gegenüber keine Freiheit gibt als die Liebe.
> (Friedrich Schiller, Brief an Goethe vom 2. Juli 1796, in: Briefe an Goethe, Hamburger Ausgabe 1965, p. 232)

Ob nun aus dem Gefühle der Freiheit, oder in Benutzung eines Rettungsmittels, dieser Einsicht hingen immerhin die Behörden an, die beschieden über den Verbleib in den oder die Verweisung eines Schülers von den Lehranstalten Neueren Typus', allen voran Stalins Bruderpartei in der Sowjetischen Besatzungszone und der Deutschen Demokratischen Republik seit 1949. Jener Führer, Lehrer, Freund und Feldherr brauchte im Sommer 1950 nur einige Leserbriefe zu Fragen der Sprachwissenschaft an die unabhängige Zeitung »Prawda« zu schreiben, schon Ende Juni 1951 tagte die Abteilung Propaganda beim Zentralkomitee der S.E.D. über die Bedeutung seiner Arbeiten, tagte Mitte November des selben Jahres in Jena die »Philosophische Konferenz über Fragen der Logik«, und wer noch bis 1952 auf der Oberschule war, erlebte dies als Bestandteil des Lehrplans: Somit

a) kann ein Marxist die Sprache nicht zum Überbau der Basis zählen;
b) die Sprache mit dem Überbau zu verwechseln, heisst einen ernsten Fehler begehen.

Das hiess es zuverlässig. Ein Schüler, dem es zu tun ist um das Abitur, die Eintrittskarte für die Universität, wird sich weder bei diesem noch einem anderen erschwerenden Fehler erwischen lassen. (Zwar ist unerfindlich, wie er zuversichtlich erwarten kann, das Prinzip von der Parteilichkeit der Wissenschaft werde in jenen Hohen Hallen weniger verbindlich sein.) Denn darauf bereitet er sich vor: mit Stalins Essay »Is War Inevitable?« im Englischen, mit der Klassenanalyse Stalins, angewandt auf Shakespeares »Romeo und Julia« wie auf Gedichte Goethes, in der Deutschstunde, mit den Irrwegen des armen, gequälten Hirns von Lyssenko, wenn Biologie auf dem Stundenplan steht, mit den Fund- und Bergeorten von Stalins Bodenschätzen im Erdkunde-Unterricht der zwölften Klasse, mit Stalins Atombombenversuchen im Fach Gegenwartskunde, in der sphärischen Trigonometrie sollten die dafür angenommenen Flugzeuge landen oder starten auf Flugplätzen im Besitze Stalins, und zum Schulbetrieb gehören die unzähligen Demonstrationen anlässlich der jeweils neuesten Entschlüsse Stalins, sollte der nun Tito böse sein oder auf die Organisation der Vereinigten Nationen seine Abneigung geworfen haben. Und der Marsch der Kundgebung ging über seine Strasse, die Stalinstrasse.

Allgegenwärtig war das Bild dieser Person auch ausserhalb der Schule. Mit der schauerlich unbeugsamen Moral des Jugendlichen, der Schuld für sich als künftige Erfahrung ausschliesst, war dieser Jossif Wissarionowitsch angenommen als der Sieger. Für viele Handlungen seiner deutschen Bruderpartei bot sich gedankenlose Zustimmung an, wurde schlicht nach dem Gefühl Rechtfertigung geliefert. Die Aufsiedelung des Grossgrundbesitzes entsprach der Bibel, auf die die vorigen Eigner geschworen hatten. Dass sie verbannt wurden von ihren Gütern, in eine Mindestentfernung von dreissig Kilometern, sicherlich war es eine kuriose Schikane, aber ihre Familien hatten nun einmal über Jahrhunderte ihr Wohlleben erarbeiten lassen von Knechten und sie schlechter gehalten als das Vieh. Es war nur angenehm, weder in der Schule noch auf dem Landratsamt noch in der Meldestelle der Neuen Polizei zu treffen auf Leute, vor denen man einstmals hatte stramm stehen müssen im Namen Hitlers. Es war nur gerecht, die Schule zu öffnen für die Kinder von Bauern und Arbeitern über die gesetzliche Pflicht hinaus, für das magische Recht der Weiterbildung. Es war lediglich fair, den Beamten von Stalins Bruderpartei Nachsicht zuzubilligen, da sie die Verteilung von Lebensmitteln und Waren erst einmal zu lernen hatten, wenngleich es die Bevölkerung war, die da Lehrgeld zahlte. Dafür liess sich gut und gern die Hand heben, wenn in der Vollversammlung der Schule abgestimmt wurde darüber, ob J. W. Stalin ins Ehrenpräsidium erhoben werden sollte. »Von der Sowjetunion lernen heisst siegen lernen«, diese Schriftzeile unter dem Bilde Stalins liess sich auch so ausdeuten: mit einiger Wahrscheinlichkeit hatte der gewonnen, weil er die besseren Verfahren gekannt und angewandt hatte.

Zu danken ist diesem einen, dass er das Bild des anderen unvergesslich hielt. Zwar war unbrauchbar, was Stalin anbieten liess als Erklärung für Hitlers Sieg über die unbezwingbare Kommunistische Partei der Republik von Weimar; es genügte, dass er auch hier noch die Leitung ausgeübt hatte. Allerdings ist ihm zu verübeln bis heute, dass er öffentlich abstritt, er habe Adolf Hitlers vergiftete, erschossene, verkohlte Leiche gefunden im Zustande des Heldentodes und Selbstmordes; er hat sich seine Sorte Spass gemacht mit denen, die auf ein Überleben Hitlers »in Südamerika« hofften, wie mit denen, die dies fürchteten. Jedoch liess er kein Mittel aus, wenigstens der ersten Generation in seinem Zugewinn

nachzuweisen, dass der Verstorbene und seine militärischen Gehilfen ihre Kriege statt zu hehren Zwecken zu denen des einfachen Raubs geführt hatten; hier war er wohl versehen mit dem Wortlaut grossdeutscher Befehle, ebensolchen Geländeskizzen, Todesurteilen, Fotografien, Zeugenaussagen. Wozu gab das Oberkommando der Wehrmacht seinen Truppen am 16. Dezember 1941 das Recht? Hierzu: »ohne Einschränkung, auch gegen Frauen und Kinder, jedes Mittel anzuwenden, wenn es nur zum Erfolg führt.« Sind allein im Lager Pitomnik zwölfhundert sowjetische Kriegsgefangene umgekommen, davon die meisten verhungert? Die Lehrer im Dienste Stalins können es beweisen. Sie zeigen ein Foto von deutschen Soldaten, die halten Dolche quer im Mund. Ein anderes zeigt einen Leutnant der Roten Armee, der wird lebendig begraben. Unbestreitbar hat einmal an einer Maschinenfabrik in Kramatorsk der Räuber eines seiner Markenzeichen gezeigt: Fried. Krupp A.G. Die Ritterlichkeit des grossdeutschen Offizierkorps war ein für alle Male befestigt an dem Namen Soja Kosmodeminaskajas, eines achtzehnjährigen Mädchens aus Moskau, das gewiss auf der Suche nach Nachrichten für die eigene Seite war, im übrigen auch der Brandstiftung an einem Stall beschuldigt werden konnte. Gefoltert und erhängt im Dorf Petrischtschewo im November 1941.
In Stalins Schule, unterhalb seines Bildes, war zu lernen, dass deutsche Kinder von Glück reden konnten, weil ihre Eltern aufgehalten wurden durch eine Niederlage. Denn ein Bericht wie der folgende, erstattet vor dem Internationalen Militär-Tribunal zu Nürnberg (VIII. Band der Prozessmaterialien, Seite 356), wurde in Stalins Schule vorausgesetzt als bekannt: die Antworten des

polnischen Bücherrevisors Rajzman auf die Fragen eines Anklägers, das Lager Treblinka angehend:

FRAGE. Ich bitte Sie, dem Gerichtshof dieses Lager zu beschreiben.

ANTWORT. Jeden Tag kamen dort Transporte an, 3, 4, 5 Züge, die ausschliesslich mit Juden aus der Tschechoslowakei, Deutschland, Griechenland und Polen angefüllt waren. Sofort nach ihrer Ankunft mussten alle Leute innerhalb von 5 Minuten den Zug verlassen und auf dem Bahnsteig Aufstellung nehmen. Sie wurden aus den Zügen gejagt und in Gruppen eingeteilt, Frauen und Kinder zusammen und die Männer abgesondert. Alle mussten sich sofort ausziehen. Dieses Auskleiden geschah unter den Peitschenhieben der deutschen Wache. Die Arbeiter, die dort beschäftigt waren, nahmen sofort die Kleider weg, um sie in die Baracken zu tragen. Die Menschen mussten durch die Strassen bis zur Gaskammer nackt gehen.

FRAGE. Ich möchte Sie fragen, wie dieser Weg zur Gaskammer von den Deutschen genannt wurde?

ANTWORT. Diese Strasse hiess Himmelfahrtstrasse ...

FRAGE. ... Sagen Sie bitte, wie lange lebte ein Mensch, nachdem er in das Treblinka-Lager kam?

ANTWORT. Die gesamte Prozedur des Ausziehens und der Weg zur Gaskammer dauerte für Männer 8 bis 10 und für die Frauen etwa 15 Minuten. Für die Frauen hat es 15 Minuten gedauert, weil ihnen, bevor sie in die Gaskammer gingen, das Haar abgeschnitten wurde. [. . .]

(Nach einem Schreiben des S.S.-Wirtschafts-Verwaltungshauptamtes in Oranienburg, Amtsgruppe D – Konzentrationslager, vom 6. August 1942 wurde solches »Menschenschnitthaar der Verwertung zugeführt«. »Menschenhaare werden zu Industriefilzen verarbeitet und zu Garn versponnen. Aus ausgekämmten und abgeschnittenen Frauenhaaren werden Haargarnfüsslinge für U-Bootsbesatzungen und Haarfilzstrümpfe für die Reichsbahn angefertigt.«)

Fortsetzung der Vernehmung:

FRAGE. Sagen Sie bitte, Herr Zeuge, wie hat später die Bahnstation Treblinka ausgesehen?

ANTWORT. Zu Anfang gab es noch gar keine Schilder auf dem Bahnhof, aber nach einigen Monaten hat der Lagerkommandant, ein gewisser Kurt Franz, eine erstklassige Station mit Schildern bauen lassen, und auch auf den Baracken, wo die Kleider aufbewahrt wurden, waren Aufschriften wie Kasse, Buffet, Lager, Telefon, Telegraph und so weiter angebracht. Es waren auch gedruckte Fahrpläne für die Züge von und nach Grodno, Suwalki, Wien, Berlin vorhanden.

FRAGE. Also verstehe ich Sie richtig, Herr Zeuge, dass die Station Treblinka nur einen Scheinbahnhof darstellte, in dem Fahrpläne und Hinweise auf sogenannte Bahnsteige zur Abfahrt verschiedener Züge nach verschiedenen Städten wie Suwalki und so weiter vorhanden waren. Ist das richtig?

ANTWORT. Beim Verlassen des Zuges hatten die Leute wirklich den Eindruck, sich auf einer normalen Station zu befinden, von wo aus Züge nach anderen Städten wie Suwalki, Wien, Grodno und so fort weiterführen... [...]

FRAGE. Sagen Sie, Herr Zeuge, wieviele Menschen wurden täglich ins Lager Treblinka gebracht?

ANTWORT. Von Juli bis Dezember 1942 hat man im Durchschnitt täglich drei Transporte von je 60 Wagen nach Treblinka gebracht. Im Jahre 1943 kamen die Transporte seltener an.

FRAGE. Sagen Sie, wieviele Menschen wurden durchschnittlich in Treblinka täglich vernichtet?

ANTWORT. Ich glaube, dass durchschnittlich in Treblinka 10 bis 12000 Menschen täglich umgebracht wurden.

FRAGE. In wievielen Gaskammern wurden die Tötungen vorgenommen?

ANTWORT. Zu Anfang gab es nur drei Gaskammern, aber später wurden noch zehn gebaut. Es bestand der Plan, die Zahl der Gaskammern bis auf 25 zu erhöhen.

FRAGE. Woher wissen Sie, dass der Plan bestand, die Zahl der Gaskammern auf 25 zu erhöhen?

ANTWORT. Weil alles Baumaterial bereits auf dem Platze lag. Ich fragte wozu, da es keine Juden mehr gäbe. Darauf sagte man mir: »Nach euch kommen andere, und es wird noch viel Arbeit geben.«

FRAGE. Sagen Sie, Herr Zeuge, wie wurde Treblinka noch genannt?

ANTWORT. Als Treblinka sehr bekannt wurde, wurde ein riesiges Schild mit der Aufschrift Obermaidanek ausgehängt...

In dem polnischen Dorf Maidanek, südlich von Lublin, gab es ein S.S.-Lager wie Treblinka.
Hinweise auf Bedenken beim Umgang mit der deutschen Sprache, leicht verständlich.
Die Vorbereitung auf das Bild der Deutschen, das sie erwartet in der Welt, war gründlich und verlässlich.
Je öfter Stalin die Betrachtung nun wieder seines Bildes auf den Stundenplan setzte, desto weniger liessen Flecken darauf sich übersehen. War er auch zu beurteilen nach dem Betragen seiner Soldaten, von ihm erzogen und mit seinem Namen im Herzen als seine persönlichen Stellvertreter nach Deutschland entsandt, so stand es schlecht um manche Schulweisheit, die an den Neuen Lehrinstituten zu empfangen und abzuliefern waren. In dieser Erinnerung rennt immer noch eine schreiende Frau entlang an der endlos erscheinenden Mauer eines Dorffriedhofs in Mecklenburg. Was weiss ein Elfjähriger von Vergewaltigung! Wenn die Erwachsenen seine Erkundigungen abspeisen mit Hinweisen auf sein Alter, wird er sich zurechtlegen müssen, dass auch die Befreier anfangen mit Gewalt. Des weiteren, sie gingen reichlich

unachtsam vor, wenn sie Leute mitnahmen zur Verurteilung oder zur Strafarbeit; über den eigenen Vater glaubt man Bescheid zu wissen. Wenn ein Bauer noch bei Bedrohung mit Schusswaffen leugnet, Wertbesitz versteckt zu halten, was nützt es, ihn trotz seines lahmen Beins einen faschistischen Kriegsverbrecher zu nennen? Wird die siegreiche Rote Armee ihn bekehren zur Sache des Sozialismus, wenn sie ihm einen Strick um den Hals bindet und ihn daran führt durchs ganze Dorf, an einen Pferdewagen gebunden, und so drei Kilometer bis zu einem Hühnerstall, in dem er sich den denkwürdigen Vorgang eine Nacht lang überlegen soll? Was wird dieser denken? Was wird man von ihm denken, wenn er danach tagaus tagein Stalins Neuen Behörden sagt, was sie zu hören wünschen? Vor wem ist der Ekel grösser, vor dem, der die Feigheit leistet, oder vor denen, die sie verlangen? Zu Stalins Neuer Sittlichkeit gehört auch, dass in einer gedrängt überfüllten Stadt ein Untermieter, der die ganze Wohnung begehrt, diese räumen lassen kann durch die Kontrassjedka der Roten Armee oder durch die Abteilung K (Kommissariat) 5 ihrer Bruderpartei, Postkarte genügt, komme sofort. Eine der wenigen nationalen Eigentümlichkeiten der Deutschen, über die andere Völkerschaften sich einig sind, lässt Stalin am Leben erhalten: den deutschen Blick. Es gibt Lehrer, die benutzen noch für die Drohung mit einer Eintragung ins Klassenbuch die Sprechmelodie des Genossen Stalin, so wie sie der Genosse Generalsekretär der Bruderpartei verstanden hat und als Beispiel übermittelt. Andere Lehrer wissen, dass der Schüler lügt beim Aufsagen von Lügen, die er von Niemandem weiss als von ihnen selber, und eine Eins schreiben sie ihm an, und der Schüler sieht ihnen zu dabei. Ist dies, was an Stalin gerühmt wird als Feinfühligkeit? Ist dies sein Glaube an das Volk? Seine Liebe zum Volk lässt sich ermessen, wenn er die Niederlage der Romanows gegen die Japaner vom Jahre 1904 empfindet als einen »schwarze[n] Fleck« »im Bewusstsein des Volkes«, wenn er wie nur je ein Zar vierzig Jahre lang gewartet haben will auf die Tilgung dieses Flecks, bis er sie am 2. September 1945 mitteilen kann in einer öffentlichen und später gedruckten Ansprache »an das Volk«. Vielleicht ist es Tatsachenlyrik, wenn die Neue Dichtung beruhigend verlauten lässt, im Kreml brenne noch Licht, jedoch es ist auch eine Erinnerung an einen anderen Nachtarbeiter und das Faktum, dass er ihm einst in Freundschaft verbunden war. Das heisst doch, die Frage nach seinem Schlaf einladen. Ist die Menschheit dann jeglichen Schutzes bar? Wäre seine Logik so unüberwindlich, sein Verstand so kristallen, ihm müsste allmählich auffallen, dass das falsche Latein in seinem Titel Generalissimus, Steigerung eines Substantivs, ihn behängt mit einem Flitter, der eher dienlich wäre für eine Operetten-Aufführung. Wer sich selbstverständliche Verhaltensweisen, etwa das Abwägen komplexer Entscheidungen, nachsagen lässt als Tugenden, und Unfehlbarkeit überhaupt, er möchte jenseits des Menschlichen sein, und tut zum Lächerlichen jenen einzigen Schritt, wenn er Sich von Seiner Akademie Seiner Wissenschaften zum siebzigsten Geburtstag diesen Titel schenken lässt: Koryphäe der Wissenschaft (Chorführer im altgriechischen Drama). Jedoch, solange er lebt, setzt sein Bild viel durch von seinem Willen. Man schämt sich, im Schlaf sagen zu können, welches Lied nun wieder diesem Führer das liebst ist, unabdingbar gehört es zum Grundwissen.

Das Grundwissen reichte aus zu dem F.D.J.-Abzeichen »Für Gutes Wissen« in Bronze. Das Abzeichen reichte aus für die Bestellung zum Org.-Leiter der Z.S.G.L. Das eine ist die Zentrale Schulgruppenleitung einer Oberschule, und der andere befasst sich mit der Organisation der Unternehmen, denen sich an die dreihundert Schüler gemeinsam unterziehen, als da sein kann die Suche nach den Kartoffelkäfern, die Flugzeuge der U.S.A. auf Beschluss der Regierung der D.D.R. seit dem Frühjahr 1950 auch über Mecklenburg abgeworfen haben. Ernte-Einsätze, Entlade-Einsätze. Der Org.-Leiter berichtet der Z.S.G.L., was wiederum die Org.-Leiter der einzelnen Klassengruppen ihm berichten. Er führt die Mitgliederlisten, er stellt die Anwesenheiten bei Versammlungen fest, er füllt die unzähligen Berichtsschablonen aus für den Zentralrat der Freien Deutschen Jugend in Berlin. An den Org.-Leiter kommt die Anfrage der Kreisleitung über das »politische Bewusstsein« eines Mitschülers, die verkleidete Neugier des Ministeriums für den Dienst an der Staatssicherheit, und ehe er darüber befindet mit den Angehörigen der Z.S.G.L., wird er jenen Mitschüler unterrichten über das gefährliche Interesse an seiner Person. (Der zieht es vor, die Warnung in den Wind zu schlagen, und bekommt seinen Prozess, während der Org.-Leiter eben abzuwarten hat, ob der als Staatsfeind erkannte Doemlack ihn benennen wird als Beihelfer zu seinen Albernheiten.) Wenn Angehörige seiner Schulgruppe verschwunden sind, nämlich verhaftet, geht der Org.-Leiter auf die Suche nach ihnen in den sicheren Häusern des Volkseigenen Betriebes Horch & Greif, wo er sagt: immerhin bin ich der Org.-Leiter. Dies alles neben der Schularbeit, durchaus ehrenamtlich, durchaus unehrenhaft in der Sicht mancher Mitschüler; aber wenn beim Abitur die Zeugniskonferenz fragt nach

seiner »gesellschaftlichen Betätigung«, wird jemand sagen müssen: Immerhin war der fast zwei Jahre lang Org.-Leiter.
Darüber hinaus muss er seine Genealogie verändern. Der Sohn eines Angestellten bei einem Tierzuchtamt der Hitlerregierung gilt als »bürgerlich«, wie immer tot sein Vater sei. Die Menge der »bürgerlichen Elemente« auf den Universitäten soll beschnitten werden. Solange die Mutter Uniformen schneidert für die Stadtkommandantur der Roten Armee, wird sie bezeichnet als eine Angestellte, mithin ihr Sohn als bürgerlich. Auch wenn sie arbeitet als Schaffnerin in Personenzügen der Deutschen Reichsbahn, bleibt sie eine Angestellte. Entschliesst sie sich dazu, bei der Reichsbahn Güterwagen als Schaffnerin zu betreuen, ist ihr Sohn ein Arbeiterkind. Die Söhne und Töchter von Arbeitern und Bauern sind zu bevorzugen bei der Zulassung zum Studium.
Gegen den Schüler ist in Einwand zu bringen, dass er sich von einem approbierten Arzt eine »vegetative Dystonie« bescheinigen liess, sobald die amtliche Rede war von freiwilliger Verpflichtung in eine der Waffengattungen der Kasernierten Volkspolizei, und dadurch obendrein eine Freistellung vom Unterricht im Sport sich erschlich.
Schliesslich sollen die Zensuren des Schülers in den Hauptfächern berücksichtigt werden.
Die Reifeprüfung wurde »gut bestanden«. Gesellschaftliche Tätigkeit: »J. ist seit dem 10.9.1949 Mitglied der F.D.J. Er erwarb das Abzeichen ›Für Gutes Wissen‹ in Bronze und leistete gute organisatorische Arbeit. Mit Umsicht und Energie arbeitete [er] an verschiedenen Aufgaben mit. Er bemühte sich durchaus mit Erfolg in weltanschaulichen Fragen Klarheit zu erlangen.«

Im Sommer 1952 machte der Grosse Stalin deutlich, in welcher Art Kampf für den Frieden er sich einig wissen wollte mit seiner Freien Deutschen Jugend. Auf dem IV. Parlament der F.D.J. in Leipzig, am 27. Mai übergibt ein Offizier der Volkspolizei dem Vorsitzenden Erich Honecker eines der hundert Kleinkalibergewehre, die er dieser Versammlung mitgebracht hat, und zwar »unter grenzenlosem Jubel«. Im Artikel 4 der Verfassung für die F.D.J. heisst es seit dem 30. Mai: »Der Dienst in der Deutschen Volkspolizei ist für die Mitglieder der Freien Deutschen Jugend Ehrendienst.« Am 1. Juni nimmt das Staatsoberhaupt der D.D.R., Wilhelm Pieck, auf dem »Sport- und Kulturfest der Deutschen Jugend« den Vorbeimarsch bewaffneter F.D.J.-Verbände ab. 3000 Jungen und Mädchen ziehen mit umgehängtem Gewehr durch Leipzig.

Von der westdeutschen Gegend ist hinlänglich bekannt, dass dort die Verdienste Adolf Hitlers um die deutschen Autobahnen in gutem Ansehen stehen. Ein Herr Mende hat 1950 mit einer Bundestagsrede über die S.S. erreicht, dass den Hinterbliebenen von Angehörigen dieser Truppe Renten zugesprochen wurden. Das Bundesamt für militärische Fragen (Amt Blank) arbeitet seit Ende Oktober 1950, und zwar nach der von Generalen Hitlers verfassten »Eifeldenkschrift« (Aufbau einer westdeutschen Armee in einer Stärke von 300000 bis 500000 Mann). Nach dem Generalvertrag zwischen der Bundesrepublik einerseits und den U.S.A., Grossbritannien und Frankreich andererseits vom 27. Mai 1952 werden die westdeutschen Truppen in die strategische Planung des Nordatlantischen Vertrages eingeordnet.

Im Januar 1953 gibt Stalin zu erkennen, dass seine Liebe zum Volk immerhin jene Gruppe ausschliesst, die auch Hitler vernichten wollte. Ein paar Sätze in der moskauer »Prawda« über seine Anschuldigungen gegen jüdische Ärzte werden auffällig übernommen in die Zeitung »Neues Deutschland«, Berlin. An diesem Morgen muss ein Student der Germanistik in Rostock, der eine jüdisch durchwachsene Abkunft behauptet und vielleicht deshalb mit dem Handschlag eines Professors bevorzugt wurde, ohne Gruss und Blick des verehrten Lehrers auskommen.

Wenn die Zuhörer dieser ersten Vorlesung es versuchen möchten mit der Schlussfolgerung, hier sei jemand im psychologischen Sinne fixiert auf zwei Personen der Zeitgeschichte, so stellt er das anheim.

Allerdings meint er, vornehmlich sie hätten ihm vorgeführt, wie man Sprache falsch benutzen kann, sogar mit dem Vorsatz zu betrügen.

Wenn das ein Verein war, wollte er da austreten.

II

Staatliche Beihilfen

Im vorangegangenen Kapitel habe ich versucht vorzuführen, wie unberatenes Festhalten an stillem Widerspruch einen gewöhnlichen jungen Menschen abdrängen kann auf jene Bahn, an deren Ende der Beruf des Schriftstellers droht; in diesem muss ich darlegen, wie er tatsächlich ins Schreiben gerät. Ich erlaube mir die Wiederholung, dass meine Bemerkungen vorgeben, zu Ihrer Unterrichtung zu dienen, wissentlich jedoch gemeint sind als eine Warnung.

Die Lese-Anfälle waren wieder und abermals aufgetreten, jetzt zumindestens dem Opfer kenntlich als Anzeichen einer Sucht. Denn sie wurden verborgen wie eine strafbare Handlung, Missbrauch einer Lust; Eingreifen der Behörden dringend geboten. Die Wochenenden schieden aus, da die Voraussetzung des Alleinseins fehlte. Also wurde der gesamte Nachmittag eines Wochentages langfristig im Voraus geplant, indem Schularbeiten vorgezogen oder, wie betrüblich zu erwarten stand, aufgeschoben wurden, zum Zwecke einer Stunden währenden Völlerei an Büchern, sogar solchen, auf denen der Blick eines Lehrers hätte mit Billigung ruhen können. Kennzeichnend, dass in fast keinem Fall Tatsachen auf den Druckseiten vorkamen, sondern erfundene, und dass sie wieder und abermals angesehen wurden wegen der Fassung, die die Urheber ihnen gegeben haben. So bleibt man zwar in allen Sprachen auf der Zensur Eins, aber die Lehrkraft für Chemie betrachtet diesen Schüler bekümmert.

Noch schwerer ins Gewicht fiel ein anderes Symptom, gleicher Massen übersehen, weil wohlweislich im Verborgenen gehalten: Nachdem in der Deutschstunde Hinweise auf die Machart einer Novelle vorgekommen waren, muss dieser Schüler sich verstiegen haben zu einer gesteigerten, wiewohl im Ausbildungsziel unerwünschten Form des Lernens, des Erlernens nämlich. Man ermesse die verschwiegene Unverfrorenheit eines Siebzehnjährigen, der sich da sagt, das könne er auch. Es genügte eine Winterwoche, in der er von Niemandem eine Frage nach seinem Tun oder Lassen zu gewärtigen hatte, und er ging auf Papier zu Werke. Die Lehre aus dieser Erfahrung war erfreulich. Denn der Schüler gab seinen Versuch auf, als er mehrmals neben einer ausgeschalteten Lampe vergebens darauf gewartet hatte, er werde für das Aufplatzen des Lichtes in eine seit Tagen ungeheizte Stube jene zwei Worte finden, die ihn überzeugen würden. Der Verzicht war von einiger Dauer. Leider nahm der Ausgleich, der passive Umgang mit Geschriebenem, nun überhand.

Zu Gunsten dieser fatalen Neigung kann angeführt werden, dass gerade durch sie eine Mahnung zur Vorsicht ausgesprochen wurde. Denn dieser Siebzehnjährige, wie viele neben ihm, glaubte sich zu befinden in einer einzigartigen Verstrickung von Umständen und Beziehungen, deren Kenn- und Wahrzeichen darin bestand, dass sie unentdeckt war, von seiner Umwelt weder bemerkt noch begriffen, in der Tat unverstehbar, es sei denn für ihn. Dies nährte die Versuchung, eine so erlesene Variante wenigstens in Gedanken umzubauen in eine Erzählung – er hatte wenig genug gelernt aus dem eigenen Eingeständnis, dass ihm der Falke der Novelle davongeflogen war. Der heilende Eingriff kam als ein antiquarischer Band der Collection Fischer, in dem ein Mensch namens Tonio Kröger auf das unwiderleglichste mitteilte, er habe um die Wende des Jahrhunderts sämtlich entschieden und beschlossen, was in vergleichbarer Lage aufzuschreiben sei. Es gebe etwas: sagt er:

was ich Erkenntnisekel nenne, Lisaweta: Der Zustand, in dem es dem Menschen genügt, eine Sache zu durchschauen, um sich bereits zum Sterben angewidert (und durchaus nicht versöhnlich gestimmt) zu fühlen – der Fall Hamlets, des Dänen, dieses typischen Literaten. Er wusste, was das ist: zum Wissen berufen zu werden, ohne dazu geboren zu sein. Hellsehen noch durch den Tränenschleier des Gefühls hindurch, erkennen, merken, beobachten und das Beobachtete lächelnd beiseite legen müssen noch in Augenblicken, wo Hände sich umschlingen, Lippen sich finden, wo des Menschen Blick, erblindet von Empfindung, sich bricht, – es ist infam, Lisaweta, es ist niederträchtig, empörend ... aber was hilft es, sich zu empören? (Thomas Mann, Ausgewählte Erzählungen. Aufbau Verlag, Berlin 1953, p. 130)

Demnach war der Fall längst bekannt, ein Typus sogar statt des vermuteten Originals, obendrein analysiert, definiert und endgültig ad acta genommen, die »Sehnsucht nach den Wonnen der Gewöhnlichkeit« eingeschlossen. Ja, wenn das so war. Offenbar verhielt es sich in dieser Weise. Dem etwas hinzuzufügen, das erübrigte sich. Es ist ganz beliebig und unnütz, zu maulen über Hände, die »sich« umschlingen, statt einander; grundsätzlich war die Sache ausgestanden, abgetan, erledigt, nämlich: bereits aufgeschrieben und mitgeteilt.
Danach ist für diesen Jugendfreund (denn so war die Titulatur für Angehörige der F.D.J. und ihre Anrede untereinander) vorläufig nur noch etwas zu melden, was aber gedeutet werden kann als zusätzliche »gesellschaftliche Betätigung«: er machte die Ansage für den Chor seiner Schule, wenn dieser Gastspielreisen unternahm.

Junge Welt Extrablatt

ORGAN DES ZENTRALRATS DER FREIEN DEUTSCHEN JUGEND

Sonderausgabe April 1953 Preis 10 Pf.

Aus dem Inhalt:

Tatsachen über Jugendmißhandlungen in den Pfeifferschen Stiftungen Seite 3

Ein Sturm des Protestes gegen das Treiben der „Jungen Gemeinde" Seite 4

„Junge Gemeinde"-Tarnorganisation für Kriegshetze, Sabotage und Spionage im USA-Auftrag

Schändlicher Mißbrauch des christlichen Glaubens / „Junge Gemeinde" wird von den westdeutschen und amerikanischen Imperialisten dirigiert / Enthüllungen über die Verbindungsleute der „Jungen Gemeinde" im Westen / Ehemaliger Gestapo-Agent – als „Diakon" getarnter USA-Spion

Die Korrespondenten der „Jungen Welt" aus allen Teilen der Deutschen Demokratischen Republik berichten über neue Tatsachen der feindlichen Umtriebe der illegalen „Jungen Gemeinde". Diese Tatsachen, die wir uns verpflichtet fühlen der Öffentlichkeit zu unterbreiten, runden das bisher durch zahlreiche Beiträge der „Jungen Welt" gezeichnete Bild dieser illegalen Organisation ab. Es erweist sich, daß die heuchlerisch mit christlichem Schein verbrämte „Junge Gemeinde" direkt durch die in Westdeutschland und vorwiegend in Westberlin stationierten amerikanischen Agenten- und Spionagezentralen angeleitet wird. Der christliche Glaube vieler junger Menschen wird durch eine geschickt aufgebaute religiöse Staffage mißbraucht, um sie unter Vorspiegelung angeblich kirchlicher Betätigung nicht nur gegen die Deutsche Demokratische Republik aufzuhetzen, sondern auch zu feindlichen Handlungen, die schweren Strafen unterliegen, aufzuwiegeln. Somit ist die „Junge Gemeinde" nichts weiter als ein verlängerter Arm der Terrororganisation BDJ. Ihre Leiter sind die gleichen, die in Westdeutschland im Auftrage Adenauers und seiner amerikanischen Hintermänner eine Hetzjagd gegen die für Frieden und Einheit mutig kämpfende Jugend veranstalten und solche aufrechten jungen Patrioten wie Jupp Angenforth verhaften, verschleppen und mißhandeln. Die Hintermänner und Leiter der „Jungen Gemeinde" wollen — wie die Tatsachen beweisen — in unserer Republik ein gleiches System des Terrors aufrichten wie in Westdeutschland, sie besorgen die schmutzige Sache Adenauers, des Todfeindes der deutschen Jugend.

Das sind die Hetztafeln der illegalen „Jungen Gemeinde"

JUNGE GEMEINDE SANKT THOMAS
Junge
Gemeinde ?
Die Kirche

Der Ehrlichkeit halber ist einzugestehen, es war fast eine Conférence, in der dem Publikum eine leicht verquere Vorschau auf die dargebotenen Kunst- und Volkslieder geboten wurde. Um ganz ehrlich zu sein: sie war gereimt. Um der letzten Wahrheit die Ehre zu geben: sie wurde in einer Zeitung rezensiert. Wie hiess es da? »In humorigen Zwischentexten versucht sich glückhaft ein junger Güstrower Poet«, folgt ein Name. Jedoch war diesem eine solche Berufsbezeichnung heikel, und er glaubte im Ernst, er wähle das Studium der Germanistik, damit ihm der ständige Umgang mit Literatur erhalten bleibe. Anzurechnen ist ihm, welch hohes Risiko er einging: für die beiden ersten Studienjahre war nebenher Psychologie zu belegen, Teil der Ausbildung für Pädagogik; erst danach wollten die Behörden über ihn befinden, nämlich ob seine Leistungen ihn ausweisen als einen Kandidaten für das Diplom oder für den Beruf, den er als Praxis kannte, mithin fürchtete von Grund auf: den eines Lehrers für Deutsch.

So grausiger Aussicht auf Zukunft war wiederum zu begegnen mit der vorerst einzigen Waffe, dem Fleiss. Es war schlicht eine Lebensversicherung entrichtet, wenn die Zwischenprüfung nach dem 1. Studienjahr einen solchen Kontostand ergab:

Grundlagen des Marxismus-Leninismus	1
Mittelhochdeutsche Grammatik	2
Geschichte der deutschen Literatur von 1700–1789	1
Literatur des demokratischen Deutschland	1
Russische Sprache	1.

Der Weg dieses stud. phil. versprach einen weiten Bogen um die Neuen Oberschulen, winkte mit der Arbeit eines Lektors, eines wissenschaftlichen Redakteurs. Von dem war Literatur vielleicht nur zu erwarten, wie man sie benötigt für den privaten Gebrauch; hätte man ihn denn in Ruhe gelassen.

Im April 1953 erschien ein Extrablatt der Zeitung »Junge Welt, Organ des Zentralrats der Freien Deutschen Jugend«. Die Schlagzeile mit dem Untertext lautete:

> »Junge Gemeinde« – Tarnorganisation für Kriegshetze, Sabotage und Spionage im USA-Auftrag
> Schändlicher Missbrauch des christlichen Glaubens / »Junge Gemeinde« wird von den westdeutschen und amerikanischen Imperialisten dirigiert / Enthüllungen über die Verbindungsleute der »Jungen Gemeinde« im Westen / Ehemaliger Gestapo-Agent – als »Diakon« getarnter USA-Spion

Aus der Beweisführung:

> Es erweist sich, dass die heuchlerisch mit christlichem Schein verbrämte »Junge Gemeinde« direkt durch die in Westdeutschland und vorwiegend in Westberlin stationierten amerikanischen Agenten- und Spionagezentralen angeleitet wird. Der christliche Glaube vieler junger Menschen wird durch eine geschickt aufgebaute religiöse Staffage missbraucht, um sie unter Vorspiegelung angeblich kirchlicher Betätigung nicht nur gegen die Deutsche Demokratische Republik aufzuhetzen, sondern auch zu feindlichen Handlungen, die schweren Strafen unterliegen, aufzuwiegeln. Somit ist die »Junge Gemeinde« nichts weiter als ein verlängerter Arm der Terrororganisation BDJ. Ihre Leiter sind die gleichen, die in Westdeutschland im Auftrage

Adenauers und seiner amerikanischen Hintermänner eine Hetzjagd gegen die für Frieden und Freiheit mutig kämpfende Jugend veranstalten und solche aufrechten jungen Patrioten wie Jupp Angenforth verhaften, verschleppen und misshandeln. Die Hintermänner und Leiter der »Jungen Gemeinde« wollen – wie die Tatsachen beweisen – in unserer Republik ein gleiches System des Terrors aufrichten wie in Westdeutschland, sie besorgen die schmutzige Sache Adenauers, des Todfeindes der deutschen Jugend.

An Tatsachen wurde angeführt: Ein Studentenpfarrer in Halle bezog Literatur von einem »Evangelischen Hilfswerk« in Westberlin. Es wurden (offenbar bei einer Haussuchung) Sätze gefunden wie dieser: »Die Russen zerstören aus purer Freude am Untergang«, oder es wird einem lettischen Pfarrer mit »einem glühenden Eisen ein Kreuz auf die Brust gebrannt und der Kopf mit Stacheldraht gekrönt«. Von anderen Pfarrern werden Äusserungen berichtet wie diese: Die Umwandlung der Wüsten in der Sowjetunion sei Sünde. Oder: es sei mit dem christlichen Charakter einer kirchlich betreuten Pflegeanstalt unvereinbar, in ihren Räumen die Fahne der F.D.J. sowie die Bilder des Genossen Stalin und des Präsidenten Pieck anzubringen. Eine Reportage behauptete als Tatsache die Misshandlung von Jugendlichen in kirchlichen Stiftungen. Der Preis für diese Nachrichten betrug zehn Pfennige.
Die einzige Tatsache, die zählte und auf die es ankam, war die Entschiedenheit der Regierung, mit der »Jungen Gemeinde« eine vermeintliche Konkurrenz für die eigene Jugendorganisation abzuschaffen. Hier sprach noch einmal der Grosse Genosse Stalin. Seit Januar 1953

waren Pfarrer verhaftet und kirchliche Wohlfahrtseinrichtungen beschlagnahmt worden; nun hatte die Kampagne folgerichtig die Hochschulen erreicht. Den Arbeitern hatte man die Fahrpreisermässigungen per Dekret weggenommen; hier scheute die Regierung vor dem Weg, den sie sonst den administrativen zu nennen beliebte. Bei den Studenten sollte es demokratisch zugehen.

Vor der Grossversammlung der F.D.J.-Gruppe Philosophische Fakultät wurde eines ihrer Mitglieder beiseite genommen vom Stellvertreter des Ersten Vorsitzenden oder einem anderen Vorgesetzten. Die Instruktion lautete, zusammengefasst, so: Du bist doch der Jugendfreund aus Güstrow. Du bist Org.-Leiter gewesen. Da weisst du ja Bescheid. Du meldest dich zu Wort. Du sprichst zunächst über den Kampf der »Jungen Gemeinde« gegen den Frieden, danach konkret über die drei evangelischen Banditen von der »Jungen Gemeinde«, die am vorigen Sonnabend einen Rekruten der Roten Armee mit einem Taschenmesser überfallen und schwer verletzt haben, in der Bahnhofstrasse von Güstrow.

Der Jugendfreund aus Güstrow bestritt das. Wenn so etwas da vorgekommen sei, fünfzig Meter von der Wache der Volkspolizei, dann wüsste man das in Güstrow. Ihm wurde bedeutet, die Zeit des Funktionärs sei zu schade für fruchtlose Diskussionen. Als er weiterhin sich wehrte gegen den Auftrag, bekam er gesagt: Das ist ein Befehl.

Auf das Grundsatzreferat folgen die Wortmeldungen, so ist es demokratisch. Der Instrukteur winkte, der Instruierte stieg zum Pult. Er stellte sich vor als Jugendfreund aus Güstrow, genauer noch als einstmalig Org.-Leiter, als vertraut mit dem Prinzip des demokratischen

Zentralismus, jedoch gänzlich unerfahren in der Technik der gelenkten Diskussion. Sodann stellte er seinen Auftrag dar, bis hin zum evangelischen Taschenmesser. Er erklärte sich für ausserstande, über irgend eine andere »Junge Gemeinde« zu reden als die ihm bekannte; das sei die in Güstrow. Im Gegensatz zu der Meinung des Vorredners sei das weder eine illegale noch überhaupt eine Organisation; ihr fehle eine Befehlsstruktur wie ein Mitgliedsbeitrag. Ihr Zeichen, das Kreuz auf dem Kreis der Erdkugel, diene lediglich der Erkennung, wie das Abzeichen für den Fünfjahresplan. Entgegen der Unterstellung, die Junge Gemeinde wolle damit signalisieren, sie strebe die Weltherrschaft für sich an, sei ihr Symbol unter Historikern bekannt als das Wendische Kreuz, von dem Kreuz der morgenländischen Pilger unterschieden durch ein darunter stehendes Rad, welches nun hinwiederum die Schnelligkeit bedeute, mit der dereinst Heinrich der Löwe und Albrecht der Bär die wendischen Heiden zu bekehren hofften; so gegeben und angenommen, den 29. Juni 1147 zu Magdeburg. Im Mittelalter wurde es verstanden als Bild für die Lehre von den zwei Reichen, nämlich dem des Reichsapfels und dem des Kreuzes. Die freiwilligen Zusammenkünfte der Jungen Gemeinde seien am ehesten vergleichbar einem Seminar zur Auslegung eines Textes, hier der Bibel. Von öffentlichen Überfällen sei in Güstrow nur der bekannt auf zwei Oberschüler, Angehörige der Jungen Gemeinde und mit eben dieser Begründung von der Schule verwiesen, in einer Vollversammlung. Zum Schluss kam der Jugendfreund aus Güstrow mit der Feststellung, die Hetze und die Schikanen gegen eine Religionsgemeinschaft konstituiere einen mehrfachen Bruch der Verfassung der Deutschen Demokratischen Republik, ausgeführt durch die

Regierung der Deutschen Demokratischen Republik: Artikel 9 gewährleiste die Freiheit der Meinungsäusserung, Artikel 41 die Glaubensfreiheit und ungestörte Ausübung der Religion, und so fort bis zum Artikel 45. Wenn das eine Verschwörung sei, so wolle er, gerade als einstiger Org.-Leiter, da austreten.

Kein Beifall.

Wer so redet, soll eine Vorladung erwarten; aber sie hatte eine andere Adresse als die erwartete, es war eine Niederlassung der S.E.D. (Sozialistische Einheitspartei Deutschlands). Mitzubringen waren Studienbuch, Personalausweis, Mitgliedsbücher F.D.J. und D.S.F. (Gesellschaft für Deutsch-Sowjetische Freundschaft); auffälliger Weise keine Zahnbürste. Offenbar sollte es demokratisch zugehen. Die Anklagen lauteten auf: Boykotthetze gegen demokratische Einrichtungen und Organisationen. Diversion. Bündnis mit dem Klassenfeind. Agitation gegen den Fünfjahresplan. Missbrauch der Geschichtswissenschaften. Bruch der Befehlsdisziplin. Ausführung eines Agentenauftrags. Verächtlichmachung der demokratischen Presse. Provokatorisches Austreten.

– Aus einer Verschwörung, wenn es eine gibt. Von der Mitgliedschaft in der F.D.J. war keine Rede.

– Ach so. Na dann provokatorisches Auftreten. Und wer ist dein Oberagent, Jugendfreund aus Güstrow?

Das war ihnen unfasslich: hier hatte einer keinen Agentenauftrag, keine Hintermänner, keine dreissig Silberlinge; ja es vermehrte das Ausmass seines Verbrechens. Nach dem zweiten Verhör beschloss die Partei über ihren Jugendfreund aus Güstrow: Exmatrikulation, Sperre sämtlicher Hochschulen.

Das war im Mai. Dann kam der zehnte Juni, und am 11.

stand es in der Zeitung: Der Ministerpräsident der Deutschen Demokratischen Republik, Otto Grotewohl, der stellvertretende Ministerpräsident, Otto Nuschke, der Minister für Erziehung, Paul Wandel, der Minister für Staatssicherheit, Wilhelm Zaisser, im Gespräch mit acht evangelischen Bischöfen, dem Generalsuperintendenten von Ostberlin und dem offiziellen Vertreter der Kirchen bei der Regierung, Probst Heinrich Grüber. Grotewohl: Die Regierung bedauert ihre Massnahmen. Sie verspricht, das begangene Unrecht wieder gut zu machen. Die Junge Gemeinde wird betrachtet als keine illegale Organisation. Die Regierung wird es unterlassen, gegen sie und andere kirchliche Vereinigungen vorzugehen. Alle Schüler, die wegen ihrer Zugehörigkeit zur Jungen Gemeinde von den Oberschulen gewiesen wurden, müssen wieder aufgenommen werden. Wegen Eintretens für solche Schüler entlassene Lehrer dürfen ihre Tätigkeit wieder aufnehmen.

Die Regierung Grotewohl hatte kürzlich erfahren, dass vor drei Monaten, am 5. März, der grosse Jossif Wissarionowitsch Stalin verstorben war.

Mit den Kirchen hatte die Regierung Grotewohl sich vers-tändigt. Eine Vers-tändigung mit einem Jugendfreund aus Güstrow, derzeit in der Schwebe zu Rostock, unterliess sie.

Und wenn eine Universitätsbehörde einem von der Exmatrikulation bedrohten Studenten kein Schriftstück aushändigt, auf dem geschrieben steht von der Aufhebung dieser Ordre, sind keine Vorgänge belegbar, die zu ihr geführt haben.

Nach dem Aufstand der Arbeiter und Bauern gegen die Regierung der Arbeiter und Bauern ging jemand ins Prorektorat der Universität Rostock und erkundigte sich

nach seinen Lebensaussichten. Die Auskunft lautete: Die Streichung ist gestrichen.
So bekam jemand seine ureigene Sache, seinen persönlichen Handel mit der Republik, seinen Streit mit der Welt darüber, wann etwas eine Wahrheit ist und bis wann eine Wahrheit eine Bestrafung verdient. Da ihm verwehrt ist, dies öffentlich auszutragen, wird er es schriftlich tun.
So wird er zum Lehrling in diesem Beruf, den er sich selber beizubringen hat. Flugs erfindet er für sich noch einmal Walter Benjamins IV. These über die Technik des Schriftstellers:

> Meide beliebiges Handwerkszeug. Pedantisches Beharren bei gewissen Papieren, Federn, Tinten ist von Nutzen. Nicht Luxus, aber Fülle dieser Utensilien ist unerlässlich.
> (»Ankleben verboten! Die Technik des Schriftstellers in dreizehn Thesen.« In: Walter Benjamin, Schriften, Band I. Suhrkamp Verlag, Frankfurt am Main 1955, p. 536ff.)

Dann hat einer Pech, wenn für ihn die Feder am wenigsten auf einem »Leinenpapier« kratzt. Wie soll er da eine Fülle auftreiben, wenn die Regierung selber schreiben lässt auf holzigem Papier! Will er das bewerkstelligen mit dem Ankauf unzähliger »Geschenkpackungen« aus einem monatlichen Budget von 130 Mark Stipendium, wird er Senf wählen müssen als Belag für sein Brot. Es ist selbst verschuldet, wenn einer sein Schriftbild nur in schwarzer Farbe erträgt (auf den Vorwurf der Exzentrizität antworte ich mit der Auskunft, dass grüne Farbe reichlich im Handel war), solches Schwarz aber so tief im

Süden der Republik angefertigt wird, dass es den Bezirk Rostock nur zufällig erreicht. Hier versichere ich einem Mädchen namens Christian, dass ich anfangs aber ohne jede Ahnung war von dem Geschäft, das deine Mutter betrieb, mit Schreibwaren, Christian. Was war Luxus? eine Schreibmaschine war Luxus. Fülle war manchmal geboten.

Abgesehen von Papier und Tinte, leistet der Staat dem Unternehmen Beistand in vielfältiger Form. So hat für ihn ein noch approbierter Literaturwissenschaftler des Marxismus die These aufgestellt, zwar am Beispiel eines Michael Kohlhaas, aber beliebig anwendbar, wonach ein Mensch subjektiv im Recht sein könne, objektiv jedoch im Unrecht, damit der Privatschreiber gründlich einsieht, dass es für die Obrigkeit ein anderes Recht gibt als für ihn, und dass das seine in der Regel das schwächere sein wird. Folgerichtig wird er für sich auch noch die II. von Walter Benjamins Thesen über die Technik des Schriftstellers erfinden:

Sprich vom Geleisteten, wenn du willst –

also: zu Niemandem und nie –

jedoch:

abzuwandeln in: und wenn dir gelegen ist an freiem Fusse –

lies während des Verlaufes der Arbeit nicht daraus vor. Jede Genugtuung, die du dir hierdurch verschaffst, hemmt dein Tempo. Bei der Befolgung dieses Regimes wird der zunehmende Wunsch nach Mitteilung zuletzt ein Motor der Vollendung.

Zusatz: In der Zeit, während der einer vorliest, hätte er sich bereit halten können für das Schreiben. Der Staat verschafft ihm hierzu Freiheit von Störungen: alle Kommilitonen dieses begnadigten Widerredners haben vergessen, warum sie weiterhin mit ihm sprechen sollten, sei es bei der Begegnung im Seminar oder im Rosengarten. Nur einer von ihnen verrät, warum er Unterhaltungen mit dem Gezeichneten vermeidet: dieser hat regelmässig Verabredungen im ehemaligen »Volkshaus«, schräg gegenüber der Universität, am Stalinplatz, da residiert der Staatssicherheitsdienst und führt Buch über die Äusserungen der Studenten. Ein anderer kratzt ein Mal am Fenster (die Klingel würde ihn verraten als einen Besucher) und hat Zeit nur für Minuten, das aber ist in der Finsternis der Mitternacht; was nützt eine Solidarität, die sich versteckt. Die Zeit, in der Gespräche vermieden werden, kann man benutzen für das Schreiben. Der Staat macht reiselustig: wenn die Kommilitonen in Rostock fremd tun, wird einer für das nächste Studienjahr welche aussuchen in Leipzig, die haben keine Ursache, ihn zu kennen. Gerade, wer in diesem Lande einen Zustand an einem Ort beschreiben will, muss herausfinden durch Vergleich, ob er ein vereinzelter ist oder auch zur Lebensweise gehört an einem anderen. Und wahrhaftig lud in Leipzig die freie deutsche Jugend der Karl Marx-Universität zum 17. November 1955, 19:30 Uhr, in den Grossen Hörsaal der Anatomie zu einem Vortrag von Herrn Heinrich Schwartze, wissenschaftlicher Oberassistent mit Lehrauftrag am Institut für Philosophie, »über den Missbrauch der Religion zu irdischen Zwecken«; da fehlte ein Jugendfreund, der jetzt aus Rostock war, der war inzwischen so tief ins Schreiben geraten, dass er sich sein Material, Missbrauch angehend und anderes, selber besorgte. Der Staat deutet an, seinetweg könne alles vergeben sein, sogar ein wenig vergessen: wenn die freie deutsche Jugend im Herbst 1953 die Mitgliedsbücher überprüft, ganz wie die Erwachsenen in der Partei, wird sie Order haben, auch diesem Jugendfreund das seine zurückzugeben. Der Staat ist beim Schreiben behilflich mit wissenschaftlichen Mitteilungen über die deutsche Sprache, etwa über die Vorsilbe Ge-. In den Worten Gebirge, Gelände, Geländer zeigt sie, dass sie etwas Zusammenfassendes hat in ihrer Art, etwas Verbindendes. Der Staat erinnert an seine Allgegenwart, wenn eine Studentin die Bedeutung der Vorsilbe Ge- in dem Wort Genosse so erklärt: Der Genosse – das ist jemand, der mit-geniesst! lachend, voller Freude am Finden, bis der Seminarraum still wird von einem ausführlichen Schrecken. Deswegen kann einer, der in Zeiten wie diesen etwas aufschreibt, nur die erste Hälfte der V. von Walter Benjamins Thesen beherzigen:

> Lass dir keinen Gedanken inkognito passieren,

jedoch wird er sich hüten, die Fortsetzung zu befolgen:

> und führe dein Notizheft so streng wie die Behörde das Fremdenregister.

Der Staat lädt ein zur Ausbildung in der Gesellschaft für Sport und Technik des Kleinkalibergewehrs, vertrauensvoll betrachtet er das verjährte Zeugnis über die vegetative Dystonie, nur Fürsorge ist es, die hier eine Nachuntersuchung verordnet; wer abermals einen Schritt getan hat weg von dem künftigen Wehrdienst, dessen Hand wird ruhiger sein beim Schreiben. Es ist, als wüsste der Staat, dass hier jemand schreibt unter der Hand, so zielsicher fördert er, ein Praktikum verlangend beim Verlag Reclam in Leipzig. Und was verlangt er für all seine Hilfen?

Für das zweite Studienjahr:

Grundlagen des Marxismus-Leninismus	1
Hauptprobleme der deutschen Wortbildungs- und Satzlehre	2
Geschichte der deutschen Literatur von 1789–1815	1
Meisterwerke der Weltliteratur des 16. und 17. Jahrhunderts	1

und lediglich diesen Vermerk auf der Karteikarte: dieser Kommilitone war

> in Rostock im 3. und 4. Semester Funktionär für wissenschaftliche Arbeit in der Seminargruppe und leitete in dieser Eigenschaft ein Seminar über das Studium der Stalin'schen Arbeit »Neue ökonomische Probleme des Sozialismus in der UdSSR«.

Schliesslich, da der Staat einmal seine Fehler zugegeben hat, steht er zu ihnen und erlaubt noch eine Lizenz für private Spedition, damit zwei Männer in Rostock eine Truhe auf ihren Weg nach Leipzig wuchten können. Wieso ist die denn so schwer. Da sind Bücher drin, die braucht einer zum Schreiben.
Man hätte denken sollen, er sei längst fertig, nach einem ganzen Jahr immerhin. In der Tat gab es jetzt einen Text von 90 Seiten zu je zweitausend Anschlägen, und offenbar hatte er die bittere Prüfung bestanden, dass er einer alten Frau mit sehr erhobener Stimme in die Ma-

schine diktiert werden musste, denn sie war recht harthörig, und es waren Dinge, die sagt man im Winter 1953 auf 1954 besser leise und nur zu Leuten, die Verlass bewiesen haben. Es gab den Text in drei Exemplaren, gebunden nach Art der Dissertationen, für den ersten Blick einer polizeilichen Durchsuchung wenig auffällig. Das zweite und dritte Exemplar waren beide zuviel, sie bewiesen die Absicht zum Weitergeben, zur Verbreitung von dem Staate abträglichen Erzählungen, die planmässige Boykotthetze. Mildernde Umstände angenommen, sechs Jahre Zuchthaus. Der Test, in dem der Text versagte, war sein Wiederlesen durch den Verfasser in Leipzig. Es war zu offensichtlich, dass er im Mecklenburgischen geschrieben war, von einem Neunzehnjährigen obendrein. Die Sache mochte fertig sein, sie erfüllte allzusehr jene von Walter Benjamins Thesen zur Technik des Schriftstellers, der täglich zu widersprechen war:

XIII. Das Werk ist die Totenmaske der Konzeption.

Denn in Leipzig war der Verfasser gestossen auf Leute, die schrieben unverlegen an den Suhrkamp Verlag in Frankfurt am Main, wenn dort im Jahre 1955 zwei Bände Schriften von Walter Benjamin unerreichbar erschienen waren, und erklärten ihre Lage. Der Suhrkamp Verlag, ein denkwürdiges Haus, versehen mit dem Copyright auch Bertolt Brechts, verstand diese Zustandsbeschreibung, und sandte das Gewünschte. In den Diskussionen über These XIII konnte einer lernen, dass er sie nur widerlegen konnte mit einem zweiten Versuch.

Der neue Anfang führte einen Zeugen ein, vor allem wegen seiner Eigenschaft, um ein Weniges älter, auch erfahrener zu sein als jene Abiturienten des Jahres 1953, die mitten in der Reifeprüfung sich abmühten mit Sorgen darüber, wie ihre Regierung umging mit der Verfassung ihrer Republik:

Der Fluss bog sich aus dem Weitendorfer Wald hinaus in die Sonne, und Erichson sah schon den Domturm über dem Ufergras. Der mit seiner roten Grobkantigkeit scheitelte sich stumpf gegen den Himmel vor dem Grossen Eichholz, darüber im tiefen Blau räkelte sich kleines rundliches Gewölk. Und Erichson freute sich dies zu sehen. Denn so wie er da sass: ein junger Mann in einem langen roten Boot: so war er der Student Erichson. Er fuhr hier auf dem Fluss geradezu Besuches wegen in jene kleine Stadt vor dem langen Waldbuckel; er war dort sozusagen zu Hause. Durch die Büsche am Ufer flirrte ein leichter Wind, der ab und an einen Fetzen Rauch von Erichsons Pfeife auseinanderzog in der flimmernden Luft, und niedrige schnelle Wellen rutschten am Boot entlang. Der Tag roch nach jungem Gras in der Sonne.

Denn es ist Mai, und weil es der von Neunzehnhundertdreiundfünfzig ist, denkt er Neuigkeiten mitzubringen aus der grossen Stadt in die kleine. Damals konnte seine Art zu reden so sich geben:

Nun haben Sie da einen Kindergarten zu übernehmen, beispielsweise. In dem ist schreckliche Unordnung, die Gören putzen sich ihre Nasen mit zwei Fingern und haben vor nichts Ehrfurcht. Nun muss da ja wohl Zucht und Sitte geschaffen werden, wie bringen Sie das den Kindern bei? Versuchen Sie es doch einmal mit Märchenerzählen, Kinder mögen das. Also Sie erzählen

Märchen. Von der guten Tante [Babendererde] (nennen wir sie so), und dies sei ein schöner Kindergarten –, da müssen noch Möbel und Gardinen hinein, das Essen muss besser werden, und die Tante [Babendererde] ist eine gute Tante. Was ist das für eine Tante? Das ist eine gute Tante. Na. Und denn erzählen Sie das so ein paar Jahre lange, und das Essen wird besser, und das Haus wird allmählich wohnlich, und die Märchen werden wahr. Und unter allen Kindern ziehen Zucht und Sitte ein, fast alle sagen: Tante [Babendererde] ist eine gute Tante. (Was ist das für eine ...) Aber leider nicht alle Kinder sagen so, einige stehen in der Ecke und sagen: Wir mögen unsere Tante lieber. Das ist aber eine andere. Tante [Babendererde] sagt: Das ist eine böse Tante, und seht ihr denn nicht wie schön dieser Kindergarten geworden ist? Die in der Ecke sagen sie sehen das, und sie sagen es gefällt ihnen. Aber ihre Tante sei eben keine böse Tante. Da sagt [die Babendererde]: für solche Kinder ist kein Platz in meinem Kindergarten. Und was sagen die anderen, die Guten Kinder? Sie sagen: Was ist das für eine Tante? Das ist eine böse Tante. Überhaupt gibt es nur eine Tante, und die hat gesagt: Du sollst den Namen deiner Tante nicht unnützlich führen, denn die Tante wird den nicht ungestraft lassen der ihren Namen missbraucht. [...]
Man hätte nun einfach volkspolizeilich verbieten können dass diese eigensinnigen jungen Leute zusammenkommen und reden über den fünften und sechsten Vers im zweiten Kapitel des ersten Briefes von Paulus an Timotheus. Statt zu beraten über den sozialistischen Aufstieg des deutschen Volkes unter der Führung der Grossen Sozialistischen Sowjet-Union. [...]

In der Tat geht es ja darum dass Religion ein bürgerliches Überbleibsel ist und eine andere Meinung. Es ist aber erstaunlich dass die Regierung diese andere Meinung nicht öffentlich verbieten mag; sie sagt doch: es gäbe nur eine richtige Meinung, und das sei die ihre. Na: sie schämt sich wohl, und schliesslich hat man für so etwas seine Leute. Die FDJ kriegt es also heraus: die Junge Gemeinde hat den Kindergarten in die Luft sprengen wollen, welch ein unkindliches Vorhaben. Und die Guten Kinder rufen sich zusammen und sagen: Wer ist da unter uns von denen die den Kindergarten haben in die Luft sprengen wollen? Hier sind wir: sagen die Eigensinnigen: Aber wir haben gar nicht den Kindergarten in die Luft sprengen wollen. Jedoch die Besten Kinder sagen: Das wollt ihr wohl! Und unsere Sonnige Republik wollt ihr dem Schlechten Ausland ausliefern: so dass die Sonne nicht mehr schön wie nie über Deutschland scheint, über Deutschland scheint. Seht ihr nun dass ihr abstehen müsst von eurer Bösen Tante? Und jedes Kind möchte doch ein gutes sein, und im Kindergarten bleiben dürfen [...].
– Wenn man aber auch sagen soll: stellte Erichson vor: Der neben mir sitzt ist ein Böses Kind, und ich will nicht mehr neben ihm sitzen...

Erichson ist ein Zeuge; die Erzählung ist unabhängig. Überliesse man die ihm (und müsste er ausklammern, was er nach dem Mai 1953 erfuhr), so wäre von ihm zu hören, dass er eine Ingrid Babendererde, jetzt an die Achtzehn, kenne von Kindesbeinen an, von den ihren nämlich, und so sei sie denn ausgekommen ohne seine Billigung, als sie sich im Frühjahr 1952 zusammentat mit einem Jungen aus ihrer Klasse, Klaus Niebuhr, der seit

1943, nach einer ziemlich scheusslichen Sache mit seinen Eltern, bei den Schleusen-Niebuhrs wohnte. Von dem habe sie das Segeln gelernt und was ihr unbegreiflich gewesen war an der Mathematik, und da auch er von ihr etwas lernen wollte, seien sie bei Erichsons Besuch längst eines von jenen Paaren gewesen, auf die die ganze Schule stolz ist, angefangen bei jedem in der eigenen Klasse bis zum Hausmeister, eine Lehre für die Grünlinge im untersten Jahr, anerkannt auch von einem Jürgen Petersen, wie sie beide auch in der 12 A, der diesen Klaus ungern teile mit jemandem und von ihnen weiter noch entfernt werde durch seine Mitgliedschaft in der Partei, die sie zwar höflich betrachteten, jedoch aus wohlbedachtem Abstand. Ein ausgesperrter Junge, dieser Petersen, von seiner Mutter beschimpft, weil sein Vater den Tod gesucht hatte für die vergangene Sorte Politik; in den Alltag dieser Freundschaft allerdings einbezogen. Alltag sei gewesen bei seinen Besuchen in der Schule am 12. Mai 1953, auch in der Klasse 12 A:

> Dicken Bormann nannten sie zu Haus Günter, aber er hiess natürlich Dicken von Rechtes wegen. Er war gar nicht so besonders dick. Aber fast jede Klasse hatte einen »Dicken«, und dieser war nicht schlecht bedient mit seinem Namen: zu seinem grossen langsamen Körper und der gutmütigen Lustigkeit, die er aus seinem grossen roten Gesicht holte, aus seinen kleinen lustigen Augen. Klacks, der [im Fenster] in der Mitte lag: Klacks war Klacks. Klacks! hatte er gesagt, als sein Füllfederhalter auf den Boden der neunten Klasse fiel ... Er war der Kleine unter ihnen: ein beweglicher schneller Kerl, dem über seinem anschlägigen immer spähendem Gesicht die Haare unentwegt borstig in die

Höhe standen; der war imstande dich eindringlich zu betrachten und plötzlich etwas Ungeheures zu sagen über den gewonnenen Eindruck, das sass dann richtig wie sein Name. Itsche war vom Lande. Seine Hände waren schwer und rissig, seine Haare pflegte er mit Öl glatt zu halten. Dies nahm sich wunderlich aus zu seinem vorgeblich einfältigen und verschlagenen Gesicht. Er wohnte in der Stadt bei seiner Tante und führte mit der einen aufregenden Kampf wegen seiner Mädchen; eben wusste er etwas Neues davon zu berichten und die lächerlichste Teilnahme von Dicken und Klacks hörte zu: Sagt sie das Mädchen muss aber früher gehen. Is gut: sach ich. (Dicken wiederholte tief erfreut: Is gut – sacht er.) Stelle ich ja nu den Wecker auf zwölf, und das Ding rasselt denn auch pünktlich los: mitten in der Nacht. Tanting fällt vor Schreck aus dem Bett, kommt im Nachthemd vor die Tür und fragt ganz verbiestert: was denn is, was diss wohl soll? fragt sie. – *Ja-a:* sach ich, nich? Ich sach: Anders merk ich doch nich wie früh es is: sage ich: Und nu verabschiede dich man von mein Tanten: sach ich. War ihr ja nu peinlich, aber was sollt sie machen. War wirklich ne halbe Stunde früher. Tanting sacht: Fünf Minuten. Dicken lachte ganz hinten in seiner Kehle. – Ja-ha: sagte er.

Ingrid und ihrem Klaus, Klaus und seiner Ingrid sei an diesem Morgen noch der Schreck von gestern anzusehen gewesen, als jeder vom anderen dachte, er habe es vergessen, nämlich dass sie auf diesen Tag vor einem Jahr sich verbündet hatten auf Nielsens Bootssteg im Unteren See; zu sehen war auch die Genugtuung darüber, dass sie es beide behalten hatten als das Wichtigste, weswegen sie den ganzen Nachmittag segelnd über beide Seen gereist waren; seit heute morgen auch trug Ingrid einen Ring am Handgelenk, der war mal ein silberner Löffel gewesen im Besteckkasten von Klausens Tante. Die hatten keine Angst vor diesem Tag, sie wollten ihn wohl durchstehen gegen Lehrer, die sie »Ähnst« oder geradezu »Ädenst« nannnten, (Erdkunde), oder »(Blumen-)Krantz«, (Mathematik). Erste Stunde: Englisch, bei Dr. Sedenbohm, dem einzigen Lehrer, den die Klasse achtete, von dem sie Rügen annahm, dessen Lob noch etwas galt, wie es auch schon üblich gewesen sei zu Erichsons Zeiten in der Schule: Sir Ernest. Mehr aus Übermut, ja aus Spass war der Schüler Niebuhr von dem Theater des elisabethanischen Zeitalters zu reden gekommen auf eine andere Elisabeth, ein Kind aus einer unteren Klasse mit Namen Rehfelde, der war gestern von ihrem Gruppenleiter in der F.D.J. so zugesetzt worden mit ihrer Anhänglichkeit an die Junge Gemeinde, dass sie ihm das Mitgliedsbuch seines Vereins vor die Füsse geknallt hatte, vor zu vielen Zeugen. Unter Sir Ernests resignierter Aufsicht, unterrichtsgemäss in englischer Sprache, hatte dann der Schüler Petersen mit seinem Freunde Niebuhr gestritten über die inneren Vorbehalte der F.D.J. in solchen Sachen, und die 12 A hatte sich wieder einmal gefragt, was denn die beiden zusammenhalte, Niebuhr und Petersen, und die Babendererde obendrein, um so mehr, als die sich in der Kleinen Pause sofort versöhnten, und noch bevor Jürgen dem Kind Rehfelde das kostbare Buch zurückgegeben hatte, die Einlasskarte für die Oberschule. Ein normaler Schultag, zweite Stunde Physik, danach Mathematik bei Blumenkrantz, der die Klasse verabschiedet hatte mit der bedenkenswerten Bemerkung, er sehe keinerlei Weg, von der Integralrechnung auf die Innenpolitik zu kommen. Normal auch der Auftritt des Herrn Direktors und Lehrers für Geschichte/Gegenwartskunde, Röbbing Siebmann:

In seinem Äusseren wirkte Vertrauen erweckende frische Jugendlichkeit, die bedauerlich eingeengt war durch viel Wichtigkeit und Anspruch des Auftretens ... Die 12 A hatte Herrn Direktor schon so durchaus begriffen, dass sie sich langweilten vor ihm. Sie hatten ihn anfangs lustig gefunden.
Die Redeweise [Röbbing Siebmanns] war besonders. Öfters unterlief seinem Vortrag ein ganz unvermuteter Abbruch, und von dieser Pause her erhob sich seine Erzählung jedes Mal zu hochgespannten Triumph-Bögen. Plötzlich fing er an zu schweigen. Schob zunächst sein Papier fort, hielt die Finger gespreizt über dem, zog es überhaupt wieder heran ... unterdessen begann er zu reden von neuem: beiläufig zunächst, immer bedeutsamer dann, erregend in wachsendem Masse, bis er angelangt war bei heftigem Abhacken der Satzteile, die nahezu singend hintereinanderklappten: Das heisst. Das heisst die religiös-ideologischen. Interessen des Bürgertums –. Waren immer! B*emän-te-l*ungen. Der Profitgier! Vor ihm sassen sie über ihre Hefte gebeugt und schrieben seine Worte andeutend (oder Spasses halber ausführlich) ein. Es war ganz still; manchmal knackte ein Stuhlbein unter einem Fusstritt. Zwischendurch: kurz vor dem Höhepunkt: nämlich geschah eine neuerliche Pause, das war aber eine andere und [Röbbing Siebmann] wies durch eindringlich gebändigtes Blicken darauf hin dass dies das Warten auf das Endgültige sei. Das Endgültige vollzog sich in männlich aufrüttelndem, widerfuhr in von verhal-

tener Begeisterung taumelndem Ton: Und was damals. Historisch! Historisch notwendig war –: ist heuteineinStadiumdesVerfaulensundAbsterbensgetreten.
Aber vor Pius ereignete sich nichts, das seinen Ausrufezeichen hätte zugute kommen mögen. Söten sah ihn an als wisse sie sich die neuerliche Stille nicht zu deuten; Itsche unterstrich etwas in seiner Mitschrift und stellte das Lineal wieder auf in seiner Faust: wartend auf den Fortgang; alles in allem waren es noch vierundzwanzig Minuten.

Aber die Klasse wusste: wenn er so im Zuge war, würde er leicht einen Übergang finden vom Klassenkampf im Siebzehnten Jahrhundert auf die Junge Gemeinde in diesem. Und sie wusste, dass nur ein ein einziger unter ihnen dann bereit war, Herrn Direktors Tiraden gegen einen Schüler Peter Beetz (12 B) im Ernst zuzuhören:

Irgend wo hatte [Herr Siebmann] recht: dachte Jürgen. Aber das war nicht in seinem Reden. Sicherlich hatten die von der Jungen Gemeinde sich etwas gedacht bei der Schrift in ihrem Schaukasten LIEBET EURE FEINDE, unter Umständen hatten die damit wirklich den Klassenkampf behindern wollen. Warum nahm [Siebmann] das ernst? Unter ihnen hatte wahrlich niemand Anlass das kapitalistische Ausland zu lieben: nicht einmal Marianne. Die wäre dort nie bis in die Abiturklasse einer Oberschule gekommen. Man konnte doch mit ihr reden, man konnte auch mit Peter Beetz reden. Jürgen konnte das. Mochten die doch verhandeln an ihren Mittwochabenden über den Bund Christi mit der Welt; die Welt würde Peter Beetz das

Studium bezahlen und am Ende mochte der ohnehin gemerkt haben worauf erstens zu achten war. Ach ja: Pius hatte irgend wo recht. Aber das war nicht in seinem Reden.

– Und schon am Mittwoch: so würde der Zeuge Erichson fortfahren: würde das Verfahren gegen die Junge Gemeinde in dieser kleinen Stadt in Mecklenburg durchgezogen werden nach dem selben Muster, das benutzt worden war an der Universität der Hauptstadt, mit der Grossversammlung, mit Gästen von auswärts im Präsidium, mit dem Grundsatzreferat, mit dem unterstützenden Referat, der Eröffnung der Diskussion, ausgerechnet in den Tagen vor der Schriftlichen Prüfung, für viele Schüler ohnehin eine Woche der Angst. Bei dieser Gelegenheit stritten die beiden sich einmal, Klaus mit Ingrid. Er weiss, wie die Veranstaltung, wie eine Abstimmung unter solchen Umständen vor sich gehen werden, er findet diesen Betrieb von »Parlament und Demokratie« albern; was er vorzieht ist dies: »Lieben Ingrid komm mit segeln. Da ist doch Wind in der Luft, riechst du das nicht?« Aber er zieht an diesem Nachmittag allein über den Obersee mit seiner H-Jolle, und er weiss, was der Rest der 12 A ihm beim Treffen an der Badestelle erzählen wird: Diese Ingrid Babendererde ist aus der F.D.J. ausgeschlossen. Mit 289 gegen 17 Stimmen. Ihr ist das Betreten des Schulgeländes ab sofort verboten. Für eine Rede. Für bloss eine Rede. Die Stimme kann er sich vorstellen:

Herr Direktor Siebmann hat mir [durch den Genossen vom Kreis] sagen lassen ich soll einen Diskussionsbeitrag – na ja. Über die Junge Gemeinde. Und die Rechte der Kirche. Ich habe das abgelehnt. Ich weiss nicht so gut Bescheid über die Junge Gemeinde wie Herr Siebmann, und ich kann da also nichts zu sagen. Ich habe mir allerdings erklären lassen dass es sich wegen der additiven Zusammenstellung gut darüber reden lässt.

– Wenn ich aber nun durchaus was sagen soll –: Ich will denn wohl reden über die Hosen mit denen Eva Mau im Januar nach den Ferien in die Schule gekommen ist. 12 A. Wir fanden die Hosen alle sehr schön. Das war so enges schwarzes Zeug mit grünen Strichen darauf. Wir mochten die leiden, und nu waren wir neugierig ob [Herr Direktor] die auch leiden mochte.

– Na. [Herr Siebmann] kommt rein, sieht Evas Beine und sagt: Stehen Sie doch mal auf, Mau. Sie steht denn auf, was soll sie machen, und zeigt ihm nu die Hosen. Obwohl ihn das ja eigentlich nichts anging, nich? Sie gibt auch zu dass das Zeug aus dem Schlechten Ausland ist, und [Herr Siebmann] sagt er hat sich das gleich gedacht.

Ja. Das war das letzte Mal dass wir die Hosen in der Schule gesehen haben. [Röbbing Siebmann] fand die nicht passend (er hat das anders ausgedrückt), und schliesslich sind wir eine demokratische Oberschule. Eva Mau sah das nicht ganz ein, aber Herr Direktor Siebmann hatte da seine Meinung; so ist es, und es ist gut so.

– Ich möchte nun wirklich sagen dass das nicht gut so ist. Wir können ja wohl nicht alle Herrn Siebmanns Hosen tragen: und seine Meinung auch nicht. Ich bin also dafür dass Eva Mau ihre Hosen tragen dürfen soll. Wer sie dann nicht leiden mag, kann ja wegsehen. Und ich bin also auch dafür dass Peter Beetz sein Abzeichen

erlaubt wird: wenn es auch ein Kreuz auf der Kugel ist. Soll er doch.
– In dieser Zeit führen alle Wege zum Kommunismus: sagt Herr Siebmann. Das ist eben so seine Meinung, und er ist da sehr zuversichtlich. Kann er sich denn nu nich freuen? Ich meine: zu diesen allen Wegen. Peter Beetzens seiner führt ja dann auch zum Kommunismus, und Eva Mau wird denn ja wohl auch da hinkommen?
– Bei einer so leuchtenden Zukunft die Herr Siebmann da sieht scheint mir aber Verschiedenes unnötig. Das will ich sagen:
– Herr Siebmann hat vier aus unserer Klasse ins Zuchthaus gebracht im vorigen Jahr. Es ist wahr, dass die eine andere Meinung an die Schule geklebt haben, aber möchte Herr Siebmann für seine Meinung wohl auch fünfzehn Jahre im Zuchthaus sitzen?
– Und dass wir alle so eine fürchterliche Angst haben. Dass einer dem anderen den überzeugten Anhänger der Guten Regierung vorspielt: und heimlich doch Radio London/Foreign Service hört. [...]
– Ich mein: die Stipendien, die Krankenkasse, Erholungsheime – sehr schön, alles. Geheime Staatspolizei auch: wenn nicht eine einzige Regierung ohne die auskommen kann, wird die wohl nötig sein.
– Aber nichts gegen die Hosen von Eva Mau. Ich bitte Eva Mau um Entschuldigung dass ich so öffentlich darüber geredet habe. Und ich schäme mich eigentlich dafür, dass man so viel sagen kann über ein Paar schwarze Hosen aus Popelin mit grünen Karos.

Danach hätte Erichson noch zu berichten, dass der Schüler Niebuhr, vor sich den leeren Stuhl der Schülerin

Babendererde, es albern findet, sich vorzubereiten auf eine Prüfung im Ernst des Lebens mit einer Übung in sphärischer Trigonometrie, und sich selber aus der Schülerliste streicht, während der Jugendfreund und Genosse Petersen seinen gehörigen Streit hat mit dem Genossen Direktor über dessen ernsthafte Meinung, die Babendererde sei ein Werkzeug der Schlechten, der ausländischen Geheimdienste, denn aus diesem Grunde hat er ihr für ihre Wege und Gänge in der Stadt eine Begleitung durch den V.E.B. Horch & Guck auferlegt. Nun ist Erichson bereit gewesen, einen oder auch zwei Koffer voller Mädchenkleidung mitzunehmen in die zweiseitige Stadt Berlin, wohingegen die Schüler Niebuhr und Petersen die Klassenkameradin noch sicherer auf die Reise bringen wollen auf einem der Lastkähne, die damals unablässig Ziegel in die Hauptstadt schleppten für eine Strasse zu Ehren des Ersten Vorsitzenden der Kommunistischen Partei der Sowjetunion. Nur dass die Schülerin Babendererde sich weigert, vor irgend etwas davonzulaufen. Nachzutragen ist jemand, der die ganze Zeit dabei war, ein zehnjähriger Günter Niebuhr, der von seinem Bruder und dieser Ingrid lernen möchte, wie man es richtig macht mit achtzehn Jahren; seine Schlussfolgerung, nun wie sie den Besuch einer Schule zu verweigern, reden sie ihm aus mit dem Hinweis: das müsse er erst noch lernen auf der Schule. Vom Hörensagen mag Erichson ein Ende erfahren haben: eine letzte Segelfahrt, wissentlich und willentlich in Sturm und Gewitter hinein, bei der drei Leute herausfinden, dass und wie sie am Ende dieser Woche zusammengehören, während der Rest ihrer Klasse 12 A schamhaft und feierlich die Aula betritt, darin das Schriftliche für die Reifeprüfung abzulegen.
Das sind die Gegenstände der Geschichte. Formal war

das aufgeteilt in »das eine Stück«, »das andere Stück«, »das dritte Stück«, wiederum gegliedert in Kapitel von ungleichmässiger Länge; mit Zeitverschiebungen, die sich weniger der Geschichte selbst verdanken als dem Wandern des Ortes, von dem her sie erzählt war. Eine Zeitlang hatte Günter das letzte Wort, de Jung: Was ein Regen! sagt er.

> Walter Benjamin, VIII. These über die Technik des Schriftstellers:
> Das Aussetzen der Eingebung fülle aus mit der sauberen Abschrift des Geleisteten. Die Intuition wird darüber erwachen.

Indem die Erzählung bestand auf ihrer Veränderung, verabschiedete sie Herrn Erichson, erkannt als entbehrlich (mit Dank für seine Vermittlungen). Den Eingang in die Geschichte, den selben Fluss, betrat nun die Volkspolizei, die auf ihrem Motorboot durch die Schleuse zurückkehrt von der amtlichen Beschlagnahme eines Bauernhofes, von denen viele verlassen wurden im Frühjahr 1953. Vergleichbar lange Kapitel auf der zeitlichen Ebene der Woche vor dem Abitur waren durchsetzt mit fünf in der Zeit der Woche danach, die die Schüler Babendererde und Niebuhr beobachten in Westberlin, von wo sie umsteigen in jene Lebensweise, die sie ansehen für die falsche. Um die polizeiliche Kontrolle an ihrem Heimatbahnhof zu umgehen, haben die der Volkspolizei ihr Motorboot aus einem streng verschlossenen Schuppen geklaut, damit sie zu einer Schnellzugstation weiter südlich reisen können und einsteigen ohne Schererei. Das letzte Bild ist das der Wellen, die sie im Uferschilf hinterlassen, da waren sie eben noch, nun sind sie gegangen.

In der vierten Fassung gab es einen statistischen Spiegel für den Gesamttext. Darin waren die Verhältnisse der einzelnen Stücke penibel aufgeschlüsselt, und der Arbeitsbericht endete mit der Feststellung, die Stücke insgesamt ergäben eine Primzahl. Darüber ist gelacht worden.

Die Primzahl, das war die Bestätigung für die fatale XIII. These. Das ist sie, die Totenmaske, die ablösbare, die selbstständig gewordene Form. Die Phasen der so erzählten Geschichte waren zu oft zerstückelt, umgestellt, verlangsamt, beschleunigt, überhaupt bearbeitet worden. Da waren Dialoge einer Sprechergruppe umgesetzt auf eine ganz andere Konstellation, Schauplätze waren ausgewechselt wie beliebig, sogar hatten Personen die Namen getauscht. Nun mochte die Geschichte funktionieren, aber sie hatte das Leben verloren. Sie war »totgeschrieben«. Ganz recht, dann ist das Werk die Totenmaske der Konzeption.

Inzwischen hatte die geheime Rede des Genossen Nikita S. Chrustshov über die Irrtümer und einige der Fehler des Grossen Stalin Rauchzeichen gesetzt auch in die Wortwahl der ostdeutschen Kulturpolitik, und auf die Gefahr einer Fehldeutung hin versuchte ein Student, nunmehr aus Leipzig, es mit dem legalen Weg, besessen von dem Wahn, aus einem abgeschlossenen Typoskript müsse zwangsläufig ein gedrucktes und erhältliches Buch werden. Ende Juli 1956 bestätigte die Aufbau-Verlag G.m.b.H., die hiesige Agentur für die Arbeiten Bertolt Brechts, auf einer vorgedruckten Karte die Ankunft einer zur Prüfung eingereichten Sache. Der Text der Frankatur gab den Hinweis: »Die Literatur will den Frieden, die Freundschaft mit anderen Völkern, die Einheit unseres eigenen Volkes.« Gegen diese Vorsätze waren der

eingeschriebenen Sendung keine Verstösse nachzusagen.
Am 10. August wurde eine Kopie des »Manuskripts« telegrafisch angefordert; ein Lektor hatte seine private Meinung geschrieben: »... aber (das Buch) enthält so viel Wahrheit und verrät so viel Talent, dass sich jede Arbeit lohnen wird.« In der ersten Besprechung in Berlin wurde dem Verfasser aufgegeben, etwas zu versuchen, was geheissen haben kann »Vertiefung des gesellschaftlichen Hintergrundes«. Die Eingriffe in den Text (wovon die umfangreichste Einfügung unter dem Titel »Eine Abiturklasse« 1968 veröffentlicht wurde in der Sammlung »Aus aufgegebenen Werken«, Sonderband der Bibliothek Suhrkamp) verstanden sich als Antworten auf des Verlages »Fragen nach der Vergangenheit einiger Personen sowie nach historischer Kritik und deren Standort«; der Aufbau-Verlag bezeichnete sie als »interessant, doch nicht geeignet, [unseren] Einwänden zu begegnen«. Das Typoskript wurde eingeschrieben zurückgegeben. Bestehen blieb die Einladung, »zu sehen, ob Sie eine Überarbeitung im Sinne unserer Debatte für möglich erachten«. Eine solche, von der noch herrschenden Ideologie bestimmte Umschreibung wäre dem Verfasser an die Substanz dessen gegangen, was er als Wahrheit für vertretbar, für belegbar hielt. Sie wäre hinausgelaufen auf Streichungen in der Wirklichkeit. Es gab andere Verlage.
Vom Carl Hinstorff-Verlag, Rostock, von dem wirklichen und legendären Peter Erichson, kam das Typoskript Ende September zurück. Der Kommentar bestand in einem eingelegten Zettel hinter der Seite 167 mit der Anmerkung, das Seufzen war zu hören: »Seite 168 fehlt«.

Auch der Paul List Verlag, Leipzig, hielt mit einem schriftlichen Gutachten hinter dem Berg, gewiss mit Rücksicht auf das Wetter in diesem Herbst 1956. »Unter Bezugnahme auf [unsere] Besprechung« von neulich, das war versichert gegen Aktenkundigkeit unbefugter Besucher. Dringend war die Bitte vom 26. November, »den Empfang des Manuskriptes auf dem Ihnen vorgelegten Lieferschein zu quittieren«. Nun war nachzuweisen, dass die Sache blosse drei Wochen im Hause gewesen war.

Unter dem Datum des 19. Oktober 1956 hatte die Redaktion des »Sonntag« (Wochenzeitung für Kultur, Politik und Unterhaltung) geschrieben: »[...] erzählte mir von dem Schicksal Ihres Romans [...] Sie werden bei der Lektüre unserer Zeitung vielleicht schon gemerkt haben, dass wir Manuskripte solcher Art sehr gern veröffentlichen, vorausgesetzt, dass sie ein Minimum an formaler Meisterschaft aufweisen.« »Solcher Art« setzte eine Verständigung voraus darüber, dass das »Manuskript« sich auf eine kritische Weise befasste mit den staatlichen Verfahrensweisen in der D.D.R.

Denn im »Sonntag« schrieb Wolfgang Harich, der Cheflektor der Aufbau-Verlags-G.m.b.H., neben Ernst Bloch der Herausgeber der »Deutschen Zeitschrift für Philosophie«, seit 1953 berühmt für den Mut zu der Feststellung, der Erfolg des »Neuen Kurses« nach dem Aufstand hänge davon ab, dass »die Menschen die [ihn] durchführen werden, es ehrlich meinen und aus ihren Erfahrungen zu lernen gewillt sind«, auch für die Feststellung, im kulturellen Bereich der D.D.R. sei Kritik angebracht an dem »Geist der Furcht, der Unaufrichtigkeit und der Kriecherei«. Jetzt, im Herbst 1956, nach den Aufständen von Polen (Posen, 28. Juni) und Ungarn (23. Oktober) liess Harich sich so vernehmen:

> Wir wollen [...] unsere oppositionelle Arbeit vollkommen legal betreiben; aber wir greifen auch zur Methode der Fraktionsbildung und der Konspiration, wenn uns der stalinistische Apparat dazu zwingt. [...] Die oppositionellen SED-Genossen müssen enge Kontakte zur Bevölkerung in der DDR herstellen, die Politik der Parteiführung in der Bevölkerung kritisieren, die Kluft zwischen der Bevölkerung und der gegenwärtigen SED-Führung vertiefen, aber gleichzeitig einen Volksaufstand in der DDR verhindern.
> (Zitiert nach Martin Jänecke, Der dritte Weg. Neuer Deutscher Verlag, Köln 1964, p. 157)

Im einzelnen forderte Harich die Beseitigung der Vorherrschaft des bürokratischen Apparats über die S.E.D.-Mitgliedschaft, den Parteiausschluss der »Stalinisten«, eine Gewinnbeteiligung in den Betrieben, die Erhöhung des Lebensstandards, die sofortige Beendigung der Zwangskollektivierung in der Landwirtschaft (»weil sie nicht den besonderen Bedingungen Deutschlands entspricht«) und die Förderung eines gesunden Klein- und Mittelbauerntums. Weiter verlangte er: die Wiederherstellung der völligen Geistesfreiheit, Herstellung absoluter Rechtssicherheit, Abschaffung des S.S.D. und der Geheimjustiz, schliesslich die Schaffung einer Regierungsform in der D.D.R., die dem nach polnischem Vorbild zu wählendem Parlament »völlige Souveränität« garantiert, u.s.w. (Jänecke, a.a.O., p. 158)
Kurz, der wollte der Ingrid Babendererde die Redefreiheit verschaffen und den Genossen Siebmann versetzen. Ein Mann auch nach dem Sinne von Eva Mau. Der Begleitbrief zum Typoskript bat allerdings dringlich darum, »dass das Manuskript durchaus in Ihren also der

Redaktion Händen verbleibt«. Übergeben am 1. November 1956.
Auf dem Papier des »Sonntag«, Berlin, den 31. Dezember 1956:

> Ich habe seit vielen Jahren kein Manuskript mit soviel Interesse gelesen, wie das Ihre. Sie haben einen Stoff angepackt, der meiner Meinung nach dringend einer Behandlung bedurfte, wenn ich mir auch nicht verhehle, dass die Zeit für ein solches Manuskript noch nicht reif ist. Das Buch ist sauber, anständig, geistig klar und kompromisslos in der Lösung des aufgeworfenen Problems. Trotz einiger formaler Mängel ist es Ihnen gelungen, ein Werk zu schaffen, das die Atmosphäre in der Republik so dicht wiedergibt, wie kein anderes sonst.

Thomas Mann nennt das Lob eine widerstehsame Speise. Aber dies durfte willkommen sein, es war von sich selbst her so beschaffen, dass der Empfänger es hinunterwürgen konnte. Denn der da schrieb, hing einer ästhetischen Partei jener Jahre an, die nannte sich die der »Inhaltisten«. Es waren Zeiten, in denen kam es erst einmal darauf an, auszusprechen, was vorlag, wie die Dinge und Personen sich verhielten. Pfeif auf Form, solange es stimmt! hiess das. Und ohnehin war es eher ein bitteres Trostgeschenk. Denn der Brief fuhr fort:

> Sie werden jedoch verstehen, dass wir im Augenblick keine Möglichkeit haben, Ihr Werk auch nur auszugsweise zu veröffentlichen.

Der Augenblick, das waren die Wochen nach der Verhaftung von Wolfgang Harich am 29. November 1956.

Festgenommen waren auch die beiden Chefredakteure des »Sonntag«. Zu einer solchen Festnahme gehört das Sichern von Beweismaterial, und dem Verfasser jenes Typoskripts mit dem Untertitel »Reifeprüfung 1953« war lange Zeit kühl im Rücken gewesen bei der Vorstellung, dass es in seinem Leitz-Ordner – Freunde nannten ihn mittlerweile den Leids-Ordner – beim Staatssicherheitsdienst auf eine Prüfung wartete. Diesmal war er erleichtert, es zurückzubekommen.
Es wurde noch einmal auf die Reise gebeten, gänzlich ohne sein Zutun. Im Februar 1957 schrieb der Mitteldeutsche Verlag, Halle, er habe durch einen (ehemaligen) Redakteur etwas gehört von einem »Manuskript« ... Mitte Juni 1957:

> Inzwischen haben sich mit Ihrem Manuskript fünf Lektoren beschäftigt, und die gemeinsame Aussprache darüber hat ergeben, dass es unangebracht wäre, würden wir alles, was wir zu Ihrer Arbeit zu sagen haben, in einem Brief unterzubringen versuchen. Man wird diese Dinge mündlich weitaus besser erledigen können.

Aber der Verfasser wollte es endlich einmal schriftlich haben.

> Mitteldeutscher Verlag, Halle, 15. Juli 1957:
> Wir bitten Sie, da Sie sich diese Form des schriftlichen Urteils ausbedungen haben, einzelne Wiederholungen und Widersprüchlichkeiten zu entschuldigen.
> 1. Dieses Manuskript ist nicht druckbar.
> 2. Der Autor ist hochbegabt aber unausgegoren.
> Der Autor geht kompositorisch sehr sprunghaft und avantgardistisch vor: er blendet Szenen eines Über-

tritts nach Westberlin in die Stationen der Handlung ein. Die ganze Geschichte um das Mädchen mit dem reizenden Namen ist sehr »reizend«, d.h. es schwingt da irgend etwas sehr Natürliches, aber noch Pubertätshaftes in der Gestaltung mit. Man merkt schon, dass sich der Autor noch nicht weit über das Niveau seiner Gestalten erhoben hat. Alle diese Geziertheiten einer Backfischliebelei sind auch in dem – übrigens höchst eigenwilligen und durchaus literarischem Stil zu finden. Das ergibt ja gerade das merkwürdige Paradoxon, dass der Stil einerseits noch unausgegoren, wild ist, andererseits schon wieder manieriert. Das Talent des Autors besteht nicht so sehr im Kompositorischen, denn bei allem Avantgardismus ist das manchmal verunglückt und streckenweise unübersichtlich. Auch nicht so sehr im Sprachlichen, denn das ist noch zu unausgeglichen und manchmal einfach platt. Sondern in der Beobachtung – und im Wiedergeben einer gesehenen, gerochenen, geschmeckten Atmosphäre – das heisst Gestaltung.
Der Autor bedient sich der Sprache und ihrer Ausdrucksmöglichkeiten bewusst. Er weiss um die Wirkung des sozusagen »kargen Wortes« genau so wie um die Wirkung des legendenhaften, chronikartigen »Bibel-Tones«. Seine Dialoge sind echt, weil sie an wesentlichen Stellen vorkommen. Sie sind keine naturalistischen Stenogramme sogenannter wirklicher Rede, sondern werden an Stellen gebraucht, wo der Dialog die Anschauung steigert. So wirken sie zweifach – nämlich durch die Suggestivkraft des »Sagte-er« und durch ihren rechten Augenblick!
Struktur: Zwei Geschichten werden nebeneinander erzählt, nicht parallel, die Hauptgeschichte ist länger.

Die zweite Geschichte besteht genaugenommen nur aus dem Schluss der Geschichte. Aber dieser Schluss wird hinten weggenommen und in eine Handvoll Geschichten-Teile zerlegt und zwischendurch erzählt. Wirkung: Ich lese die Hauptgeschichte ständig aus dem Blickwinkel des gewussten Schlusses! Mein Denken ist aktiviert, ich grübele nach Lösungen, ich sehe die Fehler, die gemacht werden, ganz scharf, weil ich weiss, wohin sie führen.

Was zu fehlen scheint, ist, dass alle diese negativen Erscheinungen als bestimmte und bestimmbare Etappe innerhalb eines grossen dialektischen Prozesses dargestellt werden. Das Buch steht für sich und kann nicht den ausserhalb gebliebenen guten Willen des Verfassers zuhilfe rufen. Der Wahrheit entsprechende einzelne Ereignisse können, unproportional aufgeboten, die Unwahrheit über einen grossen Zusammenhang aussagen.

Und das ist es, sehr geehrter Herr [...], worauf in unserem Gespräch der Hauptakzent lag. Die Ganzheit und Abgerundetheit hat uns aber von vornherein davon absehen lassen, Ihnen eine Umarbeitung vorzuschlagen. Dagegen hatten wir uns darauf geeinigt, dass Sie uns zu gegebener Zeit eventuell einiges von Ihren Plänen wissen lassen ...

Gerade davor wollte der so Angeredete sich hüten, wenn irgend angängig. Denn er meinte ja vorgeführt zu haben, was ihm hier angekreidet wurde als eine Unterlassung: all die Knoten und Knicke und Brüche in Lebensläufen seit dem verfassungswidrigen Kirchenkampf von 1953 waren Merkzeichen einer bestimmten und bestimmbaren Etappe: des Stalinismus. Der Verfasser erwartete keine Einigkeit mit Literaturbeamten, für die die fortdauernde Anwesenheit des Grossen Stalin in Denkmälern und Strassennamen immer noch auch galt als eine philosophische und ästhetische Kategorie, und wirklich durfte sie »erscheinen«, dialektisch genug, lediglich im Verfahren der Leugnung.

Zum anderen lag eine Kopie der »Reifeprüfung« seit Ende Februar 1957 beim Suhrkamp Verlag, Untermainkai 13, Frankfurt am Main, und am 11. Juni hatte Peter Suhrkamp dem Verfasser an eine westberliner Anschrift versichert:

> Es juckt mich, ein Buch daraus zu machen, und zwar sollte das Buch möglichst noch im Herbst herauskommen. Wir haben also gar nicht mehr viel Zeit zu verlieren.
>
> Vor der endgültigen Entscheidung möchte ich aber doch eine Begegnung mit Ihnen haben. Lässt diese sich wohl ermöglichen? Vielleicht in Berlin? Ich kann natürlich auch nach Ostberlin kommen, beispielsweise ins Berliner Ensemble im Theater am Schiffbauerdamm oder auch ins Bertolt Brecht-Archiv in der Chausseestrasse ...

Dies alles wollte der alte Herr tun einem jungen Menschen von zweiundzwanzig Jahren zuliebe, diese Mühe wollte er auf sich nehmen, weil es ihn juckte danach, ein Buch aus dessen Schreibarbeiten zu machen, ein Ärgernis für die Behörden rings um die Chausseestrasse, damit er mehr Spass hatte beim unvermeidlichen Umgang mit ihnen. Sie war verführerisch, diese unantastbare und durchtriebene Höflichkeit.

Als Peter Suhrkamp am 11. Juli 1957 von Frankfurt am

Main abfliegen wollte nach Westberlin, riet sein Mitarbeiter Siegfried Unseld ihm dringend ab, noch vor dem Durchgang zur Maschine, den Roman »Ingrid Babendererde« anzunehmen. Er selbst war ein Opfer der Ideologie von Blut und Boden gewesen; ihn störte an der Erzählung, dass die Leute darin so gern, so oft, so ausdauernd segelten. – Godewind: sagten die in einem Boot, wenn es einem anderen begegnete; – Wohl wohl: sagten die in einer ungemein norddeutschen Art zu dem von ihnen, der das Steuer und das Agen hatte; Bäume standen da so reichlich – Siegried Unseld wünschte, das würde kein Buch in Peter Suhrkamps Verlag.
Während der Besucher in einem Gartenzimmer von Berlin-Zehlendorf, zwischen alten Möbeln und wenig Büchern, auf Herrn Suhrkamp wartete, wusste er jenen ersten Briefsatz auswendig: »noch im Herbst«, so dass er zu wenig des dritten achtete, in dem eine härtere Prüfung angekündigt war.
Der alte Herr, der den Besuch begrüsste mit ausgesuchten, verschollenen Manieren, hielt ihn sogleich an, mitzuarbeiten an der Ablehnung seiner eigenen Arbeit. Bequem zurückgelehnt in einem korrekten grauen Anzug, mit abgetragenen Pantoffeln wippend, nahm er gerade die unsicheren Lebensumstände und die Äusserungen des jungen Menschen vor ihm zum Anlass, seinem Versuch einen »Mangel an Welt« nachzusagen; jedoch ausdrücklich lobte er die Art, in der darin die Natur vorkam und das Segeln beschrieben war. Gegen Fragen nach solcher »Welt« sträubte er sich. Mangel an Welt sei anders zu verstehen denn als Gegensatz von Hauptstadt und Provinz, da verschlügen auch keine Aufenthalte in einem Ausland; da fehlte Weite des Lebensbewusstseins, vielleicht sei die aber neuerdings in der europäischen Li-

teratur unerreichbar geworden. Er hielt die Lider gesenkt, vergewisserte sich mit heimlichem, befriedigtem Aufblicken der Verwirrung, die er angerichtet hatte. Der junge Mensch ergab sich in die Willensäusserung, die er verstanden hatte; das war dem Alten als Reaktion zu gehorsam. Er brach einen Streit vom Zaun: was das denn schon für ein Name sei, Babendererde. Nun musste er wissen, was das bedeutet, denn er war im Niederdeutschen aufgewachsen, »auf der Erde« hiess so jemand, das war seine Verfassung und Befindlichkeit. Und der sich das gemerkt und ausgesucht hatte, ihm war dieser Name, 1704 noch »BavenderErde« geschrieben, zu Gesicht gekommen auf verwitterten wie frischen Grabsteinen, er war mit Leuten dieses Namens in Mecklenburg zur Schule gegangen! Suhrkamp wurde laut und gab sich Mühe, den Jungen aufzubringen. Als der genug entrüstet war, ging der Alte über auf fürsorgliche Erkundigungen nach Berufsaussichten und Freunden, schenkte ihm Bücher, begann dann zu schweigen, und obwohl der Abschied ein Wegschicken war, kam er mit bis an die Haustür, als wolle er den Gast ehren.

Die Kontrolle in den Kellern des Bahnhofs Friedrichstrasse gedachte diese Bücher zu beschlagnahmen, da sie einen westdeutschen Verlagsort aufwiesen, also entlarvt waren als Hetzpropaganda, wenn auch einer der Prüfer, ein älterer Mann in der Uniform des demokratischen Zollwesens, sagte mit einer Spur Wehmut: Hesse, ja ... Aber der Ertappte weigerte sich dies Mal durchaus, der Weisheit des Staates sich zu beugen. Diese Bücher waren Arbeitsmaterial, Fachliteratur einer lebensnotwendigen Art!

Es waren vier Bände der Bibliothek Suhrkamp:
Hermann Hesse, Morgenlandfahrt.

Jugendbildnis Alain-Fournier.
Alain-Fournier, Der grosse Meaulnes.
Raymond Radiguet, Der Ball des Comte d'Orgel.
Sie wurden mehrmals durchgesehen auf eine nahezu detektivische Art. Die Belehrung, wenn denn Suhrkamp eine darin mitgegeben hatte, war schwer entzifferbar. Nach einem Monat Nachdenkens war ein Brief an ihn möglich: Wenn Sie aus dem Manuskript kein Buch machen möchten, bin ich also einverstanden.
Bilanz:
Die Veröffentlichung der ersten Arbeit ist gescheitert. Negativ.
Positiv: Die Chance, anzufangen mit einer anderen Veröffentlichung als dieser.
Vier Jahre Lehrzeit.
Gewonnen: Den Auftrag, nach den Eltern der Brüder Niebuhr zu suchen.
Erworben: Den fortdauernden Umgang mit ihnen, ihrem Onkel Martin, auch der Babendererde. Erichson ist aufzuspüren. Frage: was hatte der mit Eva Mau.
An Immobilien: Eine kleine Stadt im südöstlichen Mecklenburg, samt Wallanlagen, Dom, Oberschule, Gastwirtschaft »Zu den drei Raben«, Bahnhof, Rathaus, siebzehn Strassen, Seeufer. Dazu: in gutem Zustand eine Havelschleuse, später kenntlich als die von Wendisch Burg. Samt Inventar.

III

Entwöhnung von einem Arbeitsplatz

Im vorigen Kapitel wurde dargetan, wie inständig die Behörden der D.D.R. einen ihrer Germanistikstudenten anhielten über die Kenntnis dieser Wissenschaft hinaus Einsichten in jene zu gewinnen, die in einem allgemeinen Verständnis eine Poetik genannt werden kann. Man sollte denken, mit der abschliessenden Prüfung nach vier Studienjahren habe es endlich sein Bewenden. Gefehlt, weit.

Das hier »zuständige Organ«, die Prüfungskommission der philosophischen Fakultät der Karl Marx-Universität Leipzig, lässt ihm für die Klausur die Wahl zwischen historischen, theoretischen Themen und diesem: »Der IV. Deutsche Schriftstellerkongress im Januar 1956 in Berlin«. Es ist leicht zu denken, welches er sich aussuchte, und die Erinnerung an jenen Kongress lässt vermuten, was er schrieb. Der Kulturpolitiker Wilhelm Girnus (S.E.D.), neuerdings Sekretär des Ausschusses für deutsche Einheit, der ehemalige Leiter der Abteilung Schöne Literatur und Kunst im Zentralkomitee der S.E.D., hatte in den Wochen zwischen der vierten und der fünften Verschiebung des Kongresses in der Zeitung »Neues Deutschland« an die Adresse der D.D.R.-Schriftsteller geschrieben, »künstlerische Meisterschaft und ideologische Klarheit«, das sei ein und das selbe. Die Präsidentin des Schriftstellerverbandes, Anna Seghers, bekam von diesem ausgebildeten Mal- und Zeichenlehrer einen Tadel, weil »sie offenbar die Beherrschung der künstlerischen Gestaltungsmittel nicht zu den ideologischen Problemen rechnet«. So war es denn der 1. Sekretär des Schriftstellerverbandes, Eduard Claudius, der am 9. Januar 1956 die feierliche Sitzung im Deutschen Theater an der Schumannstrasse eröffnete, denn die Präsidentin Seghers fehlte, ohne jede Erklärung. Der Kultusminister J. R. Becher wollte den fälligen Krach umgehen und hielt sich im Neutralen mit der Feststellung,

> dass die Fähigkeiten des Denkens und Erkennens mit zur künstlerischen Meisterschaft gehören, ja das Dominierende sind.
> (Alle Zitate zum IV. Schriftstellerkongress nach: DER SPIEGEL Nr. 3/1956, p. 38f.)

Am nächsten Tag, bei der Arbeitssitzung im »Haus der Ministerien«, schien die Mitteilung angebracht, Frau Seghers sei erkrankt und müsse daher dem Kongress fernbleiben, leider. Aber sie hatte ein Referat eingereicht, Stephan Hermlin verlas es, und sie liess demnach ausrichten, es sei

> nicht so, wie man manchmal denkt, dass die Leistung des Schriftstellers sich in dem Masse steigert, in dem sich seine ideologische Klarheit steigert.

Dem folgte am zweiten Kongresstag der direkte Angriff. Willi Bredel bekam lebhaften, langen Beifall für Stellungnahmen wie diese:

> Wir Arbeiterschriftsteller verbitten uns den anmassenden und schulmeisterlichen Ton, mit dem uns in der Diskussion auf die Schulter geklopft wird.

Herr Girnus habe die schöpferischen Kräfte besonders unter den jungen Autoren eher gehemmt als gefördert durch seine »Unduldsamkeit und literarische Sturheit«. »Nachdem ich von Girnus gelernt habe«: so holte Bredel aus: »dass auch die künstlerische Form ein Teil der Ideologie ist, finde ich, dass der Ton in der Presse auch zur Ideologie gehört.« Gegen diesen Ton wollte er sich gewandt haben mit aller Schärfe und Entschiedenheit. Er fragte:

> Warum dieser Oberlehrerton? Mit welcher Berechtigung und in wessen Auftrag werden solche Dinge geschrieben?

Girnus hätte ihm das gern sofort erklärt. Aber das Präsidium verordnete Mittagspause, dann die Begrüssungsansprachen von Viteslav Nezval und Konstantin Fedin, dann eine Rede von Stephan Hermlin, und schliesslich kamen Girnus noch vier kleine Mädchen in den Weg, die Delegation der Jungen Pioniere, die wusste, in welchem Kreise sie sich befand, denn sie sprach gereimt:

> Schreibt von der KVP auf Friedenswacht.

(K.V.P. steht für Kasernierte Volks-Polizei. Kindern sagt man die Wahrheit besser etwas später: Am 19. Januar wurde die K.V.P. umbenannt in »Nationale Volksarmee«.) In all dieser Zeit muss Girnus sich etwas überlegt haben, oder er mag beraten worden sein. Denn er überraschte die Anwesenden mit der Eröffnung, dass das Verfahren der Selbstkritik ausnahmehalber auch einmal für ihn galt. Er bedankte sich bei Bredel dafür, dass er »tüchtig verdroschen« worden sei. Aber der starrte geradeaus, der kam gut aus ohne einen Blick auf diesen Redner, der nun sprach über seine eigenen Schriften, die in der Zeitung der S.E.D., und bekannte, ihm seien da »falsche Einschätzung der Situation und Zorn« unterlaufen, wohingegen es ihm gefehlt habe an »Nüchternheit und

Sachlichkeit«. Aus der Versammlung kam der Zuruf: »Sehr wahr!«
Auch Johannes R. Becher unterbrach vom Präsidium her den Bedrängten mit gereizten Zwischenrufen, und der ganze Saal lachte, als der als einen Kronzeugen für seine Auffassung von Ideologie den Kriegstheoretiker Clausewitz anrief. Er habe, so Girnus nun, aus der Diskussion viel gelernt über die ideologische Klarheit, nämlich wie viel noch unklar sei, »auch bei mir noch unklar«. Becher rief er an um Hilfe mit der Beschwörung: »Es ist ja nie von Ideologie ODER künstlerischer Meisterschaft die Rede gewesen«, und Becher antwortete:

Bei MIR nicht.

(Hier werden die Genossen vom Amt für Information einwenden: sie hätten eine ganz andere Linie in der Berichterstattung über den Kongress bestellt und geliefert bekommen. Das trifft zu. Und weil das so war, musste ein Bürger mit Neugierde auf die allgemeine und öffentliche Sache Republik diese wie andere ihrer Wirklichkeiten beziehen von dem westdeutschen Nachrichtenmagazin DER SPIEGEL. Genossen vom Zollwesen, an den Grenzen eurer Hauptstadt durchsuchtet ihr das Gepäck der Reisenden. Wer mit zu viel hinein wollte, den führtet ihr ab in der Furcht, er wolle euch sich entziehen. Wer hinaus wollte in die Republik, in dessen Koffer fahndetet ihr nach anderen als euren Nachrichten. Trick 27, Genossen: während ihr jemanden in der Wäsche umhertastet, hat der etwas in der Hand, in dem liest er. So oft war er der Kontrolle unterworfen, kaum noch nimmt er sie wahr; für ihn geht vor, was da geschrieben steht über den Genossen Girnus. Unter euren Augen, Genossen!)

So war es demnach beschaffen mit dem Mann, der in diesem Lande zu bestimmen hatte, was als Literatur zugelassen werden sollte und was unterdrückt. »Eine Begabung ist eine einmalige und kann in jedem Fall etwas anderes sein«, das war Originalton Girnus. Er war ja kein Unbekannter. Unter seiner Ägide, als er der Staatlichen Kommission für Kunstangelegenheiten vorsass, hatte ein Oberschüler lernen müssen für die Reifeprüfung, was ein Girnus unter Formalismus verstand, nämlich eine typische Verfallserscheinung der bürgerlichen Kunst, der als einer Mode-Erscheinung auch fortschrittliche Künstler verfallen können, siehe Picasso. Wer dann Picassos Taube gesehen hatte auf dem Vorhang in Brechts Theater am Schiffbauerdamm, hatte leichte Wahl. Weiterhin war es eben dieser Girnus gewesen, der den Oberschülern ins Pensum geschrieben hatte, es gebe eine so schlimme Abweichung wie den Kosmopolitismus, eine von, vorzugsweise jüdischen, Imperialisten ausgesäte Ideologie, die die Einschränkung der staatlichen Unabhängigkeiten als gesetzmässig ausgebe, mit freundlichen Grüssen von Stalin, der die Vaterschaft an dem jüdischen unter seinen Völkern in den Wind schlagen wollte. Nun hatte einmal einer diesem Girnus auf die Finger geklopft, das war einem anderen wohl erinnerlich im Juni 1956, der schrieb seinen Beifall in Klausur.
Die Prüfungskommission der philosophischen Fakultät zog es vor, Girnus die Stange zu halten, statt Bredel. Leider war sie auch stärker, und verweigerte dieser Klausurarbeit sowohl die Anerkennung wie auch eine Zensur und machte eine Wiederholung zur Bedingung für die Fortsetzung des Examens.
– Indem ich meine: schrieb ihr Verfasser: sowohl den Bedingungen einer Klausur als auch dem behandelten

Thema ehrlich entsprochen zu haben, lehne ich ab diese Klausur zu wiederholen. Schrieb's und verreiste. An die Ostsee, in die Ferien, wie in seiner leipziger Seminargruppe erzählt wurde. Die Wahrheit als Nachricht wäre schädlicher gewesen: es war diesem Studenten gelungen, eine Schreibmaschine zu leihen für ganze drei, ununterbrochene Wochen, darauf sollte die dritte Fassung einer anderen Arbeit ins Leserliche geschrieben werden. Es sah ganz danach aus, als pfeife der auf sein Diplom.

Als wolle er umziehen in eine Gegend, in der so ein Diplom entbehrlich oder ohne Nutzen sei.

Hier gab er klein bei vor dem, was ihm angeraten wurde als »Vernunft«. Er schrieb noch einmal eine Arbeit in Klausur; die Prüfung wurde fortgesetzt und für »gut« bestanden erklärt in allen vier Fächern: Deutsch, Sowjetliteratur, Russische Sprache und Gesellschaftswissenschaftliches Grundstudium. Hier hatte jemand sich gehalten an die Einsicht: wollte er bleiben in diesem Lande, brauchte er den Zettel.

Ja, aber wird jemand in diesem Lande eine Anstellung finden, der es im Umgang mit übergeordneten Instanzen kommen lässt zu einer Kraftprobe?

Da tut man gut, die »Beurteilung« zu befragen, die die F.D.J.-Leitung der Seminargruppe IV/4 über diesen Studienfreund dem Ministerium für Kultur geschickt hat zur Abheftung in seiner Kaderakte. Da heisst es zu Anfang:

> »Da eine Beurteilung der [rostocker] FDJ-Leitung leider nicht eingelaufen ist . . .«

– auch wenn eine F.D.J.-Leitung über einen von der Exmatrikulation bedrohten Studenten kein Schriftstück aushändigt, auf dem geschrieben stünde von der Aufhe-

bung solcher Ordre, sind keine Vorgänge belegbar, die zu ihr geführt haben –
und so fort.

Auf die Ursachen des Rostocker Vorfalls führt [er] seine kritische und skeptische Haltung unserer FDJ-Arbeit gegenüber zurück – eine Haltung, die sich auch in Leipzig nicht wesentlich geändert hat. Da [er] wegen eines Herzleidens während seiner hiesigen Studienzeit nicht in der GST

– Gesellschaft für Sport und Technik des Kleinkalibergewehrs –

oder an Arbeitseinsätzen teilnehmen konnte und auch keine Funktion ausübte, kann sich unsere Charakteristik zwangsläufig nur auf einzelne Aussprachen mit ihm stützen. [Er] macht aus seiner kritischen und skeptischen Einstellung unserer Arbeit gegenüber kein Hehl, wobei wir glauben sagen zu dürfen, dass es sich bei ihm doch um eine loyale Einstellung zu unserem Arbeiter- und Bauernstaat handelt. [Er] lehnt selbst ein Lippenbekenntnis ab und sieht in der Tatsache, dass er in Upsala studieren könnte und dennoch hier bleibt, den besten Ausdruck seiner positiven Haltung zur DDR. Auf alle Fälle macht [Name] sich um unsere Entwicklung ernsthafte Gedanken und spricht seine Überzeugungen offen aus. Ein Teil seiner Mitstudenten kann sich allerdings des Eindrucks einer gewissen Überheblichkeit nicht ganz erwehren, die wahrscheinlich Ergebnis seiner politischen Selbsteinschätzung ist.
[Seine] fachliche[n] Leistungen sind weitaus besser, als

man bei einem Zwischenprüfungsdurchschnitt von 2,00 annehmen könnte, der durch den Studienortswechsel zweifellos negativ beeinflusst wurde.
[Er] möchte später einmal als Lektor tätig sein, wozu ihn Selbständigkeit in der wissenschaftlichen Arbeit und ein gewisses psychol. Einfühlungsvermögen durchaus befähigen. Lehrer zu werden, lehnt [er] von vornherein ab. Falls keine Lektorenstelle frei ist, will er als Übersetzer wirken.

Ein vorzügliches Gutachten. Fast akkurat, eminent deutlich. Die besprochene Person ist geneigt, in Manchem zuzustimmen, besonders in diesem einen Punkte: ein solches politisches Führungszeugnis ist eine Garantie dafür, dass einer keine Stelle bekommt in keiner Institution der gesamten D.D.R. (107,771 Quadratkilometer, ganz zu schweigen von den 403 Quadratkilometern Ostberlins).
Unübersehbar gesetzt sind die Warnzeichen: die Worte »kritisch« und »skeptisch« werden in wenig Abstand wiederholt. Eine Haltung ohne Änderung, wir kennen diese Pappenheimer. Ein Herzleiden genau für die Dauer der hiesigen Studienzeit, hier wird mit Zaunpfählen gewunken. Vielleicht doch loyal, demnach zweifelhaft. Lehnt ein Lippenbekenntnis ab und will uns damit unterjubeln, bei uns gebe es Lippenbekenntnisse überhaupt. Macht sich ernsthafte Gedanken um unsere Entwicklung, als könne es bei uns je schlecht stehen. Wirkt überheblich, verdient einen Dämpfer. Bessere Leistungen als ein Durchschnitt von Zwei, aber sie reichen nur zu einer Zwei. Neigt zur Ablehnung von vornherein. Denkt, er darf sich einen Arbeitsplatz aussuchen. Wirken möchte der als Übersetzer, wie Sand am Meer. Soll der doch

bleiben wo er will, mit seinem psychol. Einfühlungsvermögen.
Im Aufbau-Verlag war keine Lektorenstelle frei.
Sauer war der Apfel, der da hing in Berlin C2, im Haus Nummer 62 an der Wilhelmstrasse (Staatssekretariat für Hochschulwesen, Philosophische und Theologische Fakultäten). Da bat jemand unter dem Datum des 21. September 1956 um eine Anwärterstelle auf den Doktortitel, zu erwerben im Fache Weltliteratur. Erst drei Jahre später gab er es auf, eine Antwort zu erwarten.
Bei Hinstorffs war keine Lektorenstelle frei. Aber Hinstorffs wollten für ein Gutachten zweihundert Mark aufwenden, abzüglich 14% Steuer, blieb zu zahlen: 172 Mark.
Honorar für eine Probe-Übersetzung aus dem Englischen beim Übersetzungs- und Zeitungsausschnittdienst Globus im V.E.B. Deutscher Zentralverlag: 39.15 Mark. Aber die da in Aussicht gerückte Anstellung entschwand, »wegen Mangels an Planmitteln«.
Beim Verlag Paul List war keine Lektorenstelle frei. Auch Lists wollten helfen mit einem Gutachtenauftrag bei einem Honorar von 180 Mark, auszuzahlen 154.80, und noch einmal mit einem, auszuzahlen 68.80 Mark.
Selbst wer gewohnt war, auszukommen mit 130 Mark im Monat, ist ungenügend trainiert für ein Überleben nach der Melodie von monatlich 72.45 Mark.
Ein Vorsprechen bei dem Ministerium für Kultur, federführend Johannes R. Becher, erbrachte diese Planstelle als Angebot: Kultureller Beirat bei einer Maschinen-Traktoren-Station südlich von Stralsund.
Definition der Aufgaben in der »Kulturellen Massenarbeit«:

1. Ideologische und politische Aufklärungsarbeit.
2. Erhöhung der fachlich-wissenschaftlichen Kenntnisse der Werktätigen.
3. Erhöhung des sozialistischen Bewusstseins durch Volkskunst, Film, Theater, Zirkel für Gesang. Volkstanz, Laienspiel, Fotografie.

Was tun die Esel, wenn ihnen zu wohl ist?
Was frisst der Teufel in der Not?
Unter dem Datum des 12. März 1957 an das Ministerium für Kultur, die Hauptverwaltung Verlagswesen, Wilhelmstrasse 63, Berlin C2:

wie vereinbart suchte ich Herrn Walter vom Rat des Bezirkes Rostock auf und liess mich über die Arbeit des Kulturellen Beirates in einer Maschinen-Traktoren-Station unterrichten. Herr Walter hielt es nicht für sinnvoll solche Funktion zu besetzen mit einem Hochschulabsolventen, dessen Studium hier ganz unanwendbar und eigentlich noch durch einen besonderen Lehrgang zu vervollständigen sei und der die Funktion sofort verlasse aus guten Gründen, wenn die Möglichkeit wissenschaftlicher Arbeit sich biete. Ich anerkannte diese Einwände; auch eine rostocker Kommilitonin verzichtete unter den Umständen.
Erlauben Sie, sehr geehrter Herr [. . .], bei diesem Anlass eine Frage. Ein nicht verwendeter Germanist gilt amtlich als arbeitslos. Er hat ein sehr zufälliges Wohnrecht, bekommt die Lebensmittel-Grundkarte und ist ohne den Schutz der Sozialversicherung. Den so erhöhten Ausgaben

(die Staatliche Handels-Organisation HO war »markenfrei«. Aber teuer) mit seltenen Honorararbeiten zu begegnen ist auf die Dauer nicht angängig. Ist dem Ministerium hier notdürftige Abhilfe möglich?

Das Schweigen, das aus dem Ministerium für Kultur erscholl, nachhallend, dröhnend, es war einfach zu übersetzen: Sie können verhungern von uns aus, am steif ausgestreckten Arm der Republik. Sobald Sie sich ein Auskommen gesucht haben im Westen Deutschlands, werden wir Sie des vorhersehbaren Verrats bezichtigen.
Von der westdeutschen Gegend war erinnerlich, dass dort dem »Führer« Adolf Hitler einige Verdienste gutgebracht wurden. Siehe auch die Autobahnen. 1955 hatte der Athenäum-Verlag in Bonn ein Buch herausgebracht, das trug den Titel »Verlorene Siege« und war verfasst von einem Erich von Lewinski genannt Manstein; 664 Seiten, mit Tafeln. Für das Jahr 1958 war vom selben Autor zu erwarten: »Aus einem Soldatenleben 1887–1939«. Bleibe im Lande und suche nach Anzeigen.

Ich suche keinen Hersteller, keinen Werbefachmann, sondern einen begabten Mitarbeiter als ASSISTENTEN DES CHEFS mit guter Schulbildung, einiger Erfahrung und Kenntnis aller Verlagsarbeiten, Fleiss und peinlichster Gewissenhaftigkeit, der selbständig arbeiten und verhandeln kann, aber auch Pakete zu packen bereit ist.
Geboten wird ausbaufähige Dauerstellung, interessante und vielseitige Tätigkeit, angenehmes Betriebsklima, Arbeitsplatz in schöner Umgebung (Verlagshaus im Walde), angemessene Bezahlung.

Aber auch dieses Verlagshaus im Walde hatte keine Verwendung für jemand, der gut und gern Pakete packen wollte.
Werte Genossen vom Ministerium für Kultur, auch von der Kommission für Absolventenlenkung! Wenn es denn eure Aufgabe war, einem eurer Jugendfreunde aus Leipzig die Butter vom Brot zu nehmen, so habt ihr wacker eueren Mann gestanden.
Wenn es euer Wunsch war, hier einen Bürger über die Grenze in den Westen zu drängen, im Verfahren der kalten Säuberung, so habt ihr versagt, Genossen. Denn die Redaktion des Deutschen Wörterbuchs bei der Akademie der Wissenschaften darf die Unschuld selber sein, was eure »Beurteilungen« angeht, und überweist für 751 Auszugszettel, mit »a« beginnende Worte in den Werken Bismarcks, 75.10 Mark, steuerfrei. Der Aufbau-Verlag, ein verlässlicher Spender von germanistischen Heimarbeiten, sagt erst ab im Oktober 1958. Und ihr habt die Solidarität unterschätzt, die ihr den Leuten einübt mit eurer Art Regierung. Auf neunzehnhundert Mark kann einer kommen, den ihr unten halten wollt, und höher, wenn ein Freund den Vertrag unterschreibt, die Arbeit aber dem weitergibt, dem sie fehlt, und den Lohn dafür. Das macht bloss Spass, auf euch zu treffen im Speisewagen der Schnellzüge, in den »Bonzenschleudern«, und euch zu antworten auf die unvermeidliche Frage, dass hier einer arbeitslos ist, kraft eurer Verfügungen gegen den Artikel 15 der Verfassung:

> Die Arbeitskraft wird vom Staat geschützt.
> Das Recht auf Arbeit wird verbürgt. Der Staat sichert durch Wirtschaftslenkung jedem Bürger Arbeit und Lebensunterhalt. Soweit dem Bürger angemessene

> Arbeitsgelegenheit nicht nachgewiesen werden kann, wird für seinen notwendigen Unterhalt gesorgt.

Im Vertrauen: es hat sogar gereicht zur Verwirklichung des Artikels 16 aus eigener Kraft, zu jährlichen Ferien nämlich. Und wenn ihr einen § 21 Absatz 2 der AStVO unterhaltet, anzuwenden in Verbindung mit Ziffer 76 Absatz 2 AStR bei Einkünften unterhalb des Existenzminimums, so wird man ihn ausnutzen:

> Der Rat des Kreises Güstrow, Abt. Finanzen, Unterabt. Abgaben: Der Steuerbetrag von Ihren Entgelten aus freiberuflicher Tätigkeit als Verlagslektor ist in der Zeit vom 1. Januar 1959 bis 31. Dezember 1959 mit null v.H. vorzunehmen.

Hinweise auf mögliche Bedenken für diejenigen Zuhörer, die das vermerken in eurem Auftrag, werte Genossen: In einer festen Anstellung hättet ihr jemand mindestens acht Stunden unter euren Augen gehabt. An einem Arbeitsplatz kann einer gefragt werden nach seinen Ansichten über euch, denn wie sagt doch einer eurer schärfsten Theoretiker auf dem 33. Plenum des Zentralkomitees der S.E.D. im Oktober 1957:

> In der heutigen Zeit ist das gefährlichste das Schweigen.

Bedenkt dies, Genossen: wenn ihr jemand acht Stunden am Tag beschäftigt in einem Büro, an einer Hochschule, in einer Bibliothek, so ist er womöglich am Abend zu müde für eigene Schreibvorhaben. Diesem lasst ihr die Freiheit, seine Arbeiten selber einzuteilen

nach ihm beliebiger Zeit, also die Freizeit. In der Deutschen Bücherei zu Leipzig, ist er allein mit dem, was ihm einfällt in den stündlichen Rauchpausen. Ihn lasst ihr arbeiten, wo er will; auf den Reisen zwischen Mecklenburg und Sachsen, über Magdeburg oder Berlin, lernt er die Republik noch genauer kennen als vorher. Da er abkömmlich ist für euch an jedem Ort, leistet er sich einen Luxus, der kostbarer ist als eure Datschen am See: unter vier Adressen kann er arbeiten und übernachten, zwei in Leipzig, eine in Güstrow, eine in Rostock, und nur an einer ist er polizeilich gemeldet. Und was mögt ihr euch gedacht haben dabei, dass ihr ihm gelegentlich den Umgang mit Arbeiten erlaubtet, bei denen ging es um Fragen von solcher Art: Wie ist die Fabel zusammengefasst? Wo ist der Erzähler auffindbar? Welches sprachliche Material wird verwendet? In welchem Zustand befindet sich die Erzählung?

Es mag sein, Genossen, ihr habt hier jemand kalt stellen wollen. Aber so einer steht auch beiseite, und hat Zeit. Das ist die Position des Beobachters. Er sieht sich an, was da ist, er zählt es. Und da ihr ihn habt unterrichten lassen über die Funktion der Vorsilbe »er-« im Deutschen, wird er am Ende geraten ins Erzählen. Denn ihr umgebt ihn mit Vorfällen, die er beim besten Willen wahrnehmen muss.

Ganz in seine Nähe war im Herbst 1956 eine »Republikflucht« gefallen. Da man ihm weder Beihilfe noch Mitwisserschaft nachweisen konnte, war es ihm überlassen, die Hinterlassenschaft aufzulösen. Das bedeutete Umgang mit bisher unbekannten Behörden, Möbelhändlern und dem Netz aus persönlichen Beziehungen, das die abgereiste Person in nur neun Jahren durch eine ihr bis dahin ganz fremde Stadt gezogen hatte. Die Anlässe

für ihren Entschluss waren bekannt; folglich mussten andere Gründe vermutet werden bei den Leuten, die in diesen Wochen nach dem Niederschlagen des ungarischen Aufstands wegzogen in den Westen. Hatten sie keine Angst vor den Abenteuern, wie er sie sich leistete mit dem Überfall auf Ägypten? Überhaupt, was für triftige Gründe mochte es geben für ein Verlassen der Republik?
Wer in diesem Herbst 1956 viel unterwegs war auf der Eisenbahnstrecke zwischen Rostock und Leipzig, geriet so oft in Verspätungen, dass er am Ende neugierig wurde auf die Ursache. Sie war von einer Art, die sie anfangs aussehen liess wie eine Anekdote, wenn nicht einen Witz: Nach der Synchronisierung der volksdemokratischen Ein-, Zwei- und Fünfjahrespläne hatte die Wirtschaftskonferenz des Ostblocks im Mai eine detaillierte Arbeitsteilung festgeschrieben; nach dieser Ordnung sollten die einzelnen Wirtschaften aus Polen ihre Kohle beziehen. Am 20. des »Polnischen Oktober« aber war Gomulka an die Macht getreten (Mitglied des Politbüros, Erster Sekretär des Z.K.) und forderte in Massenversammlungen ein unabhängiges Polen und die Gleichberechtigung mit der Sowjetunion. Vielleicht hatte er sich geärgert über die Tadelsucht seiner ostdeutschen Genossen, denen ja schon die sachliche Behandlung der posener Aufständischen durch die veränderte polnische Rechtspflege ein Ärgernis gewesen war. Am 24. Oktober kündigte Gomulka eine Revision der Wirtschaftsplanung an. Nicht nur konnte die D.D.R. nunmehr weniger rechnen auf die polnischen Lebensmittel-Lieferungen, auf die sie sich aber verlassen hatte für ihren Plan, im Frühjahr 1957 die Rationierung aufzuheben – es waren auch seit Mitte September kaum die Hälfte der fünfhundert täglichen

Waggons mit polnischer Steinkohle in der D.D.R. angekommen, im Oktober waren zwei Hochöfen im Eisenhüttenkombinat Ost still gelegt, die Elektrizitätswerke arbeiteten schwächer. Ein Streit unter Genossen war die Ursache dafür, wenn es in Mecklenburg nur für wenige Stunden Strom gab, wenn die Reichsbahn statt der vorgeschriebenen Reserve für 24 Tage nur noch eine für drei Tage hatte und die Lokomotiven sparen mussten.
Einer von den Reisenden war in diesem Herbst mit seinem Interesse geradezu hingeschoben worden zur Deutschen Reichsbahn. Denn zwar zog die Gewerkschaft die Wohnung ein, die sie einer kürzlich geflüchteten Kollegin zugewiesen hatte, sie anerkannte ohne Frage das Recht auf Wohnraum für ihren Sohn; sie vermittelte ihm eines der von ihr verwalteten Zimmer, bei Eisenbahnern. Was ihm ausser dem zugesprochen wurde wie ein Erbe, war das Recht auf Essen in der Kantine der Reichsbahn. Jetzt sass er Mittag nach Mittag unter Leuten, die konnten ihm die Hintergründe für den täglich verrutschten Fahrplan ausleuchten. Er durfte fragen, wonach ihm der Sinn stand, und eine Richtung davon wollte wissen, wer denn die Order gab für das Signal Rot, und auf welchem Wege sie lief. – Tja, Kollege: sagten sie: Wir haben schetz das echt originale Sowjet-System des Dispatchers.
To dispatch I. Transitives Verbum: absenden, abschikken, (Truppen) in Marsch setzen. 2. versenden, befördern, spedieren, abfertigen. Das alles tat ein einzelner Mensch mit Eisenbahnzügen. Eingeladen war die Frage, wie einer beschaffen sein mochte, der die Verantwortung für all die Menschen, all das Vieh ertrug als eine tägliche Belastung. Für seine Tätigkeit gab es Lehrbücher; der Reisende wusste, was der Unbekannte anging mit Mikrofon, Telefon, Diagrammen während einer Verspä-

tung, und verlernte seine Ungeduld beim Warten vor einem Haltesignal. Streckendispatcher waren Geheimnisträger, die Hoffnung auf Bekanntschaft mit einem war vergebens. Da schien es geschickter, sich einen zu erfinden. Dieser kam freiwillig, liess sich sehen im Traum, weich umrissene Gestalt eines Mannes auf nachtschattenem Feldweg, der mit sachtem Schwung eine Katze vom Boden hebt, so dass sie auf seiner Schulter kauert, ehe sie sich's versieht. Er sprach mit einem Akzent aus der nördlichen Odergegend. Jakob hiess der.

Er lebte also auch in einer Welt fern der Technik; die galt es als nächste zu finden.

Eine Studentin erzählte von ihrer Arbeit auf der leipziger Messe und deren Folgen. Sie betreute einen skandinavischen Stand. Als die Nordleute abgereist waren, bekam sie Besuch von drei schweren, höflichen Herren, die sprachen Deutsch mit russischem Akzent und boten an: gutes Geld für brauchbare Nachrichten über Skandinavien. Eine alltägliche Geschichte, auffällig nur deswegen, weil hier jemand den Mut hatte, sie zu erzählen. Die Studentin liess offen, ob sie mit der Abwehr der Roten Armee zusammenarbeiten werde. Was sie ausschloss, war ein Verlassen der Republik; was ihr Fall einlud, war die Erwägung, dass eine weniger resolute Person, eine ältere Frau zumal, auf der Stelle davon gelaufen wäre, nach Westberlin, über die Grenze, so rasch wie möglich.

Mittlerweile hielten die Verhaftungen an, wie ein Wetter. Janka, Leiter des Aufbau-Verlages: Acht Jahre Zuchthaus. In Jena nahm der Staatssicherheitsdienst den »Stauffenbergkreis« der Studenten auseinander, in Dresden den »Nationalkommunistischen Studentenbund«, Studentengruppen an der Humboldt-Universität Berlin, an der Schiffbautechnischen Fakultät Rostock, an der

Technischen Hochschule für Chemie in Halle und Merseburg, an der Medizinischen Akademie in Magdeburg, an der Hochschule für Elektrotechnik in Ilmenau. Was diese Studenten versucht hatten zu erreichen mit ihren Unterschriftensammlungen und Flugblättern, war, im Falle Jenas: Einführung eines Wahlsystems, in dem unerwünschte Kandidaten abgelehnt werden konnten; Unabhängigkeit der Justiz; Rentabilität und Eigeninitiative in der Wirtschaft; Mitbestimmung in den Betrieben durch echte Arbeiterräte; Auflösung unrentabler Landkommunen durch Mehrheitsbeschluss; freies Studium; Reisefreiheit. Keine dieser Forderungen stand sozialistischen Zielvorstellungen entgegen. 24 Angehörige des Stauffenbergkreises wurden dafür verurteilt zu 110 Jahren Zuchthaus.

Ungestraft tastet niemand unseren Staat an:

versicherte die »Leipziger Volkszeitung« am 4. April 1957.
»Nass wie ein Jonas« sagt man im Sächsischen von jemanden, der unter einer Traufe hervortritt. Das war der zweite biblische Name, zuviel demnach, aber er hielt fest an einer Stimme, die zäh und in lehrendem Ton zweifelt an einer Wissenschaft. Der Name blieb. Immerhin hatte ein Jonas einmal Streit gehabt mit seinem Gott, weil der anders tat als er versprochen hatte. Der Fall dieses Ideologen wurde schriftlich durchgenommen im November 1957 (jetzt veröffentlicht unter dem Titel »Jonas zum Beispiel«).
Der Verfasser hatte Benjamins IV. These zur Technik des Schriftstellers inzwischen für sich erweitern können um eine Schreibmaschine, versehen mit dem Zeichen Q für

Qualität, Exportware, mithin zuverlässig, Der Luxus war abermals das Papier. Holzfreies fehlte im Leipzig des Jahres 1957 noch unter den Ladentischen, und Konterbande blieb das allerdünnste, reissfeste Papier, oft fälschlich bezeichnet als für Durchschläge bestimmt. Denn wie aus dem Nachlass Bertolt Brechts nun Abschriften geschmuggelt wurden, heimlich vervielfältigt und weitergegeben, zum Missvergnügen der Genossen im Ministerium für die Kultur, vor allem das »Lied über die Guten Leute«:

Die guten Leute erkennt man daran
Dass sie besser werden
Wenn man sie erkennt. Die guten Leute
Laden ein, sie zu verbessern, denn
Wovon wird einer klüger? Indem er zuhört
Und indem man ihm etwas sagt.
[...]
Die guten Leute beschäftigen uns
Sie scheinen allein nichts fertigbringen zu können
All ihre Lösungen enthalten noch Aufgaben.
In den gefährlichen Augenblicken auf untergehenden Schiffen
Sehen wir plötzlich ihr Aug' gross auf uns ruhen.
Wiewohl wir ihnen nicht recht sind, wie wir sind
Sind sie doch einverstanden mit uns.

– so verlautete aus Brechts Archiv, er habe die Originale auf allerdünnstem weissen Papier festgehalten, wie auf dem für Luftpost, das Gebühren für Gewicht sparen soll. Das war ein Hinweis auf mögliche Schwierigkeiten beim Transport und der Unterbringung beschriebenen Papiers, auch einer versteckten.

An einer reproduzierten Typo- oder Manuskriptseite von Lion Feuchtwanger war zu sehen gewesen, dass dieser für Maschinenschrift nur die rechte Hälfte des Blattes benutzte, in »zweizeiligen« Abständen, um die linke benutzen zu können für Berichtigungen und andere Verbesserungen. Das »zweizeilige« Verfahren, das tatsächlich bloss den Abstand von einer Zeile meint, war für einen Schreiber in der D.D.R. von 1957 unerschwinglich, da wäre jedes Blatt dreimal so schnell um die Walze gelaufen; die Aufteilung der Seite in eine Hälfte für die erste Niederschrift in Zeile nach Zeile (»einzeilig«) und eine für Korrekturen empfahl sich. Leider blieb die Lage an der Papierfront unverbessert, so dass auch die Rückseiten einbezogen werden mussten, was bei umfangreichen Änderungen mit sich brachte, dass die doppelte Textmenge umzusetzen war.

Mittlerweile war von einem anderen Menschen der Name bekannt, auch Redeweise und die Lebensumstände. Cresspahl (Johann) Heinrich. Die Frau verstorben 1938, die Tochter seit 1953 »im Westen«.

(Der ist abermals ein Tischlermeister. Hier fehlt eine Dissertation über die Vorliebe des deutschen Romans für diesen holzverarbeitenden Beruf, 1963 weiterhin nachweisbar für den Vater Harry Liebenaus bei Günter Graß, 1966 für den Angeklagten Johann Gruhl bei Heinrich Böll, bei Arno Schmidt passim. Sind, über biographische Anlässe hinaus, Tischler die Handwerker, mit denen ein Schriftsteller am häufigsten zusammentrifft, weil vielleicht wenige auskommen mit Bücherregalen aus dem Versandhaus? In diesem Fall ist es schlicht Mangel an Geld gewesen: Besuch in einer Tischlerwerkstatt zwecks Verkaufs eines Bootes.)

Ernst Barlach im Gespräch, von Friedrich Schult 1920 befragt um die Figur »Spaziergänger« (Gips und Bronze, 1912):
Ja, das war ein Landmann, der zwischen Güstrow und Rostock zustieg. Er sass mir mit seinem mächtigen Leibe so unentwegt gegenüber, dass unsere Knie sich berührten; an Zeichnen war nicht zu denken. Es blieb mir nichts anderes übrig, als ihn so lange aufs Korn zu nehmen, bis ich ihn schliesslich auswendig konnte.

Im November 1957 war es ein Forstarbeiter, der eine Station hinter Schwaan einstieg. Er sah einem Heinrich Cresspahl so ähnlich und so unähnlich wie das vorkommen kann unter Brüdern.
Ungerufen kam seine Tochter. Angesichts der erschöpften Müdigkeit von Fahrgästen in einer Strassenbahn von Leipzig liess sich vorstellen, und erkennen, wie sie in Düsseldorf von der Arbeit kommend emporstieg zu ihrem Zimmer: mit dem Willen, es durchzuhalten bis hinter die Tür. Aber sie würde munterer aussehen, käme sie einmal heimlich zu Besuch in Mecklenburg. Wieso: heimlich?
Kam sie jemals, so hatte noch einer auf sie gewartet; Rohlfs der werte von mehreren Namen. Wegen einer Kriegsverletzung ging Herr Rohlfs oder Mesewinkel oder Fabian an einem Stock. Den hatte er sich wegtrainiert, als er sich blicken liess zum ersten Mal; ein Herr Rohlfs betreibt zweimal in der Woche gymnastische Übungen in den Turnhallen des Staatssicherheitsdienstes, wenn sein Oberster Vorgesetzter ihm verordnet hat:

Jedermann, an jedem Ort:
einmal in der Woche – Sport.

Und damit solche Pannen wie die von Leipzig, verbucht unter Skandinavischer Messestand, zuverlässig unterbleiben, haben »die Freunde« gebeten um einen gleicher Massen findigen und geduldigen Offizier deutscher Herkunft. »Die Freunde«, das war eine unernste und leicht gruselige Bezeichnung für die Gesamtheit der Sowjetischen Besatzungsmacht, nur jemand wie Herr Rohlfs gebraucht sie ohne Bedenken. Gewiss war an der Erfindung das Wunschbild jenes Kommissars beteiligt, den ein Hochschulabsolvent zu jener Zeit der D.D.R. vorgezogen hätte als Partner beim Verhör.
Hier folgt eine Laufprobe aus dem November 1957, die lediglich die atmosphärischen Bedingungen erkunden sollte, unter denen all diese Leute ein Jahr früher auf einander getroffen waren:

GUTEN TAG
Im späten Sommer auf dem Vorplatz eines Bahnhofes um die Zeit, zu der die Ferienzüge sich treffen, marschierte eine Gruppe von sechs Männern zur Stadt hin: drei grüne mit braunem Leder quer und rundum gegürtete Uniformjacken neben und hinter drei schäbigen schwarzen Jacken mit bunten Ärmelbiesen und Rückenflecken, drei grüne Mützenbögen neben und vor und hinter drei schwarzen Kappen mit farbigen Einsätzen, drei zerschlissene graue Drillichhosen in gleichem Schritt neben und zwischen drei schwarzen glänzenden Stiefelpaaren, die scharf auf dem Steinpflaster knallten in dem dumpfen Klappern der Holzpantoffeln. Die sechs Männer gingen auf dem Bürgersteig, querten die Strasse, zogen auf der anderen Seite weiter, ein junger Mann zog den Hut.
Blieb stehen auf seinem Wege zum Bahnhof, fasst sei-

nen Hut von vorn in die Scheitelfalte mit seinem Mittelfinger, der hintere Rand der Krempe kommt zuerst hoch, hält den Hut vor sich und blickt höflich zwischen die grünen Uniformen, steht still und wartet.
Der hintere Polizist lachte lautlos und leutselig in Anerkennung der besonderen Umstände. Lautlos und leutselig lachend wandte er sich um, kehrte sich mit erheitertem Kopfschütteln zurück in die Marschrichtung und stampfte weiter. Die auf seinem Rücken neben der Pistolentasche zusammengelegten Hände schütterten von seinen Schritten.
Ein älterer versorgter Herr blieb zwei Schritte vor dem jungen Mann stehen und betrachtete den seitlich.
Ein kleiner Junge hatte drei Brote in seinen Armen, eins davon rutschte seitwärts während seiner offenmündigen grossäugigen Betrachtung, er hob achtlos ein Knie und schob und drückte das Brot zurück zwischen die anderen, indem er mit offenem Mund und angestrengten Stirnfalten den Erwachsenen besichtigte, der seinen Hut noch in der Hand hielt und dem Trupp nachsah.
Von der Haltestelle der Strassenbahn kamen an den sechs Männern vorüber die Familien auf ihrem Wege zum Bahnhof und in die Ferien, die ihre Köpfe schräg hochnahmen und Antwort erwarteten auf ihre hilfreichen gleichgültigen hochmütigen begütigenden Blikke. Aber die Kappen und Mützen bleiben unverändert vorgeneigt und aufgereckt ruckend in der Bewegung der Schritte.
Bis endlich der Junge und der Mann mit dem Hut und der verdrossene auch ältere Herr bemerkten dass innerhalb des erst um wenige Meter entfernten Trupps eine Hand von vorn über eine Kappe griff und sich

über den bunten Einsatz legte und zugriff und die Kappe für einen Augenblick ganz und gar abhob von einem langen schwarzen stoppelhaarigen Schädel, der für diesen Augenblick deutlich ein wenig aufgerichtet schien.

Der Hutmann steht da und lacht für sich allein, indem er Luft durch seine Nase stösst. Er ging weiter auf dem Bürgersteig und sagte Mahlzeit zu den beiden Beamten, die Pakete aus dem Postauto luden.

Der Junge würgte die Brote mit seinen Armen höher vor seine Brust und hüpfte im Dreierschritt hinter ihm her.

Der ältere und von Grund aus ärgerliche Herr hatte seinen langen Hals gedreht und war mit verschiedenen mürrischen Bewegungen in den Strom der Zivilisten getreten, der auf den Eingang des Bahnhofes zuzog.

– Guten Tag.

– Ja. Guten Tag.

Das war eine Probe auch auf die Erfindung, dabei erwies sie sich als beendet. Dies ist alles was ich anbieten kann als Erfahrung im Prozess des Erfindens: er ist vergleichbar dem Vorgang der Erinnerung, die eine längst vergessene, in diesem Fall noch unbekannte, Geschichte wieder zusammensetzt, bis alle ihre Leute, ihre Handlungen, ihre Lebensorte, ihre Geschwindigkeiten, ihre Wetterlagen unauflöslich mit einander zu tun bekommen. Dabei ist das Suchen nach der Technik eines Arbeitsvorganges oder nach einer Landschaft als Ort der Handlung als Ermittlung geboten; die bewusste Suche nach den Personen ist grundsätzlich von Schaden. Hier muss jede Absicht fehlen. Sie müssen freiwillig auftreten, in sich stimmig aus eigenem, in ihrem eigenen Recht,

dem Urheber ebenbürtig. Dann werden sie ihm helfen und ihn gelten lassen als einen Partner, wenn er umgeht mit ihnen in seinem Bewusstsein und nun zu Papier.
Im Dezember 1957 sah Peter Suhrkamp in der Schützallee von Berlin-Zehlendorf nach dem Rechten und empfing einen Besucher, der kam sowohl aus Mecklenburg wie aus Leipzig. Der versicherte ihm: Er sei nunmehr leidlich firm im Eisenbahnwesen. Er wisse eine Weiche, eine Kreuzungsweiche sogar, aus dem Gedächtnis zu zeichnen, vom Herzstück bis zur Flügelschiene.
Zu »Herrn Suhrkamp« ging ich inzwischen, als sei ich ihm verpflichtet zur Rechenschaft. Es war eine unkritische Verehrung. Er war indiskutabel. Anfangs wohl verstellt von den Bildern, der Legende: er hatte Brecht vor den Nazis bewahrt, er hatte den Verlag S. Fischer über die Diktatur gebracht, er würde sterben an den Folgen der Haft im Konzentrationslager, er hatte diesen seinen Verlag zustande gebracht. Später war es sein Alter und was seine Person damit anfing, ein kostbares Muster von Erfahrungen in seinem Gesicht, das spärliche, ungläubige, neckende Lächeln, Einsamkeit und die Nähe des Todes, das sorgfältige Rauchen der Kranken, der würgende Husten und dabei die abwinkende Hand, die die Lebenden vorsorglich ausschloss und verabschiedete. Seine Art zu erziehen blieb schwierig; nach wie vor benahm er sich ungerecht und wies eigens darauf hin, fragte nach der Arbeit und gab sich den Anschein, beim Zuhören zu denken an Wichtigeres, bestellte sich Briefe und liess sie ohne Antwort; er durfte das. Sein sorgfältiger Zweifel war die Herausforderung für den Wunsch, ihm einmal »etwas zu zeigen«.
Suhrkamp wünschte ein Exposé.
Das war ein zuwiderer Auftrag. Aber wenn Peter

Suhrkamp etwas wünschte als Tun eines anderen, dann tat der das. Demnach wird auf vielleicht zwei Seiten ungefähr dies gestanden haben:
Das Jahr 1958 wird benutzt, neben der Erledigung von Honoraraufträgen, für die Arbeit an einem Buch. Es soll erzählen von der Bedingung und Veränderung dreier Personen durch ihre Aufgaben im Bereich der Arbeit und durch ihre Berührungen mit der Maschine Gesellschaft. Einer (hier scheute jemand vor dem Ausliefern von Namen) ist im Herbst 1956 achtundzwanzig Jahre alt, in der beruflichen Ausbildung und Tätigkeit auf der Stufe eines Dispatchers bei der »Deutschen Reichsbahn«. Darin schon überfordert, wird er nachhaltig gestört durch das Verhalten seiner Mutter, die unverhofft und unerklärt aus dem Land davonläuft. Zu danken hat er dies einem Interessenten von der geheimen Polizei, der Auskünfte wünscht über eine Person, an der sie einmal Mutterstelle vertreten hatte. Diese Halbwaise, Tochter ihres Hauswirts, inzwischen dreiundzwanzig Jahre alt, ist als Angestellte einer Behörde des Nordatlantischen Vertrages womöglich im Besitz von Kenntnissen, nach denen die Rote Armee sich sehnt.
Suhrkamp schrieb:

> Das Exposé zu Ihrem neuen Buch habe ich seinerzeit richtig erhalten. Daraus konnte ich aber nichts ersehen...

Darauf war es angekommen. Es war ein zuwiderer Auftrag gewesen, und störte den Verfasser, sobald er auf Papier mit seinen Leuten zu verhandeln begann. Sie waren lebendig für ihn, er arbeitete Hand in Hand mit ihnen an einem Plan und seiner Ausführung; immer war der

Würgegriff zu fürchten von den Armknochen jenes Skeletts, das in Frankfurt am Main in einem Aktenschrank eingesperrt war. Als Peter Suhrkamp ausrichten liess, es sei wunschgemäss weg von dieser Erde, ging der Geschichte das Atmen leichter.
Bevor die Arbeit anfangen durfte, verlangte sie ein sicheres Versteck. Der Mitteldeutsche Verlag hatte nach »literarischen Plänen« gefragt.
Antwort, am 11. Januar 1958:

> Ich bin das literarische Engagement leid inzwischen. Sie wissen dass ich mich damit nicht begeben möchte in die freie Warenwirtschaft, für die Republik reicht es erwiesener Massen nicht aus. Das ist eine Frage meines persönlichen Verhältnisses zur schriftlichen Aussage, das kann ich nicht absichtlich ändern, wie es unwillkürlich wird ist abzuwarten. Anders als mit diesem vorläufig grundsätzlichen Verzicht kann ich mich nicht einrichten...

Hier stritt jemand ab, dass er jemals noch etwas anderes zu Papier brachte als Übersetzungen, Nachworte, Gutachten. Denn von Halle, dem Sitz des Mitteldeutschen Verlages, hatte im Herbst 1957 die Verhaftung dreier Slawisten eine Schlinge nach Leipzig gezogen, die fing da einen Sprachwissenschaftler, einen Assistenten für Slawistik, einen für Geschichte, einen für Journalistik, dessen Frau, einen Fachmann für Jazz, und einen Schriftsteller, da mochte der Sekretär für Kunst und Erziehung im Z.K. der S.E.D., Paul Wandel, noch so dringlich an den 1. Sekretär der S.E.D.-Bezirksleitung Leipzig, Paul Fröhlich, die Bitte und Warnung telegrafieren:

dass keinerlei administrative Massnahmen ergriffen werden. Es kommt darauf an, die junge Intelligenz der Partei zu erhalten.

Wer so nachsichtig umgehen will mit der jungen Intelligenz, der wird am 19. Oktober 1957 geschasst, den verwendet man später bloss noch als Botschafter in China. Paule Fröhlich aber werden die administrativen Massnahmen erlaubt, das geheime Verfahren, das für jenen Schriftsteller endet mit dem Urteil auf acht Jahre Zuchthaus, für »feindliche Gruppenbildung«, und »Hetze«. Hetze? der hatte wohl etwas vorgelesen. Gruppenbildung? ihm hatten Leute zugehört. Und was war Gegenstand seiner Erzählung gewesen? das willkürliche Benehmen der treuen Genossen vom Staatssicherheitsdienst. Und was war die Stammfirma der Herren Rohlfs und Fabian und Mesewinkel?
Hier ist die Gelegenheit, jenen Leuten zu danken, die in so strengen Jahren einen reisenden Germanisten aufnahmen als einen Gast oder Untermieter. Denn sie hielten es nur für ordentlich, dass auf seinem Tisch Papiere bewegt wurden; sie sahen es an als ganz und gar seine Sache, dass er da zwei Stapel getrennt hielt; sie richteten sich nach einer Verfassung, der zu Folge es unschicklich war, sie auch nur zu berühren oder gar darin zu lesen. Von ihnen war keine Gefahr zu gewärtigen, so selten auch bei anderen das Selbstverständliche geworden war.
Aber die Erzählung stand und trat auf der Stelle. Bewegte sie sich, so mit Anzeichen von Schmerzen, gleich einem Pferde, das lahmt, das hat sich einen scharfen Stein in den Huf getreten, dem ist schon die Gangart Schritt zu viel, von Flug zu schweigen. Der stechende Stein, das war

die Volkstümlichkeit. Noch ungehoben wartete an der berliner Chausseestrasse Brechts Befund:

Das Volk ist nicht tümlich.

War der Verfasser amüsiert gewesen, als literarisch ausgebildete Lektoren ihn die geringfügige Versetzung von nur zwei Zeiten ankreideten als »avantgardistisch«, so dachte er doch an Leser, denen er es bequem zu machen dachte. Damit setzte er sie herab in der Achtung. Er beleidigte den Leser, indem er ihn unterschätzte. In dem Bestreben, nur ja die Chronologie einzuhalten, war er auch gleich auf das hohe Ross eines allwissenden Autors gestiegen, der berichtete von Vorgängen, bei denen seine Anwesenheit unpraktisch gewesen wäre, sogar unerwünscht. So einen Umgang verweigerte Jakob Abs, der wollte weder bei seiner Arbeit noch beim Schreiben davon jemand so sprechen lassen, als ahne er seine Gedanken; der Schreiber verkannte den Hinweis auf die Erwägung, welchen Umgang Jakob denn für den Alltag angenommen hatte. Er hatte das Typoskript eben in ein Zweites Kapitel gequält und sah gerade einem allein lebenden Hochschulassistenten zu beim Anzünden eines Brikettfeuers in einem Mietzimmer an der pankower Kirche, da überfiel ihn endlich die Frage, die von Alfred Döblin ungefähr so überliefert ist: Wenn Tante Emma ins Zimmer stürzt, sich aufs Sofa wirft und ausbricht in hemmungsloses Schluchzen – woher weiss der das, der davon schreibt?

Seine Leute waren keine Tante Emma für ihn; sie waren ihm wichtig genug, dass er sie um Ruhe bat, bis er die Antwort auf jene Frage gefunden hätte. Sie liess auf sich warten, gefährlich lange; schon wandten einige seiner

Personen sich ab von ihm; da kam ihm selber bei, was er zwar pflichtbewusst bezeugt gelesen hatte, aber mit Unglauben:

> Ernst Barlach im Gespräch, April 1918:
> Man lernt immer mehr, sich als ein blosses Mittel zu betrachten. Bei den dümmsten Verrichtungen, beim Händewaschen oder beim Zähneputzen, ist es plötzlich da. Es ist, als wäre die Arbeit in ein Schubfach gelegt und dort fertig geworden von vielen Händen, die sie uns höflich präsentieren.

Bei einer von solchen nichtigsten Verrichtungen war das Bewusstsein des Verfassers plötzlich fertig mit der gestellten Aufgabe, ohne seine Aufsicht hatte es die Lösung gefunden und warf sie ihm in die Gedanken: Er hörte seine Leute reden. Es war ein Ton, der aufbegehrte gegen eine Gewissheit, die war so unwiderruflich, die war in ein Grab getan; ihm wurde deutlich vorgesprochen, und gehorsam schrieb er nach:

> Aber Jakob ist immer quer über die Gleise gegangen.

Er hörte sie reden, ihre mutlose, ihre unentwegte Gegenwehr:

> – Aber er ist doch immer quer über die Rangiergleise und die Ausfahrt gegangen, warum, aussen auf der anderen Seite um den ganzen Bahnhof bis zum Strassenübergang hätt er eine halbe Stunde länger gebraucht bis zur Strassenbahn. Und er war sieben Jahre bei der Eisenbahn.
> – Nun sieh dir mal das Wetter an, so ein November,

kannst keine zehn Schritt weit sehen vor Nebel, besonders am Morgen, und das war doch Morgen, und alles so glatt. Da kann einer leicht ausrutschen. So ein Krümel Rangierlok ist dann beinah gar nicht zu hören, sehen kannst sie noch weniger.
– Jakob war sieben Jahre bei der Eisenbahn will ich dir sagen, und wenn irgend wo sich was gerührt hat was auf Schienen fahren konnte, dann hat er das wohl genau gehört

Er sah den Anblick, den sie meinten:

unterhalb des hohen grossglasäugigen Stellwerkturms kam eine Gestalt quer über das trübe dunstige Gleisfeld gegangen, stieg sicher und achtlos über die Schienen eine Schiene nach der anderen, stand still unter einem grün leuchtenden Signalmast, wurde verdeckt von der Donnerwand eines ausfahrenden Schnellzuges, bewegte sich wieder. An der langsamen stetigen Aufrechtheit des Ganges war vielleicht Jakob zu erkennen, er hatte die Hände in den Manteltaschen und schien geraden Nackens die Fahrten auf den Gleisen zu beachten. Je mehr er unter seinen Turm kam verdunsteten seine Umrisse zwischen den finster massigen Ungeheuern von Güterzugwagen und kurzatmigen Lokomotiven, die träge ruckweise kriechend den dünnen schrillen Pfiffen der Rangierer gehorchten im Nebel des frühen Morgens auf den nass verschmierten Gleisen

Es war die Situation des Alltags, das Zuhören bei einem Gespräch anderer in einem Coupé der Eisenbahn, am Nebentisch im Krug von Jerichow, und es war schon zu unterscheiden, welcher der beiden näher zu Jakob gelebt hatte und wer erst kurze Zeit zu Gast gewesen war:

– wenn einer dann er. Hat er mir doch selbst erklärt, so mit Physik und Formel, lernt einer ja tüchtig was zu in sieben Jahren, und er sagt zu mir: Bloss stehenbleiben, wenn du was kommen siehst, kann noch so weit wegsein. »Wenn der Zug im Kommen ist – ist er da« hat er gesagt. Wird er auch bei Nebel gewusst haben.
– Eine Stunde vorher haben sie aber einen Rangierer zerquetscht am Ablaufberg, der wird das auch gewusst haben.
– Deswegen waren sie ja so aufgeregt. Wenn sie auch gleich wieder Worte gefunden haben von tragischem Unglücksfall und Verdienste beim Aufbau des Sozialismus und ehrendes Andenken bewahren: der sich das aus den Fingern gesogen hat weiss es gewiss besser, wär schon einer. Frag doch mal auf diesem ganzen verdammten Bahnhof ob einer jetzt noch im November Ausreiseerlaubnis nach Westdeutschland gekriegt hat, und Jakob ist am selben Morgen erst mit einem Interzonenzug zurückgekommen. Denk dir mal bei wem er war.
– Cresspahl, wenn du den kennst. Der hat eine Tochter.

Jetzt, da der Führer des Protokolls sich verstand mit zwei von ihren Leuten, sprach auch sie und liess es ihn hören:

Mein Vater war achtundsechzig Jahre alt in diesem Herbst und lebte allein in dem Wind, der grau und rauh vom Meer ins Land einfiel hinweg über ihn und sein Haus

Nun durfte auch jemand das Wort haben als ein Zeuge, der war dabei gewesen, der hatte davon sagen hören:

Heinrich Cresspahl war ein mächtiger breiter Mann von schweren langsamen Bewegungen, sein Kopf war ein verwitterter alter Turm unter kurzen grauen scheitellosen Haaren. Seine Frau war tot seit achtzehn Jahren, er entbehrte seine Tochter. In seiner Werkstatt stand wenig Arbeit an den Wänden, er hatte das Schild seines Handwerks schon lange von der Haustür genommen. Gelegentlich für das Landesmuseum besserte er kostbare Möbel aus und für Leute die sich seinen Namen weitersagten. Er ging viel über Land in Manchesterzeug und langen Stiefeln, da suchte er nach alten Truhen und Bauernschränken. Manchmal hielten Pferdefuhrwerke vor seinem Haus mit Stücken, die ihm hineingetragen wurden; später kamen Autos aus den grossen Städten und fuhren das sattbraune kunstreich gefügte Holz mit den stumpf glänzenden Zierbeschlägen davon in die Fremde. So erhielt er sein Leben. Steuererklärung in Ordnung, Bankkonto bescheiden passend zu den Ausgaben in einer abgelegenen kleinen Stadt, kein Verdacht auf ungesetzliche Einkünfte.

Nun die anderen angefangen hatten, wollte einer mitreden, ganz wie es zu seinem Beruf gehörte, und gab sich gleich zu erkennen:

Achtundsechzig Jahre alt, Kunsttischler, wohnhaft Jerichow Ziegeleistrasse. Ich konnte und konnte mir nicht denken was das Referat Militärische Spionageabwehr mit dem gewinnen wollte. Diese Berichte von der Dienststelle Jerichow, quengelig, meistens private Anzeigen: hat dies gesagt, hat das zu verstehen gegeben. Hat öffentlich im Krug von Jerichow (glaube nicht dass da im Krug »öffentlich« bedeutet, die kennen sich doch alle, na ja: öffentlich im Krug) das Lied gesungen von dem Hund, der in die Küche kam, der schiss dort auf ein Ei, da nahm der Koch den Löffel, und schlug den Hund zu Brei, da kamen die Hunde zusammen, und lobten sehr den Koch, und schrieben auf den Grabstein, geschissen hat er doch, dann kam der Hund wieder in die Küche und das hab ich jetzt vergessen und jaja ich verstehe schon. Das schreiben die nun auf. Geben wir ernstlich zu bedenken. Die scheinen zu meinen, die Agenten hätten Vereinslieder, nächstens wollen sie vielleicht amtliche Abzeichen einführen. Hundefänger. Darüber ärgern die sich, darüber ärgern sich noch ganz andere Leute, die lassen Cresspahl lieber den gemütlichen Lebensabend. Bis ich sah er hatte eine Tochter, geboren 1933, Oberschule in Jerichow, Studium der Anglistik in Leipzig, Dolmetscherschule Frankfurt am Main, am Main, und seit Anfang des Jahres (aber das hatten nicht die in Jerichow gemerkt, denn Cresspahl wird es ihnen nicht erzählt haben:) the N.A.T.O. Headquarters. Ich blätterte noch die anderen Vorschläge durch, konnte mit keinem so recht warm werden, alle so schnurgerade Röntgenarbeit, kurzgesagt stur, und gegen Mittag fuhr ich zurück zur M.S.A. und liess mich melden bei Lagin und legte ihm die Mappe hin,

wenn schon, dann will ich was davon haben. »Ah –: galubuschka« sagte er. [...] *Die Taube auf dem Dach.*

Es war ein Glück, dass da Papier bereit lag, dass da eine Maschine stand im Mai 1958, so ging kein Fetzen verloren. Nach fünfzehn, achtzehn Seiten war die Erzählung gesichert. Sie hatte ihre drei Gesten gesichert:
Den Dialog. Was bleibt übrig von dem Toten? Sein Andenken. Hier waren zwei, die hielten ihn im Leben mit ihren Reden, um so mehr, als ihnen sein Unfall unbegreiflich war. Der Dialog hielt das Kapitel zusammen.
Die zweite Geste war, bedauerlicher Weise, wiederum die des Erzählers. Aber er hatte sich jeden Anspruches auf Allwissenheit begeben; er meldete sich bloss, wenn die anderen schwiegen, auffordernd, wenn sie an ein Stück der Erzählung geraten waren, das hatten sie verpasst, da luden sie ihn ein zur Mithilfe. Er mochte der Urheber sein; hier war er bloss jemand, der machte mit. Er arbeitete mit ihnen zusammen.
Die dritte Geste war die des Monologs, betrieben von Personen der Erzählung, denen das Gespräch versagt war oder die sich genierten, ja schämten für den Anteil an diesem Todesfall, dessen Vorgeschichte abgesucht werden sollte nach Spuren, die ihn erklärten, oder doch zumindest zu ihm führten.
Was es unberechnet dazugab, ohne Marken und »frei«, war die heilige Kuh der Chronologie. Gerade der unablässige Wechsel der drei Gesten, auf- und abgerufen von der fortschreitenden Erzählung, errichtete ein Nacheinander in der Zeit, so wasserdicht, so feuerfest, so farbecht wie es das Muster bietet:

Und Kain wohnte seinem Weibe bei; da ward sie schwanger und gebar den Henoch. Und er ward Erbauer einer Stadt; die nannte er nach seines Sohnes Namen Henoch. Dem Henoch wurde Irad geboren; Irad aber zeugte Mehujajel, Mehujajel zeugte Methusael, Methusael zeugte Lamech. Lamech aber nahm zwei Frauen; die eine hiess Ada, die andere Zilla. Und Ada gebar den Jabal; der wurde der Vater derer, die in Zelten und bei Herden wohnen. Sein Bruder hiess Jubal; der wurde der Vater derer, die Zither und Schalmei handhaben. Aber auch Zilla gebar einen Sohn, den Thubal-Kain; der wurde der Vater aller derer, die Erz und Eisen schmieden. Und die Schwester Thubal-Kains war Naema.
(1. Mose 4, Vers 17–22)

Es war die Lehre eines Vormittags, unvergessen: Die Geschichte sucht, sie macht sich ihre Form selber.

Walter Benjamins These Nummer I über die Technik des Schriftstellers:
Wer an die Niederschrift eines grösseren Werks zu gehen beabsichtigt, lasse sich's wohl sein und gewähre sich nach erledigtem Pensum alles, was die Fortführung nicht beeinträchtigt.

Erwerb der »Schriften« von Walter Benjamin, zwei Bände, für schmerzlich ersparte 250 Mark Ost gleich 45 Mark West.
Variation für Benjamins II. These: Das Vorlesen darf zugelassen werden, sofern die Texteinheit abgeschlossen ist und wenn die Anfertigung von Rein- oder Abschriften Lebensgefahr auf dem Versandwege bringt. Das Vor-

lesen darf keinen anderen Zweck verfolgen als den einer Prüfung des Textes.
Die Variante ist ausserdem gestattet, wenn ein Lehrer sie verlangt.
– Was machen Sie denn so: hatte Hans Mayer gesagt, als ihn ein Schüler anrief, der, mit einem »Sehr gut« von Hans Mayer auf einem Seminarschein, ausgeschlossen war von einer fest angemieteten Arbeit in der Germanistik, und Hans Mayer sagte: Kommen Sie her.
Bei den Besuchen im 23. Haus der leipziger Tschaikowskij-Strasse kam endlich heraus und wurde besprochen, wie nahe Lehrer und Schüler einander gewesen waren im Herbst und Winter 1956, ohne davon zu ahnen. Denn in der selben Zeitung »Sonntag«, bei der der eine ein Typoskript zu liegen hatte, war noch drei Tage nach der Verhaftung Wolfgang Harichs der verbotene Rundfunkvortrag des anderen veröffentlicht worden: »Zur Gegenwartslage unserer Literatur«:

> Die meisten unserer Romanciers, übrigens auch die meisten Erzähler der jüngeren sowjetischen Generation oder Polens, der CSR, Rumäniens und Ungarns, hielten eigensinnig an der Romanform Balzacs oder Tolstois fest. Liest man ihre Bücher, so muss man den Eindruck haben, alle die Formprobleme des Romans, mit denen sich Thomas oder Heinrich Mann, Konstantin Fedin oder Aragon und Sartre, Musil oder Hemingway oder Döblin seit Jahren beschäftigt haben, seien hier hochmütiger Weise einfach nicht zur Kenntnis genommen worden. [...]
> Will man immer noch nicht zur Kenntnis nehmen, dass sich seit Georg Trakl und Georg Heym, also seit dem Vorabend des Ersten Weltkriegs, in den moder-

nen Vorstellungen vom Gedicht einiges geändert hat? Will man noch immer so tun, als habe Franz Kafka nie gelebt, als sei der »Ulysses« von James Joyce nie geschrieben worden, als sei das sogenannte »epische Theater« bloss ein Hirngespinst des im übrigen recht achtbaren Bertolt Brecht? Wohlgemerkt: Es ist keine Rede davon, dass von mir nun eine Kafka-Renaissance oder gar eine Joyce-Imitation für unsere Literatur gefordert würde. Aber moderne Literatur ist nicht möglich ohne Kenntnis der modernen Literatur. [...]
Es muss aufhören, dass Kafka bei uns ein Geheimtip bleibt und dass das Interesse für Faulkner oder Thornton Wilder mit illegalem Treiben gleichgesetzt wird. (Hans Mayer, Zur deutschen Literatur der Zeit. Reinbek b. Hamburg 1967, p. 365ff.)

Nun hatte Paule Fröhlich, 1. Sekretär der Bezirksleitung der S.E.D. von Leipzig, in seiner Rede auf dem 32. Plenum des Zentralkomitees im Juli 1957 kräftig geschimpft auf Leute wie Hans Mayer, und ein Ende war abzusehen.
– Und was machen Sie so?
Der Schüler bedankte sich nochmals für den letzten Zettel mit der Unterschrift des Professors und dem Stempel seines Instituts, vermittels dessen er eines der sekretierten Bücher im »Giftschrank« der Deutschen Bücherei zu Gesicht bekommen habe. Es werde dort so verfahren, dass es unter Aufsicht gelesen werden müsse im abgesperrten Raum, und jeder Blick auf eines der anderen Bücher in den Regalen ziehe einen Verweis nach sich.
– Und was machen Sie so?
Dann zeigte man ihm etwas davon:

Und die Helligkeit des Tages war nahezu am Ende, als Jakob vom Bus schräg über seine Strasse zum Bürgersteig ging. Drei Schritt vor der Laterne hielt an diesem Tage ein Automobil an hinter dem Bus, und Jakob ging achtlos weiter in dem vom feuchten Nebel mehr und mehr erstickten Licht zwar zwischen Kotflügel und Rinnstein, bis die hintere Tür des Wagens aufschwang und ihn anhielt. Aus dem niedrigen Hohlraum des Autos hörte er seinen Namen nennen, in einer vor ihn gestreckten Hand sah er unter die Leuchtkuppel einer Taschenlampe geklemmt ein aufgeklapptes schmales Lederfutteral, das umschloss ein dünnes Heft von dem Papier das sonst zu Geldscheinen verdruckt wird. »Na« sagte Jakob, das klang eher neugierig, und er sagte das zu niemandem und nicht zu sich selbst, als er hinten um den Wagen herumging und von der offenen Strassenseite einstieg.

Hans Mayer tat, als interessiere ihn dies ungemein. Er ging so weit, sich vorzubeugen, wie ein Auf-, wie ein Angeregter. – Die Sache mit dem Geldscheinpapier, könnten Sie mir die näher erklären? fragte er. Offenbar waren ihm solche Begegnungen mit der Staatsmacht bisher erspart geblieben, und er mochte sich darauf vorbereiten wollen.
Unweigerlich fragte er auch nach dem Gang der Geschäfte.
Manchmal gingen die Geschäfte auch so, dass der Schüler abermals hatte Bücher verkaufen müssen, zum gelinden Entsetzen des Personals in der Franz Mehring-Buchhandlung, da für solche Standardwerke der Germanistik nur der amtlich festgelegte Mindestpreis

gezahlt werden durfte, ihr tatsächlicher Wert jedoch höher anzusetzen war.
Hans Mayer missbilligte das. Er verlieh seiner Missbilligung Ausdruck. Missbilligend überreichte er dem Schüler einen Scheck. Anmut lehret das Empfangen.
Als der Schüler ihm im Herbst 1963 in Saulgau im Württembergischen anbot, die leipziger Darlehen zum Kurse von Eins zu Eins zurückzuzahlen, winkte Hans Mayer ab. Mit Dank sei er genug bedient. Ich bedanke mich, Herr Professor.
Inzwischen hielt das Einverständnis an, das die Erzählung eingerichtet hatte mit ihren Personen, und verführte den Schreiber des Berichts oft zu der Einbildung, sein bisheriger Lebenslauf sei denn doch bewahrt gewesen vor dem Zufall, sei geleitet worden auf ein Ziel, auf keines als dieses. Denn was einst mühseliger Gelderwerb und verschwendete Zeit gewesen waren, der Nachmittagsdienst eines Fahrrad-Eilboten für einen Land-Zustellbereich, es entpuppte sich als Vorbereitung, als Unterricht in erforderlichen Kenntnissen:

> Jakobs [Arbeits-]Stadt war gross, und auch die Briefe aus den anderen von jenseits der Grenze kamen in grossen Haufen herein, die Postsäcke aus den interterritorialen Schnellzügen fielen plump und schwer auf die elektrischen Karren und wurden davongefahren ins Bahnpostamt. Im zentral verteilenden Postamt der Stadt hoben die Beamten die Postsäcke an den Fuss-Spitzen über die Sortiertische und schütteten die Bündel vor sich hin und warfen sie auseinander, die Verschnürung wurde aus der festklemmenden Kerbe des hölzernen Blocks gezogen, ein handlicher Briefstapel

nach dem anderen schwand ausgelesen in die Fächer der einzelnen Zustellbezirke, neue Bündel stapelten sich für die Weiterleitung in die dem Amte unterstellten Landgemeinden. Die gelben vergitterten Wagen kamen in kurzen Abständen über die Brücke gefahren, morgens und mittags waren die Zustellfächer prall voll. Regelmässig und so in einer Nacht im Oktober wurden manche Bezirke ja nach Weisung des Leiters für die Abteilung Zustellung (der Weisung hatte) abermals durchsucht, nun kamen vier ausgesonderte Briefe in einem amtlich bestempelten und verklammerten Steifumschlag abhanden und versäumten ihre Ankunft am nächsten Morgen. Auf Gesines grosses gelbes Couvert hatte die italienische Post eine Bekanntmachung gestempelt hinsichtlich der Verteidigung sämtlicher atlantischer Ufer durch die siegreichen amerikanischen Streitkräfte, Jakobs Name und Wohnung waren mit der Maschine geschrieben, den Absender hatte sie nicht verzeichnet. Als dem Kleberand warm wurde, warf er sich krümplig auf und gab den Brief frei, der Umschlag wurde getrocknet und gepresst und durchleuchtet. Der Inhalt bestand aus vierzig unverzollten Zigaretten der Marke Philipp Morris und einer schriftlichen Mitteilung. Die Zigaretten waren zu gleichen Teilen von je zwanzig Stück gepackt, die waren eingewickelt in ein Blatt Papier aus einer amerikanischen Familienzeitschrift, auf dessen einer Seite das Reisen mit Flugzeugen einer bestimmten Bauart und auf dessen anderer Seite eine Filmschauspielerin angepriesen waren. Das Papier der schriftlichen Mitteilung war bedruckt mit Namen und geschäftlicher Bewandtnis einer mittleren Pension in Taormina auf Sizilien, unter diesen Kopf waren von

Hand neun Zeilen geschrieben, das wurde fotografisch kopiert. Am frühen Vormittag noch kam Jakobs Brief mit einem anderen zurück in den Sortierschrank, zu Hause nachmittags fand er einen Brief von Gesine mit 40 Philipp Morris.

Es war also für diese Arbeit gewesen, die Besuche auch bei dem englischen Institut der Universität, bevor ihre Verwalter das Zweitstudium als ein bürgerliches Überbleibsel unterbanden; jetzt reichte es für ein zweites Berufsbild:

Die Englische Philologie (Anglistik und Amerikanistik) befasst sich mit der Geschichte der angelsächsischen Sprache und Literatur. Die eigens auf den Lautstand gerichtete Linguistik untersucht die reine Sprache und deren erstaunliche Veränderungen von den frühesten Dokumenten bis zur Gegenwart; sie ist immer etwas in Verlegenheit, denn die Schreiber etwa des elften Jahrhunderts mögen wie die des zwanzigsten nicht die genaue sondern eine sehr ungefähre Aussprache schriftlich aufbewahrt haben, die Tradition als fahrlässige Gewohnheit, und es gibt keine Erklärungen für den Übergang von o zu a aus offenbar heiterem Himmel, solche Dinge beweisen nur dass es nicht bleibt wie es ist in menschlichen Angelegenheiten. So kann die Linguistik die Veränderungen nur beschreiben einzeln oder in einem vermuteten Zusammenhang; es gibt allerdings Regeln. Vom früheren über das mittlere zum neuen Englisch. In welcher Richtung bis wohin wanderte der Übergang von o zu a, hier lässt sich eine friedliche oder kriegerische Bewegung der Sprachgemeinschaft unterstellen; mit der Überfrem-

> dung der englischen Sprache durch französische Wörter gewinnen wir einen weiteren untrüglichen Beweis für die normannische Eroberung. Nutzen für die Geschichte überhaupt hinsichtlich von Zeiträumen, die in der Vergangenheit verdunkeln. Nun die Philologie die Philologie enträtselt erschliesst...

Nun erwies sich der Zweck der Reisen auch in den Westen als tatsächlich der des Studiums der Erforschung von Gegenden, in denen der Lieblingsmarsch des Führers Adolf Hitler in den Musikautomaten vorrätig und abrufbar war, so dass Herr Rohlfs ausführlich phantasieren konnte über einen Jakob zu Besuch im Westen, der Liebhabern des Badenweilers ins Gesicht schlägt, nur dass Herr Rohlfs sich irrt dabei:

> – dann hoffen Sie [Herr Rohlfs] dass er versucht hat mit ihnen zu reden (sie zu überreden): aber es war kein Reden mit ihnen, sie verstanden ihn nicht. Ich kam etwas zu spät, ich konnte ihn nicht sehen, bis ich darauf kam dann müsse er an dem grossen Tisch sein, wo die lärmende Herzlichkeit aufstieg von den vielen immer erneuerten Gläsern. Ich blieb stehen in der Nähe und hörte mir an wie Jakob einem netten jungen Mann (er war nicht eingebildet nicht wohlhabend nicht anmassend, fröhlichen Sinnes Schornsteinfeger, und singen tat er aus wirklicher Liebe zur Melodie) wie Jakob ihm zu erklären versuchte dass die Leute ihn nicht wegen seiner blauen Augen leben lassen sondern weil sie ihre Schornsteine gefegt haben wollen: dass er in der Gesellschaft lebt, und das fanden sie alle sehr lustig, und ich musste auch noch einen trinken mit ihnen und Jakob kriegte eine Menge Einladungen für die nächsten

Tage zum Mittagessen zum Besuch in der Werkstatt zum Autofahren.

Selbst die Beschäftigungen mit Brechts Eröffnungen über die »guten Leute« wurden nun bestätigt als Übung für die Gespräche in dieser Erzählung, in einem Herbst 1956:

> Was ist notwendig der Gruppe der »guten, auch besten Leute«, damit sie gerechter Weise obsiege? Einigkeit gegen den Gegner. Wir gehen nun aus von den Zuständen eines Landes, in dem die Revolution siegreich beendet ist. (Wir verweisen die Frage Kann eine Revolution zu Ende sein? an die Unterausschüsse.) Was bedeutet dies. Ist das Dasein eines solchen Landes ohne weiteres gerecht? es ist so. (Warum ist es so? Dort hat die glückliche Zukunft bereits begonnen.) Tun seine Machthaber in allem das Richtige? anders kann es nicht sein. Was folgt daraus. Wie einer der Besten sagte nach dem Tode des Allerbesten (wie wir erfahren haben durch die Lügenmaschine der Mehrwertverdiener, warum, es soll uns schaden): hat der Allerbeste in seiner unendlichen Gerechtigkeit hinrichten lassen Mitstreiter unzählig, die schuldig waren nützlichen Widerspruchs. Er hat Land gestohlen für seine Macht. Er hat die gute Sache gebracht in Gefahr, indem er sich nannte des Führens von Krieg kundig, und er war es nicht (führte den Krieg am Globus). Dies alles (zu Beispielen) ist uns gesagt, nachdem die gute Sache gerettet ist durch seinen Tod. Dieses heisst man Personenkult. Ende der Einleitung.
> Wo ist der Fehler. (Zwischenfragen: sind Fehler möglich? kann die gute Sache schlecht sein? Nein. Sie ist die bessere zumindest.) Ist die Sache der guten Leute

(als Gruppe) unzweckmässig eingerichtet? Da ist eine schwache Stelle: die Person. »Die guten Leute sind an etwas interessiert / was ausser ihnen liegt«: ist die Person erhaben, die imstande ist abzusehen von sich selbst? Ja. Ist sie denkbar? Mischen Sie sich nicht in mein Privatleben ein mit Ihren zudringlichen Fragen. Wir erörtern das hier ganz sachlich.

Die Erzählung wurde so sicher in ihren Orten, ihr durfte leibhaftig eine Katze zulaufen:

Sie hatte dreiundzwanzig Barthaare. *Und das schreiben Sie so zu Ihrem Spass? sagte sie. Irgend wie leben muss einer, schto lutsche tschewo. Hätten Sie nicht vielleicht ein bisschen Milch ...?* ... sehen Sie mal wie mein Bart zittert.

Drei Gespräche führt die Erzählung vor: In den ersten beiden Kapiteln das zwischen Jakobs Freund Jöche, einem Lokomotivführer, und einem Jonas Blach, der einmal zu tun haben wollte mit Gesine Cresspahl, so dass sie ihm wenigstens das Haus ihres Vaters angab als einen Unterschlupf für Zeiten, in denen die Polizei fahndet nach Manuskripten mit kritischer Theorie. Das zweite Gespräch, im dritten Kapitel, geht in einer Telefonleitung über die Grenze, zwischen Gesine und Jonas Blach, und Herr Rohlfs wartet gleichmütig auf das Ende, bis er den Haftbefehl aus der Tasche ziehen kann. Das letzte Gespräch über Jakob und sein Leben vor dem Tod führt Herr Rohlfs mit Gesine Cresspahl in einem Weinlokal von Westberlin; erhaben wie er ist über Dogmen. Das fünfte und letzte Kapitel trägt nach, wie die Gespräche angefangen haben.

Das Buch enthält sachliche Fehler.
Einer geht von Jöche aus und behauptet (auf Seite 60), eine Lokomotive knalle in die Weichen mit all ihrem Gewicht, das wachse im Quadrat proportional zu ihrer Beschleunigung. Das ist nun einmal Jöches Art, sich die Belehrung aus dem Physikunterricht zu übersetzen, die da gelautet hatte, die Zugmaschine tue das mit ihrer Masse, und es sei die kinetische Energie, oder allenfalls »Wucht«, die sich im angegebenen Masse vervielfache zur *Geschwindigkeit*. Das Versehen des Aufschreibers besteht darin, dass er Jöches Darstellung getraut hat, statt Einsicht zu nehmen in sein Abgangszeugnis von der Lokführerschule in Güstrow, wonach er in Theorie »man schwach« war.
Zum anderen sind Angaben zu Zeitabständen widersprüchlich. Soweit sie von Jöche stammen, ist ihnen zu begegnen mit Vorsicht, ja: mit freundlichem Vorbehalt, dem übrigens er selber zustimmen würde. Denn Jöche muss es mitbekommen haben im Bauplan seiner Person, verstärkt durch ein Leben in damals unpünktlich eingehaltenen Fahrplänen, dass ihm der Unterschied von ein paar Jahren ist wie ein Tag. So erinnert er Jakobs Dienstalter ungefähr; er spricht von sieben Jahren bis zum November 1956; in Wahrheit ist Jakob angetreten im Februar 1947. Dieser Irrtum mag sich dem Umstand verdanken, dass sie damals einander unbekannt waren. Auf Jöche geht weiterhin die Legende zurück, Heinrich Cresspahl habe 1956 schon vierzig Jahre verbracht in Jerichow (»vertan« nennt der Naseweis das), wohingegen der wirkliche Cresspahl erst im November 1933 sich anmeldete auf eine Dauer bei der Polizei von Jerichow. Diese Unstimmigkeiten sind seit 1970 in weiteren Berichten richtig gestellt worden, mit Jöches Einwilligung und

nämlich ohne den geringsten Vorwurf gegen ihn. Es wäre ja viel verlangt, sollte er aus seiner Haut. Jöche wird verlegen, fragt man ihn nach seinem Geburtstag; er weiss einen Wochentag, eben weil er beinahe ein Sonntagskind geworden wäre; wegen des Jahres muss er heimlich in seinen Dienstausweis blinzeln. Hierzu wäre Muschi Altmann zu hören, die hat ihn dennoch geheiratet.

Allein die Verantwortung und Scham des Aufschreibers bleibt, dass einmal (auf Seite 16) das Alter Jakobs falsch angegeben ist. Wie das übersehen werden konnte, ist unerfindlich. Denn zu ihm gehört das Geburtsjahr 1928 wie eine Eigenschaft, weil er seinen ersten Winter erlebte als einen der härtesten in Menschengedenken und seitdem mit verborgenem Befremden geblickt hat auf Leute, die sagen: sie frieren. Zum anderen, für Gesine Cresspahl war an dem Leben unter einem Dach mit ihm einmal das Hinderlichste der Altersunterschied. Dennoch ist das »achtzehn« da stehen geblieben, statt eines zutreffenden »einundzwanzig«, als eine Flüchtigkeit, die wohl zu erklären wäre aus Umständen beim Schreiben, jedoch nichtsdestotrotz unverzeihlich bleibt, unabbüssbar selbst durch Selbstanzeige und -anklage.

Dieser Fehler unbewusst, hielt kräftig sich der Wahn, ein vermeintlich abgeschlossenes Manuskript, in satzfertige Reinschrift gebracht, müsse verwandelt werden in ein Buch.

Erhalten war das Bewusstsein, einen Auftrag von Peter Suhrkamp erfüllt zu haben. Mehr als dass er es drucken liess wünschte ich mir, er werde es lesen und etwas darüber zurückgeben, sei es ein einziger Satz. Er war schon sehr krank; von ihm gehört habe ich nur noch die Todesnachricht, eine Notiz von drei Zeilen in einer Zei-

tung in der Deutschen Bücherei zu Leipzig, im oberen Lesesaal.
Im Mai 1959 hatte der Verfasser von »Mutmassungen über Jakob« Bericht zu erstatten vor dem Gremium, das sich eingesetzt hatte als dafür zuständig. Er teilte mit: das Manuskript sei vom Suhrkamp Verlag, Frankfurt am Main, zur Veröffentlichung angenommen.
Die erste Wortmeldung lautete: Schade.
Der Verfasser wollte jeden Vorschlag zu Änderungen bedenken.
– Jetzt kannst du einpacken: wurde ihm bedeutet, und der Verfasser wehrte sich gegen das genaue Verstehen dieses Befundes.
– Sobald das gedruckt wird, gehst du in den Westen: war die Übersetzung des Befehls.
Der Verfasser weigerte sich. Er zog das Land D.D.R. vor. Schreibend meinte er es endgültig erworben zu haben wie ein Eigentum. Er glaubte, es werde sich verändern, er wollte anwesend sein bei Veränderungen. Er war willens, in noch einer, oder zwei Werkskantinen den Arbeitern des Landes zuzuhören. Er hatte bewiesen, dass er überleben konnte ohne eine feste Anstellung; er stand vor diesem Tribunal in einem bezahlten Massanzug von der P.G.H. (Produktionsgenossenschaft des Handwerks) »Neuer Weg«, Leipzig. Er könne verzichten auf den eigenen Namen; ihm genüge ein Pseudonym.
Er wurde aufgefordert sich selber zu richten der Ausdauer und Findigkeit des Staatssicherheitsdienstes, wie er sie schriftlich vorgeführt habe in eigener Person.
Entscheidung: Du brauchst schon Glück, um beim V.E.B. Horch & Greif auf deinen Herrn Rohlfs zu treffen. Du kennst ihn gut genug, um zu ahnen, was das für einen Lektor gibt.

Mehrheitsbeschluss nach Seite 163 der »Mutmassungen«, Zeile 5–7:

> Sie hätten eine so verdammt gute Zeit mit einander haben können.
> Ist es nicht hübsch sich das vorzustellen?

Am 11. Dezember 1957 hatte die »Volkskammer« der D.D.R., ihr Parlament, das »Gesetz zur Änderung des Passgesetzes« (Gesetzblatt, p. 650) angenommen:

> Wer ohne erforderliche Genehmigung das Gebiet der D.D.R. verlässt [...], wird mit Gefängnis bis zu 3 Jahren oder mit Geldstrafe bestraft. Vorbereitung und Versuch sind strafbar.

Am 10. Juli 1959 wurde in Eschwege, Hessen/Bundesrepublik, auf das Titelblatt eines Buches der Name seines Verfassers gesetzt. Am gleichen Tage fuhr der mit einer Schreibmaschine und einer Aktentasche auf der pritzwalker Strecke nach Süden, durch Westberlin hindurch zum Ostbahnhof nach Leipzig; wie oft. Als er diesmal ausstieg im britischen Sektor von Berlin, verstand er es als einen Umzug. Er gedachte den Flüchtlingslagern mit ihren diversen Geldern fernzubleiben; er war kein Flüchtling (ausser im Verständnis von Behörden, die er aufgegeben hatte). Unter Flucht verstand er eine Bewegung in grosser Eile, unter gefährlicher Bedrohung; er war mit der Stadtbahn gekommen. Er hatte vor, ein Westberliner zu werden, mit dem verlassenen Lande durch seine Freunde verbunden.
Die Warnungen vor dem Beruf des Schriftstellers waren ihm bekannt, sie hatten zum Pensum gehört; immer

noch erinnerte er sich ihrer mit Höflichkeit, statt beängstigt zu sein:

> Jena, 16. Dezember 1791
> ... Von der Wiege meines Geistes an bis jetzt, da ich dieses schreibe, habe ich mit dem Schicksal gekämpft, und seitdem ich die Freiheit des Geistes zu schätzen weiss, war ich dazu verurteilt, sie zu entbehren. Ein rascher Schnitt vor 10 Jahren schnitt mir auf immer die Mittel ab, durch etwas anderes als schriftstellerische Wirksamkeit zu existieren. Ich hatte mir diesen Beruf gegeben, ehe ich seine Forderungen geprüft, seine Schwierigkeiten übersehen hatte.
> (Friedrich Schiller, 32 Jahre alt)

Weil man ein Buch veröffentlicht hatte, bekam man Post aus Leipzig, einmal in gesittetem Ton:

> Besondere Umstände zwingen uns, von Ihrem Anerbieten vom 9. 9. 1959 Gebrauch zu machen, wonach Sie es in unser Belieben stellen, selbst zu entscheiden, ob als Übersetzer von Melvilles »Israel Potter« [...] oder gar kein Name im Buch erscheinen soll. Damit das Buch überhaupt erscheinen kann [...], müssen wir nunmehr die letzte dieser drei Möglichkeiten wählen.

Einmal in rüdem Ton:

> Sie werden sicher Verständnis dafür haben, wenn wir es unter diesen Umständen nicht für sinnvoll halten, uns weiter mit [Ihrem Nachwort] zu beschäftigen und auf Ihre Erwiderungen einzugehen.

Weil einer ein Buch veröffentlicht hat, klingelt gelegentlich das von ihm gemietete Telefon, und nur rauhes Atmen, das Atmen eines Gefolterten meldet sich. Verreist er, wollen Nachbarn Licht in, Schritte aus seinem verschlossenen Zimmer gehört und gesehen haben, und die Politische Polizei Westberlins, die den Ort des Vorgangs inspiziert, hält einen Besuch ihrer Kollegen von jenseits der Grenze für möglich. Die Stadt ist offen für die andere und ihren Staatssicherheitsdienst, immer noch werden Bürger mitgehen geheissen. Für einen Schriftsteller gilt die Regel: Deine Wohnung habe drei Ausgänge, drei Türen aus Stahl.

Was hört er aus dem Lande, in dem er seine Arbeit zur Kenntnis genommen wünscht? Ein Kollege hat Erlaubnis zu lesen, dies ist sein Befund:

> Also, Herr Johnson weiss nichts über das primäre menschliche Interessengebiet, die Gesellschaft. [...] Und die Meute der Kunstaufpasser macht einen grossen Jubel um dieses Buch und lobt Herrn Johnson und bestärkt ihn in seiner Dummheit. In diesem Lande werden, wenn ich mich einmal selbst zitieren darf, die Talente geknackt wie die Flöhe.
> (Peter Hacks, in: Literatur im Zeitalter der Wissenschaft, Deutsches PEN-Zentrum Ost und West, Öffentliche Diskussion am 28. November 1959 (p. 71))

Bei dieser Gelegenheit fehlte Hanns Eislers Name in der Anwesenheitsliste. Der hatte allerdings auch ein Gespräch mit dem Verfasser gewünscht. Die Einladung wurde angenommen mit der simplen Bitte, die Unterhaltung möge stattfinden in einem öffentlichen Lokal in Westberlin. So unterblieb dies.

Und die Auswechsler in der Zeitung »Sonntag« lassen wissen, sie hätten sich der Lektüre seiner Arbeit enthalten. Aus welchem Bewenden nämlich?

> Ob denn der sehr junge Mann [...] nicht noch ein Hosenscheisser oder bestenfalls ABC-Schütze war, zu der Zeit, als Anna Seghers dieses Leben schon lange mitgestaltete.
> (Nr. 1, 3. Januar 1960)

Das ist der Ton, über den Willi Bredel sich beschwerte. So sprechen die Verwalter von Gewalt immer noch mit Schriftstellern.
Weil einer ein Buch veröffentlicht hat, darf man ihn denunzieren als einen Abgesandten, des ostdeutschen Staatssicherheitsdienstes:

> Es besteht jedoch auch die Möglichkeit, dass man das Werk als trojanisches Pferd in den Westen schmuggelte, um den dortigen Intellektuellen in ihrer Sprache zu beweisen, wie gut sich individuelle Freiheit mit dem kommunistischen Sozialismus vertrage.
> (Neue Zürcher Zeitung; ähnlich in: Der evangelische Buchberater, April-Juni 1960, p. 13)

Und wenn einer als Schriftsteller eine Wohnung bezieht, sagt das Hausmeisterpaar: Ja ..., da oben haben immer Künstler gewohnt. Bloss einmal einer, der war normal, der war bei einer Bank...

IV

Freiberuflich

1. Teil

Im vorigen Kapitel wurde, in hoffentlich abschreckendem Übermass, die Menge der nutzbaren Energie vorgeführt, die jemand verschwenden kann auf die Herstellung einer Sache, für die im Deutschen gelegentlich das Wort Buch benutzt wird.
Beliebter sind die abschätzigen Bezeichnungen für das Produkt:

Opus
Scharteke
Schinken
Schmöker
Schwarte
Wälzer

mit der einzigen Ausnahme:

Werk.

Wird das Wort Kunst davorgesetzt, ist ein Naserümpfen nahe.
Um die Warnungen vor dem Berufe des Schriftstellers fortzusetzen, sei hingewiesen auf den Umstand, dass die Bezeichnung überaltert ist und grundsätzlich falsch geworden. Um 1660 arbeitete jemand, der Schrift stellte, in unmittelbarem Auftrag von Barzahlern: er schrieb für sie die Rede, den Brief. Daher dreihundert Jahre später die Verlegenheit vor dem polizeilichen Meldeschein des Hotel; daher der sanfte Neid auf die angelsächsischen Nationen, die unbefangen vermerken, der Gast sei ein »author«, die sogar die Verbindung mit seiner Arbeit ihm vorerst zugute halten wollen, wenn er sich bekennt als

ein »novelist«, jemand, der Romane schreibt wie andere Nachrichten verfassen.
Es ist eine andere Verlegenheit, mit denen das Deutsche des Alltags herangeht an einen solchen Beruf:

Asphalt-Literat
Autor
Blattscheisser
Bücherschmierer
Buchstabenhengst
Dichter
Dichterling
Federfuchser
Federheld
Federkiel-Indianer
Federvieh
Held der Feder
Ingenieur der menschlichen Seelen
Literat
Literariker
Literarischer Produzent
Literaturfabrikant
Literaturjude
Literaturpinsel
Marquis Prosa
Nationales Kulturerbe
Pandektenesel
Papierverderber
Phrasenschmied
Pöbelliterat
Poet
Politbarde
Reimbold

Reimer
Reimerling
Reimling
Reimschmied
Revolverliterat
Romancier
Schmierer
Schreibathlet
Schreiber
Schreiberling
Schreibtischhengst
Schriftsteller
Schriftstellerling
Seelenmasseur
Seufzerich
Silbenkneter
Silbenstecher
Skribent
Skribifax
Sprachkünstler
Tantiemen-Onkel
Text-Macker
Tintenfresser
Tintenkleckser
Tintenknecht
Tintenpisser
Verfasser
Versifax
Wortemetz
Wortklempner.

Der Reim auf die etwa zweieinhalb Prozent der annehmbaren Berufsbeschreibungen ist immer noch der,

dass es dem Stande des deutschen Schriftstellers gebricht an gewöhnlichem Ansehen.
Später, wenn einer von diesen umziehen möchte in eine Wohnung, grösser als die Dachkammer, die die allgemein gültige deutsche Meinung ihm eben noch zubilligt, wird er lernen, dass er erst gilt als Mietpartei, wenn er dem vermittelnden Rechtsanwalt eine beschworene Steuererklärung vorlegt, mitsamt einem Affidavit seines Verlegers. Später, wenn er eine Wohnung zu beschaffen versucht für einen Kollegen, wird er stossen auf das Vorurteil von Maklern, die auf alle Schriftsteller schliessen von dem einen, der ihnen nur noch auf gerichtliche Zahlungsbefehle antwortete. Denen kann man in der Zeitung die Anzeige des grossen westberliner Theaters weisen, in dem ein Stück des Kollegen schon seit langem aufgeführt wird, Tantiemen bringend; sie werden zweifeln an seiner Solvenz. Denen kann man ausführlich und zuverlässig sein »ruhiges Wohnverhalten« anpreisen; sie werden beharren auf ihrem Andenken an jenen einen Schriftsteller, der sich ihre Treppe hinauftastete, beschwingten Geistes zwar, aber unsteten Fusses. Berichtet man dem Kollegen solche Bedenken ohne Ansehen der Person, wird er misstrauisch werden gegen das deutsche Verhalten zu seinem Beruf, dann wird dieser Stockholm vorziehen. Das war schade, Herr Weiss.
Wenn jemand ein so beleumundetes Gewerbe aussucht als das seine und darauf besteht, so muss jetzt die Rede sein von dem, der ihm in diesem Juni 1979 im zwanzigsten Jahre hilft beim Überleben, dem Verleger.
Als auch Siegfried Unseld anfing mit dem Suhrkamp Verlag vor zwanzig Jahren, durfte er zuversichtlich sein. Er wusste sich gerüstet durch eine gute Schule, die Peter Suhrkamps.

Aber mit den »Mutmassungen über Jakob« hatte er sich einen Autor an Land gezogen, der musste ihm doppelt fremd sein. Vorläufig war er als Person unbekannt, geradezu ausländisch war aber auch, wie der dachte.
Zur Aushandelung des Vertrags brachte der einen Zeugen, den er mehr gewitzt glaubte in den kapitalistischen Tricks, und das Misstrauen ist entschwunden seit dem Moment, da Siegfried Unseld entschied: zur Zeit benötige ein allein lebender Schriftsteller zu einem auskömmlichen Leben in Westberlin sechshundert Mark, und zwar war er bereit, diese Summe vierundzwanzig Mal zu zahlen. Gewiss, es war die Rede von Ausverkauf unter Aufhebung des Ladenpreises für den Fall, dass der Absatz sinken sollte unter 50 Stück im Jahr, aber der Verlag verpflichtete sich, die Sache des Autors »in geeigneter Weise« zu pflegen. Hier war jemand bewusst, dass ein Mensch mit Schreibmaschine auch ein Dach braucht über dem Kopf, und er gab die Besorgung eines Mietzimmers in Auftrag. Wenn der Neue eben den Tic hatte, seinen Wohnsitz verlegt zu haben, statt »geflüchtet« zu sein, wurde unter dem Kopf des Suhrkamp Verlages an das Bezirksamt Zehlendorf von Westberlin die Bitte gerichtet, ihm den Zuzug zu genehmigen. Wenn bei der Ankunft in der Fremde ein Telegramm ihn empfing, so mochten das die hiesigen guten Sitten sein; sie waren anders als erwartet, somit erstaunlich. Die Druckfahnen lagen bereit:

> Auf die Fahnen warten wir doch dringender als Sie vermuten. Eine Erfahrung werden Sie machen: ganz allgemein wird hier im westlichen Bereich doch etwas entschiedener und konzentrierter, dafür leider eben auch um eine Nuance hektischer gearbeitet.

BILLIARDS
BAR
NO PARKING

Dieser aber unterbricht seine Arbeit, wenn einer seiner Autoren sich eingesperrt fühlt in einer Gegend von Berlin, da sind die Bürgersteige fast nur belebt von Hunden an der Leine von Dienstmädchen, da wohnen so viele Autos; nun hat er das Märchen gefunden, eine Atelierwohnung in Friedenau, nur noch ist das Wohnungsamt dagegen; der Verleger schreibt einen Brief an ein Amt für Wohnungen in Westberlin. Er schenkt diesem Autor die Bücher, die dem noch fehlen zur Arbeit. Er hat sich seine Bedürfnisse gemerkt:

> Anbei schicke ich Ihnen einen Ausschnitt aus der FAZ vom vergangenen Mittwoch: »Geflüchteter Schriftsteller zurückgeholt«. Diesen Text lesend, machte ich mir doch Sorge. Ich habe hier nochmals die Anweisung gegeben, dass niemand Ihre Adresse erfährt.

So konnte jemand fast zehn Jahre lang unbehelligt in einem Postfach leben, unbehelligt, besucht nur von eingeladenen Leuten. Seine Angelegenheiten weiss er wahrgenommen wie verabredet:

> Dieser Brief war schon diktiert, als mit der Nachmittagspost ein Brief des Aufbau-Verlags eintraf. Ich hatte Herr Gysi nach einem Berliner Aufenthalt an die Option »Mutmassungen« erinnert. Heute schickt er mir nun darauf innerhalb eines Briefes, der verschiedene Angelegenheiten behandelt, genau zwei Zeilen: »Eine Absage muss ich Ihnen für die ›Mutmassungen über Jakob‹ von Uwe Johnson erteilen«. Wir werden jetzt also mit [dem ostberliner Verlag] Volk und Welt Verbindung aufnehmen.
> (29. Februar 1960)

Hier täuschte ihn seine Nase einmal. Als auffällig empfindlich hatte sie sich einmal erwiesen, als er sich nach dem Personennamen erkundigte, wegen der Verbindung von Norddeutschem und Angelsächsischem. So sehe ein Pseudonym aus: befand er.
Und wenn eine Freundin des Verlages ein Sommerhaus an der holsteinischen Ostsee anbietet, für einen beliebigen Schriftsteller, schiebt er solche Ferien in die Richtung dessen, der aus dem benachbarten Mecklenburg kommt.
Da er meint, etwas aber fehle an den Kenntnissen dieses Autors von der Welt, nimmt er ihn mit auf sechs Tage in Paris. So wird er ihm eine Einladung nach Detroit verschaffen und eine nach Harvard, insgesamt vier erste Monate in den U.S.A., ein Geschenk, das beiden in neun, in zehn, in zwölf, in (hoffentlich) neunzehn Jahren das Gewünschte einbringt: ein Buch.
Inzwischen hatte es Epochen gegeben, da war der Abstand zwischen den unverdienten sechshundert Mark im Monat und dem Guthaben aus Verkäufen des Buches erträglich gering. Dann wieder vervielfachten die Sechshunderter sich beängstigend, und der Verleger war amüsiert mit dem Vorschlag des Autors, er wolle seine Rückstände begleichen aus der Dotierung eines Literaturpreises. Das Gelächter wurde endgültig verstanden im Dezember 1960, ein halbes Jahr später, als der Suhrkamp Verlag mit dem Autor die »Vereinbarung« traf, ihm ein »Sonderhonorar« zu zahlen, ohne Anrechnung auf Honorare, fünftausend Mark honoris causa, ehrenhalber. Es lag also weniger an dem Geld, das hier investiert wurde, als an dem dem, was das Geld bedeutete. Es kamen schliesslich ganze Jahre, in denen für die Einkünfte des Autors nur die rote Farbe taugte; kein einziges Mal muss-

te er eine Störung seiner Arbeit durch Ungeduld des Verlages auch nur befürchten; es ist möglich, dass er noch heute auf den Ausgleich seines Kontos dringlicher wartet, als der Verlag das tut. Es war ein Jahr mit sehr schwarzen Zahlen, als er seinem Verleger anbot, ihn auf ein Fixum zu setzen, das gelten sollte selbst für den Fall höherer Einnahmen. Der Verleger versprach, darüber nachzudenken.

Zwanzig Jahre Vertrauen stellen unweigerlich eine Freundschaft her, und die runde Zahl bietet den Anlass für einen öffentlichen Dank an Siegfried Unseld.

Der, selbst wenn es zuwidere Arbeit ist, darf sich gut und gern bestellen, was er gern hätte: »Frankfurter Vorlesungen«.

Siegfried Unseld hat die Gewohnheit, die Autoren seines Verlages zu begrüssen mit der Frage, ob sie denn fleissig seien. Offenbar ist er fähig zu der Vorstellung, ein Schriftsteller bringe es über sich, faul zu sein. Wäre denn denkbar, er hielt eine Geschichte zurück, vorausgesetzt, sie sei fertig in seinem Bewusstsein?

Aber dieser Autor war hereingefallen auf den dummen Schnack, das zweite Buch sei das jeweils schwerste, so dass er es schon im September 1959 versuchte mit einem Anfang:

> Er lag und schlief in dem braunen Gras des Waldrandes wo die Roggenfelder eine Ecke in die Kiefern buchteten; er war auf seinem Rücken ausgestreckt und hatte die Arme neben sich liegen. Er atmete den Geruch von übertrockenen Kornhocken und erhitzter Kiefernborke und mürber Erde und verbranntem Gras und atmete den Himmel, der sehr hoch über ihm und blau war.

Unterhalb seiner reglosen Gestalt dehnte sich ein weites ebenes Tal um einen See, der die nachmittägliche Sonne spiegelte. Die Ebene erhob die langen Reihen eingesunkener Hocken und liess sie tief absinken neben fahle Wiesen, sie versammelte Weiden längs Wassergräben und umgab ein niedriges Dorf mit Hügelwellen, die jenseits des Sees in steilem Aufstieg erstarrt waren. Das steinerne Band der Landstrasse lag staubweiss zwischen den trockenen Feldern, krümmte und buckelte sich um das Dorf und lief von den letzten beiden Fachwerkscheunen schräg gegen den Uferberg an, auf dessen Höhe der rostrote Kantenklumpen des Landesgefängnisses in das scheckige Laubgehölz gewühlt war. Von da bis zu dem ausgefransten Kiefernwald, an dessen Rand er lag in seinem städtischen Anzug und schlief, war wohl ein ganzer Vormittag zu gehen.

Als er wach wurde, richtete er sich zum Sitz auf und sah dem Leiterwagen entgegen, der mit knallenden Bodenbrettern und klappernden Achsen und ächzenden Rungen zu ihm heraufkam; aber die Pferde hielten noch unten zwischen den letzten Hocken an. Hinter ihnen begannen die Garben in kurzen Schwüngen über die Leitern zu segeln. Die Frau auf dem Wagen hatte ein blau und rotes Tuch über ihren Haaren. Der Mann kam auf die andere Seite. Sein nackter Rücken glänzte; meistens forkte er zwei Gabeln auf einmal hoch. Als er die Gabel nach oben kehrte und die Pferde weiterführte, bewegte er seinen Mund. Die Frau auf dem Wagen lachte auf. Sie lehnte sich zurück während des Fahrens und schob mit der Hand vor ihrer Stirn das Tuch zurück. Sie schien genau auf die Waldecke zu sehen, aber ihr Blick ging wohl über die Bäume weg. Er erhob sich aus dem Gras und stieg durch den trockenen Graben in die sperrigen Jungkiefern davon.

Er ging vielleicht zwei Stunden lang querdurch. Der Sonnenschein flimmerte zwischen den Stämmen und wies ihm die ungefähre Richtung. Unter seinen Füssen brach das Fallholz mehrerer Jahre. In einer Lichtung sprang ein grosser Hase in eiligen Sätzen trommelnd bergan. Die Eichkatzen schimpften. An einem breiten Ameisenhaufen kreuzte er einen sandigen Weg, in dem die Spuren von Wagenrädern lagen. Auf der anderen Seite des Weges begann junger Laubwald.

Nachdem er wieder unter hohe freistehende Kiefern gekommen war, blieb er einmal stehen. Er hatte singen hören. Er wandte sich abwärts durch die Buchenbüsche und trat an den Ausgang einer Wiese, auf der mitten im Wald ein Hof gelegen war. Im Garten hinter dem Wohnhaus sass ein kleines Mädchen an den Stachelbeerbüschen und pflückte in einen Korb. Das Mädchen war wohl elf bis zwölf Jahre alt. Es sass mit gekreuzten Beinen in dem heissen saftigen Garten auf der blanken Erde und sang mit einer kehligen müden Stimme ein Lied, das er nicht kannte. Die Worte verstand er nicht. Es war ganz still. Auf dem Hof lärmten die Hühner um einen leeren Ackerwagen. Über ihm pochte ein Specht. Er wusste nicht mehr wie ein Specht aussah, aber er erinnerte sich an das Geräusch und dass es den Insekten unter der Borke galt. Das Mädchen legte den Kopf in den Nacken und liess aus der Hand Stachelbeeren in seinen Mund fallen. Der Wald warf Schatten schon halb an den Hof heran. Er dachte es sei am besten weiterzugehen.

Unterwärts blinkte die Sonne von einem dicht umwachsenen See herauf, während er durch das grosse Farnfeld streifte. Farnkraut darf man nicht pflücken, denn es steht unter dem Gesetz zum Schutz der Natur. Danach begann das Bruch mit kleinen Gräben, die tückische Grasbülten in sich hatten. Der Boden des schmalen Pfades war schwarz vor Feuchte und schwang unter den Füssen. Manchmal verwischte das erhaben geriffelte Muster seiner Schuhsohlen die scharf eingedrückten Profile von Fahrradreifen. Die moorige Senke war eingeschlossen von Tannenwald, in dessen Boden oft helle Sandstreifen aufgebrochen waren, und rund um das Bruch in den Tannen lief die Dampfbahn durch den Wald. Vornan lag das aufgerissene verkrautete Schotterbett ohne Schienen und Schwellen im Schatten, ausserhalb bog sich das zu scharfem Glanz geschliffene Fahrgleis durch den breiten Hohlweg. Als er drüben war, hörte er den Zug hinter sich. Er erriet das Geräusch. Es gibt Gross-, Mittel-, Schwarz- und Buntspechte.

Das war der letzte Fehler dieser Art. In der Zukunft liess der Verfasser der Erzählung Zeit, bis er sie auswendig in seinem Bewusstsein wohnhaft hatte; erst dann begann er sie aufzuschreiben.
Im Folgenden möchte er sich unterhalten mit Herrn Karl Pestalozzi, obwohl er ihn ausserhalb der Vorlesung glaubt. Im übrigen sei gewünscht, Herr Pestalozzi erfreue sich einer Gesundheit und eines Auskommens.
Lieber Herr Pestalozzi! Die ist der Dank für Ihren Aufsatz »Achim alias Täve Schur« (den Sie veröffentlichten in »Sprache im modernen Zeitalter«, Heft 6, 1963, p. 479f.), einmal weil er Mittel bietet, über die nächste Veröffentlichung mit Ihrer Stimme zu sprechen, zum

anderen, weil er danach verlangt, dass ihm von Grund auf widersprochen wird. Denn auch Ihnen, Herr Pestalozzi, galt mein offener Leserbrief:

Auf Seite 124, Mittelspalte, der SPIEGEL-Ausgabe Nr. 20/1967, wird in einem Artikel über Radsport eine Verbindung hergestellt zwischen einem Herrn Gustav-Adolf Schur, der lebt, und einer Person, die ich erfunden habe. Erlauben Sie mir, diese Verbindung einzuschränken.

Ihre Formulierung, Herr Gustav-Adolf Schur sei ein »Modell für den Titelhelden« in meiner Veröffentlichung »Das dritte Buch über Achim«, möchte zu verstehen geben, Herr Gustav-Adolf Schur komme als Person in diesem Roman vor. Jedoch war und ist mir das persönliche Leben von Herrn Gustav-Adolf Schur nicht bekannt, und ohnehin hätte ich mich gescheut, dergleichen Wirklichkeit für Erfindung auszugeben.

Was Sie zu einer Gleichsetzung veranlasste, mögen Parallelen objektiver Natur gewesen sein. Tatsächlich ging ich aus von der spezifischen sozialen Funktion eines Sportlers in der Deutschen Demokratischen Republik, nämlich seiner Vermittlung zwischen den Regierten und den Regierenden im verschenkten oder benutzten Ruhm, wo also Liebe des Publikums und Strategie der Administration unverhofft einander ergeben. Als Sportart hätte ich Skispringen oder Kraulen vorgezogen, doch da sich für eine fiktive Biographie eine nicht nur zyklische, sondern auch nahezu ganzjährige Disziplin empfiehlt, war ich auf das Strassen-Radrennfahren verwiesen. Zwar habe ich zuzugestehen, dass ich insgesamt siebenundzwanzig Wörter aus

Büchern über den Sportler Gustav-Adolf Schur direkt oder indirekt zitiert habe; es wäre denen jedoch eine grössere Anzahl von Worten aus Werbematerialien für Kraulschwimmerinnen, Boxer und Handballer der D.D.R. an die Seite zu stellen. Folglich muss mir daran gelegen sein, dass keinerlei persönliche Verhältnisse, Handlungen, Entscheidungen oder Taten in »Das Dritte Buch über Achim« Herrn Gustav-Adolf Schur angerechnet werden.
(DER SPIEGEL Nr. 23/1967 (29. Mai 1967), p. 16/18)

Zurück zu Ihnen, Herr Pestalozzi. Sie beginnen Ihre Untersuchung, indem Sie behaupten:

Der rätselhafte Titel [...] »Das dritte Buch über Achim« findet zunächst im Buch selbst eine Erklärung. Karsch, ein westdeutscher Journalist aus Hamburg, fährt zu Besuch nach »drüben« und unternimmt es dort die Biographie des berühmten Radrennfahrers Achim T. zu schreiben, den er durch seine Freundin Karin kennengelernt hat. Karsch schreibt zunächst aus freien Stücken, bekommt dann aber von östlichen Stellen einen offiziellen Auftrag.

ZITAT

»Aber es gibt doch schon zwei Bücher über Achim!

– Über den Sportler: sagte Herr Fleisg und hob Hand als Haltezeichen aufgerichtet [...]: mit der Beschreibung sämtlicher Radrennen nach dem Krieg und mit Anekdoten aus Achims Kindheit und dem Rennfahrerleben (nun ja! sagte er: die Bücher erfüllen ihren Zweck!) sei nicht die ganze Person gegeben.«

> Auf die beiden Bücher wird im weiteren Verlauf hie und da Bezug genommen. Das Buch, das Karsch schreiben will und nicht schreiben kann, ist also das dritte – daher der Titel.

Oh, dass Sie recht hätten, Herr Pestalozzi! Um wieviel beruhigter hätte der Verfasser leben können im Winter 1960! Wie schade, Herr Pestalozzi, dass die Wirklichkeit – das ist der Suhrkamp Verlag – ihm einen Brief schrieb, der ein ganzes Beet mit Petersilie verhagelte:

> Doch gleich zu einer ernsten Frage. Dachten Sie »Beschreibung einer Beschreibung« wirklich als Titel? Wie ich Sie kenne, hatten Sie ernsthaft solches im Sinn. Ich wünschte mir Leipziger oder jugoslawische Engelszungen, Gründe um Ihnen diesen Titel auszureden oder ihn doch als Sub- oder Gattungstitel vorzuschlagen. Ich glaube, wir holen mit diesem Titel nicht viel Hunde hinter dem Ofen hervor, wobei man sich nach grossem Beispiel fragen müsste, ob dies die Aufgabe Ihres Buches ist.
> (Siegried Unseld am 14. Dezember 1960)

»Beschreibung einer Beschreibung« war in der Tat das, womit der Verfasser sich beschäftigt hatte, folglich wünschte er dies als Titel und gab wenig auf Hunde, von denen die deutsche Sprache eher Abträgliches weiss: allein sieben Schimpfwörter. Im Mittelalter galt es als schwere Beleidigung, einem als Gabe einen fetten Hund hinzuwerfen. Im Jahre 1664 riefen die deutschen Soldaten bei St. Gotthard an der Raab den geschlagenen Türken zu: Komst aufn Hund und nit aufn Gaul! Und seit 1711 heisst es im sächsischen Liede:

Die es mit keinem redlich meint,
Die man, es weiss es jedes Kind,
Pflegt einen bunten Hund zu nennen,
Den man auf allen Strassen findt.

Das war ein dicker Hund. Der Titel war in Gefahr; sein Urheber wehrte sich:

> ... hätten Sie etwas dagegen dass Höllerer das Kapitel aus der Beschreibung einer Beschreibung (das ich Ihnen übersandt habe; wie finden Sie übrigens den Titel?) [...] druckt?
> (27. Dezember 1960)

Ungerührt in seinem Ernste schreibt der Verlag zurück:

> Wir alle hier glauben, dass man die »Beschreibung einer Beschreibung« allenfalls als Untertitel nehmen sollte, jedoch nicht als Haupttitel. Ein solcher Titel würde eher abschrecken als anziehen.
> (Siegfried Unseld am 2. Januar 1961)

Bescheiden beharrt der Verfasser auf der Bezeichnung für sein Tun:

> tatsächlich kann ich Ihnen das Manuskript der Beschreibung nicht vor dem 15. April anbieten ...
> (5. März 1961)
> hier bekommen Sie zwei Skripten des Textes, für den wir so viele Namen wissen [...] Ich würde mich freuen wenn das Haus bereit wäre daraus ein Buch zu machen.
> (11.März 1961)

Aus Frankfurt schreiben sie wie einstmals die Chinesen:

> mir widerfährt Freude und dem Hause Suhrkamp hohe Ehre: ich darf Ihnen mitteilen, dass der Suhrkamp Verlag sich entschlossen hat, Ihr Manuskript zur Vervielfältigung und Verbreitung anzunehmen und zu erwerben.

Aber –:

> Dringend aber scheint mir die Diskussion des Titels. Ich selbst könnte mich mit Ihrem Vorschlag »das dritte Buch über Achim« wenn nicht befreunden, so doch an ihn gewöhnen. Die Herren Boehlich und Enzensberger sind strikt gegen diesen Titel. Nun hat Enzensberger einen Vorschlag gemacht, den ich sehr gut finde und dem wir alle hier zustimmen:
>
> »Achim oder Die Grenze«
> Beschreibung einer Beschreibung.
>
> Wir diskutierten auch noch einen anderen Titel »Nachrichten über Achim«, aber hier passt eben nicht der Untertitel [...]. Die Entscheidung drängt leider, weil wir das Buch möglichst mit dem richtigen Titel vorankündigen wollen.
> (Siegfried Unseld am 10. Mai 1961)

Das wünschte auch der Verfasser. »Das dritte Buch über Achim«, dieser Vorschlag war eine Massnahme der Notwehr gewesen. Den richtigen Titel hatte er von Anfang an geliefert: Beschreibung einer Beschreibung. Mittlerweile sass er in einem Frühstücksladen in New York City und baute in sorgenvollen Druckbuchstaben Briefe nach Frankfurt/Main, Germany.

Von daher schrieben sie ihm flott auf der Maschine:

... Der Grund meines Schreibens ist jedoch der Titel. Martin [Walser] hat meine ursprüngliche, instinktive Zuneigung zu Ihrem zweiten Titel-Vorschlag »Das dritte Buch über Achim« sehr bestärkt und ebenso sehr findet er unseren Alternativ-Vorschlag »Achim oder Die Grenze« dem Text nicht entsprechend, er hält ihn schlechthin für falsch, nun, darüber lässt sich's streiten. Mich selbst störte bei dem Titel die Tatsache, dass wir dann zwei Bücher mit Titeln »über« Jakob und Achim haben. Martin hatte dafür aber das rechte Argument: er wies, wie ich anerkenne, mit Fug darauf hin, dass Sie ein reflektorischer Schreiber sind, der seinen Gegenstand eben nicht direkt und ungebrochen, sondern reflektorisch, dialektisch in Spiegelungen erfasst; insofern also schreiben Sie immer »über« einen Gegenstand. Mir leuchtet dies Argument sehr ein. Auf der Heimfahrt aber sah ich noch einen anderen Hintergrund dieses Titels, der Ihnen möglicherweise aber gar nicht angenehm ist. Ein »Buch über« ist im Grunde doch ein sehr wahrer, wahrhaftiger Buchtitel, er kann sich auf die einzigen wahren und grossen Vorbilder von Titeln berufen, nämlich auf die alttestamentarischen. Diesen Gedanken habe ich weitergespielt, und, [...] in Frankfurt angekommen, war ich sicher, Sie dringend bitten zu sollen, doch auf diesen ursprünglichen Titel zurückzugreifen. Freilich fällt damit die »Beschreibung einer Beschreibung«, aber wir wählen den grösseren Vorzug, die bessere Entsprechung.
Ich weiss nun nicht, wie Sie sich entschieden und ob Sie mir bereits zum Titel geschrieben haben. Sollten Sie in diesem Brief einen anderen Titel als das »Buch

über Achim« gewählt haben, möchte ich Sie bitten, mir nach Erhalt dieses Briefes zu kabeln. Das ist nicht mehr notwendig, wenn Sie ohnehin im obenerwähnten Brief Ihre Neigung zum Titel »Das dritte Buch über Achim« bereits bekundet haben.
[...]
Herr Dr. Enzensberger [...] zieht seinen Titelvorschlag ganz zurück. Sein neuer Vorschlag: »Achim. Beschreibung einer Beschreibung«. Doch auch das scheint mir sehr fraglich.
(Siegfried Unseld am 17. Mai 1961)

So demokratisch ging es zu.
Das wenn Sie bedacht hätten, Herr Pestalozzi! da Sie doch davon haben läuten hören. Der Titel kann zwar auch auf einen Sachverhalt der Geschichte gestellt werden; keine Rede kann davon sein, er sei zwangsläufig aus einer anderen abzuleiten.
Sie fahren fort, Herr Pestalozzi:

> Nun beruht aber diese Fiktion auf Wirklichkeit. Achim T. nämlich ist nicht eine frei erfundene Person. Er hat sein lebendes Modell in dem ostdeutschen Radchampion Gustav-Adolf Schur, beim Volk Täve genannt.

Das sagen Sie, Herr Pestalozzi. Und Sie fahren fort mit Mitteilungen über eine völlig andere Biografie, als sie Herr Karsch von seinem Achim zu schreiben hätte: Herr Schur ist 1931 geboren in Heyrothsberge bei Magdeburg, Karschens Achim 1929 in einer Kleinstadt südlich Leipzigs. Achim, Herr Pestalozzi, ist ein Sachse! Er spricht, er denkt sächsisch. Der sagt »manchmal«, wo Sie »vielleicht« erwarten, Herr Pestalozzi. Herr Schur kam in eine Lehre als Maschinenmechaniker, Karschens Achim fing an als Bauarbeiter. Herr Schur wird im November 1958 als Abgeordneter der »Freien Deutschen Jugend« in die Volkskammer der D.D.R. gewählt, Karschens Achim T. aber schon im Herbst 1957, und zwar als Kandidat der S(ozialistischen) E(inheitspartei) D(eutschlands). Was sagen Sie nun, Herr Pestalozzi?

Es stimmt, über beide gibt es schon zwei Bücher. Aber lediglich über einen von ihnen soll ein drittes geschrieben werden, Herr Pestalozzi: das von Karsch, über Achim.

Und da Herr Karsch ein Journalist ist mit Erfahrung in biografischen Aufträgen, sollte es Sie wenig wunder nehmen, lieber Herr Pestalozzi, dass er gewissenhaft sich vergegenwärtigt, was für Bücher das denn sind, die in diesem fremden Land so geschrieben werden über berühmte Sportler, Achim eingeschlossen, und für den Spass, der ihm dabei vergeht, wird er sich rächen. Das ist die einzige Voraussetzung für Ihren Textvergleich, Herr Pestalozzi, einen Jux will Karsch sich machen:

»Unser Täve. Ein Buch über Gustav Adolf Schur« von Klaus Ullrich. Sportverlag Berlin (D.D.R.) 1960, p. 254:

»Wann wirst du denn heiraten?«

»Ich würde morgen heiraten, wenn ich die richtige Frau fände!«

Das überrascht. »Hast

»Das dritte Buch über Achim«, Roman. Suhrkamp Verlag, Frankfurt am Main 1961, p. 38:

Karsch hielt sich an die Mittelblätter [einer Illustrierten]. Das zweite aufgeschlagen, trug den Bildbericht von der Eröffnung der Radsportsaison. [...]

du sie bisher nicht gefunden?«

»Nein!«

Ob er vielleicht zu anspruchsvoll sei? Es liegt an den Umständen, erläuterte er, und wer sich die Mühe macht, sich in seine Lage zu versetzen, versteht das.

»Wo soll ich meine Frau suchen? In einem Restaurant? Wo ich auftauche, umringt mich alles, bittet um Autogramme und stellt mir tausend Fragen. Schon wenn ich mir nur ein Pfund Äpfel kaufen will, komme ich kaum vorwärts. Es ist verdammt schwer für mich, denn die Leute sehen in mir immer nur den berühmten Rennfahrer, selten verstehen sie, daß man auch mal seine Ruhe haben möchte. So kam ich nicht dazu, eine Frau zu suchen oder gar zu finden!«

»Und kamen nicht auch Heiratsanträge mit der Post?«

»Ja, das auch, aber es waren nur wenige, und man weiß nie genau, wie ernst

Der begleitende Text rühmte die Kräftigung des sportlichen Radfahrens seit dem Krieg und befaßte die Aussichten für das diesjährige große Rennen in die östlichen benachbarten Staaten und zurück, zu dem Achim aufgestellt war. Am Rande in einen Kasten war eine ältere Aufnahme Achims gesetzt neben ein Interview. Die Rede ging zunächst an die Ergebnisse des Trainings. Die letzte Frage machte sich auf dem größten Raum an Achims Geburtstag und schien scherzhaft. Wann wirst du denn nun heiraten, Achim? Achim antwortete: Eine Frau mußt du erst finden. Einwände erstaunten sich, das ging ihnen nicht zusammen mit dem Ruhm. Achim erklärte daß ihn jede Öffentlichkeit umringe mit Bitten um Autogramme und Meinungen und Andenken. Schon wenn ich mir ein Pfund Äpfel kaufen möchte, komme ich kaum vorwärts. Da kann ich nicht sie gemeint sind und was sich dahinter verbirgt.«

»So wirst du wohl noch einige Zeit brauchen, bis du eines Tages die Frau fürs Leben gefunden hast?«

»Damit habe ich mich auch schon abgefunden, aber vielleicht läuft sie mir eines Tages doch irgendwo über den Weg, aber dann geht es sicher schnell mit dem Heiraten!«

suchen. [...] Und die vielen Heiratsanträge in Achims Post? Kurzum die Antwort: So oft kann ich mich gar nicht verabreden. Ein Rennfahrer hat nicht viel Freizeit. Frage: Bist du etwa auch zu anspruchsvoll? Gelassen fast überdrüssig Achim: Ist da wohl jeder. Eines Tages werde ich die Frau fürs Leben noch finden. Ihr könnt euch darauf verlassen; dann heirate ich. (39)

Sie, Herr Pestalozzi, nennen das »einmontiert«. Ein Monteur würde es für untunlich halten, ein Werkstück während der Montage noch umzubauen. Umgebaut worden aber ist hier. Neurenoviert! wie die Hamburger wirklich sagen. Wollen wir uns einigen auf den Begriff der Übersetzung, Herr Pestalozzi? Übersetzung wie bei der Gangschaltung eines Rennfahrrads?
Nun werden Sie hinweisen auf zwei Übereinstimmungen, und tatsächlich hüpfen sie geradezu ins Auge: die Äpfel und die Variation jener eheberaterischen Warnung:

Drum prüfe, wer sich ewig bindet,
Ob sich das Herz zum Herzen findet!
Der Wahn ist kurz, die Reu' ist lang.
(Friedrich Schiller, Lied von der Glocke. Musenalmanach für das Jahr 1800, p. 243ff.)

Zum Obst ist festzuhalten, Herr Pestalozzi: ein Sportler in der D.D.R. kauft es, wo er es kriegen kann; ob Radrennfahrer oder Stabhochspringer. Doctor's orders! denn ihr biologisches Leben wird ja von der Sportmedizin beaufsichtigt und gemessen. Zum anderen sei zugestanden, dass Herr Schur sich vorstellt in einer Lage, die jedem jüngeren Mann einmal im Leben beschieden ist, so auch Achim: es fehlt die Frau für dieses Leben. Zu verweisen ist auf den Unterschied, dass Achim sie gefunden hat (wenn es nach ihm geht und sie bei ihm bleibt), und anders als so Mancher findet Achim statt »wenige« viele Heiratsanträge in seiner Post. Ein für allemal, Herr Pestalozzi: mit seinem jüngeren Kollegen »Täve« Schur mag Karschens Achim ausser der Sportart noch eine innenpolitische Funktion gemein haben. Als Person ist er Niemand als er selber. Fragen Sie Herrn Karsch, Herr Pestalozzi. Der ist ein gutes Vierteljahr mit ihm umgegangen. Die Adresse von Karsch: Via Brera, Milano, Italia.

Nachdem Ihnen – nur wie billig – widersprochen ist, Herr Pestalozzi, ist es nur gerecht, wenn Sie nun eine lange Weile das Sagen haben sollen:

> Es interessiert nicht der private Mensch mit seinem privaten Schicksal. Objektive Wahrheit hat für die Auftraggeber Achims Biographie erst und nur dann, wenn sich in ihr der Gang der Weltgeschichte widerspiegelt, wie ihn der dialektische Materialismus sieht.
>
> Daß Karsch außerstande ist, diesen Erwartungen zu entsprechen, hängt an seinem westlichen Denken. Er hat einen andern Wahrheitsbegriff, den man östlicherseits als »objektivistisch« bezeichnen müßte. Das zeigt

sich an seinem Vorgehen. Er sammelt zunächst alles, was er an Stoff aus Achims Leben erreichen kann. Er forscht nach Herkommen, Elternhaus, Kindheitserlebnissen. Einer schüchternen Liebesgeschichte kommt er auf die Spur, welche, da Achim dann in einen andern Ort zog, der Anlaß dafür wurde, daß er auf Zeit fahren lernte. Karsch vertieft sich ferner in die Geheimnisse des Radsports, begleitet Achim auf seinen Rennen, läßt sich von ihm erzählen, bekommt alte Wochenschauaufnahmen vorgeführt und durchsucht illustrierte Zeitungen.

Karschs Schwierigkeiten liegen jedoch nicht in der möglichst lückenlosen Dokumentation. Zur Ordnung des Materials braucht er ein Auswahlprinzip und einen roten Faden. Auch er also muß eine Vorstellung haben, was der Mensch sei. Karsch verfährt nach dem Schema der traditionellen Biographie, welche das menschliche Dasein als Entwicklung versteht, an deren Anfang eingeborene Anlagen und Kindheitseindrücke die Richtung festlegen. Daher das Interesse an den frühen Erlebnissen. Für Karsch, heißt es an einer Stelle, ist Achim derselbe, der er in seiner Kindheit war. (132)

Derselbe! Karsch sucht das Identische im Wechsel der Umstände und Lebensalter. Und dieses Identische versteht er als ein Individuelles. So bevorzugt er das Einmalige und Einzigartige vor allen Bedingungen politischer, wirtschaftlicher und soziologischer Art.

Einverstanden, Herr Pestalozzi. Nur, Achims Herkunft, die thüringischen Ferien bei den Grosseltern, die Liebesgeschichte mit dem Flüchtlingsmädchen, der

Kuhhirtin – all das hat Achim mit niemandem auszumachen als dem Verfasser des dritten Buches über ihn, als dem, der für Karsch die Schreibmaschine putzt.
Sie gehen später aus von einem Satz, Herr Pestalozzi:

»lachend zeigte er die Zähne im Gesicht des berühmten Rennfahrers, der er war.« (17) Dieser Satz enthält die ganze Problematik von Achims Existenz: er zeigt nicht sein eigenes Gesicht, sondern die Maske des berühmten Rennfahrers. Nicht nur die Darstellungen machen ihn zum »Verdienten Meister des Sports«, er selber lebt diese Rolle. Dazu gehört, daß er lacht, daß er repräsentiert, daß er alle die guten Eigenschaften zur Schau stellt, die man ihm nachsagt. Sein Gesicht ist durch die Sonnenbrille verstellt und bemüht, so gesehen zu werden, wie Achim sich Achim vorstellt. (106) Das öffentliche Bewußtsein von seiner Person hat Achim zu seinem eigenen gemacht. Diese Auffassung Achims von sich selbst bestimmt nicht nur seine Gegenwart, sondern auch sein früheres Leben. Es heisst: »Achim verlängerte seine Meinung und bündelte sein Leben damit in eins«. (201)
Diese selbstgewählte Verpflichtung, ein Idol zu sein, macht es unmöglich, dass Achim sich selber ist. Seine Uneinigkeit mit sich selbst wird nun aber gerade durch Karschs Bemühungen sichtbar. Karschs Fragen bringen Vergessenes und Verdrängtes ans Licht: die Fremdheit gegen den Vater, die Mitgliedschaft in der Hitlerjugend, die Liebesgeschichte, ein verstohlener Einkauf in Westberlin. Einerseits erinnert sich Achim nicht ungern, als spürte er, daß dadurch der zum Vorschein kommt, der er eigentlich oder mindestens auch noch ist. Er findet es schade, daß Karsch schließlich

aufgibt. Und doch behält sein offizielles Bewußtsein immer die Oberhand, korrigierend und stilisierend. Er selbst zensuriert Karschs Entwürfe nach dem Bild, das er von sich haben will.

[...]

An Achims innerer Unstimmigkeit misslingt Karschs Unternehmen daran, dass Achim nicht mit allem identisch sein will, das er war. Den letzten Ausschlag gibt Achims Verhalten beim Aufstand vom 17. Juni 1953. Karsch wird auf undurchsichtige Weise eine Photographie zugespielt, die Achim Arm in Arm mit den aufständischen Arbeitern zeigt an jenem Tag, der im Bewusstsein vieler Zonenbewohner fast säkulare Bedeutung hat. Achim verleugnet seine Teilnahme, sucht die Photographie zu entkräften. Umsonst. An diesem Gesinnungsumbruch, der radikaler überhaupt nicht mehr zu denken ist, wird Karschs Vorstellung von der Identität der Person Achims endgültig zu schanden. Er versteht nicht mehr. Westliches und östliches Denken scheiden sich unüberbrückbar. Er fährt nach Hamburg zurück, Achim seinem »stellvertretenden Dasein« überlassend.

In Achims Verleugnung seiner Vergangenheit liegt gewiß eine Schuld. Er empfindet selbst zuweilen eine Ahnung davon. Aber es ist ihm zuzugestehen, dass die Umstände, in denen er gross geworden ist, Naziterror, Bombenangriffe, denen die Mutter zum Opfer fiel, Greuel der Besatzungstruppen, nicht einfach als Jugend akzeptiert und in der Erinnerung folgenlos mitgetragen werden können. Dass Achim in sich selbst gebrochen und feige ist und in eine öffentliche Rolle flüchtet, übersteigt den Bereich seiner eigenen Verantwortlichkeit. Wie denn ja auch sein Fall sich nicht auf die Literatur beschränkt. Aus solchem Herkommen ist eine organische Entwicklung, wie Karsch sie sucht, nicht mehr möglich. Daß Karsch das im Grunde nicht versteht, belastet auch ihn. So geht es denn Johnson gar nicht um die säuberliche Scheidung von Recht und Unrecht, nicht einmal von Richtig und Falsch, sondern um die Untauglichkeit fester Menschenbilder überhaupt vor einem solchen inkonsequenten Dasein.

Von einer der Personen sind Grüsse an Sie auszurichten, Herr Pestalozzi. Sie hatte damals keinen Mangel an vorteilhaften Kritiken für ihre Kunst im Schauspiel, aber auch die Ihre hat sie sich aufgehoben.

Opportunistische Selbstentfremdung, wie er sie lebt, gibt es auch anderswo, und Achim hat Geistesverwandte in Stiller und Homo faber von Max Frisch, die beide ebenfalls ihrer Vergangenheit abgeschworen haben. Aber sie werden von ihr eingeholt, ihre Identität, die der gleicht, welche Karsch sucht, setzt sich durch. Achim aber wird nicht, der er war, er bleibt sich fremd. Einen Hinweis darauf, wie denn der heutige Mensch allen Entfremdungsverlockungen zum Trotz er selber sein kann, scheint in Johnsons Buch eine Figur zu geben, von der bisher noch nicht die Rede war: Karin, die als Freundin beider zwischen Achim und Karsch vermittelt. Sie lädt Karsch ein, und Achim hängt sehr an ihr, unter anderem darum, weil sie ihn an seine verlassene Jugendfreundin erinnert. Zunächst freilich scheint Karin die veränderlichste von allen zu sein. Sie ist Schauspielerin, das Spielen von Rollen ist ihr Beruf. Als umschwärmter Filmstar nimmt sie zeitweilig in der Öffentlichkeit eine ähnliche Stellung ein wie Achim. Auch an ihr ist der Staat interessiert. Aber sie liefert sich ihm nicht aus. Wie sie erkennt, mit welchen Methoden er vorgeht, zumal bei der Kollektivierung der Landwirtschaft, distanziert sie sich nicht nur innerlich, sondern nutzt ihre Stellung dazu aus, ihren Widerspruch zu demonstrieren. Weder also läßt sie sich ihre Existenz von außen zudiktieren, noch fällt ihr die Identität mit sich selbst pflanzenhaft als Selbstverständlichkeit zu. Wo sie sich selber gleich bleibt, ist es ihre Leistung. Sie als einzige *führt* ihr Leben. Karsch hat von ihr den Eindruck, daß sie sozusagen immer hinter sich steht, ihren Haltungen zusieht und sie prüft auf ihr Recht hin. (37) Sie muß sich dazu immer wieder aufraffen, sich ständig neu gewinnen. Es heisst von ihr:

Sie blieb lange verschlafen morgens, nur allmählich nahm sie ihr Gesicht zusammen, vergewisserte sich ihrer Bewegungen; sie sass vor ihm mit drei Fingern an leicht geöffneten Lippen, die Augen waren halb geschlossen, das Lächeln unbeaufsichtigt. Morgens war sie sich noch nicht ähnlich. (31)

Nicht volle Identität, höchstens noch Ähnlichkeit mit sich selbst kommt so zustande. Diese aber macht Karin zur lebendigsten Gestalt des Buches. Und gerade darum ist sie sprachlich am wenigsten präsent. Bei ihrer Beschreibung gerät der Berichterstatter ins Stottern. Ihr allein scheint [er] das »individuum ineffabile« zuzugestehen.

Die Dame dankt, Herr Pestalozzi. Stünde sie noch auf der Bühne, sie schickte Ihnen Freikarten in gewünschter Zahl. Aber es ist an dem, dass Emilia Galotti jünger ist als achtundvierzig Jahre, und sie hat sich zurückgezogen in eine andere Lebensart, seit man ihr antrug, die Alterspräsidentin des Deutsches Reichstages, Frau Clara Zetkin, schauspielerisch darzustellen. À propos des Stotterns meint sie, Sie müssten sich verhört haben, und sie hat erbeten, es möge Ihnen erklärt werden. Vielleicht genügt dazu dieser Brief, die vorläufig letzte Antwort auf eine Frage des Verfassers:

> ich glaube nicht, dass Herr Unseld Ihnen wieder etwas über das Thema »Gehirnfunktion im Zusammenhang mit Mimik« geschrieben hat.
> Wir haben hier im Verlag einen Lehrling, [...], dessen Vater Professor für psychosomatische Medizin in Heidelberg ist.
> Herr Mitscherlich hat mir nach Rücksprache mit seinem Vater gesagt, dass es auf diesem Gebiet noch keinerlei Literatur gäbe, weil es sich um ein noch nicht oder zumindest wenig erforschtes Gebiet handle.
> (Sekretariat Unseld, 13. August 1962)

Zum Schluss, Herr Pestalozzi, wenden Sie sich zu des Verfassers

> vielgescholtenen formalen Eigentümlichkeiten [...]. Indem er die Erzählung auflöst in einen Dialog imaginärer Gesprächspartner, im Verzicht auf die herkömmliche Syntax und Interpunktion, durch Ironie und Parodie versucht er, sein eigenes Werk offen zu halten, zu erzählen, als erzählte er nicht.

Zur Syntax, Herr Pestalozzi: In den von Ihnen zitierten Beispielen aus dem Text gehorcht der Satzbau der gängigen Regel. Bitte, reichen Sie eine Liste analysierter Verstösse allenfalls nach. Eine Vorliebe für die Parataxe, eine Abneigung gegenüber hypotaktischen Lösungen werden eingestanden, desgleichen die Neigung, die Beziehungen zwischen Subjekt – Prädikat – Objekt straff zu halten, demnach Adverbiales ausserhalb dieses Feldes nach-, auch vorzuliefern. Das hat gelegentlich die Folge, dass das Verbum in zwei Bedeutungen des Wortes »vorgezogen« wird, entgegen Ihren Erwartungen. Herr Pestalozzi, das ist kein Verzicht. Das ist die Absicht, Sie herauszulocken aus Ihren Lesegewohnheiten, und erlaubt ist es obendrein.

Sie befinden des weiteren einen Verzicht auf die Interpunktion. In den siebenundvierzig Zeilen zu je vierunddreissig Zeichen im Durchschnitt, die Sie zusammenhängend anführen, lassen sich bei einigem guten Willen an Satzzeichen zählen:

Kommata:	9
Punkte:	19
Semikolon	1
Doppelpunkte:	9
Fragezeichen:	3
Ausrufezeichen	1
Klammern:	1 Doppel
Redezeichen:	1.

Ihr guter Wille, Herr Pestalozzi, ist unverkennbar: eines der von Ihnen zitierten Kommata fehlt im Buch. Das Geschenk wird gewürdigt, Herr Pestalozzi. Da es jedoch sich unbehaglich befindet an der Stelle, die Sie ihm ausgesucht haben (p. 38, hinter »aufgeschlagen«), muss es Ihnen zurückgegeben werden, dem Wert entsprechend eingeschrieben. Bitte, wollen Sie – ordnungsgemässen –

Empfang bestätigen. Die korrigierte Zahl ergibt auf 47 Zeilen Ihres Masses einen stattlichen Bestand von 33 Satzzeichen. Dem Verzicht, Herr Pestalozzi, gebricht es an Vollständigkeit, weder Askese noch Abstinenz sind total zu nennen.

Besseren Erfolg verzeichnen Sie, lieber Herr Pestalozzi, wenn Sie streiten unter dem Panier der Herkömmlichkeit. Ausgestattet mit allen Rechten aus deren Gesetzbuch erwarteten Sie Kommata vor Objektsätzen, und wurden wieder und abermals enttäuscht. Eine Entschuldigung ist angezeigt, Herr Pestalozzi; hiermit wird sie angeboten. Sie lautet, einschliesslich der captatio benevolentiae und dem üblichen Dekor: Wenn ein Student angehalten wird, ausreichende Kenntnisse in der deutschen Satzbildung zu erwerben, kann er im späteren Berufsleben stolpern über das Gewicht des Formalen, das der eigenen Grammatik verordnet wurde von der lateinischen. Vorgeführt an einem einfachen deutschen Satz:

Ich sehe den Regen. (Subjekt – Prädikat – Objekt.)

Abwandlung des Satzes, Aufteilung in Haupt- und Nebensatz:

Ich sehe, dass es regnet.

Dabei ist der Regen oder das Regnen Objekt geblieben. Nur weil ihm die Form geändert wurde, muss er oder es nach der deutschen Vorschrift abgetrennt werden mit einem Komma, das die durch das Verbum fliessende Beziehung zwischen Subjekt und Objekt zerhackt. Unberaten und jugendlich, Herr Pestalozzi, wurde vermutet, ein jeder, oder doch manche, Leser des Deutschen verspüre einen ähnlichen Schmerz, wenn er beim Schlendern durch einen Satz mit verbalem Objekt in die offene Falle des Kommas tritt. Allmählich wird er Verständnis verlieren für den Sinn, der im Deutschen einen Satz direkter Rede mit einem Komma abtrennt von dem Verbum, nur weil das Gesagte das Objekt des Sagens ist, und er wird sich vermessen, beide wieder zu vereinigen durch den Doppelpunkt, der die Richtung der Beziehung noch durchlässt, ja, geradezu ansaugt! Solche Logik wird noch unterstützt durch das Verfahren der Angelsachsen, die sich das Leiden unter dem unablässigen Messerfall der Kommata überhaupt ersparen und voneinander selbstverständlich voraussetzen, dass die Gliederung eines Satzes schlicht durch Mitdenken erfasst wird. Alleingelassen bei schriftlichen Handarbeiten, wird einer eines Tages darauf verzichten – Ihr Wort, Herr Pestalozzi! –, seinen Sätzen ihre Teile Stück für Stück zu amputieren; er wird den Verzicht ausdehnen auf Adverbial- und sogar noch andere Sätze, manchmal in der verblendeten Annahme, die ungebremst rasche Folge mehrerer Substantive nacheinander könne den gewünschten Eindruck einer ungeheuer raschen Schnelle, ein anderes Mal den einer quälend langsamen Gleichzeitigkeit herstellen. Solchem Umgang mit Interpunktion wurde noch der Rücken gestärkt durch eine Auskunft über und ein Zitat von einem Bescheidwisser in Weimar, der sich beklagt hat über die fatale Vermehrung der Kommata schon zu seiner Zeit, und dennoch wurden sie ihm einzeln in die Ausgabe Letzter Hand gesteckt, ohne dass sie je aufgegangen wären, tote Saat! Nach alledem werden Sie fragen, werter Herr Pestalozzi, wie denn endlich solcher Zügellosigkeit doch noch gesteuert wurde. Es war ein Bedenken, das sich gründete auf der wie-

derholten Erfahrung, dass deutsche Leser des Deutschen bestehen auf einer Möblierung der Sätze mit Stop- und Haltezeichen, dass sie gekränkt sind durch das Angebot freier Fahrt und vor den Kopf gestossen sich fühlen durch eine Einrichtung der Satzform, die gemeint war als eine gesittete Einladung. Das Bedürfnis des Verfassers nach gegenseitigem Auskommen im Guten war am Ende kräftiger und versorgt sein Geschriebenes seitdem mit Satzzeichen in der Fülle; geblieben ist eine, wenn auch intermittierende, Abneigung gegen Objektsätze, beginnend mit einem »dass« nach einem Komma.
Sie sagen, Herr Pestalozzi, durch die ganze Erzählung hätten Sie

imaginäre Gesprächspartner

reden hören. Es ist nunmehr an der Zeit, diese Leute für Sie zu identifizieren. Sie erinnern sich an den Anfang des Buches, Herr Pestalozzi? da verreist jemand, über eine Grenze, folglich in ein Ausland. Und so lautet die erste Zwischenfrage, zur gefälligen Bequemlichkeit des Lesers in Abstände und obendrein kursiv gesetzt:

Wie war es denn? (p. 10)

Könnte es sein, Herr Pestalozzi, dass auch Ihnen solche Frage schon einmal gestellt wurde? Wenn Sie einmal irgend wohin allein hatten gehen müssen, in ein Konzert, in ein Restaurant, in eine Beratung, oder auf eine Reise? Dem Sie Rechenschaft schuldig sind, erzählen Sie davon, von womöglich unbekannten Personen, und so könnten auch Sie sich eines Tages der Frage gegenüber sehen:

Wer ist denn Achim? (p. 13)

Wenn aber jemand bekannt ist an Ihrem Heimatorte auch, Herr Pestalozzi, könnte die Frage so ausfallen:

Wie geht es ihr? (p. 27), oder: War sie verändert? (p. 35)

Wer die Antworten gibt, zumindestens das wissen Sie, Herr Pestalozzi, Sie haben es ohne Druck im Druck zugegeben: es ist der Reisende, Karsch ist das. Karsch ist nur ganz geringfügig imaginär, ausser sich selbst, auch dazu muss es schon Föhn sein; es sei verwiesen auf die Adresse in Mailand. Sie wissen: Karsch ist aus Hamburg; könnten es demnach hamburgische Fragen sein nach diesem damals exotischen und legendären Lande D.D.R.? So:

Fühlte Karsch sich von Beobachtern verfolgt? (p. 26)

Zum Schluss wird Ihnen, Herr Pestalozzi, sogar ein technisches Hilfsmittel vorgeführt, benutzt von Karsch und seinen Partnern: er sitzt wieder zu Hause an seinem Arbeitsplatz, nimmt das Blatt aus der Maschine, da geht das Telefon:

– Wie war es denn? sagtest du.

Das ist der letzte Satz, hier recte statt kursiv, kenntlich nun als die erste Frage seines Berichtes, der Anfang in dem Ende. – Die er kennt, sagt er du: wissen die Hamburger von den Berlinern. Hamburger sind nie imaginär. Sie wissen das ganss ginau: Karsch war lange weit weg gewesen, wie hinter dem Mond. Nun wollen sie es noch genauer hören: er soll ihnen davon erzählen. Was er, als Freund und Nachbar, denn auch tut

durch Ironie und Parodie

kündigen Sie an, Herr Pestalozzi, und

als erzählte er nicht.

Gewiss redet Karsch mit seinen Partnern am Telefon; das ist festgehalten bei der Umwandlung seiner mitgebrachten Geschichte in einen schriftlichen Bericht. Soll er da sich einsperren in einen einzigen Ton, in eine einzige Geste? Für Achims Leben hat er doch sich versucht an mindestens acht Formentwürfen, darunter im Drehbuch und in der Anekdote; er möchte den unterhalten, der das liest. Und er hat nun einmal seinen Spass, den Leser beim Erzählen sehen zu lassen, wie er an das Erzählte geraten ist und wie er es anstellt mit dem Erzählen. (Auch bekannt als das Döblinsche Syndrom).
Hier endet unser Diskurs, Herr Pestalozzi; fürs erste. Ihre Fragen waren hilfreich, selbst die nur vermuteten. Ihre Geduld war vorbildlich. Nun schreitet der Abschied heran. Sie werden hier fehlen. Seien Sie viele Male bedankt. Auf Wiedersehen, Herr Pestalozzi.
Als Fussnote:

Erstens, jemand wie Achim weiss noch nach Jahren, was einer wie Karsch zwar im Archiv hat, jedoch ohne es noch zu benutzen. Am 9. Mai 1957 hatte der Bundesminister des Äusseren, Dr. Heinrich von Brentano, in der Haushaltsdebatte des Bundestages sich ausgesprochen. Er wies es von sich, aus den Mitteln seines Amtes einen

Zuschuss für ein Gastspiel des Bochumer Schauspielhauses in Paris zu zahlen, weil die Bochumer gasticren wollten mit Werken von Brecht/Weill und Wedekind. Nach von Brentanos Reminiszenz, er habe Brechts »Dreigroschenoper« früher mit Begeisterung gesehen, ging er ein auf die Meinung eines Abgeordneten von der S.P.D., wonach »Brecht einer der grössten Dramatiker der Gegenwart sei«, und stellte anheim:

> Man mag darüber diskutieren.

Unverhofft bricht ihm der Gedanke, und es spricht aus ihm:

> Aber ich bin wohl der Meinung, dass die späte Lyrik des Herrn Bert Brecht nur mit der Horst Wessels zu vergleichen ist.

Vor mehr als hundert Jahren hatte sein Vorfahr Clemens Brentano über die Philister befunden, ahnungsvoll:

> Sie können kein ursprüngliches Dichterwerk begreifen.

Peter Suhrkamp schrieb ihm am 18. Mai 1957 einen Brief:

> Als ich davon hörte, dass Sie, geehrter Herr Dr. von Brentano, als Aussenminister vor dem Bundestag in Bonn die späte Lyrik Bertolt Brechts mit der Lyrik Horst Wessels verglichen haben sollten, kam mir das zuerst unglaubhaft vor. Ausser dem Sturmlied der SA sind mir Gedichte von Horst Wessel allerdings nicht bekannt, in mir lebt aber noch die Erinnerung an ge-

meine Züge in seinem Leben und seiner Erscheinung.
Ich war dennoch beunruhigt: hatte doch kurz vorher Ihr Staatssekretär die abfällige Prägung vom »Aussagewert« von Stücken Brechts und Wedekinds in Umlauf gebracht. Ich bemühte mich um einen authentischen Bericht. Und da lese ich eben in dem Protokoll des Bundestages am 9. Mai 1957, dass Sie tatsächlich [...]
Ich will gern glauben, dass Sie, geehrter Herr Dr. von Brentano, aus der späten Lyrik Brechts nur Lieder für den politischen Gebrauch kennenlernten. In der Auswahlausgabe »Gedichte und Lieder« stehen ein paar der »Buckower Elegien« aus dem Sommer 1953; ausserdem sind in der Februar-Nummer der »Akzente«, der Münchener »Zeitschrift für Dichtung«, einige sehr schöne Gedichte aus dem Nachlass abgedruckt.
Ihre Beurteilung der Gedichte von Bert Brecht hätte man stillschweigend übergangen. Darauf kam es auch Ihnen im Moment gewiss gar nicht an. Sie wollten den Menschen im anderen politischen Lager treffen. Dafür war aber gerade der Vergleich mit dem legendären Helden der Nazis unmöglich. Sie wissen, dass Brecht als Feind der Nazis ins Exil gehen musste. In den Exiljahren stand im Zentrum seines Lebens, Denkens und Dichtens der Kampf gegen die Nazis und gegen den Krieg der Nazis. Er lebte überall isoliert von den prominenten deutschen Emigranten wegen einer an ihm auffälligen nationalen Gesinnung, die ihn Gedanken an eine Kollektivschuld des deutschen Volkes verwerfen liess. Er lebte im Exil in jedem Moment bereit, in sein Vaterland zurückzukehren, sobald die Nazis besiegt sein würden.

Zur selben Zeit gingen Sie in Deutschland Ihrem bürgerlichen Beruf nach. Und da stellten Sie nun in einem lapidaren literarischen Urteil den Namen Brechts neben den von Horst Wessel! Da tritt zutage, dass Sie nur darauf zielten, vor einer nicht unterrichteten, leicht zu beeinflussenden Öffentlichkeit Brecht in seiner menschlichen Integrität zu erniedrigen. Diese Wirkung Ihres Vergleichs müssen Sie beabsichtigt haben; wie hätte Ihnen sonst gerade der Name von Horst Wessel einfallen können. Sie mussten dazu noch eine Hilfskonstruktion vornehmen, indem Sie die Lyrik Brechts, um die es in der Haushaltsdebatte gar nicht ging, in die Debatte einbezogen.
Es ist Ihre Form des politischen Kampfes, die mich aufregt. Die allgemeine Verwilderung überall in den Kämpfen von Parteien hat, wo sie bei uns um sich greift, auf lange hinaus noch einen besonderen Akzent. Als Verleger zur Zeit des Dritten Reiches habe ich genügend Erfahrungen gesammelt, wie damals Minister Gegner ihrer Weltanschauung in demagogischer Form menschlich zu vernichten trachteten.
Ihre Äusserung hat bei mir die Erinnerung daran wieder geweckt. Und damit die ernste Frage: leben wir der Zeit des Nationalsozialismus noch so nah, dass wir noch immer nicht genug auf der Hut sind vor den schlechten Angewohnheiten von damals – oder ist es, weil unser Unglück schon so lange zurückliegt, dass man bei uns wieder anfängt, leichtfertig zu reden und auch in die allgemeine Formverwilderung gerät? – Gerade Sie, geehrter Dr. von Brentano, sollten besser als ich wissen, dass man in der übrigen Welt dafür uns gegenüber ein besonders empfindliches Ohr hat.
In der übrigen Welt ist es übrigens so gut wie bei uns

bekannt, dass Brecht Marxist war, ein Marxist von eigener, persönlicher Prägung; sie steht trotzdem nicht an, seine Stücke aufzuführen und ihn als Dichter zu feiern. Dazu findet man es überall, ausser bei uns, auch nicht nötig, jene fatale Trennung zwischen dem Dichter und Politiker zu machen, um den Dichter ehren zu können. Es wird darüber geklagt, dass die deutsche Dichtung, die deutsche Musik und die deutsche Kunst gegenwärtig in der Welt keine Geltung haben. Wollen wir da von uns aus auch das noch schnöde verleugnen, was das Feld draussen noch behauptet?
Wie soll da noch Dichtung gedeihen, wo die Staatsmänner sie so leichtfertig abtun. Wo aber Dichtung, Kunst und Musik verkümmern, da verkümmert das Volk. Diese Wahrheit kann nicht ernst genug genommen werden. (In: Peter Suhrkamp. Zur Biographie eines Verlegers in Daten, Dokumenten und Bildern vorgelegt von Siegfried Unseld unter Mitwirkung von Helene Ritzerfeld. Frankfurt am Main 1975, p. 203ff.)

Die »Frankfurter Allgemeine Zeitung«, die von Brentanos Antwort vom 3. Juni 1957 »auszugsweise« brachte, stellte dem Abdruck eine Bemerkung der Redaktion voran:

Wir weisen darauf hin, dass der Bundesminister des Auswärtigen Brechts Vornamen »Bertold« schreibt.

Der »Stiftlandbote«, Hof an der Saale, ist zu ehrfürchtig für Kürzungen in einem Allerhöchsten Text und kündigt in einem Untertitel an:

Bonner Aussenminister pariert alle Schläge,

also die Ausfälle eines Boxers, dem zuliebe ein »sehr geehrter Herr« so Suhrkamps Anrede, verfälscht wird in ein »sehr verehrter Herr«.
Tatsächlich bewegt v. Brentano sich am Rande der Rüpelei, der Rempelei. Knapp 53 Jahre alt, eröffnet er dem Sechsundsechzigjährigen, er sei sich zunächst »im unklaren« gewesen, ob er dessen Brief beantworten solle. Dieser habe ihn »peinlich berührt«, als eine »eigenartige Mischung von Anmassung und Unduldsamkeit«. Wenn der Bundesminister des Äusseren solche Manieren sich erlaubt, wird lotrecht erhellt, wie unentbehrlich eine Frau von Pappritz für das Westdeutschland jener Tage gewesen sein muss. Jedoch erklärt der Herr Minister sich bereit, den »sachlichen Inhalt« zu diskutieren, als sei das für seine Verhältnisse eine Ausnahme. Er antwortet ausdrücklich in der Sorge, ein Schweigen von seiner Seite werde Peter Suhrkamp missverstehen: mit der delikaten Implikation, gegen einen Verleger von Brecht müsse man sich mit einem nachweisbaren Wortlaut absichern.
Denn, »natürlich«, Peter Suhrkamp sei ihm als Brechts Verleger bekannt gewesen.

Das ist Ihr gutes Recht, das Ihnen wohl niemand streitig machen wird.

Nachdem v. Brentano Herrn Suhrkamp den Anspruch angehängt hat, er allein dürfe sich über seine Autoren äussern, nimmt er ihm den wieder ab und will nun selber einmal als Leser sich äussern über »Wert oder Unwert Ihrer Autoren«.

Die von Ihnen herausgegebene Sammlung der »Gedichte und Lieder« von Bertolt [ehrerbietigst: die Redaktion] Brecht ist mir wohlbekannt. Aber ich möchte Sie auf einige literarische Erzeugnisse Ihres Autors hinweisen, die keine Aufnahme in die Sammlung gefunden haben. Da ich es für unwahrscheinlich halte, dass Ihnen diese »Gedichte« unbekannt sind, liegt der Gedanke nahe, dass Sie einen Grund hatten, sie nicht zu veröffentlichen.
Ich denke an das Gedicht »Lob des Kommunismus«, und Sie werden mir erlauben, die Lücke in Ihrer Anthologie zu schliessen, in dem ich es nachstehend wiedergebe.

Von so jemandem liessen die Westdeutschen sich vertreten in der Welt. Jemand, der Peter Suhrkamp unterstellte, er fälsche eine Auswahl von Gedichten, indem er den kommunistischen Wolf nur im Gewand des Lammfelles vorführe. Jemand, der sich öffentlich versteigt zu der Albernheit: gerade dies Gedicht von Brecht sei versteckt. Jemand, der schummelt, wenn er »Lob des Kommunismus« und »Lob der Partei« ausgibt für Beweise von Brechts »Spätlyrik«. Das erste Gedicht ist aus der Romandramatisierung »Die Mutter«, entstanden in den Jahren 1930 bis 1932, als v. Brentano mit Begeisterung die »Dreigroschenoper« sah; das zweite ist aus dem Stück »Die Massnahme« von 1930. Heinrich von Brentanos »später« Brecht war zweiunddreissig Jahre alt. Oder vierunddreissig.
Dann muss ein Nebensatz bis zum Platzen aufquellen, damit in ihm die Tatsache unterkommt, dass Brecht einmal, und zwar gerne, nach eigenen Worten, den Lenin-Preis bekommen und angenommen hat. Des weiteren

wird Brecht das »Spottlied« vorgeworfen, von dem es heisst im Ton des Vorwurfs, er habe es anlässlich der Weltjugendfestspiele im Jahre 1951 in Berlin in neun Sprachen verbreiten lassen, und ein Herr Paul Dessau habe es vertont. Vielleicht kam es Herrn von Brentano spöttisch vor, oder er fühlte sich selber verspottet, durch das vorletzte Stück der Kantate, die Brecht verfertigte als »Herrnburger Bericht«, nämlich über die polizeiliche Registrierung einiger tausend Jugendlicher bei Herrnburg im Jahre 1950, als sie vom Deutschlandtreffen der F.D.J. in Berlin zurückkamen in die von v. Brentano gemeinte Freiheit.
Vielleicht, so vermutet Herr von Brentano nun, werde Peter Suhrkamp einwenden,

> dass auch andere Autoren einmal Dinge geschrieben haben, die nicht wertvoll sind.

Warum sollte Suhrkamp selber seine Autoren herabsetzen, wenn ein von Brentano es ihm besorgt? Und was soll er anfangen mit der haarscharf verrutschten Entgegnung auf einen bloss angenommenen Einwand:

> Ich kritisiere, was Herr Bertolt Brecht schrieb – die Kritik darüber, wie er es schrieb, überlasse ich gern anderen, die sich dazu für berufener halten, als ich es bin.

Was hat das zu tun mit Qualitätsschwankungen in literarischer Arbeit? Von einem Boxer, auch einem schlecht vorbereiteten Schüler oder Redner in diesem Zustand sagt man, er »schwimme«. Über Brechts Abwesenheit im Exil und seine Unternehmungen gegen das damalige

Staatsoberhaupt Heinrich von Brentanos schreibt er in allem Ernst:

> Es ist, sehr geehrter Herr Suhrkamp, nicht diese Tätigkeit, die ich Herrn Brecht vorwerfe, und ich glaube, dass Sie das selbst wissen sollten.

Wie denn auch anders. Nachdem er Brecht in die Nähe des idealischen Nazihelden Horst Wessel gerückt hat, wie kann er etwas dagegen haben, dass Brecht etwas tut gegen Wessel? Nicht wahr. Im Gegenteil:

> Wer gegen das Dritte Reich kämpfte, weil er Recht und Freiheit wiederherstellen wollte, hat meine volle Sympathie.

Aber die wird ungültig, wenn der so Begönnerte nach Ostberlin geht, statt die C.D.U. von Darmstadt zu gründen. Wer im Dritten Reich stillgehalten hat als Notar und Rechtsanwalt am Oberlandesgericht Darmstadt unter der

> Unfreiheit [. . . und der] Schändung des Rechts im Nationalsozialismus,

kann eine Entscheidung für das ostdeutsche Projekt allein und lediglich begreifen als ein Interesse an den Rechtsbrüchen, die die Machtnachfolger der Nazis dort sich zu schulden kommen lassen. Geradezu zwanghaft setzt hier historische Unbedarftheit den Nazismus, unter dem Heinrich von Brentano in Ruhe gelebt hat, in eine Kategorie mit kommunistischer Praxis, die er doch, gegensätzlicher Weise, fürchtet:

Sie stellen die Frage, ob wir der Zeit des Nationalsozialismus so nahe seien, dass wir noch immer nicht genug auf der Hut seien vor den schlechten Angewohnheiten von damals. Ich gebe Ihnen, sehr geehrter Herr Suhrkamp, diese Frage zurück. In den von mir zitierten Erzeugnissen Ihres Autors

– aus den Jahren 1930, 1931, 1932 –

sehe ich in der Tat eine Verwilderung – um mich Ihres Ausdrucks zu bedienen –, die stillschweigend hinzunehmen oder gar anzuerkennen ich allerdings nicht bereit bin.

»Die Kritik darüber, wie er es schrieb, überlasse ich gern anderen, die sich dazu für berufener halten, als ich es bin.« Eine einmalige Sichtung jener Gedichttexte, die man immerhin selber zu zitierender »Veröffentlichung« ausgesucht hat, würde den Leser v. Brentano bekannt gemacht haben mit einer Stimmung der stillen Einfalt, mit der Getragenheit des hohen Pathos an Stelle irgend einer Verwilderung, sei es im Inhalt, sei es in der Form. Verwildert ist eher der Personalstil des Heinrich von Brentano:

Ihr Brief an mich

– Sie wagen einen Brief an mich, Herr Suhrkamp, sehr geehrter! –

war in dieser Form wohl nur möglich, weil wir – um mit Ihrem Autor zu reden – »im Sumpf der bürgerlichen Barbarei leben«. Dass er geschrieben werden konnte, begrüsse ich, denn er ist ein überzeugender Beweis dafür, dass wir in der Freiheit leben.

Nachdem Herr von Brentano seine Freiheit benutzte dazu, eine andere Auffassung als die seine zu behindern, indem er gegen Beihilfen zu ihrer Aufführung in Paris auftrat. Nachdem Heinrich von Brentano sich die Freiheit nahm für den Versuch, einem Toten durch einen obszönen Vergleich eine Schande anzutun.

Ob Sie nicht eine andere Form dafür hätten wählen können, darüber nachzudenken überlasse ich Ihnen, sehr geehrter Herr Suhrkamp, und den Lesern unserer Korrespondenz.

Die nun entscheiden dürfen, wer hier der schlechte Schüler ist, und wer sich aus dem Grunde versteht auf das Schreiben von Briefen.

Ich selbst

– denken Sie an, Herr Suhrkamp!

war am 18. Juni 1953 in Berlin. Ich sprach mit den Angehörigen jener, die man erschlagen hatte, weil sie sich zur Freiheit bekannten. [...] Damals las ich, was Herr Bertolt Brecht dem Generalsekretär der S.E.D. und dem stellvertretenden Ministerpräsidenten der Sowjetzone, Herrn Walter Ulbricht, geschrieben hatte: »Es ist mir ein Bedürfnis, Ihnen in diesem Augenblick meine Verbundenheit mit der SED auszudrücken.«
[...]
Diese Äusserung des Herrn Brecht war nicht nur eine Geschmacklosigkeit, sie war eine Infamie.

Jeder Student, jeder Oberschüler in der D.D.R. mit literarischen Neigungen wusste, dass hier von drei Sätzen zwei fehlten, schlicht weil Wahrheit kostbar ist in einem Lande, da machen die Zeitungen eher Jagd auf die Träger von Information. Um wieviel leichter konnte ein Bundesminister von seinem Geheimdienst den vollen Wortlaut besorgen lassen, und dazu den zweiten Brief, abgedruckt in »Neues Deutschland« am 23. Juni 1953 (Bertolt Brecht, Gesammelte Werke Band VIII, p. 883), in dem Brecht ausdrücklich verlangt, dass »die Arbeiter aber, die in berechtigter Unzufriedenheit demonstriert haben, nicht mit den Provokateuren auf eine Stufe gestellt werden, damit nicht die so nötige Aussprache über die allseitig gemachten Fehler von vornherein gestört wird«.

> Vielleicht verstehen Sie, sehr geehrter Herr Suhrkamp, nunmehr das, was ich sagen wollte und was ich ohne Einschränkung auch aufrechterhalte.

Das ist leicht. Herr von Brentano hat im Jahre nach dem Tode Brechts beim Vergleich der Lyrik des vierunddreissigjährigen Brecht mit Horst Wessels Sturmlied gedacht an eine staatlich verstümmelte Veröffentlichung des fünfundfünfzigjährigen Brecht. Deshalb wird er jede Aufführung eines Werkes von Brecht sabotieren, aus welchem Lebensjahr auch immer es stamme. Das »ohne Einschränkung« steht für den Willen, jedwede Entschuldigung für die Roheit gegen das Andenken des Toten zu verweigern.
Den Beweis für die Konsistenz seines Kunstverständnisses lieferte v. Brentano nach, indem er im November 1957 im Theater von Darmstadt eine Oper hörte, »Auf-

stieg und Fall der Stadt Mahagonny«. Musik: Kurt Weill; Text: Bertolt Brecht.
Der Kommentar von Brecht war 22 Jahre alt. Er beendete seine Untersuchung »Die Horst Wessel-Legende« mit diesem Befund zu jenem Zuhälter aus der Grossen Frankfurter Strasse:

> Die Nationalsozialisten haben mit dem Wessel einen sicheren Griff gemacht. In ihm hat das regierende Triumvirat in einem verbummelten Studenten, einem entlassenen Offizier und einem Reichswehrspitzel das Symbol ihrer Bewegung gefunden, den jungen Helden, von dem man sagen kann: an ihn denkend, denkt man sogleich an die Bewegung, und an die Bewegung denkend, denkt man sogleich an ihn.
> (Gesammelte Werke Band VIII, Frankfurt am Main 1968, p. 775)

Deser Aufsatz war einem Radrennfahrer in Leipzig gegenwärtig, seit er ihn gelesen hatte im Maiheft der Zeitschrift »Neue Deutsche Literatur«, denn er war ihm nahegelegt worden als Diskussionsmaterial auf westdeutschen Bahnen. In seinem einzigen, aber abschliessenden Streit mit Karsch nimmt er den (wie der ihn) an, als sei er verantwortlich für die Einrichtung des jeweils eigenen Staates, ihn glaubt er zu treffen, wenn er den westdeutschen Regierungschef meint und ihm nachsagt:

> wie der [. . .] zum Gesicht des Staates vor der Welt einen Irgend bestellte, der nämlich den Bertolt Brecht verglichen hat mit einem Zuhälter und Schläger . . .
> (p. 313)

Ob das alles ist? das ist alles. Vorläufig.

Dem Verleger Siegfried Unseld danke ich an dieser Stelle weiterhin dafür, dass er mich im Herbst 1961 beschäftigt und festgehalten hat. Denn auch ich hatte mit dem Bau der sichtbaren Mauer zwischen den Städten Berlin Personen verloren, an denen ich mein Leben hängen glaubte. Was sich vorerst ausnimmt wie eine private Mitteilung, wird später kenntlich werden in seinem Bezug zu einer Sache.
Siegfried Unseld dachte diesen seiner Autoren abzuhalten von sinnlosem Umherlaufen in Berlin, insbesondere von dem farbenfrohen Gedanken, auch gegen das Unmögliche noch müsse eine Möglichkeit zu finden sein, und bat ihn in das Lektorat, als sei er es, der eine Gefälligkeit vergebe. Allerdings lagen dort umfängliche Stapel von zur Veröffentlichung eingereichten Manuskripten, und die Ursache für die Menge war bald erahnbar. Es musste die Suhrkampsche Höflichkeit sein. Denn die Sekretärinnen, die dem neuen Lektor Tag für Tag vier oder fünf Ablehnungen nach dem Munde schrieben, waren verblüfft von der Kürze, in der sie sich hielten, und sie versuchten ihn vorsichtig ins Sanfte zu reden, wenn sie sich sträubten gegen einen genormten Text, so oft er auch zutreffen mochte. Der neue Lektor bekam seinen Willen, aber es waren eben doch fünf verschiedene Formulierungen, die er als Beilage für die zurückgesandten Manuskripte entwerfen musste. Selbst wenn einer von Zeit zu Zeit einen durchaus eingehenden, also ausführlichen Kommentar zu einer Arbeit entwirft, unweigerlich führt es zu leeren Borden im Manuskriptregal.

Der Verleger fand eine andere Arbeit: das Vorlesen aus einem »dritten Buch über Achim«, das in diesem Herbst oft irrtümlich verlangt wurde in der Erwartung, darin sei eine Erklärung zu finden für die sozialistische Aktion vom August, bloss weil nach vagen Berichten das Buch sich befasse mit den Schwierigkeiten eines Hamburgers und eines Sachsen, die denen in die Verständigung gerieten. Der neue Auftrag schickte den Verfasser auf die erste jener Reisen, auf denen die Tage verschwinden und mit ihnen Städte: – Mainz – Milano – Bonn – Bremen – Kiel – Osnabrück – Itzehoe – Heide – Oldenburg – Göttingen – Hamburg –

Was war am 25. November im Gedächtnis übrig von Milano am 10. und 11. des selben Monats? Giangiacomo Feltrinelli hatte den Verfasser des Buches »Mutmassungen über Jakob« eingeladen zu dem Tag, da sein Verlag es herausbrachte in italienischer Sprache. Der Radiotelevisione Italiana war als Aufnahmeort für ein Interview am besten geeignet erschienen der Bahnhof Milano Centrale, für so kostbare Fragen wie:

> Qual'è in breve l'assunto del suo romanzo?
> Lei ha vissuto personalmente nel clima dell'una ed dell'altra Germania?
> Cosa l'ha spinto a lasciare la Germania dell'Est?
> I giovani intellettuali tedeschi come Lei, ed in genere i giovane tedeschi quale destino auspicano per la Germania di domani?
> Dopo questa tappa milanese, dove La porterà il suo prossimo treno?

Irgend wann hatte es einen Empfang gegeben, am Abend des 10. eine Pressekonferenz. Am nächsten Morgen wollten Journalisten und noch einmal die Radiotelevisione Italiana wissen:

Warum leben Sie in Berlin?
Was halten Sie von der Teilung?
Was denken die Deutschen über einander?
Was sind Ihre Pläne?
Wie gefällt Ihnen Mailand?

Für den Abend des 11. November war angesetzt ein »table ronde« im Circulo Turati. Dieser kulturelle Arbeitskreis, im eigenen Verständnis sozialistisch, ist die Stiftung einer Gruppe von Intellektuellen und Industriellen, die sich bemüht, der kommunistischen Casa di Cultura in Milano das Wasser ein wenig abzugraben. Auf dem Programm stand vor der Aussprache eine Rede von Hermann Kesten. Er hatte sie bereits einmal gehalten, für einen Anlass in Darmstadt; nun ärgerte es ihn schon am Nachmittag, dass der Veranstalter um örtlich passende Änderungen bat, und am Abend machte er das Publikum ungeduldig, indem er um eine dreiviertel Stunde zu spät kam. In seiner lange währenden Ansprache nannte er Bertolt Brecht einen »servitore«, einen Diener der Diktatur. Teile des Publikums erhoben sich und riefen: Buh! Giangiacomo Feltrinelli rief ihm zu vom runden Tisch: Das ist unverschämt, so darf man nicht reden, wir alle wollen dies nicht länger anhören! Als Hermann Kesten endlich aufhörte, wurde ihm widersprochen. Dem Publikum gefiel das, Hermann Kesten missfiel das; nach einer Weile übersah Feltrinelli seine Wortmeldungen und bat ihn auf einem Zettel, davon abzusehen. Offenbar trug er es tapfer, denn bei einem Abschied in freundlichem Ton bat er um einen Besuch in Rom. Das war alles Erinnerte. Und über den Empfang hatte es einen Bericht gegeben, der so endete:

> »Vergiss nicht, [...], was wir in Harvard lernten«, rief ein vergnügter kleiner Philosophieprofessor auf deutsch über den Tisch. »Du hast gelernt das Cocktail-ABC!« Das Stichwort stammt aus Brechts »Aufstieg und Fall der Stadt Mahagonny«. Man sang es, wie der redselige Professor erzählte, viel auf den Abendgesellschaften in Harvard, wo die beiden Stipendiaten und Zimmernachbarn waren. Johnson hat das Cocktail-ABC offensichtlich nicht in Harvard gelernt. Auch in Mailand und Rom wird er es wohl nicht lernen, [...]
> (Die Welt, (datiert vom 17. November) 1962)

Inzwischen war eine sonderbare Telefonanfrage von der Münchener Abendzeitung gekommen, mit Andeutungen zu einem Bericht von Hermann Kesten über den Abend im Circulo Turati. Sie klangen so wahnwitzig, ganz leicht waren sie zu vergessen. Aber die Zeitung in München druckte am 25. die erbetene Stellungnahme dessen, den Hermann Kesten zum Kontrahenten machen wollte:

> Mir ist bekannt, dass Herr Kesten sich freut an öffentlichem Streit. Mit mir wird er das Vergnügen nicht haben, sondern mit der Tonbandaufzeichnung der Veranstaltung.

»Die Welt« hingegen, das vornehme Flaggschiff des Springer-Konzerns, hatte grandios verzichtet auf die Fairness, wonach man sie hören soll alle beede, sie druckte Hermann Kestens Version ungeniert, und so sass an einem Sonnabendmorgen jemand in einem hamburger Hotel und las etwas über sich in einer feinen hamburgischen Zeitung, noch dazu in der »Geistigen Welt«, zum ersten Mal mit einem Interesse, und wiederum ungläubig:

> Uwe Johnson erklärte nachdrücklich, seine Romane seien völlig unpolitisch. Er sprach mit Verachtung von Moral. Die Zumutung, er oder seine Romane hätten moralischen Wert, wies er zurück. Er wolle nur beschreiben. Er wolle nur Geschichten erzählen. Dass seine Romane von Berlin handelten, sei der reine Zufall. Übrigens sei die Mauer quer durch Berlin (Ulbrichts Mauer) keineswegs unmoralisch (wie ich behauptet hatte!). (Hier protestierte das italienische Publikum laut, obgleich es teilweise aus Brecht-Anhängern und jungen kommunistischen Intellektuellen bestand.) Die Mauer sei notwendig gewesen. Drei bis vier Millionen seien aus dem Osten in den Westen geflohen, darunter unerlässlich notwendige Elemente. Das konnte die Deutsche Demokratische Republik nicht mehr dulden. Also musste sie die Mauer bauen, und das sei gut, vernünftig und sittlich. [...]

Zwei Fragen lagen Hermann Kesten insbesondere am Herzen:

> Warum sprach er in Mailand, als wäre er Ulbricht?

und:

> Sind das die Produkte der Erziehung im Diktaturstaat Ulbrichts?
> (Die Welt, 25. November 1961)

Um Herrn Kesten auch einmal eine öffentliche Antwort zu geben, schlich jemand an diesem Morgen in die Redaktion von DIE ZEIT, zu dem damaligen Feuilleton-Chef Rudolf Walter Leonhardt, und alsbald zeigte sich, was galt von der Legende des unbesehenen Zusammenhaltens in der »Gruppe 47«, deren Gast beide eben vor vier Wochen in der Göhrde gewesen waren. Herr Leonhardt erklärte das redaktionelle Konzept seiner Zeitung und machte unübersehbar, dass es ein Engagement in Sachen einer hier allerdings gebotenen Richtigstellung ausschloss, immer gesetzt den Fall, posito, es sei hier etwas unrichtig... Er holte seinen Verleger hinzu, damit der es dem Besucher noch einmal erläutere; Herr Bucerius bestätigte jedes Wort seines Redakteurs. Es war die klassische Situation eines Menschen, der sich ungestört glaubt in seinen Funktionen; nun sass er Leuten gegenüber, die ihn öffentlich des Wahnsinns bezichtigt wussten, und hatte keinen Beweis für seine mentale Gesundheit. (Der einzige, der unschlagbare und überzeugende Grund, war für die Benutzung gesperrt: es war der private Umstand, dass der angebliche Befürworter der Mauer durch sie Leute verloren hatte, die er benötigte.) Ihm blieben zwei Hoffnungen. Die erste versuchte sich zu gründen auf die Behauptung, seine Bücher handelten von Berlin; wenn Hermann Kesten so sich verhauen konnte, war ihm gleicher Massen zuzutrauen, dass er einem den Diebstahl der Mailänder Scala in die Schuhe schob. Die andere Hoffnung wartete auf ein Tonband, das aus Milano unterwegs war an die Redaktion des Nachrichtenmagazins DER SPIEGEL. In das Konzept dieser Publikation würde die Sache immerhin sich einfügen lassen. Aber es gehen auch Postsachen verloren, so im grenzüberschreitenden Verkehr.

Inzwischen lief das Fliessband der Vorlesereise weiter: Remscheid – Lemgo – Hameln – Köln – Duisburg – Wilhelmshaven – Bielefeld – Tübingen – Ulm – Regensburg, und an jedem Abend war vor mehreren hundert Menschen eine vorläufige Auskunft zu geben über das Gerücht aus dem Gedächtnis des Hermann Kesten. Gelegentlich teilte das Publikum sich in zwei Gruppen, deren eine wegen der Arbeiten des Gastes gekommen war, deren andere ihm das Nachsagen der jeweiligen örtlichen Variante des Antikommunismus abverlangte. Einige Veranstaltungen schienen planmässig gestört; oh ruhmreiche Jung-C.D.U.! Von Hörensagen bekannt war eine Richtigstellung Giangiacomo Feltrinellis, aber unbenutzbar, nur in einer Region der Bundesrepublik verbreitet:

Mailand, 27. November 1961
Sehr verehrter Herr Kesten,
es tut mir wirklich sehr leid, dass ich Ihnen erneut widersprechen muss. Das erste Mal in Mailand, nach Ihrem Hauptvortrag als öffentlicher Wortführer zu der von mir veranstalteten Debatte, die anlässlich des Erscheinens von Uwe Johnsons »Mutmassungen über Jakob« in Italien stattfand. Damals musste ich das Wort ergreifen zu einem ungewöhnlichen Einspruch: Hermann Kesten, der vom Verlag eingeladene Vorsteller Johnsons, habe sich vom Thema des Vortrages »Die junge deutsche Literatur« entfernt und sich zu Bert Brecht so eigenartig geäussert, dass die anderen zur Besprechung eingeladenen italienischen Kritiker (unter ihnen Giorgio Zampa vom »Corriere della Sera«, Domenico Porzio von »Oggi«) ihre, das heisst unsere Meinung von der seinen trennen mussten. Im

Laufe Ihres Vortrages hatten das Publikum und die an unserem Tisch eingeladenen Kritiker Zeichen von Missbilligung gegeben, was dann in offenes Pfeifen ausartete, als Sie behaupteten, Bertolt Brecht wäre ein Diener der Diktatur gewesen.

Diesmal muss ich Widerspruch zu Ihrem in der »Abendzeitung« München erschienenen Bericht über den Ablauf der Diskussion erheben.

1. Es ist mir sehr peinlich, aber ich muss Sie erinnern, dass Sie und nicht Johnson ausgepfiffen wurden. Ich sehe noch jetzt Ihre Verwirrung über die Reaktion des Publikums und der am runden Tisch sitzenden Kritiker.

2. Obwohl Johnson meine Fragen deutsch beantwortete (ich leitete die Diskussion), haben Sie ihn entweder völlig missverstanden – oder verdrehen Sie bewusst seine Antworten?

3. Ich lese mit Erstaunen, wie Sie Ihre Meinung über Johnsons Buch in literarischer und politischer Hinsicht seit dem Vortrag geändert haben.

Natürlich hat Ihnen Uwe Johnson widersprochen, sei es auf manche Ihrer literarischen Behauptungen, sei es auf manche Ihrer politischen Ansichten. Aber Ihr Bericht über seine Stellungnahme zu Brecht und zur deutschen Frage stimmt nicht, um es kurz zu sagen.

Die Tonbandaufnahme der Diskussion rechtfertigt Johnson gegen Verleumdungen.

Und wenn ich meine Meinung sagen darf, finde ich, dass Sie, nur weil Johnson in manchen politischen Fragen nicht einer Meinung mit Ihnen war, kein Recht haben, willkürlich seine Äusserungen zu verdrehen und mit dem Klischee »Er sprach als wäre er Ulbricht« abzutun.

Dass diese Mittel in Deutschland allzu oft benutzt werden, um einen politischen Gegner zu liquidieren und zu verleumden, bleibt nur ein Zeichen dafür, wie fremd die Demokratie gewissen Gruppen der öffentlichen Meinung in Deutschland ist.

Dass Sie, verehrter Herr Kesten, diese Mittel zur politischen Diskussion benutzen, ist unter Ihrer Würde. Finden Sie nicht?

Ihr Giangiacomo Feltrinelli

(Die Abendzeitung, München, 1. Dezember 1961)

Am 4. Dezember brachte DER SPIEGEL die Gewissheit im Druck: Hermann Kesten hatte es erfunden, das mit der Güte, Vernunft und Sittlichkeit der Mauer von Berlin, und einiges mehr. Mittlerweile las sich sein Bericht, als sei er taub gewesen. Jedoch hatte er sich ertappen lassen beim Zuhören in Mailand. Für den 5. Dezember lud der Suhrkamp Verlag zu einer Pressekonferenz in Frankfurt:

Erklärung von Uwe Johnson auf der Pressekonferenz am 5.12.1961

Vor zehn Tagen hat Hermann Kesten, korrespondierend aus Rom, in zwei deutschen Zeitungen geschrieben über ein öffentliches Rundgespräch, das der Verlag Feltrinelli in Mailand am 11. November abends veranstaltete. Dieser Verlag hatte kurz zuvor die italienische Übersetzung des Romans »Mutmassungen über Jakob« veröffentlicht, nun lud er Leute und den Verfasser ein, und Hermann Kesten war eingeladen, eine Rede zu halten. Hermann Kesten hielt eine Rede, der ich in einigen Punkten widersprach: das sind die zutreffenden Einzelheiten seines Berichts. In den anderen Punkten ist er nicht zutreffend. Ich bitte also, mir eine Richtigstellung zu erlauben.

Anfangs möchte ich betonen, dass es mir nicht darauf ankommt, ein Gespräch über die von mir geäusserten Meinungen herauszufordern. Meine Bemerkungen in Mailand machte ich ohne Manuskript, vereinfacht für ein ausländisches Publikum. Mich interessiert nicht die Person Hermann Kesten, mich halte ich für ein zufälliges Opfer. Beachtenswert erscheint mir das Benehmen des Berichtenden.

Er berichtet also:

»Uwe Johnson erklärte nachdrücklich, seine Romane seien völlig unpolitisch. Er sprach mit Verachtung von Moral. Die Zumutung, er oder seine Romane hätten moralischen Wert, wies er zurück. Er wolle nur beschreiben. Er wolle nur Geschichten erzählen. Dass seine Romane von Berlin handelten, sei der reine Zufall.«

Durch einen reinen Zufall bin ich im Besitz eines Tonbandes, das die Veranstaltung aufgezeichnet hat. Das Tonband erinnert sich ganz anders.

Nach dem hat meine Stimme gesagt:

»Ich meine nicht, dass die Aufgabe der Literatur wäre, die Geschichte mit Vorwürfen zu bedenken. Die Aufgabe der Literatur ist vielmehr, eine Geschichte zu erzählen, in meinem Fall hiesse das, sie nicht auf eine Weise zu erzählen, die den Leser in Illusionen hineinführt, sondern ihm zeigt, wie diese Geschichte ist. Wenn das eine Aufklärung ist, so ist das keine sozialaktivistische, sie fordert von einem Leser dieser Erzählung nicht, dass er sich sofort verändert, sondern dass er die Geschichte aufnimmt, sie überdenkt, und daraus seine eigenen Schlüsse zieht.«

Dies ist ein Beispiel zur Einführung. Dann entsinnt sich Kesten dringend einer meiner Bemerkungen anderer Art:
»Übrigens sei die Mauer quer durch Berlin (Ulbrichts Mauer) keineswegs unmoralisch (wie ich behauptet hatte!)«
Das Tonband:
»Ich sehe nicht ein, dass die Mauer in Berlin ein literarisches Datum gesetzt haben sollte insofern, dass die deutsche Literatur von einem postfaschistischen Stadium in ein humanistisches Stadium übergegangen sein sollte.« Das hatte Hermann Kesten unter anderem in seinem Vortrag behauptet.
Hermann Kesten:
»Sie habe im Gegenteil ihre positiven Seiten. (Hier protestierte das italienische Publikum laut, obgleich es teilweise aus Brecht-Änhängern und jungen kommunistischen Intellektuellen bestand.)«
Das Tonband:
»Diese Mauer ist nur ein Ereignis, ein wirkliches Ereignis, das die Menschenrechte verletzt, wie sie in einer westlichen Konvention festgelegt sind, die von dem Ostblock nicht anerkannt wird.« (Ich weiß nicht wann, aber einmal gab es tatsächlich zwar nicht Protest aber Unruhe im Publikum, nur bezog sie sich auf meine wirklichen Anmerkungen und nicht auf Hermann Kestens Erfindungen.)
Hermann Kesten über meine weiteren Äusserungen:
»Die Mauer sei notwendig gewesen. Drei bis vier Millionen seien aus dem Osten in den Westen geflohen, darunter unerlässlich notwendige Elemente. Das konnte die Deutsche Demokratische Republik nicht mehr dulden.«

Das Tonband mit meinen weiteren Äusserungen:
»Die ostdeutschen Kommunisten haben, als sie diese Mauer zogen, nicht die Absicht gehabt, unmoralisch zu handeln, sondern sie befanden sich in der Notwehr. Ihre Maßnahmen mussten, da sie den Sozialismus gewaltsam und nicht mit der Zustimmung der Bevölkerung einführen konnten, Unpopularität erwecken. Der Sozialismus in Ostdeutschland wurde nicht in einem geschlossenen Lande eingeführt, sondern in einem halbgeteilten. Da die Grenze offen war, war die natürliche Folge, dass vier Millionen Leute weggingen, weil es ihnen nicht gefiel. Dies stellte die ostdeutschen Behörden einem Arbeitskräftemangel gegenüber, den sie nicht länger aushalten konnten. Darum versperrten sie alle Fluchtwege, denn sie wollten weiterleben.«

Kesten:
»Also mussten sie (DDR) die Mauer bauen, und das sei gut, vernünftig und sittlich. Diese Mauer unsittlich zu nennen, wie ich es getan habe, heisse den Kommunismus unsittlich nennen. Und der Kommunismus, also Ulbricht, also die Mauer, waren offenbar ein und dasselbe.«

Das Tonband:
»Und hier von Immoralität zu sprechen, heisst Geschichte mit moralischen Vorwürfen zu vermengen, heisst implicit zu sagen, der Kommunismus wäre immoralisch. Ich meine nicht, dass die Aufgabe der Literatur wäre, die Geschichte mit Vorwürfen zu bedenken.«

Hermann Kesten:
»Es gäbe nur im Westen den Kapitalismus und im Osten den Kommunismus. Darauf verurteilte John-

son den Kapitalismus und die westlichen Länder samt der Bundesrepublik, im Gegensatz zu der sittlichen Deutschen Demokratischen Republik.«

Das Tonband lässt mich »darauf« über Brecht sprechen. Hermann Kesten hatte da über Brecht eine Meinung ausgedrückt, der ich widersprach. Er könnte sich beziehen auf eine spätere Stelle, wo und als ich sagte: »Die Unterschiede zu beiden Seiten der deutschen Grenze offerieren eigentlich der ganzen Welt die Wahl, vor die wir gestellt sind: entweder wir leben unter dem Kommunismus oder unter dem Kapitalismus.« Und noch später: »Es trifft zweifellos zu, dass ein Mensch, der in beiden Teilen Deutschlands zu Hause ist oder Kenntnisse hat, vor eine Wahl gestellt ist. Es ist aber genauso richtig, dass die westdeutsche Wirklichkeit im Vergleich zur ostdeutschen Wirklichkeit keine echte Alternative darstellt, keine nationale. Eine vernünftige Entscheidung ist also nicht möglich.«

Ich sehe keinen Grund für elegante Umschreibungen. Hermann Kesten hat gelogen. Ich nenne Hermann Kesten einen Lügner.

Mir ging es um eine Unterscheidung der Begriffe Moral und Geschichte, dann um die Wiedervereinigung und Spaltung Deutschlands. Ich habe meine Äusserungen in deutsch gemacht, so dass Hermann Kesten nicht einmal ihre Übersetzung ins Italienische missverstehen konnte. Hermann Kesten will das nicht gehört haben. Er will gehört haben, dass ich die Mauer »gut, vernünftig und sittlich« nannte, die gesamten westlichen Länder »verurteilte« und so treuherzig weiter.

Auffällig an seinen Unterstellungen ist zunächst die

gründliche Unkenntnis, die sie verraten. Ich habe zwei Bücher veröffentlicht aus literarischen Gründen, die sich mit den mir hier anerfundenen politischen Absichten nicht vertragen. Ausserdem hatte ich inzwischen zwei Jahre Zeit, mich öffentlich für irrsinnig zu erklären, wäre mir daran gelegen gewesen. Solch Äusserungen wären Irrsinn an einem Bewohner West-Berlins, der da leben muss mit und inmitten einer Unzahl privaten Unglücks, mit den gewaltsamen Todesfällen, mit dieser elenden Mauer, die auch ihn einsperrt. Hermann Kesten hätte auch in Rom von der Mauer so viel wissen können, dass sie bereits drei Monate alt ist, dass die deutschen Schriftsteller seit drei Monaten öffentlich eine Auseinandersetzung mit dieser jämmerlichen Pfuscharbeit versuchen, und dass nicht einmal ein ostdeutscher Schriftsteller dies Bauwerk für »gut, vernünftig und sittlich« ausgeben mochte. Hermann Kesten zeigt davon nicht Kenntnis.
Beispielhaft an seinen Unterstellungen ist die Methode des infamen Anschuldigens. War Hermann Kesten so sicher, dass es für eine solche Nachrede in Westdeutschland keiner Beweise bedarf?
»Warum sprach er (Johnson) in Mailand, als wäre er Ulbricht?« erkundigt er sich. Da ist der Betroffene auch überfragt, denn dazu muss er erst einmal Hermann Kesten in Mailand treffen, damit der ihm die Worte aus dem Mund reisst und in geeignete Zeitungen schreiben kann: Hermann Kesten, moralisch und nicht faul, hat jemand die sozusagen Maske sozusagen vom Gesicht gerissen, alsbald hat er ihn sozusagen entlarvt als einen sozusagen Kommunisten. Nicht einmal der von Hermann Kesten betriebene Zweck dürfte die Mittel heiligen, deren er sich bedient, es sei denn, er

löge auf seine eigenen Kosten. Ich gedenke Hermann Kesten beizubringen, dass es ein vertanes Lebenswerk ist, jemanden gegen seinen Willen zum Kommunisten zu machen. Wenn er prokommunistische Äusserungen zu hören wünscht, mag er sie selber tun.

Ich wünsche ausserdem richtigzustellen, dass ich nach Hermann Kestens Überzeugung den Bertolt Brecht »auf schamlose Weise« verleumdete und versuchte, »aus Brecht eine armselige Karikatur jenes Uwe Johnson zu machen, der die oben zitierte Gesinnungslosigkeit zum Stilprinzip erhoben hatte«, dass ich auch weiterhin »einen hilflosen Feigling, einen amoralischen Erfolgsjäger« aus Brecht machte, und alles Ähnliche. Nämlich Hermann Kesten hatte in seinem Vortrag mit dem Wortspiel »Ulbrecht« Zeugnis gegeben von seiner hohen literarischen Kultur und nannte ihn dann einen »Diener der Diktatur«. Sein italienischer Ausdruck »servitore« bedeutet eher »Knecht«. Nach dem Tonband habe ich wirklich erwidert: »Ich möchte dem entgegenhalten, dass Brecht in einer Diktatur lebte.« Und: »Vor die Wahl gestellt, ein international berühmtes und ihm persönlich wichtiges Theater aufzugeben oder es zu behalten, entschied Brecht sich für die Möglichkeit, uns Kenntnisse zu übermitteln, die wir jetzt nicht mehr entbehren wollen.« Und: »Ich finde, dass Brecht uns ein Beispiel des Überlebens geboten hat, auf das es mehr ankommt, als auf kurzfristige moralische Entscheidungen.«

Übrigens hätte Hermann Kesten bei einigem Nachdenken finden müssen, dass die eine Fälschung zur anderen nicht passt. Wenn einer Kommunist ist, wird er eine kommunistische Interpretation der Werke und der Person Bertolt Brechts vertreten. Meine ist keine.

Wenn er meine Auffassung »Gesinnungslosigkeit« nennt und sich bezieht auf das modernisierte Schimpfwort für die Sozialdemokratie im deutschen Kaiserreich, so versucht er nur, die eine Lüge mit der anderen zu bewahrheiten. Ich möchte ihn dieser Art von Logik gar nicht berauben.

Ich wiederhole, dass mir nicht gelegen sein kann an der Person Hermann Kesten. Mir ist gelegen an Fairness. Ich protestiere gegen die üblen Manieren einer beliebigen Person. Sie erschweren den Umgang unter Leuten, da sie sich an die Dummen allein wenden. Ich bin ausserordentlich enttäuscht, dass es in der Bundesrepublik Presseorgane gibt, die Beihilfe zum Rufmord leisten. Denn die erste Zeitung, die Hermann Kestens Darstellung abdruckte, fragte den Betroffenen vorher und druckte seine Stellungnahme auch. Die zweite Zeitung druckte die Absurdität und fragte vorher nicht und nachher nicht. Die dritte aber verwandelte Hermann Kestens indirekte Redeform in direkte Äusserungen und legte sie mir noch unverschämter in den Mund. (Und wenn es den »Rheinischen Merkur« tatsächlich interessiert: Johnson hält nicht »nach seiner Rückkehr aus Mailand seinen Aufenthalt geheim« wegen einer »prickelnden Atmosphäre der Geheimhaltung«, »die an Spionagefilm dritter Garnitur erinnert«. Nach meiner Rückkehr aus Mailand habe ich inzwischen in achtzehn Städten der Bundesrepublik öffentlich aus meinen Büchern vorgelesen, und der Suhrkamp Verlag hätte jederzeit die Telefonnummer der benutzten Hotels mitteilen können; vielleicht sollte die Redaktion gelegentlich andere Filme ansehen gehen.) Das an diesem Beispiel betriebene Verfahren schafft Verhältnisse, in denen die moralische Existenz etwa eines Schriftstellers abhängig wird von der Anwesenheit eines funktionierenden Tonbandgerätes bei jeder Äusserung, die er gegenüber präsumptiven Berichterstattern macht. Die Behauptungen, die einer dementiert, mögen noch so monströs sein, er wird öfters die Dementis an weniger auffälliger Stelle finden als den Bericht. Widerwillig befürworte ich einen Aufschwung dieses Zweiges der Elektrogeräte-Industrie, und wünsche eine Preissenkung, denn ich habe lediglich Glück gehabt. Das nächste Opfer, dessen Bemerkungen zufällig nicht aufgezeichnet worden sind, wird die Öffentlichkeit bitten müssen, zu wählen zwischen zwei persönlichen Glaubwürdigkeiten: es hat aber nicht jeder in der Öffentlichkeit den Leumund eines Hermann Kesten. Es ist ein Gespräch nicht möglich, in dem Vertrauen durch Beweismittel ersetzt werden muss.

Die nächste Stellungnahme kam von Giangiacomo Feltrinelli, der eigens zu diesem Zweck aus Mailand angereist war. (Hier hat einer Glück mit seinen Verlegern.) Zunächst wiederholte er seine Antwort an Hermann Kesten, wie die münchener Abendzeitung sie ordentlich abgedruckt hatte vor vier Tagen. Dies war der 5. Dezember, und nun war zu erfahren, dass Die Welt immer noch säumig war mit einer Veröffentlichung. Es war aber dies vornehme, Kreisen der Regierung nahestehende Blatt gewesen, das die rasenden Erfindungen aus dem regionalen ins bundesweite Interesse gehoben hatte, ihrer »grundsätzlichen Bedeutung« wegen, einem Hohem Amte zur Beachtung empfohlen.
Aus Feltrinellis hektografierter Erklärung:

> Das Seltsame dieser Debatte scheint mir nicht so sehr in Herrn Kestens Verleumdung von Johnson zu liegen, sondern in dem Echo, wie DIE ZEIT richtig sagte, das Kestens Aufruf zum Rufmord erregt hat. [. . .] Dass eine Pressekonferenz heute nötig war, um festzustellen, was Johnson in Mailand wirklich gesprochen hat, praktisch um zu entscheiden, ob Kestens Aufruf begründet war oder nicht, diese Tatsache selbst erregt eine seltsame Atmosphäre. [. . .] Selbst die Bemühungen heute, Johnson zu rechtfertigen, zeigen in meinen Augen, als Ausländer, wie gefährlich die Konsequenzen eines freien Ausdrucks seiner Meinung, wenn diese nicht der Öffentlichkeit entsprechen, in Deutschland sein kann.

Und der Anstifter der Kampagne, wo war der? War Hermann Kesten auch anwesend bei der Überführung seiner Fälschungen? Gewiss doch. Als ein Brief. Eingeladen war er, durch ein Telegramm am 1. Dezember um 18:35 Uhr: teilte er mit. Da er sich gekränkt fühlte durch eines von den telegrafischen Worten, verweigerte er sein Kommen. Schriftlich hatte er nochmals 8 Fragen geschickt und verlangt, sie sollten »in vollem Wortlaut in der Pressekonferenz verlesen« werden.
Sie wurden verlesen, vielleicht zu seiner Enttäuschung. Die delikateste war Nummer 7:

> Wenn Johnson sich auf das private Tonband seines Verlegers Feltrinelli beruft, so weiss Johnson nicht, dass man ein Tonband beliebig manipulieren kann und dass es keinen Beweiswert hat? Dies Band mit meist italienischen Texten müsste, wenn es vollständig ist, mehr als zwei Stunden wiedergeben. Will Johnson nur

jene ausgesuchten Stellen zitieren, die ihm gerade zupass kommen? Und will Feltrinelli auch mir sein famoses Tonband vorlegen?

Nun, Herr Feltrinelli? Sie sind, 1961, ein Dollarmillionär. Was hat Ihnen einer Ihrer ausländischen Autoren geboten, damit Sie ein Tonband fälschen? Was nehmen Sie so für das halbe Jahr, das Sie dafür aufwenden müssten? Sie sagen, das Band gehöre jemand anderem, dem Archiv des Circulo Turati von Mailand. Sie haben leicht reden, Herr Feltrinelli. Gewiss waren Sie in der Nähe, als es in Ihrem Verlag versandfertig gemacht wurde!
Nun, Redaktion von DER SPIEGEL? Woher wusste der Einsender des Tonbandes von Ihrer Spezialität, an authentischen Tonaufnahmen herumzuschnipseln und zu -kleben? Und was berechnet DER SPIEGEL für die Minute sendefähigen Falsifikats?
Nun, Siegfried Unseld? Du fälschest Tonbandaufnahmen? Bloss, um »den literarischen und politischen Ruf (d)eines Autors vor Mutwilligkeiten zu schützen«? Du nimmst heimlich die Spule an dich und bestichst im Hessischen Rundfunk einen Tonmeister? Ein bilinguales Genie, mit eigenem Studio, der neuesten Technik (Rückseitenaufzeichnungen!), eigener Schauspieltruppe, mit Statisten von diesseits und jenseits der Alpen? Das wird dich eine lange Stange Geld kosten, Siegfried Unseld. Denn solche Leute mit dem Titel eines Dr.-Ing. von einer Hochschule für Akustik, sie sind teuer, und oft auch schwer bestechlich. Nun?

Man fragt Feltrinelli, ob er sich verbürgen könne für die Echtheit und Authentizität der Tonbandaufzeich-

nung. »Ja, ich nehme es auf meinen Eid«, sagt der italienische Verleger, frei von Pathos.
»Herr Johnson, haben Sie Herrn Kesten einmal auf die Füsse getreten?«
»Ich habe Herrn Kesten in Mailand zum ersten Mal gesehen.«
»Ich habe Herrn Kesten zuerst auf die Füsse getreten«, wirft Feltrinelli dazwischen. »Als Kesten sagte, Brecht sei ein Diener der Diktatur, musste ich mich als Veranstalter in meinem und im Namen der eingeladenen Kritiker von dieser Bemerkung Kestens distanzieren.« Kesten also war, behauptet Feltrinelli, persönlich böse, auf den Schlips getreten.
(Die Welt, 9. Dezember 1961)

Die meisten Zeitungen, die die Ergebnisse dieser Pressekonferenz für druckenswert ansahen, brachten ihren Bericht am 7. Dezember. Anders Die Welt, die gediegene Dame mit der Startschusspistole, die grandiose Vervielfältigerin der Hirngespinste. An diesem Tag kam sie zwar mit einer Vornotiz, in der es heisst:

Johnson vergisst, dass die Presse Forum ist – Austragsfeld auch der Gegenmeinung.
(Die Welt, Essen, 7. Dezember 1961)

Ist das die gediegene britische Art des Springer-Konzerns? Von anderen verlangen, was man selbst ihm versagt? Offenbar. Denn:

Das Band wirkt einwandfrei, inklusive Übersetzungslücken. [. . .]

> [Johnson] wünscht Vertrauen. Ihn geniert, dass es zum Gebrauch von Beweismitteln kommen musste. Wozu wir bemerken, dass auch die Presse ihrerseits Vertrauen braucht. Sie darf nicht von vornherein annehmen, das ein Schriftsteller wie Hermann Kesten erfinden will, was er berichtet. Kesten summierte und referierte, und er griff zum Zitat.
> (Die Welt, Hamburg, 9. Dezember 1961)

Wie kann man Ungesagtes zitieren? Ist auch Die Welt versehen mit dieser übersinnlichen Begabung, und macht Gebrauch von ihr? Denn für sie ist doch der »Fall«

> auch noch insofern von Bedeutung, als auf jener Pressekonferenz Mutmassungen über die Presse geäussert werden, die in keiner Weise der Wirklichkeit entsprechen. Auch hier empfiehlt es sich, auf Ressentiments zu verzichten.
> (Die Welt, Hamburg, 9. Dezember 1961)

Wird diesem vornehmsten Organe Axel Springers das Unterlassen, ja das Verletzen einer grundsätzlichen Routine im Journalismus nachgewiesen, so sieht es in der Feststellung der Tatsache eine Mutmassung, gesteuert von Ressentiment: Der Springer-Konzern war schon damals was er heute ist.
Es war auch jenes Blatt aufgerufen worden, das die in indirekter Rede erfundenen Zitate Hermann Kestens verschönt hatte durch Umwandlung in direkte Rede. Aber wenn einer der Anwesenden die Redaktion des Rheinischen Merkur vertrat, war er zu feinfühlig, um sich zu erkennen zu geben.
Jedoch wer nach der Pressekonferenz und den Zeitungen

dieses 7. Dezember gehofft hatte, er dürfe sich nun zur Ruhe setzen, an seine Arbeit, der war auf die Fehlhalde deportiert. Denn an diesem Tag ging die Hatz erst gründlich los, und wer hatte da ins Horn geblasen? der erfahrene Literatenjäger Heinrich von Brentano war's. Am 6. Dezember hatte er im Bundestag in der Debatte über die Regierungserklärung gesprochen. Es war Nikolaustag, und er wollte jemandem etwas bescheren, indem er ihm etwas anderes wegnahm.

Neuerdings wieder nur Vorsitzender der C.D.U./C.S.U.-Fraktion, mag er verfügt haben über geringere Mittel als im verlorenen Amte. Jedoch ist anzunehmen, dass die vereinigte Fraktion ein Pressebüro unterhielt, und unzweifelhaft hätte v. Brentano auf eine Anfrage hin die folgende Vorbereitung beziehen können: Am 25. November war in der münchener »Abendzeitung« eine Stellungnahme angekündigt worden. Am 28. November zitierte »Der Abend«, Westberlin: »Wenn ich das sagte, wäre ich nicht hier. [Kesten] muss alles zurücknehmen. Ich werde da bis zum Ende gehen. Ich lasse mir das nicht nachsagen.« Am 30. November hatte die »Neue Ruhr-Zeitung«, Essen, die öffentliche Lizenz erteilt: »Wer so massiv angegriffen wurde, hat das Recht, seine Erwiderung sorgfältig vorzubereiten. Mit spontanen Äusserungen wäre der Öffentlichkeit nicht gedient.« Am 5. Dezember hatte »Die Abendzeitung«, München, über Zitate aus DER SPIEGEL die Überschrift gesetzt: »Das Tonband gibt Auskunft.« Denn nur nominell war Mittwoch damals das Erscheinungsdatum dieses »hamburger Nachrichtenmagazins«, zu haben war es jeweils am Montag, dem 4. Dezember diesmal, und wer in Bonn ein Amt zu verwalten hatte, sah unverzüglich in DER SPIEGEL nach, ob man ihm etwa auf die Schliche gekommen war. Demnach war etwas unterwegs. Und wenn von Brentano unter den Journalisten Freunde haben sollte, sie wären auf Befragen bereit gewesen zu Auskünften über eine Pressekonferenz am Abend zuvor. (vgl. DER SPIEGEL, Nr. 52/1961 (20. Dezember 1961), p. 96.) Aber, hat man Sachkenntnis nötig, wenn man Heinrich von Brentano ist?

Es steht nicht zu erwarten, dass Heinrich von Brentano, da er Bertolt Brecht offenkundig schon so wenig kannte, das Buch von Johnson gelesen hat, wohl aber den Namen. »Ich lese hier in einer Zeitung«, teilte er mit – wieder vorm Parlament, und diesmal als Chef der stärksten Fraktion, die dann ihr »Hört! Hört!« und den Applaus nicht schuldig blieb –, und nun folgt eine Verurteilung Johnsons, die sich – was alle wissen und der CDU-Chef um diese Zeit längst hätte wissen können, wissen müssen – auf Behauptungen von Kesten stützt, die so wenig stimmen wie die Zitate, die Kesten Johnson nachsagte. [...]
Brentano aber hatte noch etwas gelesen, dass nämlich »Uwe Johnson einer der neuen Stipendiaten der Deutschen Akademie Villa Massimo in Rom« geworden sei, und schloss daran die Bitte, gehörig »an die zuständigen Instanzen« gerichtet, sie mögen »diese Stipendiaten sorgfältiger auswählen. Wir haben die Gewissensfreiheit in Deutschland, das ist selbstverständlich, und Herr Uwe Johnson kann in Deutschland sagen, was er will. Aber er hat keinen Anspruch darauf, von dieser Bundesrepublik als Stipendiat und Sprecher in das Ausland geschickt zu werden«.
(DER SPIEGEL, Nr. a.a.O., p. 22)

Der Minister, dessen Amtsführung der einstige Kollege v. Brentano eins auszuwischen gedachte, zog sich am selben Tag aus dem Schneider. Er liess ausrichten, jenes römische Stipendium sei schon am 15. Dezember 1959 vergeben und auf Wunsch des Empfängers in das Jahr 1962 verschoben worden. Ausgewählt würden Stipendiaten für die Villa Massimo von einer unabhängigen Jury, an deren Beschlüsse das Ministerium gebunden sei.
Brentano im Flugzeug nach Westberlin, unterwegs zu einer Mitarbeiterkonferenz der C.D.U., las die berichtigenden Presseberichte über seinen neuen Fall in Auszügen; später wird er sagen: er habe ja andere Sorgen gehabt. Am 8. Dezember, überrascht von der Dringlichkeit der westberliner Journalisten, sagt er seinem Fall »eine sehr negative Stellung zur Bundesrepublik« nach. Es war schon einmal vorgekommen, dass von Brentano seine Person verwechselte mit der ganzen Bundesrepublik, im Juni 1958, als Konrad Adenauer das Ansehen seines Aussenministers gleichsetzte mit dem »deutsch[n] Interesse«.

> Was immer gegen die rheinische Republik zu sagen ist:
> So hart hatte noch niemand von ihr gesprochen.
> (DER SPIEGEL, 26/1958 (25. Juni 1958), p. 19)

Gefragt, ob er noch nach der Richtigstellung der Fakten festhalte an seiner Kritik, attestierte er seinem zweiten Schriftsteller, es bleibe »eine ganz miserable Auffassung«, wenn er von den ostdeutschen Brüdern und Schwestern so denke wie nun allerdings bekannt. Er habe bisher nur die Berichte über Suhrkamps Pressekonferenz gelesen, die Original-Materialien seien ihm unbekannt;

sollten die Berichte in der Presse jedoch stimmen, bleibe er bei seiner Meinung. Diese Meinung war eine, wie sie in bürgerlichen Kreisen gilt für Personen im asozialen Bereich:

> Ich würde mich an seiner Stelle schämen, mich von dem Geld des Kapitalistenstaates aushalten zu lassen.

Dies nennt Heinrich von Brentano Kritik. Denn:

> Im übrigen werde er das Recht jedes einzelnen zur freien Meinungsäusserung »mit Klauen« verteidigen; nur müsse sich auch jeder öffentliche Kritik gefallen lassen.

Ausser Herr von Brentano, siehe unter Adenauer.
von Brentanos Klaue – das ist die hornige Zehenbekleidung der Paarhufer, auch an der stärker entwickelten dritten und vierten Zehe und, wie beim Wildschwein, an der zweiten und fünften Zehe; siehe auch Maul- und Klauenseuche – diese von v. Brentano geführte Klaue war klobig genug, sogar von weither war sie zu lesen:

> Die sowjetzonale Nachrichtenagentur ADN kommentiert inzwischen den Streit um »einen, der es 1959 aus der DDR in die freie Bundesrepublik zog und der jetzt seine unmissverständliche Lehre erhielt«, als eine »Hexenjagd«. ADN erklärte, eine nicht in das »Kalter-Krieger-Konzept« passende Ansicht seien in der Bundesrepublik Grund genug, eine Verleumdungskampagne zu beginnen.
> (Süddeutsche Zeitung, 11. November 1961)

Der Allgemeine Deutsche Nachrichten-Dienst, das staatliche Organ, er trug Wasser in die See, Holz schleppte er in den Busch (bis auf die geringe, aber passende Ungenauigkeit in Sachen des Wohnsitzes). Diese Schadenfreude übersah, an was sie erinnerte und dass sie bekannt war für ein Hinfassen mit ganz ähnlicher Klaue. »Negative Einstellung«, »ganz miserable Auffassung«, solche Ausdrücke aus dem Jargon der Gedankenpolizei preussischer Observanz waren auch Gefahrensignal in jenem Bereich, den der Deutsche Nachrichtendienst allgemein informierte, wurden verstanden als Drohung mit materiellen Verlusten und versah den Artikel 9 der dortigen Verfassung mit dem Kommentar, der die Freiheit der Meinung in die jeweilige Einbahnstrasse umleitet.
Es fiel ein Unterschied auf. Hier wurde dem Opfer einer »Hexenjagd« die Verfemung erspart. Sein Mund sollte lebendig bleiben, statt tot gemacht zu werden: Zeitungen und Zeitschriften boten Platz an, von der Spalte bis zur Seite, denn der Senator McKesten hatte eine zweite Kampagne in seinen Leibblättern gestartet, »Die Welt«, versteht sich, eingeschlossen; es ging immer noch über die Begriffe, dass jemand Worte zurückwies, die ihm doch in den Mund gelegt werden sollten von einem Literaten, der mit so vielen Literaten bekannt war.
Der zweite Unterschied: es war erlaubt, zu schweigen.

In der heutigen Zeit ist das gefährlichste das *Schweigen*.

Das war wohl erinnert, und mit Suhrkamps verabredet als der Beschluss, sich in Acht zu nehmen vor der feinsinnigen Verdächtigung, aus dem Anlass, ja, der nationalen Trennung solle vor allem Reklame geschlagen werden. So war unter der Überschrift »Mauerblümchen U.J.« eine Karikatur zu sehen, in der jemand im Trainingsanzug, eine mit den Buchstaben W(est) und O(st) beschwerte Balancierstangen in den Händen, barfüssig sich auf einem Stacheldraht vorantastet, hoch über den Wolken versteht sich. Dazu Verse, von Helmuth M. Backhaus:

Publicity verziert den Akrobaten,
In dem der Ehrgeiz unterschwellig schwelt.
Die Mauer als Trapez für Literaten –
Der Trick, der hat uns gerade noch gefehlt!

So mancher Knabe lernt das Balancieren
Und strickt zwei rechts, zwei links, am Stacheldraht
Und zapft, um keine Masche zu verlieren,
Reklame frisch vom Tonbandapparat.

Man hört im Land, so sei es nicht gewesen,
Und was er spräche, sei nicht zu verstehn.
Nun – was er schreibt, das ist auch nicht zu lesen,
Und deshalb druckt man es wohl unbesehn.

Sogar der Kesten scheint nun bestzusellen –
Und wozu rauft sich sonst der Sprachverein?
Auch über Johnsons zähgegerbten Fellen
Wird eines Tages Gras gewachsen sein
(Simplicissimus, 6. Januar, 1962)

Beantwortet werden mussten die Briefe. (Ausgenommen: die »Offenen«.) Von allen Buchhändlern Westberlins schrieb ein einziger, er werde sich ausschliessen von dem Boykott, den seine Kollegen verhängt hatten über

Bücher, vor denen ein von Brentano warnt. Ein Berliner erwähnte sein Gefühl,

> dass Sie gar nicht bemerken, wie sehr Sie sich einer Auffassung nähern und einem Denken, das wir hier in Berlin zur Zeit schlicht Verrat nennen, – und erwarte Ihre freundliche Antwort. In vorzüglicher Hochachtung!

Erschwerend kam hinzu, dass Senator Kesten mit so vielen Leuten schlecht Feind war; die schickten eine unbrauchbare Solidarität. Ein anderer fragte sich

> nur, ob Sie sich nicht selbst etwas schäbig vorkommen, das Gastrecht der Bundesrepublik und Berlins dergestalt zu missbrauchen, dass Sie sogar im Ausland darüber schimpfen.

In der D.D.R. gab es Leute, die trauten den Kesten-Zitaten des Allgemeinen Deutschen Nachrichten-Dienstes (staatliches Organ); die glaubten den angeblichen Autor nun versehen mit einem »Auftrag« ihrer zuständigen Behörden. Ein hamburgischer Freiherr, Oberst a.D., übersandte eine Frage, der er ohne Zweifel eine vernichtende Wirkung zutraute, wollte aber doch verbleiben als »Ihr sehr ergebener«:

> Wie denken Sie sich Ihren weiteren Lebensweg? Glauben Sie ernstlich, ein literarisches Schaffen sei möglich ohne einen ebenso sauberen wie festen politischen bzw. moralischen Standpunkt? Glauben Sie allen Ernstes, dass man nur des Schreibens wegen schreiben kann und darf?

Ein anderer Adeliger, Wilhelmshaven, rät zu vorsichtigem, wachsamem Verhalten. Aus Kiel wird gebeten, vorläufig abzusehen von der Emigration aus der Bundesrepublik. Noch ein Schreiber hat nunmehr die Absicht, bis an sein Lebensende ein deutscher Soldat zu bleiben; er sei selbst bereit, eine Einzelfahrkarte zum Verlassen der Bundesrepublik zu stiften.
Viele Briefe widerstrebten einer Antwort. Max Frisch sei gedankt für die Nachlieferung des Namens für eine Erlaubnis, wenn sie auch beschränkt ist auf die Zeit um das Jahresende: über sich selber Absolution zu beschliessen.
Ein Geschenk zu Neujahr war gedruckt:

> In einem anderthalb Seiten langen Brief an den Vorsitzenden der CSU/CDU-Bundestagsfraktion, Heinrich von Brentano, hat sich Bundesinnenminister Höcherl gegen Brentanos Vorwurf verwahrt, bei der Vergabe von Stipendien für die »Deutsche Akademie Villa Massimo« in Rom sei [. . .] die politische Eignung der Stipendiaten nicht gebührend geprüft worden. Höcherl belehrte seinen Parteifreund, dass die Stipendiaten von den Bundesländern vorgeschlagen und die Stipendien danach von einem unabhängigen Gremium von Künstlern vergeben werden. Johnson werde sein Stipendium wie vorgesehen am 10. Januar 1962 in Rom antreten. Darüber hinaus liess Höcherl wissen, dass er Johnsons Roman »Das dritte Buch über Achim« als Weihnachtslektüre ausgewählt habe.
> (DER SPIEGEL, Nr. 53/1961 (27. Dezember), p. 15)

Der Spass an solcher Schlitzohrigkeit dauerte weniger als ein Jahr. Dann kam heraus, dass dieser seinen Beam-

ten erliess, bei allen dienstlichen Handlungen das Grundgesetz zu befragen, oder wenigstens unter dem Arm zu tragen. (Die Ausgabe des Bonner Grundgesetzes im Verlag für polizeiliches Fachschrifttum, Lübeck, misst 104 mal 149 mal 5 Millimeter; das Gewicht beträgt 50 Gramm.)
Am 18. Januar 1962 antwortete der Minister des Inneren auf eine Frage des Abgeordneten Jahn (S.P.D.):

> Mit Schmunzeln, mit wenig respektlosen Randbemerkungen – aber bei Abwesenheit des Korrigierten, nahm der Bundestag am Donnerstag zur Kenntnis, dass Dr. Heinrich von Brentano reichlich vorzeitig gehandelt hat, als er am 6. Dezember 1961 in seiner Rede zur Verteidigung der Regierungserklärung den Schriftsteller Uwe Johnson verurteilte. Die Sachlage sei anders, stellte der Bundesinnenminister jetzt im Bundestag von der Regierungsbank her fest, und darum hat die Regierung auch keinen Anlass gesehen, der von Brentano erhobenen Anregung zu entsprechen, dem jungen Johnson das Stipendium für sein Studium im Ausland (in Rom) zu entziehen, das ihm im Dezember [1959] zugesprochen worden war.
> Das war eine einwandfreie, vollständige und notwendige Korrektur. Der Sprecher und Vorsitzende der Fraktion der CDU und CSU, Dr. von Brentano war ungenügend unterrichtet, als er und noch dazu mit dem Schwergewicht der Aussprache zur Regierungserklärung behauptete, Johnson habe im Ausland (Mailand) die Mauer in Berlin »gut, vernünftig und sittlich« genannt. Das gerade habe er nicht getan, stellte Bundesinnenminister Höcherl jetzt fest. Darum waren die Folgerungen unbegründbar, die Brentano gezogen

hatte. Sein Verhalten war um so bedauerlicher, als er seine uneingeschränkten Behauptungen an einem Zeitpunkt aussprach, an dem bereits mehrere Veröffentlichungen vorlagen, die dem Bericht strikt und konsequent widersprochen hatten, auf den allein Herr von Brentano sich nach seiner Aussage stützte. Er hat zudem einige Tage später in Berlin seine Behauptung und die Forderung nach materieller Verfolgung des Johnson ausdrücklich wiederholt. Nun muss ihn die Berichtigung hart treffen.

(AZ(?), 20./21. Januar 1962)

Für den Tag nach seiner Niederlage, den 19. Januar 1962, hatte Dr. von Brentano um eine Unterredung mit dem Leiter des Suhrkamp Verlages, Herrn Dr. Siegfried Unseld gebeten. Im Verlauf des Gesprächs im Frankfurter Hof verneinte Brentano, je den im berliner »Tagesspiegel« zitierten Satz über das »Aushalten lassen« gesprochen zu haben. Diese Wendung sei ohnehin ausserhalb seines Vokabulars.

Er sehe inzwischen ein, durch Hermann Kesten »objektiv falsch« berichtet gewesen zu sein. Das verändere die Situation für ihn. Dass jemand Giacomo Feltrinelli Manipulationen an einem Tonband unterstelle, empöre ihn. Zu der kleinen S.P.D.-Anfrage meinte Brentano, Höcherl habe diese Erklärung mit ihm abgestimmt. Parlamentarisch sei dadurch die Sache bereinigt.

Im Unterschied zu anderen strittigen Argumenten stimmte Brentano überein mit dem, wonach die Bundesrepublik keine nationale Alternative gegenüber der D.D.R. sei.

Brentano versicherte, er sei von selbst auf den Gedanken gekommen, etwas zu schreiben an den Schriftsteller, dem er Ungelegenheiten bereitet hatte. Auch denke er daran, bei seinem nächsten Romaufenthalt sich zu treffen mit dem. Er versprach, dem Suhrkamp Verlag eine Kopie seines Briefes zukommen zu lassen.

Das war dieser.

Der andere hatte das ihm so lästige Tonband abhören können in der Redaktion von DER SPIEGEL und unterliess nun die Behauptung, ein Verlagshaus vom Range Feltrinellis schnipsle an Tonträgern herum.

Was er neuerdings, mündlich und in privatem Kreise, durchblicken liess, war gedacht für eine Verbreitung durch Weitersagen. – Wie könne er auch erwarten: klagte Hermann Kesten: dass man auf ihn höre, den niedrig gewachsenen, unansehnlichen Juden. Wenn hingegen so ein grosser blonder Arier daherkomme ...

Damals schien noch undenkbar, dass hier jemand seine antifaschistische und jüdische Reputation missbrauchte. In der Tat war es ja sie gewesen, die eine grosse Menge seiner Leser verleitet hatte dazu, erst einmal ihm zu glauben. Eine mehr schonende Überlegung deutete in die Richtung einer Krankheit. Mit einem so beschädigten Menschen vor Gericht gehen und die Wahrheit auch dort noch feststellen lassen, es verbot sich als unschicklich. Ein Fehler.

Denn im Katalog zu der Ausstellung »Der Georg Büchner-Preis 1951–1978«, veranstaltet vom Deutschen Literaturarchiv Marbach und der Deutschen Akademie für Sprache und Dichtung zu Darmstadt, heisst es auf Seite 294 in einem Lebenslauf Hermann Kestens:

> 1961 Streit zwischen Kesten und Uwe Johnson über Johnsons Äusserungen zur deutschen Teilung und über die politische Einstellung zur DDR.

Abgesehen davon, dass der Streit gegangen war über die Wiedergabe der Äusserungen, fällt bescheiden auf, dass dieser Mensch nach siebzehn Jahren seine Fälschungen feierte als ein biographisches Datum von Nennenswert.
Für das selbe Jahr gibt der Katalog auf der Seite 260 die Auskunft über das Opfer von Hermann Kestens Hysterie:

> Gespräche über den Ost-Berliner Mauerbau auf einem Mailänder Diskussionsabend bei dem italienischen Verleger Feltrinelli; Widerspruch Hermann Kestens, Diskussion bis in den Bundestag – Heinrich von Brentano fordert die Rücknahme des von der Bundesrepublik 1959 gewährten Villa-Massimo-Stipendiums.

Der Katalog war besorgt worden unter der gemeinsamen Verantwortung der beiden Veranstalter. Bei den Marbachern ist man besser tot, um Mitglied zu sein; bei den Darmstädtern gibt es Lebende. Was macht ein Mitglied der Deutschen Akademie für Sprache und Dichtung, wenn die Akademie ihm einen Kummer antut und abermals Ungemach? es schreibt an den Präsidenten.

> 20. November 1978
> Lieber, verehrter Herr Präsident –
> [...] Gewiss, es ist am 11. November 1961 im Circolo Culturale Turati in der Via Brera, Mailand, auch über die berliner Mauer gesprochen worden. Aber wenn da die Rede sein kann von »Widerspruch«, so kam er von meiner Seite [...].
> »Widerspruch Hermann Kestens; Diskussion bis in den Bundestag« – das erweckt nunmehr den Anschein,

als habe Herr Kesten an jenem Abend in einem hochmoralischen »Streit« (Seite 294) einen Sieg errungen und dem allgemeinen Anstand einen Dienst geleistet. In Wahrheit bestand sein Anteil in einem Zeitungsbericht. [...]
Seitdem habe ich mich bemüht, schlicht für eine Albernheit anzusehen, was tatsächlich der Versuch gewesen war, meine Glaubwürdigkeit und Vernunft in Verdacht zu bringen bei allen Leuten, an die meine Arbeit sich wendet. Wenn ich jetzt diese Verunglimpfungen noch einmal über mich ergehen lassen soll in der Publikation und unter der Verantwortung eines Gremiums, dem ich angehöre, bitte ich um das Recht, mich weigern zu dürfen.

Es war der Sekretär des Präsidenten, der antwortete. Er fand, wenn jemand mit einem »Widerspruch« Erfolg habe bis in den Bundestag hinein, so bleibe offen, ob er etwa im Recht sei.

12. Dezember 1978
Sehr geehrte Akademie! [...]
Jedoch sehe ich keinen Weg, mich Ihrer Ansicht anzuschliessen, es sei bei dem Katalog auch in meiner Hinsicht »mit der grössten Solidität und Verantwortlichkeit verfahren« worden.
Denn jenen »Widerspruch Hermann Kestens«, der dort angeführt wird, es hat ihn nicht gegeben, es sei denn, Sie wollen mit diesem Ausdruck ernstlich einen unrichtigen Zeitungsbericht bezeichnen. Wenn diese öffentliche Denunziation mit ihren Folgen bis in den Bundestag hinein unerlässlich ist für den Katalog, so dürfte er auch ihr unrühmliches Ende einschliessen,

einen der freien Lüge überführten Hermann Kesten. Ein Blick in das Nachrichtenmagazin DER SPIEGEL, Nr. 50 vom 6. Dezember 1961, Seite 93 f., dürfte Ihnen eine Andeutung geben von dem Ausmass, in dem die Angaben des Katalogs zu dieser Sache, publiziert unter der Verantwortung der Akademie, irreführend sind – gelinde gesagt.

Am 22. Januar 1979 bot die Akademie von Darmstadt an, Zettel in den Katalog zu stecken. Auf denen könne entweder hingewiesen werden auf einen Artikel im Nachrichtenmagazin DER SPIEGEL vor mehr als siebzehn Jahren, oder: dieses Mitglied lege Wert auf die Feststellung, dass ... Dies dürfe das Mitglied selbst formulieren. Falls es eben davon abstehe, den Käufern des Katalogs die Reise zu einer Universitätsbibliothek oder zu einem Archiv in Hamburg zuzumuten. Denn selbst im marbacher Literaturarchiv sei kein Exemplar der genannten SPIEGEL-Nummer mehr vorhanden. Anderen und beliebten Falles durfte das Mitglied den Eindruck erwekken, es sei durch eigene Schuld verpflichtet zu einer Berichtigung.

30. Januar 1979
Sehr geehrte Akademie! [...]
Vertrauend auf die bewundernswerte Sorgfalt im Umgang mit Fakten, die der Präsident Herr de Mendelssohn in seinen Arbeiten an den Tag legt, hatte ich erwartet, dass die Akademie den unter ihrer Verantwortung verfälschten Katalog aus dem Verkehr zieht und sowohl ihren Mitgliedern als auch der Presse als Grund dafür angibt, welche Behauptungen sie nicht länger verantworten will.

> Die halbherzigen Korrekturen, zu denen die Akademie bereit ist, lassen den Makel überleben. Unter diesen Umständen werde ich mir selber helfen müssen.

Mit freundlichen Grüssen. Seitdem sind fast vier Monate vergangen.
Wenn eine der Richtlinien für den Umgang mit der Wahrheit in der Akademie für Sprache und Dichtung zu Darmstadt der Umstand ist, dass die Herren de Mendelssohn und Kesten einander schon etwas länger kennen, mache ich Gebrauch von dem Absatz 9 des Paragraphen 3 der Satzung:

> Ein Austritt kann nur durch schriftliche Erklärung an das Präsidium erfolgen. Er wird mit dem Zugang der Erklärung bei der Geschäftsstelle der Akademie wirksam.

Frankfurt am Main, den 28. Mai 1979.

Wir wollen hier nach Italien, da winkt aber einer, der hindert den Zug am Abfahren, der möchte rasch noch drankommen. Bitte, Herr Kant.
Bekannt als Hermann Kant.
Sie haben, sehr geehrter Herr Kant, auf dem Papier und unter dem Briefkopf des Deutschen Schriftstellerverbandes, (Berlin/D.D.R.), am 17. Januar 1962 dies unterzeichnet:

> Wir möchten Sie herzlich zu unserem nun schon zur Tradition gewordenen Colloquium vom 23. bis 26. Februar am Schwielow-See einladen.

Sie versprachen neben Lesungen »vor allem kulturpolitische und literarische Gespräche«. Sie schlossen mit »freundlichen Grüssen«. Da gebot es schiere Höflichkeit, Ihnen das Bedauern zu versichern, mit dem auf dies Zusammentreffen zu verzichten war, mit der Bitte, die Einladung zum Colloquium 1963 zu wiederholen. Was daran hat Sie so aufbringen können, Herr Kant?
Was daran hat Sie aufstacheln können zu Ihrem Artikel in der Zeitung »Neues Deutschland« vom 18. Februar 1962, betitelt »Der Jüngling im Eiskasten«? War es Enttäuschung? Sie sprechen dort von Ihrem

> Staat, in dem Johnson aufgewachsen ist, in dem er studiert und den er schliesslich auf schmähliche Weise verlassen hat. Er nennt letzteres einen »Umzug«, wodurch sich an seiner Tat soviel ändert wie an einem Diebstahl, wenn man ihn als »Erwerb« bezeichnet.
> Johnsons Bücher sind gegen die DDR gerichtet. Sie sind Produkte aus Unverstand und schlechtem Gewissen. Ihre Aussage ist falsch und böse; ihr Stil spiegelt tiefe Verworrenheit, die zeitweilige Erleuchtung nicht ausschliesst.

Es muss Enttäuschung gewesen sein kann. Da war jemand vorbeigegangen an einer Falle,
der sich auch erst seit dem 18. Februar, kurz bevor er auf Ihrer Tagung mit Sicherheit fehlen würde, vorstellen kann, wozu Sie ihn herzlich einluden: Ihre »kulturpolitischen und literarischen Gespräche« wären für diesen Teilnehmer ausgefallen als eine Abreibung durch eines der Rollkommandos Ihres Staatssicherheitsdienstes, mit anschliessendem Prozess wegen Verstosses gegen das »Gesetz zur Änderung des Passgesetzes« vom 11. De-

zember 1957, weiterhin nach § 20 des Strafrechtergänzungsgesetzes vom selben Datum:

> Mit Gefängnis bis zu zwei Jahren wird bestraft, wer
> 1. die Massnahmen oder die Tätigkeit staatlicher Einrichtungen oder gesellschaftlicher Organisationen öffentlich verleumdet oder entstellt ...

Es sei Ihnen versichert, Herr Kant: Die Reise war einmal im Ernst geplant, durchaus in einem Vertrauen auf Ihre Gastfreundschaft.
Sie hatten, Herr Kant, nunmehr wenigstens das Bedürfnis, es sollten die Leser der Zeitung »Neues Deutschland« die Situation eines ehemaligen Lesers so verstehen wie Sie:

> Die »Welt« druckte Kestens Anzeige, und im »Rheinischen Merkur« griff sie ein Peter Hornung auf, vor dem man, befindet man sich in Westdeutschland mit ihm zusammen in einer literarischen Veranstaltung, mit dem Bemerken gewarnt wird, jener da arbeite für den Verfassungsschutz.
> Hornung brachte das etwas komplizierte Deutsch seines Gewährsmannes auf die Begriffsebene seiner nebenberuflichen Tätigkeit, berichtete, Johnson habe »die Mauer gut, vernünftig und sittlich« genannt und deutete an, was daraufhin zu unternehmen sei, indem er schrieb: »Der Autor des Buches mit dem weißroten Umschlag, das in allen unseren Buchläden ausgestellt ist, bekennt sich zum Ulbricht-Staat und zu den unmenschlichen Massnahmen dieses Staates.«
> Ob die Prämien für Glasversicherung nach diesen an die Präludien zur Kristallnacht erinnernden Worten

angezogen haben, ist nicht bekannt geworden, bekannt ward aber, dass Buchhändler (im besten Falle aus Angst um ihre Scheiben) zum Boykott der Johnson-Bücher ansetzten, Vortragstermine Johnsons ins Wanken gerieten und Leute, die den Denunzierten für ein Stipendium vorgeschlagen hatten, nach Rückzugswegen suchten. Und bekannt ward des Brentanos Fanfarenstoss. Wie solle die Welt die Bonner Regierung für glaubwürdig halten, so fragte des Kanzlers Frackschosskind, wenn man jenem Literaten gestatte, in der von eben dieser Regierung unterhaltenen römischen Villa Masssimo Aufenthalt zu nehmen? Er fragte so, als ob es des Johnsons bedürfte, um die Unglaubwürdigkeit der Glanzstoff-Adenauer, SA-Schröder, Judenmord-Globke und Bauschwindel-Strauß zu beweisen.

Sing richtig, Vogel, oder stirb

Nicht einmal das, was durch die Johnson-Affäre nun wirklich bewiesen wurde, bedurfte des Johnson, nämlich die Tatsache, daß es mit des Bundesbürgers gepriesener Freiheit im selben Augenblick vorbei ist, da er zum ersten Schritt seitab vom Wege der Brentanos ansetzt. Die »Süddeutsche Zeitung« schrieb über Kestens Angebereien, daß sie des Angezeigten »schriftstellerische Existenz hierzulande gefährden, wenn nicht vernichten könnten«, und sie fragte sich, ob der Denunziant denn nicht gewußt habe, »welche Folgen es für einen westdeutschen Schriftsteller haben kann, wenn seine Ansichten ... nicht mit den offiziellen Vorstellungen übereinstimmen«. Und die Hamburger »Zeit« erkundigte sich bei Kesten: »Wollen Sie denn wirklich, daß der Johnson jetzt in der Bundesrepublik geächtet wird?«

Wer das auf keinen Fall wollte, war Uwe Johnson. Er klopfte den ganzen Spielraum der Freiheit ab und fand denn auch sein Mauseloch: Seine Verleger schafften Zeugen und Tonbänder herbei, von denen zu hören war, gar so schlimm habe der Angeklagte sich nicht aufgeführt, und er wisse schon, was sich in westlicher Freiheit schicke und was nicht.

Und wie um den Eindruck zu verstärken, er sei am Ende doch nur ein missverstandener Kindskopf, sprach der »unbestechliche Analytiker des Deutschlands hier und heute«, der Uwe Johnson: »Ich bin ausserordentlich enttäuscht, dass es in der Bundesrepublik Presseorgane gibt, die Beihilfe zum Rufmord leisten.«

Ihm sagt ja keiner was!

Er ist enttäuscht, der Gute; er hat immer gedacht, die »Welt« und der »Merkur« und sicher auch »Bild« seien moralische Anstalten, seien Institutionen zur Förderung der öffentlichen Sittlichkeit. Solange diese Dreckschleudern nur auf Atomtodgegner, streikende Arbeiter, freiheitsdürstige Afrikaner, Anti-OAS-Demonstrationen, Moskauer Violinvirtuosen und Baden-Badener Brecht-Inszenatoren gerichtet waren, so lange hat Johnson nichts Übles gemutmasst, nun aber, da sie ihn selber mit ein paar Spritzen bedachten, entdeckte er die Rufmörder und zeigte sich enttäuscht. Zu keinem Mucks hingegen liess er sich in Richtung Brentano hinreissen, obwohl jener trotz mehrfach erhaltener Hinweise, der junge Mann sei gar kein so widriger Bösewicht, nach schönem Vorbild nicht von seinem »Der Johnson wird verbrannt!« abgelassen hatte. Und das hat sich nun doch noch ausgezahlt. Denn wenn Ihr hört, in der den westdeutschen Monopolen und ihrer Regierung gehörenden Villa Massimo zu Rom sitze an der von Springer und Röchling gedeckten Tafel ein junger Mann und verspeiste in aller Unschuld des Ludwig Erhards Spaghetti, so wisset: 's ist Uwe, der Johnson. Er hat seinen Frieden gemacht, indem er in die Knie ging, und nun glaubt er, er werde seinen Frieden haben und sei in Sicherheit. Er ist so sicher wie im Innern eines wohlgefüllten Eisschranks.

Der dritte Fluch über Uwe

Aber selbst in seinem jetzigen Feinfrostzustand gefällt er manchen Leuten nicht, unter ihnen der bekannte Mauerbrecher Schnurre.

Obwohl Schnurre bislang redlich im antikommunistischen Chor geröhrt hatte, wurde ihm ein einziges falsches Tönchen – er hatte zu nörgeln gewagt, der greise Kanzler hätte nach dem 13. August etwas früher an die Berliner Front eilen müssen – zum geschäftlichen Verhängnis: ein von ihm verfertigtes Mauerschau-Pamphlet ist aus den Frontpaketen für Westberlinbesucher herausgenommen worden. Und wer *kauft* so etwas schon.

Schnurre musste sich rehabilitieren, und da fiel ihm der junge Mann in der römischen Eisbox ein. Er organisierte einen Vortrag und variierte auf Manegenrüpelart den Trapezakt der Brentanos Brothers mit dem Purzelbaum: »Uwe Johnson ist ein schlecht getarnter Kommunist!« Und die Bundespresse enttäuschte den Jüngling im Eiskasten ein zweites Mal, denn ihr Beifall war bis in seine römische Deckung zu hören.

Bleibt noch die Frage: wo muss der Johnson nun noch hineinkriechen, auf dass er seine Freiheit wiederfinde?

So innig muss jemand behaust sein im fäkalischen und

analen Bereich, wenn er schreiben will auf dem Papier des Deutschen Schriftstellerverbandes der Deutschen Demokratischen Republik. Freilich lohnt sich das, dafür bekommt man schon den Heinrich Heine-Preis der D.D.R. von 1962.
Auf Wiedersehen, Herr Kant.
Da sind noch zwei, die rufen, die winken, die wollen ihrs gern noch los werden. Aber jetzt geht der Zug nach Italien ab, um diese beiden kann »Marcel« sich kümmern, »Marcel« von DIE ZEIT:

> Mit Uwe Johnson befasst sich ein Aufsatz im »Sonntag« vom 13. Mai. Die beiden Verfasser (sie heissen Arno Hochmuth und Horst Kessler) behaupten, Johnson habe – damals in der DDR wohnhaft – das Manuskript seines Romans »Mutmassungen über Jakob« dem Ostberliner Aufbau-Verlag angeboten:
>
>> Das Lektorat war durchaus bereit gewesen, gemeinsam mit dem Autor den Entwurf so zu bearbeiten, dass eine Veröffentlichung möglich gewesen wäre. Johnson war jedoch nicht zu bewegen, auch nur dem geringsten Änderungsvorschlag zuzustimmen. In voller Absicht spielte er den standhaften Opponenten gegen die staatlichen Eingriffe gegen die ›freie Literatur‹, wollte er sich doch nach seiner Flucht in das Deutschland der Globkes seines ›politischen Märtyrertums‹ versichern ... Unmissverständlich ist die gegen die D.D.R. gerichtete Tendenz zu spüren, die Johnson ganz offensichtlich erst unter den westdeutschen Publikationsbedingungen scharf profiliert hat. Vom ›tapferen Widerstand‹ des ›unbeugsamen Autor‹ war nichts mehr übrig geblieben.

An dieser Darstellung ist kein einziges Wort wahr. Denn Johnson hat niemals die »Mutmassungen über Jakob« dem Aufbau-Verlag oder einem anderen DDR-Verlag angeboten. Lediglich ein früherer, bisher unveröffentlichter Roman von Johnson wurde 1956 vom Aufbau-Verlag abgelehnt, weil der Verfasser die gewünschten politischen Änderungen nicht akzeptieren wollte.
Niemals hat Johnson auch nur ein einziges Wort geschrieben oder gesagt, mit dem er sich im entferntesten als politischer Märtyrer aufgespielt hätte. Er will nicht als »Flüchtling« gelten und betont hartnäckig, er sei nur »umgezogen«, was ihm übrigens im Westen schon mehrfach verübelt wurde. Der ganze Artikel beweist, dass die beiden Verfasser keine Ahnung von ihrem Thema haben.
(Die Zeit, 25. Mai 1962)

Seien Sie vielmals bedankt, »Marcel«, hierfür.
Und euch sei ein Beispiel gegeben, Genossen, für »tapferen Widerstand« eures »unbeugsamen« Autors: an einem stillen Vormittag in Berlin-Zehlendorf radierte er in seinem Manuskript alle die Kommata aus, die ihm der Suhrkamp Verlag da eingetragen hatte, und der Verleger, grübelnd über die grammatischen Theorien dieses Verfassers – und Unseld sah ihm zu dabei.
Lasst euch fragen, Genossen: Warum lügt ihr? Glaubt ihr im Ernst, der Himmel lasse sich teilen? Es ist bekannt als euer Wunsch: die Funkwellen von Ton- und Bildsendungen zu zerschneiden. Bis euch das gelingt, werdet ihr die Frage hören: Warum lasst ihr lügen, Genossen?
Zum Schluss der IV. Vorlesung eine Aufklärung an die Adresse derjenigen Kollegen, die es zwar für taktisch

unklug hielten, dem Opfer eines Querulanten beizustehen, oder es wenigstens zu beraten, vielleicht gerade weil sie zu eifrig beschäftigt waren mit Beratungen untereinander im westdeutschen Feuilleton: ob denn Johnson das römische Stipendium nun noch annehmen oder aber zurückgeben solle.

Ihr habt recht mit eurer Meinung, die Vorbereitung einer internationalen Zeitschrift könne man auch von Westberlin aus betreiben. (Das Projekt und sein Scheitern sind dokumentiert in der Nummer 7/1964 der italienischen Zeitschrift »il menabo«, erschienen bei Giulio Einaudi editore.) Grundsätzlich ist eurem Hinweis zuzustimmen, alle vorkommenden schriftstellerischen Tagesarbeiten könnten erledigt werden ohne die Umgebung von Rom. Demnach: sagten manche von euch: Wirf es der C.D.U. doch vor die Füsse.

Aber das Wort von dem Mannesmut vor Königsthronen klang überzogen; von Brentano war kein König. Die Entscheidung für Rom verdankte sich auch der Ahnung, sie werde jenen Fraktionsvorsitzenden ein wenig verdriessen. Auch lässt solch Mannesmut sich übersetzen in den einer leicht gekränkten Leberwurst: diese Schadenfreude sollte dem Fachmann der Christlichen Union für Literarisches versagt bleiben.

(Sprach gegen Rom die Ankündigung seines Besuches in der Stadt, seines Briefes in die Villa Massimo? Ja; wenn denn einer daran geglaubt hätte.)

Auf Rom verzichten hiess auch in den Wind schlagen: die Nachbarschaft von Ingeborg Bachmann und Max Frisch.

Schliesslich, ihr taktisch klugen Freunde, war es, nach anderthalb freiberuflichen Jahren, Zeit für Ferien. So dringend wurden sie benötigt: nach acht Monaten Auf-

enthalts in Rom wird dieser von euren Kollegen sich hüten, auch nur einer seiner Personen zu einer Wohnung und einem Arbeitsplatz in irgend einem der Bezirke Roms verhelfen zu wollen; so wenig war er fähig wahr- und aufzunehmen.
Mit Mailand, Milano, Via Brera, ist das eine andere Sache. Da wohnt Karsch schon lange.

V

Aufträge

1. Teil

Ein Auftrag verdankte sich der Neugier auf eine Gruppe von Leuten, die sich selbst begriffen als ein »Reisebüro«, die aber in der D.D.R.-Zeitung »Neues Deutschland«, in Verbindung mit einem Personennamen, gebrandmarkt wurden als eine »Bande«. Denn sogleich nach der Errichtung und Befestigung der »modernsten Grenze der Welt« zwischen den Städten Berlin hatten die angefangen, aus der verschlossenen und verriegelten D.D.R. ihre Freunde und Liebespartner zu holen, sofern die darum baten. Da die Angehörigen der führenden Klasse der D.D.R. überfordert waren mit der Vorstellung, es könne irgend ein Mensch ihnen den Rücken kehren wollen aus freien Stücken, bezichtigten sie jedermann, der ihm dabei behilflich war, des »Menschenhandels«. Sie druckten Kurt Tucholsky, wenn er sich amüsierte mit den Legenden vom »Mädchenhandel« der Zwanziger Jahre; wer wollte von ihnen verlangen, sie möchten ihn auch noch genau lesen? Wie nur je ein Kleinbürger unterstellten sie einem sprechenden, und denkenden, Lebewesen des Zwanzigsten Jahrhunderts, es verwandle sich auf eigenen Beschluss in eine Ware, in ein Objekt unter Beibehaltung des Subjekts, ohne auch nur einen Anteil zu erwarten aus dem eigenen Erlös, und ohne als Ware das Eigentum zu werden der eigenen Familie oder des Verlobten, die oder der um die Transaktion gebeten hatte, statt sie in Auftrag zu geben. Solche Sprache möchte verbergen, dass es hier um eine Reisehilfe geht statt um einen Handel, und findet zu sich selbst in der Praxis, wenn die D.D.R. 1963 beginnt, für die Freilassung eines Menschen in die westdeutsche Republik oder nach Westberlin zehntausende von harten Mark zu verlangen, zu ei-

nem Beispielspreis von DM 70,000 im Jahre 1974, bis zu einer Stückzahl von inzwischen elftausend Menschen. Da ihr einmal auf den Gedanken gekommen wart, es sei ein Handel mit Menschen möglich, verlangte er von euch die Wirklichkeit, mit Menschen zu handeln, Genossen. (Michel Meyer: Freikauf. Menschenhandel in Deutschland. Wien/Hamburg, 1978.)
Die Girrmann-Gruppe überführte Menschen, die sich in ihre Fürsorge begaben, zu den echten Kosten der Reise, wie es sich gehört für Mündel. (Eine Verteidigung jener, die die Hilfe bei der Flucht kommerzialisierten durch Veranschlagung eines Erfolgshonorars, oder einer Pauschalsumme, zusammengesetzt aus Selbstkosten und Gewinn, erübrigt sich. Jedoch auch bei ihnen ist anzumerken, dass sie lediglich eine Dienstleistung anbieten, den Transport nämlich. Der Begriff »Menschenhandel«, an ihrem Fall zu seinem Ende geführt, schlösse ein die Inhaftierung eines überführten Menschen in ihrem privaten Gefängnis, bis die Angehörigen ein Lösegeld entrichten. Da sie das nach wie vor unterlassen, ist ihre strafrechtliche Verfolgung durch Behörden der westdeutschen Republik wiederum erschwert.) Der Verzicht auf den Profit, auf ein Geld, das sie von den Verwandten oder Versprochenen der abgetrennten Personen in einer fast beliebigen Höhe hätten eintreiben dürfen, diese Abstinenz machte die Gruppe Girrmann auffällig, zu einem Gegenstand für Neugier. Gerade dagegen waren sie misstrauisch, die Leute vom Reisebüro. Einmal, der Erfolg ihrer Arbeit hing ab von dem Ausmass, in dem sie geheim blieb für die Späher des ostdeutschen Staatssicherheitsdienstes wie für die Fahnder des westdeutschen Amtes für Verfassungsschutz; wie die einen ihre republikanische Praxis zu unterbinden wünschten, gedachten die

anderen sie zu benutzen für eigene Zwecke. Zum anderen, ihre Auffassung von Anstand vertrug sich mit keinem Versuch einer öffentlichen Würdigung. Es bedurfte langer Vorverhandlungen, ehe die Angehörigen der Gruppe einsahen, gerade ihr Mangel an Eigennutz und die Bereitschaft zu finanziellen Einbussen werde früher oder später unweigerlich ein publizistisches Interesse anlocken, und es laufe hinaus auf ihren Vorteil, wenn sie eine Veröffentlichung schon in der Entstehung überwachen und in der Fertigstellung kontrollieren konnten, je nach Wunsch und den Erfordernissen der Absicherung. Endlich, in einer Art Vollversammlung (bei der ihr künftiger Protokollant einmal gebeten wurde, vor der Tür zu warten), gestanden sie einen Versuch zu.
Der Versuch, das waren Unterhaltungen in Gesellschaft eines laufenden Tonbandes (auf dem die Vereinigung Reisebüro bestand als einem Beweis für Gesagtes wie Ungesagtes). Zunächst kam es ihnen darauf an, einem Missverständnis von Idealismus vorzubeugen; tatsächlich waren die Beweggründe der Einzelnen so unterschiedlich, dass wohl kaum ein anderer Zweck als dieser sie zusammengehalten hätte. Bei einigen hatte es angefangen mit der Höflichkeit, Freunde wegzuholen aus der ihnen unerwünschten Gefangenschaft D.D.R.; es war weitergegangen mit der Bereitschaft, die Bedürfnisse auch anderer Leute anzuerkennen und zu bedienen. Andere, denen bis zu jenem Sommer 1961 noch jeder Ansatz zu vernünftigen wie wirksamen (konkreten) politischen Handlungen aus der Hand gespielt worden war, erkannten die Illusion in der Überzeugung, wenigstens bei diesem Anlass einmal republikanische Maximen in Taten umzusetzen, und zogen einem Nichtstun doch die Praxis vor. Gewiss ausgefallen, um so mehr achtenswert war ein

Entschluss, mit dieser Aktion zu Gunsten von auch Deutschen zumindest sinnbildlich etwas abzubüssen von den Untaten, die ein hoch gestellter Beamter als Nazi, und als der eigene Vater, über die Deutschen gebracht hatte. Auch offenbar war das Verlangen, mit diesem Ärgernis für die D.D.R. eine offene Rechnung mit der D.D.R. zu begleichen. Andere waren schlicht aufgebracht über die Zerstörung ihrer Stadt Berlin durch die Sperrbauwerke der Neuen Klasse und sträubten sich hinzunehmen, aus politischen Gründen müsse ein Bürger von Lichtenberg mehr gegen seine Wünsche leben als einer von Neukölln. Manche dachten nun schon im zweiten Jahr, wer um Hilfe bitte, dem müsse geholfen werden. Alle waren sie geniert für Nachbarn und für Behörden des westberliners Senats, die für solche Bürgerhilfe, wenn es hoch kam, Verlegenheit aufbrachten statt Unterstützung.

Dies einmal ausgemacht, konnten die Materialien des geplanten Buches zu Band gegeben werden. Über das erste Verfahren lächelte die Gruppe Reisebüro inzwischen schief, mit Trauer; mittlerweile entbehrten sie solchen Mangel an Risiko. Da ging ein Student mit seinem westberliner Ausweis in der Hand zu Besuch in Ostberlin, auf den Rücken oder sonst wohin gebunden brachte er einen zweiten, darin war das Foto ähnlich genug dem Anblick jenes D.D.R.-Bürgers mit Umzugswünschen, den er am gleichen Tag mitbrachte als einen vorgeblich eingereisten, der nun ausreiste. Nach wenigen Tagen schlossen die ostberliner Behörden die Grenzübergänge für westberliner Bürger, eben weil sie mit solcher Legitimation mehr hinausfahren als eintreten merkten; hier hatte eine einfache Strichliste sich durchgesetzt.

Das zweite Verfahren zielte darauf ab, dem jeweiligen Passagier aus dem Osten ein westdeutsches Vorleben anzutäuschen bis zu dem Moment, da er den Kontrollbezirk eines Grenzübergangs betrat. Dazu bedurfte er eines westdeutschen Personalpapiers, in dem die Fotografie und die polizeilich festgestellten Kennzeichen von seiner eigenen Person hätten abgenommen sein können, und eines dazu ausgeschriebenen Tagespassierscheins, auf dem ein Einreisevermerk ihm das Recht zur Ausreise in Begleitung des darauf erwähnten Ausweises unterschob. Dazu musste der Westdeutsche, als dessen Verkörperung der Passagier auftreten sollte, vorher mit seinem Ausweis oder Pass in Ostberlin einreisen und den so erworbenen Passierschein bei der Ausreise in den Westen mitnehmen mit der Behauptung, er wolle am gleichen Tag oder Abend noch einmal zurückkehren zu einer öffentlichen Veranstaltung, Theater, Kino, Oper, nicht aber zu privaten Adressen, damit eine Nachprüfung erschwert war. Den so ausgestatteten Ausweis musste eine dritte Person, Kurier genannt, nach Ostberlin zurückschmuggeln und dem Passagier übergeben, den ausserdem unterrichten über die Örtlichkeiten und Praxis des Kontrollbezirks, den er vorgeblich bereits dreimal passiert hatte, ehe er zum ersten Mal tatsächlich über die Schwelle kam. Die Vorarbeit war, für den Reisewilligen eine Akte mit seinen äusserlichen Kennzeichen und seiner Fotografie anzulegen, dann dazu eine westdeutsche Person zu suchen, die ausser vergleichbaren Kennzeichen und ähnlichem Äusseren noch die Bereitschaft aufbrachte, mit der Beschaffung des Passierscheins und dem Ausleihen des Personalpapiers sich selbst ins Unrecht zu setzen bei den ostdeutschen Behörden, deren Befugnis zur Strafverfolgung sie ja anerkannt hatte mit dem formlosen Antrag auf eine Eintrittserlaubnis. Das Verfahren war gesichert durch einen eingebauten Alarm und konnte harmlos aufgegeben werden, als dem ersten Westdeutschen kein Passierschein mehr für ein ostdeutsches Double nach Westberlin mitgegeben wurde und der Kurier die Absage statt der Reisepapiere noch so rechtzeitig an den wartenden Passagier übergeben konnte, dass der ohne Aufsehen zurückgehen durfte in die Wohnung, in der er zum Wohnen nichts mehr besass, und in die Lebensweise, auf die er voreilig verzichtet hatte. Damit war es aus. Es wurde auch nichts aus dem Vorhaben, die Passierscheine gleich in Westberlin zu drucken und zu stempeln, denn da fand sich kein Papier, das dem ostdeutschen vergleichbar gewesen wäre. Das Verfahren war ergiebig gewesen, da die benötigte Ausweisart von einem umfangreichen Personenkreis bezogen werden konnte, rasch, da ein Ersuchen um Reisehilfe in der Regel aus einem Vorrat verwendbarer Ausweise hatte bedient werden können, nahezu narrensicher, wenn auch manchem freiwilligen Kurier die Verwegenheit ausgeredet werden musste und die allenfalls fälligen Haftstrafen eingebläut, und sparsam, denn die Studenten, die zwischen ihren Vorlesungen und ihren Jobs Passagieren auf der anderen Seite den Termin und Treffpunkt für den Beginn des Übertritts, oder den vorbereiteten Ausweis, überbrachten, kamen mit eigenem Stipendiengeld oder mit Einkünften aus der Nebenarbeit auf für Fahrtkosten und für solche Ausgaben, wie unverdächtige westdeutsche Besucher sie machen an den Kassen ostberliner Gemäldeausstellungen, in Gaststätten beim Warten, beim Erstehen unnötiger Mitbringsel. Das Verfahren war nicht gescheitert an ihm eigenen Mängeln, sondern an dem kleinmütigsten Verdacht, auf den die ostdeutschen Behörden verfallen waren angesichts aufgegebener Mietzimmer und Wohnungen, verlassener Arbeitsplätze. Episodisch war eine Beteiligung an dem Versuch, Passagiere durch die Abwässerkatakomben der einstmals verbundenen Städte zu überführen, bis die ostdeutsche Grenztruppe unterhalb ihrer Sperrbefestigung Gitter einbetonierte, die Menschen nicht mehr durchliessen; erfolglos war eine Anstrengung, ein Auto mit Hohlraum, das eine Scheinfirma mit 1600 Prozent Gewinn in täglichem Grenzverkehr laufen liess, zu erwerben und zu den Selbstkosten zu betreiben. Das dritte Verfahren, vorsorglich eingeübt, legte es darauf an, ostdeutsche Passagiere zu verkleiden als nichtdeutsche Touristen, schloss aber Pässe des politischen Ostblocks aus, auch die einiger ostasiatischer Länder, ausnahmslos die von Personen aus jenen drei Ländern, deren Militär das Gebiet von Westberlin besetzt hielt. Das dritte Verfahren war langwierig. Der Personenkreis, der die neue Art Ausweis hätte verleihen können, war zwar der Zahl nach grösser, im übrigen verringert durch die Abneigung, gerade Deutschen zu helfen, von allen Menschen auf der Welt gerade denen; auch waren die Inhaber solcher Pässe weniger leicht zu treffen, heikler anzusprechen. Dies Verfahren war langsamer. Die Identitäten liessen sich aus Gründen der Physiognomie weniger oft übertragen, so dass gelegentlich eilige Passagiere mit einer hergestellten Identität geschützt werden mussten statt wie herkömmlich mit Ähnlichkeit, und nicht nur waren kaum Hände zu finden, die sich verstanden auf die

Nachahmung von Schrift und Tinte und Stempel, auf die erstaunlich fragilen Heftnieten, mit denen die meisten Staatsgewalten Bilder ihrer Bürger ans Papier nageln, diese Hände brauchten auch Zeit. Die Identitäten liessen sich auch weniger sicher übertragen, aus Gründen der Nationalsprachen. Zudem, unter dem Eindruck von Todesfällen an der Grenze, nach den ersten Verhaftungen und Urteilen gegen Reisehelfer erkannten viele Kuriere, dass der ostdeutsche Staat das Besitzrecht an seinen Bürgern nicht mit der linken Hand verteidigte, und besannen sich auf die vernachlässigte Universität. Dies Verfahren war aufwendiger. Die Pässe mussten anfangs auf teuren Reisen im Ausland beschafft werden. Eine Menge Testreisen im ostdeutschen Gebiet wollte bezahlt sein, ehe verlässlich erhoben war, an welchen Stellen der Land-, Wasser- und Luftgrenze ein neutraler Ausländer es überhaupt verlassen konnte; diese Ausgänge waren regelmässig nachzuprüfen. Drittens, das vorgetäuschte westliche Vorleben der Passagiere musste inzwischen verlängert und vervollständigt werden mit kostspieligen Kleidungsstücken, Gebrauchsgegenständen und allerhand, am besten noch nicht eingelösten, Reiseausweisen, denen eine andere als westliche Herkunft nicht nachgewiesen werden konnte. Das Verfahren war mehr riskant. Es konnte nicht von bloss drei Leuten überwacht, gesteuert und korrigiert werden, mit der Zahl der Mitwisser wuchsen auch die Chancen ostdeutscher Kundschafter. Riskanter auch, weil die ostdeutschen Kontrollbehörden mittlerweile rascher lernten von den westlichen Methoden, die Kontrolle zu täuschen, und denen am Ende immer einen Schritt voraus waren mit unregelmässig ausgewechselten

Stempeln, mit der Zählung aller Einreisen, mit dem Haftbefehl für den überzähligen Ausreisewilligen. Das Verfahren musste aufgegeben werden wegen der Mängel, die ihm eigen waren. Alles hatte nicht länger gedauert als vier Monate.

Vom Ende her sah der Anfang nicht mehr unausweichlich aus, vom Ende her steckte der Anfang voller Irrtümer. (Kursbuch 1/1965, p. 58–61)

Was hier zitiert ist in einer Zusammenfassung, sollte auf dem Papier allerdings zusammengesetzt werden aus den Zuständen und Handlungen der Einzelnen, beginnend mit ihrer ersten Reaktion auf die Meldung, eine geliebte oder befreundete Person sei seit dem Morgen hinter Mauern, fortgesetzt mit dem Entschluss zu einer zunächst bloss privaten Assistenz, mündend in eine Verabredung, dann in das Bündnis mit Gleichgesinnten, das die tägliche Praxis produzierte: das stetig fortgeknüpfte Netz aus der Einrichtung von Stützpunkten in den brauchbaren Fremdländern, den täglichen Konferenzen, den Kurier-, den Testfahrten, der Einweisung und Vorbereitung der jeweilig reisewilligen Person, den gezielten Zukäufen an Ausstattung für sie, die Verschlüsselung fast der gesamten Umgangssprache, jeden Falles am Telefon, dem zuverlässig eiligen Bericht über Variationen in den Kontrollverfahren, und, am Rande, den fast regelmässig komischen Kontakten mit Leuten, die fälschen Pässe und andere Sorten Papier aus beruflichen Gründen, für Geld. Der derart verschworene Alltag sollte weiterhin eine Geschichte der Städte Berlin seit dem August 1961 hergeben, in ihr als Historie enthalten, was zu ihr geführt hatte seit der Besiegung und Aufteilung Deutschlands. Das war der unvergleichliche Vorteil des

Plans: ausgeführt im Erzählen, würde er einen Strang vorweisen aus nachweisbaren Fakten, tatsächlichen Handlungen, und wenn zwar die Akteure genannt werden mussten bei anderen als ihren polizeilich gemeldeten Namen, so besiegelte noch dieser Umstand die Wirklichkeit des Materials und die Existenz jener, die es herstellten und mit ihm umgingen. Die epische Dokumentation war das, der endlich gefundene Weg um die trostlose Prämisse der Fiktion, die mit dem Indikativ der Zeitformen ein Geschehen vortäuscht, das es nie gegeben hat, von der Unwahrheit gerade noch unterschieden durch das Eingeständnis und den Anspruch unter dem Titel, dies sei eine Form der literarischen Kunst.

Der Verleger Siegfried Unseld zeigte sich betreten bei der Eröffnung, dieser seiner Autoren habe einen persönlichen Notausgang gefunden aus der Gegend der literarischen Erfindung, aus dem fälschlichen Gebrauch des Imperfekts, aus dem Missbrauch des ehemals meldenden Gestus für ein Fabulieren. Er wollte zufrieden sein erst nach der Versicherung, auch das dokumentarische Verfahren werde Bücher ergeben, die er setzen lassen, drukken, verlegen könne.

Die Ausführung des Auftrags, so erwünscht er war, scheiterte. An Geduld, Fleiss, Bemühen fehlte es weder bei den handelnden Personen noch bei ihrem Autor. Am stursten stand der Arbeit die Verjährung des Gedächtnisses im Weg. Sie kam schlicht zu spät. In dem Kalendarium, das der Autor angelegt hatte für das mit dem 13. August beginnende Jahr, blieben Lücken. Manche seiner Mitarbeiter hatten vergessen, wie sie jenen Tag begonnen hatten, worin ihre zweite oder vierte Hilfeleistung bestanden hatte, aus welchem Land der erste Pass beschafft worden war; und gerade bei ihnen war das Führen eines Tagebuches, auch nur eines Notizkalenders, schwerlich denkbar, es sei denn als vorsätzliche Fälschung. Die Kontrollbunker im Unterbauch des Bahnhofs Friedrichstrasse waren so oft umgebaut, die Prüfprozeduren so vielfältig abgewandelt worden; die Rekonstruktion stand auf unsicheren Beinen. Gewiss gab es den Ausweg, einige Lücken zu füllen mit den Tagesereignissen, die als Fluchthilfe anderswo berichtet waren, andere zu verdekken mit der Montage von Handlungen, die die Mitarbeiter des Autors möglicher Weise, wahrscheinlich, ziemlich sicher an den fraglichen Tagen unternommen hatten. Das jedoch brachte die Arbeit an den Rand des Annehmens, des Mutmassens, kurz – des Erfindens. Offenbar war eine völlig reine Legierung jenseits der Machbarkeit. Mit einer allseits betrübten Konferenz wurde der Abbruch des Projekts beschlossen. Ja – die Tonbänder sind gelöscht.

Ein anderer Auftrag. Wer im Jahre 1962 den Internationalen Verleger-Preis (International Publishers' Prize) angenommen hat, ist danach verpflichtet, in der Jury für diese Auszeichnung mitzuwirken. Bei der Tagung Anfang Mai 1963 auf Corfu ging es gar prächtig zu »in ein wunderfeines Marmorhotel« (Wolfgang Neuß) in einer Gegend, deren Bauern unübersehbar arm waren, verschüchtert, fremdenscheu, für eine unbedacht angebotene Zigarette dankbar wie für eine Freundestat. Deren Töchter boten Volkstanz zum internationalen kalten Buffet; dabei kann einer sich erschrecken. Der Bericht über die Folgen und Folgerungen bleibt am besten jemandem überlassen, der den dafür nötigen Unernst aufbringt:

Holzauktion auf Korfu

Die Gardehelme der Blasmusikanten stammten noch von Wilhelm II. Deutschlands letzter Kaiser hatte sie den Männern aufgestülpt, die seinen Sommersitz, das »Achilleion« auf der griechischen Insel Korfu, vor Feuer schützen sollten.

Noch vom Kaiser Wilhelm stammten auch die Noten, nach denen in der ersten Mai-Woche vor dem zum Spielkasino umgemodelten »Achilleion« ein Dutzend Korfu-Mädchen volkstanzten – es erklangen die Melodien »Im Grunewald ist Holzauktion« und »Wir versaufen unser Oma ihr klein Häuschen«.

Veranstalter der folkloristischen Darbietung: Spielkasino-Chef Hartmann Freiherr von Richthofen. Anlaß der Schau: Die Verleihung des »Prix Formentor« und des »Internationalen Verlegerpreises«.

Am Kap Formentor auf der spanischen Ferien-Insel Mallorca waren 1961 die beiden hochdotierten Literatur-Prämien (je 40 000 Mark für einen noch ungedruckten Roman und für ein schon erkennbar bedeutendes Werk) zum erstenmal vergeben worden. Nachdem Anfang dieses Jahres der italienische Verleger Einaudi wegen der Veröffentlichung spanischer Anti-Franco-Spottverse von der Madrider Regierung zur Persona non grata erklärt worden war (SPIEGEL 4/1963), hatten sich Einaudis Verleger-Kollegen mit ihm solidarisch erklärt und sich für 1963 nach einem neuen Preis-Tagungsort umgesehen.

Verleger Ledig-Rowohlt schlug zunächst Helgoland vor, liess sich dann aber, auch ferialer Vorzüge eingedenk, vom »Idiotenführer« Gregor von Rezzori an den subventionswilligen Spielbankier von Richthofen (Strandhotel »Miramare«) auf Korfu vermitteln.

Richthofen-Mitarbeiter zu Tagungsteilnehmern: »Wie, Sie wissen gar nicht, daß wir das alles bezahlen?«

Der auf Touristenwerbung erpichte Freiherr gewährte den Formentor-Exilierten für fünf Tage freie Kost und Logis und überraschte seine Gäste obendrein mit Tanz zu wilhelminischen Weisen.

Doch damit richtete Richthofen Missliches an. Bevor das verblüffte Publikum, dem zu Ehren geblasen und getanzt worden war – ein gutes Schock Verleger, Schriftsteller und Kritiker aus mindestens dreizehn europäischen und amerikanischen Ländern –, sich am kalten Buffet stärken konnte, verliess einer der Zuschauer erschrocken das ehemals kaiserliche Palais. Der ost-westdeutsche Schriftsteller Uwe Johnson, 28, fuhr ins zwanzig Kilometer entfernte »Miramare« zurück, aus dem er – ausnahmsweise nicht in schwarzer Lederjacke, sondern, auf Drängen eines Landsmanns, in Bürgerzivil – eine halbe Stunde zuvor mit seinen Literaten-Kollegen zur Richthofen-Soiree gekommen war.

Zwei Tage noch versah Johnson pflichtgemäss sein Amt als Preisrichter. Er sass zum erstenmal in der Jury, die zum drittenmal den »Internationalen Verlegerpreis« vergab, den er selber im Vorjahr für sein »Drittes Buch über Achim« erhalten hatte. Johnson, dessen Erstlingsroman »Mutmassungen über Jakob« seit kurzem auch in amerikanischer Übersetzung reüssiert, fungierte als deutscher Vormann im Jury-Präsidium.

Er bat ums Wort für seinen Freund Hans Magnus Enzensberger, der den 70jährigen italienischen Romancier Carlo Emilio Gadda (»Die gräßliche Bescherung in der Via Merulana«) als preiswürdig empfahl; Johnson legte die Dunhill-Pfeife beiseite und rühmte den Amerikaner John Updike (»Hasenherz«) und den Ungarn Tibor Déry (»Der unvollendete Satz«); er verlas eine Botschaft des unabkömmlichen Leipziger Germanisten und Jury-Mitglieds Hans Mayer, der den antistalinistischen Russen Alexander Solschenizyn (»Ein Tag des Iwan Denissowitsch«) preisgekrönt sehen wollte.

Er stimmte schliesslich mit seinen deutschen Jury-Kollegen, mit den italienischen, spanischen und skandinavischen Delegierten für Gadda, dessen vor über zwanzig Jahren geschriebenes, erst jetzt von Einaudi veröffentlichtes Romanfragment »Erkenntnis des Schmerzes« seinem Autor ehrende Vergleiche mit Proust, Joyce und Musil eintrug.

Knapp unterlegener Gadda-Konkurrent war der von Amerikanern, Engländern und Franzosen favorisierte Vladimir Nabokov – in diesem Fall nicht als »Lolita«-Autor, sondern als Verfasser des esoterischen Literaten-Scherzes »Pale Fire« (SPIEGEL 26/1962) hoch gelobt.

Erst nach der Verkündung des Gadda-Sieges – das Triumph-Echo der von Alberto Moravia angeführten Italiener war noch nicht verhallt – rückte Vorjahrs-Preisträger und Preisrichter Uwe Johnson noch einmal das Mikrophon zurecht und las von einem »Miramare«-Briefbogen ab, was er schon seit Tagen, spätestens aber seit dem mit Blasmusik, Volkstanz und kaltem Buffet verzierten Richthofen-Empfang auf dem Herzen hatte.

In akkuratem Englisch erklärte der gebürtige Pommer Johnson, dass er sich wegen des luxuriösen Aufwands von der Formentor-Preis-Veranstaltung distanzieren wolle. Auf deutsch formulierte der ernste junge Autor es so: »Für die Zukunft muss ich diese (Preisrichter-) Funktion aufgeben. Vornehmlicher Grund dafür sind die Abzeichen des Luxus und Wohlstands, unter denen die Arbeitssitzungen dieses Preises abgehalten werden, denn nach meiner Meinung vertragen die sich durchaus nicht mit den Umständen vieler Schriftsteller in vielen Ländern, und auch nicht mit den Interessen der zeitgenössischen Literatur, wie ich sie verstehe.«

Er wünsche gewiss nicht, erläuterte Tagungskritiker Johnson, »das Ausmass zu kritisieren, in dem die Verleger ihr Geld bei dieser Gelegenheit ausgeben, und auch nicht, wofür sie es ausgeben; ich möchte nichts weiter als zugeben, dass ich mir nicht vorkomme als ein geeigneter Partner für diese ferienmässige Seite des Preises«.

Das Echo auf diese Standpauke, die Johnson fast mehr Publicity als dem Preisträger Gadda verschaffte, war zwiespältig. Englands Jury-Mitglied Melvin Lasky entrüstete sich in der »Sunday Times«: »Nach einer Woche guten Essens und Trinkens . . . vergoss er eine Träne für die ›Interessen der zeitgenössischen Literatur‹, bevor er fortstolzierte in seiner eleganten schwarzen Lederjacke.« Jury-Kollege Adolf Frisé deutete in der »Frankfurter Allgemeinen« Johnsons Protest als Folge eines »Missverständnisses«: »Er hielt die Achilleion-Spielbank-Kulisse . . . für soziale Wirklichkeit.« Londons »Observer«: »Ein simpler Fall von literarischem Puritanismus«.

Dem Abschiedsbankett der gerüffelten Preisverleiher blieb der strenge Dichter fern. Dennoch warb Verleger

Ledig-Rowohlt um Verständnis für Schriftsteller, die sich in ihrer Umwelt fremd fühlten: »Sie kommen uns mit ihren Werken nahe, und das ist eine grosse Gnade.«
Die Formentor-Mannschaft will trotzdem versuchen, im nächsten Jahr auf Korfu ohne Uwe Johnson auszukommen – aber auch ohne Holzauktion im Grunewald.
(DER SPIEGEL, 15. Mai 1963, p. 84)

Zu den Aufträgen gehörte es, am 10. Juli 1963 zusammen mit Ingeborg Bachmann und Günter Graß das Landgericht von Berlin aufzusuchen, Tegeler Weg 17–20, Zimmer 128. Denn gegen Ende Januar dieses Jahres hatte der Geschäftsführende Vorsitzende der C.D.U., Josef-Hermann Dufhues, die Gruppe 47 als »geheime« oder »neue Reichsschrifttumskammer« tituliert. Nämlich er war vom Bundesvorstand seiner Partei eigens dazu angestellt,

durch offenes und freimütiges Gespräch und Unbefangenheit in der Begegnung [die Intelligenz] zu gewinnen; nicht um der Union, sondern um des Wirkens für unser Volk willen.
(DER SPIEGEL, 23. Oktober 1963, p. 50)

Er selbst verstand seine Aufgabe so: es komme ihm darauf an,

dass dieser Staat auch getragen wird von seinen Dichtern, von den Künstlern, von den Publizisten.
(DER SPIEGEL, a.a.O.)

Es lag auf der Hand, von wem er seine Methode des Werbens bezog, er war seinem Fraktionsvorsitzenden treu, dem Fachmann Heinrich von Brentano. Allerdings war er verführt worden, durch einen anderen Fachmann, den Kritiker Günter Blöcker:

> Niemand hat etwas gegen eine Clique (Clique ist kein Schimpfwort!), nicht einmal etwas gegen eine, die ihre Ellenbogen zu gebrauchen versteht. Aber die totale Clique, die das demokratische *fair play* durch Gruppenbeschlüsse ausser Kraft setzen möchte, weil sie weiss, dass Meinungsbildung etwas ist, woran der einzelne in Deutschland nur ungern aktiv teilnimmt – er lässt sich seine Meinung lieber verpassen – und die aus dieser deutschen Schwäche rigoros Kapital schlägt und mit schäumender Wut reagiert, wenn jemand nicht so recht funktionieren will, ihr die Gefolgschaft versagt und sich das Recht vorbehält, eine Katze eine Katze, einen demagogischen Clan einen demagogischen Clan und Meinungsterror Meinungsterror zu nennen – eine solche Clique ist dann nicht mehr so lustig, wie sie zu sein vorgibt.
> (Die Zeit, 26. Oktober 1962)

Vermeinend, er sei durch diese schicke Denunziation abgesichert, vergleicht der Geschäftsführende Vorsitzende der Christenpartei die Gruppe 47 mit einer Institution des Nazireiches, offenbar in dem Bestreben, die Machthaber des Deutschland von 1933 bis 1945 auch einmal zu bekämpfen. Nun war die Gruppe 47 im Jahre 1963 ausreichend dokumentiert. Seit 1962 lag ihr »Almanach« vor. Vielleicht war es abermals zuviel verlangt, von einem Führer der C.D.U. eine Beschäftigung mit seinen Themen zu verlangen, solange sie nur literarische sind, nach erwähntem Vorbild. Erstaunlicher ist schon, dass ihm auch die Berichte über die Tagung von 1962 fremd geblieben waren, denn sie hatten gestanden in Zeitungen, wie sie unanstössig waren für einen konservativen Politiker; zum Beispiel in »Der Tagesspiegel« vom 30. Oktober 1962, »Das Schönste« vom Dezember 1962, »Die Welt« vom 31. Oktober 1962.

Unerfindlich, wieso ein Jurist sich den Blick ins Gesetzbuch erlässt, wieso gerade er auskommen darf ohne die juristische Information, mit der er gleichwohl vorgehen will gegen andere Personen. Der Industrie-Syndikus von Ruhr und Rhein, früher Rechtsanwalt in Berlin, studierte ebenda Jura, als am 22. September 1933 die Reichsregierung das Reichskulturkammergesetz verkündete:

> § 1. Der Reichsminister für Volksaufklärung und Propaganda wird beauftragt und ermächtigt, die Angehörigen der Tätigkeitszweige, die seinen Aufgabenkreis betreffen, in Körperschaften des öffentlichen Rechts zusammenzufassen.
> § 2. Gemäss § 1 werden errichtet:
> 1. eine Reichsschrifttumskammer,
> 2. eine Reichspressekammer,
> 3. eine Reichsrundfunkkammer,
> 4. eine Reichstheaterkammer,
> 5. eine Reichsmusikkammer,
> 6. eine Reichskammer der bildenden Künste.
>
> § 3. Bei Errichtung der im § 2 bezeichneten Kammern sind die Bestimmungen entsprechend anzuwenden, die für das Filmgewerbe durch das Gesetz über die Errichtung einer vorläufigen Filmkammer vom 14. Juli 1933 (Reichsgesetzbl. I S. 483) und die dazu ergangenen Durchführungsbestimmungen bereits erlassen sind.

§ 4. Die Errichtung der Kammern hat sich innerhalb der Richtlinien zu halten, die für den berufsständischen Aufbau von der Reichsregierung beschlossen werden.
§ 5. Die im § 2 bezeichneten Körperschaften werden gemeinsam mit der vorläufigen Filmkammer, die den Namen Reichsfilmkammer erhält, zu einer Reichskulturkammer vereinigt. Die Reichskulturkammer steht unter der Aufsicht des Reichsministers für Volksaufklärung und Propaganda. Sie hat ihren Sitz in Berlin.
§ 6. Der Reichsminister für Volksaufklärung und Propaganda und der Reichswirtschaftsminister werden ermächtigt, durch gemeinsame Verordnung die Bestimmung der Gewerbeordnung in Einklang mit den Bestimmungen dieses Gesetzes zu bringen.
(Gesetze des NS-Staates (= Gehlen Texte 2), Verlag Gehlen, Bad Homburg-Berlin-Zürich 1968, p. 163)

Zum ersten Präsidenten dieser Reichsschrifttumskammer gab sich her ein Hans Friedrich Blunck. Sein Befund über die Zustände in Deutschland lautete zum 1. Mai 1934:

Gewiss, das Ausland hat recht, wenn es sagt, dass in Deutschland eine Welt eingestürzt ist. Man vergisst aber zu sagen, dass eine neue Welt schon im Aufbau begriffen war, als die Trümmer weggeräumt wurden. Man hat auch nicht lange gezögert, die neuen Lehren organisatorisch festzulegen. Gewiss, wer Deutschland flüchtig betrachtet, merkt wenig davon. Die Ordnung ist besser als früher, die Menschen schauen fröhlicher, weil sie einen Glauben besitzen.
(Nach: Joseph Wulff, Literatur und Dichtung im

Dritten Reich (= rororo Nr. 809-810-811), Rowohlt, Reinbek 1966, p. 196)

In einem 1950 erschienenen Rechtfertigungsversuch bestritt er trotzdem seine geistige Mitschuld am National-Sozialismus und bezeichnete sich als »Antifaschisten auf dem Sessel der Schrifttumskammer«.
(Ernst Loewy, Literatur unterm Hakenkreuz (= Fischer-Taschenbuch Nr. 1042), Fischer Bücherei, Frankfurt am Main 1969, p. 291)
Diesem folgte im Amt Hanns Johst, berüchtigt bereits durch die Drohung eines von ihm erfundenen Charakters: wenn er das Wort Kultur höre, entsichere er seinen Revolver. Johsts andere Ämter im so genannten Dritten Reich waren: Preussischer Staatsrat, Präsident der Deutschen Akademie für Dichtung, Reichskultursenator, SS-Brigadeführer (was dem Wehrmachtsrang eines Generalmajors entsprach). Seine Ansprache am 3. Oktober 1935 in der Sitzung des Präsidialrates der Reichsschrifttumskammer:

> Ich übernahm das mir übertragene Amt mit dem grossen inneren Jubel und der Freudigkeit, mit der jeder Nationalsozialist bereit ist, auf seinen Posten zu eilen, wenn ihn ein Befehl hierzu erreicht. [. . .] Man darf das Ziel wagen und es aussprechen, dass das bisherige Grundprinzip der Ästhetik zum grossen Teil überholt ist. Wir wollen nunmehr diese Unzeitgemässen, Überholten höflich, sogar herzenshöflich allmählich museal werden lassen. Ob sie dann verstauben oder unsterblich werden, darüber hat nicht die Kammer zu entscheiden.
> (Wulff, a.a.O., p. 197f.)

Ein (noch harmloses) Beispiel für Herrn Johsts Herzenshöflichkeit ist das aufrechterhaltene Verbot für Erich Kästner, je etwas im Inland zu veröffentlichen, 1943 erweitert um das entsprechende Verdikt für das Ausland und eine »restlose« Ausweisung aus dem Beruf:

> Der Präsident der Reichsschrifttumskammer
> Berlin-Charlottenburg 2, den 14. Januar 1943
> Hardenbergstrasse 6 – Fernruf 31 00 17
> Sprechst.: Dienstag bis Freitag von 11–13 Uhr
> II-010210-Do.
> [. . .]
> Aufgrund einer neuerlichen Entscheidung der Reichskulturkammer wird die Ihnen unter dem 26. 7. 1942 erteilte Sondergenehmigung widerrufen. Sie sind somit nicht mehr berechtigt, im Zuständigkeitsbereich der Reichsschrifttumskammer als Schriftsteller tätig zu sein. Zuwiderhandlungen gegen diese Berufsuntersagung können von mir gemäss § 28 der Ersten Durchführungsverordnung zum Reichskulturkammergesetz mit Ordnungsstrafen belegt werden.
> (Nach: Liselotte Enderle, Erich Kästner in Selbstzeugnissen und Bilddokumenten (= rororo-Bildmonographien Nr. 120), Rowohlt, Reinbek 1966, p. 76)

So ging nach Vermutung der C.D.U. der Gründer und Präsident der Gruppe 47 vor gegen andere Schriftsteller (nachdem er, in einem anderen Leben, im Deutschland der Blunck und Johst noch bei der Arbeit als Chauffeur und Tankwart von der Geheimen Staatspolizei überwacht worden war). Wollte man die Analogie der C.D.U. zu ihrem logischen Ende treiben, so wäre zu fragen nach dem Pendant für den Vorgesetzten des Kammerpräsidenten, den Reichsminister für Volksaufklärung und Propaganda, den Horst Wessel-Freund Joseph Goebbels. Nun, wer hatte auf der westdeutschen Bundesebene aus eigenem Antrieb das Sagen und Wissen in literarischen Fragen? Wer anders als der, dem auch die C.D.U. manchmal gehorchen musste: Dr. Heinrich von Brentano.

Hätte von Brentano in diesem Jahr endlich den fürs vorige versprochenen Brief geschrieben, mit einer Anfrage wegen der Gruppe 47 am Rande, so hätte er möglicher Weise zur Antwort bekommen:

Sehr geehrter Herr von Brentano: [. . .] [. . .] [. . .]

Bitte, wollen Sie die folgenden Mitteilungen über den Freundeskreis Hans Werner Richters lesen mit dem Vorbehalt, dass sie sich den Erfahrungen eines Einzelnen verdanken, der obendrein bei jeder Tagung sich vorkam als ein Gast, der notwendig weniger erfährt als die Familie unter einander weiss. Das mag am Anfang gelegen haben.

1959 war ich frisch aus der D.D.R. nach Westberlin umgezogen, ohne viel Ahnung von literarischen Veranstaltungen und Zusammenhängen in der Bundesrepublik, und musste mich schlicht verlassen auf die Erklärung Wohlgesinnter, eine Einladung zu einer Tagung der Gruppe 47 sei unbesehen anzunehmen, als Bestandteil des schriftstellerischen Berufs in dieser Gegend. Ich erfuhr das am Beispiel meines Verlegers, Dr. Siegfried Unseld, der sich von einer einfachen Postkarte Hans Werner Richters einen stramm kalkulierten Terminplan umwerfen liess und, übrigens, keinen Anstand nahm, das Archiv seines Hauses zu durchsuchen nach der Kopie eines Romans, den ein ebenfalls eingeladener Autor vormals bei Suhrkamps eingereicht und zurückbekommen hatte

mit einem ablehnenden Bescheid, an dem nun wieder niemand anderer schuld war als Siegfried Unseld selbst. Da es zu den Regeln der Gruppe 47 gehört, dass ein Gast beim ersten Mal etwas vorliest, war Siegfried Unseld bereit, sein kritisches Urteil für diese Gelegenheit zu kassieren, und enttäuscht, als sein Autor sich daran halten wollte, da es immerhin ausgesprochen war von Peter Suhrkamp. So kam ich 1959 auf die Elmau ohne einen unpublizierten Text, mit dem ich deutlich hätte einsteigen können in das Ritual, so dass eine gründliche Identifizierung versäumt war.
Zum anderen, mir fehlten für dies viel umrätselte Gebilde ganze zwölf Jahre Vorgeschichte, zuviel, als dass irgend eine Erläuterung mir hätte verhelfen können in das Gefühl eines inneren Kreises. Gast allerdings war ich gerne. Tatsächlich konnte man lernen, welche Fehler beim Vorlesen zu vermeiden sind, oder, anders herum, wie einer sich selbst vermittels seiner Gedichte versteht, so dass man rechtzeitig erfuhr, wie Günter Graß seine Gedichte im Druck aufgenommen wünschte. Zum Erschrecken war es andererseits, wenn Ingeborg Bachmann ihr Gedicht »Liebe – dunkler Erdteil« der verstörten Zuhörerschaft ein zweites Mal zu Gehör bringen musste und schliesslich vor die Frage gestellt wurde, in welchem verzweifelten Sinne dies wohl mit Afrika zu tun haben könne. 1960 hatte ich am eigenen Leibe die Risiken eines solchen Kritisierens aus dem Sprung erfahren dürfen: nachdem ich etwas vorgestellt hatte, in dem neben anderen Personen auch ein Vater vorkam, verwandelte Günter Graß sich aus einem Nachbarn und Freund in einen Psychologen, der bei mir ein Vater-Trauma feststellte, väterlich warnend. An dieser Funktion der Tagungen unterhielt ich seitdem Zweifel.

Aber Gast war ich gerne. Die, so zu sagen, beauftragten Kritiker bieten gelegentlich meisterhafte Darstellungen ihrer selbst. Das hat niemand lustiger und genauer beschrieben als Martin Walser, wie Sie nachlesen können im Almanach der Gruppe 47 (im vorigen Jahr erschienen bei Luchterhand) in seinem »Brief an einen ganz jungen Autor«. Lustig ist auch, wie die öffentlichen Legenden den internen Betrieb verfehlen. So sind die Tagungen beschrieben worden als ein Markt, wenn ihnen allenfalls, mit Vorsicht, der Charakter von Muster-Messen zugesprochen werden dürfte. Zu erzählen wüsste ich von einer einzigen geschäftlichen Verhandlung, die unterhielt Günter Graß mit einem anderen Verleger als dem seinen, der musste dabei für eine Kollegin von Graß den Honorarsatz erhöhen, worauf der Umworbene sich zurückzog mit dem Geständnis, ein religiöser Umstand verbiete ihm das Wechseln von Verlagen – was der Enttäuschte, wollte er so feinsinnig sein wie er sagte von sich selbst, nun wieder auf das intimste zu verstehen vorgeben musste. Die Verleger sind auch neugierig, mögen sie dafür bezahlen mit dem Geld für den Preis der Gruppe. Dieser Preis ist wohl das einzige an der Gruppe 47, mit dem ein Schriftsteller mehr Aufmerksamkeit erreicht für seine Arbeit; das Vergleichswort Mafia für Praktiken innerhalb der Gruppe 47 erledigt sich durch mangelnde Kenntnis der Mafia. Ja, gewiss sitzen da auch Abgesandte des Rundfunks, oder des Feuilletons, die bestellen etwas bei einem Autor, wenn dessen Arbeit ihnen gefallen hat. Aber da ist doch kein Raum für sämtliche Funktionäre der Kulturindustrie, und was für eine Provision könnte man ihnen denn zahlen! Die Gruppe 47 hat gar keine technische Möglichkeit, einen Autor durch Boykott vom Publikum zu isolieren; aber als Schauergeschichte erzählt sich das behaglich. Wenn ich dahin gerne gehe, so weil es für mich die Tagungen meiner Innung sind. Da zeigen die Schreibenden vor, was sie gerade auf der Nadel haben, mit welchen Instrumenten sie neuerdings welchen Stoff bearbeiten. Dafür darf man drei Tage des Jahres weggeben, und sei es nur um des unausbleiblichen Festes willen, das anmutig auffällt durch die Mischung von Befreundeten, Verfeindeten, und Schadenfrohen. Die Auskunft war richtig gewesen: man durfte den Besuch bei der Gruppe 47 nehmen als eine Eigenschaft des literarischen Berufs in diesem Lande.

Dies einmal gesagt, will ich eingestehen, wie sehr die Öffentlichkeit der Gruppe 47 mir ein Grund zur Sorge ist. Sie hat einmal entstehen müssen, weil es Organe der Öffentlichkeit waren, denen Beiträge zur Finanzierung der Tagungen entlockt werden konnten, hoffnungsvoller Weise, weil daraufhin ein Interesse der Gesellschaft an Vorgängen innerhalb der Literatur vorausgesetzt werden durfte. Was dann aber aus dem Rundfunk, später aus dem Feuilleton auf die Versammelten zurückschlug als Bild der Gruppe 47, wurde von ihr weniger genau verstanden, als zu erwarten ist von Leuten, die mit dem Wort zu tun haben. Dass eine formale Organisation oder Verwaltung entfallen, von Mitgliedsbeiträgen oder Ausweisen zu schweigen, es hätte doch begriffen werden müssen als eine jährlich dreitägige Existenz nach dem Willen und der Kunstauffassung einer einzelnen Person, Hans Werner Richters nämlich, und gerade dass Mancher dazugehörte für einen bloss einmaligen Aufenthalt, wäre doch Anlass gewesen zu Nachdenken über den Begriff Gruppe. Das Wort, erstaunlich genug wegen seiner militanten Anklänge in Verbindung mit einem Jahr 1947 und wohl nur erklärbar aus Vorbedingungen des ersten

Zusammentreffens, kräftigte sich leichthin aus der Tradition, die aus der Wiederholung der Tagungen entstand, und muss bei den meisten Dauergästen die Illusion erzeugt haben, man sei in irgend einer Front vereinigt. Gibt es sie, so ist sie der Massen ungefähr, dass sie in allgemeiner Weise faschistische wie stalinistische Gesinnungen ausschliesst, also der Befürwortung terroristischer Institutionen abhold ist, was aber, wie uns doch gesagt ist, das Selbstverständliche ist, über das macht man keine Worte. Je weniger die Gäste der Tagungen einander verdächtigten wegen des Anstands, desto mehr wuchs dem Gespenst zu, man sei eine Instanz mit Zuständigkeiten weit über das Literarische hinaus.
Aus diesem Grunde bin ich froh, die Resolution in Sachen des ungarischen Aufstands von 1956 schlicht versäumt zu haben; steht ein solcher Aufruf doch da, als hätte die Gruppe 47 die Moral gepachtet in einer Politik, deren Diskussion doch unterbunden ist in ihrer Praxis und deren genaue Kenntnis eher in anderen Gremien zu vermuten ist als in diesem. An der Erklärung zum Algerien-Krieg, unterzeichnet im November 1960, ist zu rechtfertigen, dass sie sich beschränkt auf einen Protest gegen die Repressalien, mit denen de Gaulle vorging gegen die im »Manifest der 121« vereinigten Leute; das ist bloss kollegiale Pflicht gewesen. Jedoch sind die Unterzeichner des Papiers gegen eine Fernsehanstalt der Bundesregierung sanft beschienen von Lächerlichkeit, wenn nämlich sie selbst Arbeiten für irgend ein Fernsehen von sich kaum erwarten. Für eine Distanz zum Offenen Brief an die Organisation der Vereinten Nationen vom September 1961 sprach schon eine Skepsis, die die neueren Sperranlagen zwischen Berlin und Berlin als ein Ergebnis von realer Politik begriff, also als ein vorläufig dauern-

des. Ein einziges Mal, in der SPIEGEL-Affaire, durfte die Gruppe 47 mit gutem Gewissen sich verlauten lassen gegen die Regierung, denn es ging um das Ermitteln und Verbreiten von Wahrheiten, mithin um eine Dimension literarischer Arbeit. Leider war diese Erklärung unklar, weil von zu vielen formuliert, und lenkte ab von dem Versuch, hiermit das republikanische Selbstverständnis der »Weltbühne« fortzusetzen, wonach ausdrücklich »so genannte« militärische Geheimnisse offenbar zu machen sind, sobald sie ein Schaden und eine Gefahr sind für das eigene Land. Das zog auf sich eine Anklage wegen Mangels an Patriotismus und verdeckte bequem die letzte Forderung: Wir »fordern diesen politisch, gesellschaftlich und persönlich diskreditierten Minister [Franz Josef Strauss] auf, jetzt endlich zurückzutreten«. In der Öffentlichkeit entstand nach der Gewohnheit der Eindruck, es habe die Gruppe 47 vollständig sich gewandt gegen den gesetzesbrecherischen Überfall auf das Nachrichtenmagazin, jedoch hatten nur einzelne der Anwesenden ihren Namen dazu gegeben, und wieder standen wir da wie Leute, die unter grossem Gefuchtel auf der Bühne einen Scheck ausstellen, den sie im Alltag nachher keineswegs einzulösen vermögen als eben in dieser verbalen Aktion. Fragwürdig ist es ohnehin, wenn ein Schriftsteller sein Ansehen hinter eine politische Forderung stellt, da er dabei doch sich stützt auf das blosse Vorhandensein seiner Leser, ohne je einen sicheren Bescheid zu wissen über ihre Loyalität, ihren Widerspruch, ihre Ablehnung.

Bequem am öffentlichen Bild der Gruppe 47 ist die Vorstellung, es seien dort nun alle vereinigt, die Beträchtliches schreiben für die westdeutsche Mark. Wenn so viele Schriftsteller einmal im Jahr auf einem Haufen fotogra-

fiert werden können, werden es der Ordnung halber vielleicht schon alle sein; es hat bisher aber doch der eine oder andere gefehlt, den man seiner Kunst und Gesinnung wegen recht wohl hätte einmal anhören dürfen. Und es ist wenig zweifelhaft, ob die jeweils Anwesenden eines Tages auch auskommen können ohne solche Zusammenkünfte; am Ende verspricht das Gemeinsame im Beruf keine dauernde Heimat in der Gruppe 47. Wir werden sie haben, solange ein einzelner Mensch, Hans Werner Richter mit Namen, uns weiterhin seine Begabung zuwendet, Leute dieses Faches unter ein Dach zu laden. Wenn er sagt eines Tages: Ja, weisst du –, es ist nichts mehr: dann wird es vorbei sein mit der Gruppe 47 und als Befund stimmen wie so viele Unwägbarkeiten, die wir gern in einer etikettierten Schachtel hätten.
Wenn ich mir nunmehr erlauben darf, sehr geehrter Herr von Brentano, Sie hinzuweisen auf den Gegensatz zwischen einer solchen Praxis und der der Reichsschrifttumskammer, wie sie sie anwandte gegen den Schriftsteller Jochen Klepper, dokumentiert in 53 Tagebucheintragungen bis zu der letzten im Dezember 1942, die dem Selbstmord des Autors und seiner Familie vorangeht (Unter dem Schatten deiner Flügel, Tagebücher 1932–1942, Deutsche Verlagsanstalt, Stuttgart 1956) . . .
Aber der Geschäftsführende Vorsitzende der Christenunion versäumte es, um Hilfe nachzusuchen bei dem Literaturfachmann seiner Partei, Heinrich von Brentano, obwohl er von ihm annehmen durfte, er habe einen direkten Draht zu einem jener Schriftsteller, wie sie sich versammeln zu den Tagungen der Gruppe 47, ja er sei drauf und dran, einen Briefwechsel mit ihm zu eröffnen, seit dem Februar 1962 bereits!

Den ersten Brief schrieb Hans Werner Richter an Josef Hermann Dufhues:

So sehr ich die Bezeichnung »Reichsschrifttumskammer« zurückweisen muss und so wenig ich Ihre Besorgnis verstehe, so sehr begrüsse ich andererseits einen Meinungsaustausch. Auch mir liegt an einer Entgiftung der Atmosphäre, falls eine Vergiftung wirklich gegeben ist. Eine solche Entgiftung ist aber nach meiner Überzeugung und Erfahrung niemals durch Pressionen ganz gleich welcher Art möglich. Man sollte also einmal einen anderen Weg versuchen . . ., nämlich den Weg des Gesprächs.
Ich lade Sie deshalb herzlichst zu einer Zusammenkunft mit den Schriftstellern der Gruppe 47 hier in Berlin ein. Dieser erste Meinungsaustausch sollte nach meiner Ansicht privaten Charakter haben und unter »Ausschluss der Öffentlichkeit« stattfinden. Dies, weil ich mir mehr davon verspreche. Sollten Sie aber eine öffentliche Diskussion für richtiger halten, so sind wir auch dazu bereit.
(Die Gruppe 47. Ein Handbuch, herausgegeben von Reinhard Lettau. Luchterhand, Neuwied und Berlin 1967, p. 507f.)

»Sehr geehrter Herr Richter! . . . Ich freue mich über Ihre Bereitschaft zu einem . . . Gespräch. Es mag vielleicht wirklich Missverständnisse ausräumen und zu einer Entgiftung der Atmosphäre beitragen.
Zu diesen Missverständnissen gehört die Ansicht, daß ich den Angehörigen der Gruppe 47 nationalsozialistische Auffassungen oder Methoden vorgeworfen hätte. Das habe ich nicht getan, wie ich vorsorglich auf mei-

ner Pressekonferenz in Stuttgart am 26. Januar 1963 ausdrücklich klargestellt habe. Wenn ich im Zusammenhang mit der Gruppe 47 an die ›Reichsschrifttumskammer‹ erinnert habe, so wollte ich an einem besonders abschreckenden Beispiel darlegen, wie leicht ein kollektives Auftreten von Schriftstellern, Publizisten und Künstlern zu regulierten und regulierenden Meinungsmonopolen – ganz gleich welchen Inhalts – führen kann. Ich würde es aufrichtig bedauern, wenn der Eindruck entstanden sein sollte, dass ich Angehörige der Gruppe 47 hätte kränken wollen.
Und nun zu Ihrer Anregung, mich mit Vertretern der Gruppe 47 zu unterhalten. Sie werden Verständnis dafür haben, dass ich mit Vertretern der Gruppe 47 erst zusammentreffen kann, wenn sie sich vorher von der in ihrem Namen verbreiteten Stellungnahme distanziert haben, die den Verrat militärischer Geheimnisse für eine sittliche Pflicht erklärte. Ich kann es nicht verantworten, durch eine Diskussion über andere Fragen den Eindruck zu erwecken, als liesse sich diese Stellungnahme bagatellisieren und als wollte ich selbst womöglich dazu beitragen. Mit vorzüglicher Hochachtung, Ihr Josef Hermann Dufhues«

»Sehr geehrter Herr Dufhues, . . . Sie geben in (Ihrem) Brief zu, dass Sie im Zusammenhang mit der Gruppe 47 von einer ›geheimen Reichsschrifttumskammer‹ sprachen. Sie wollen in dieser Äusserung keinen Vorwurf nationalsozialistischer Gesinnung sehen. Ich halte das für ein Ausweichen. Die Gruppe 47 in einem Atemzug mit der ›Reichsschrifttumskammer‹ zu nennen, ist eine Verleumdung . . .
Sie, Herr Dufhues, halten es für gefährlich, wenn

Schriftsteller und Künstler sich freiwillig in gemeinsamen Erklärungen finden. Sie nennen das ›kollektives Auftreten‹. Das finde ich erstaunlich. Ist denn der Partei, deren Geschäftsführender Vorsitzender Sie sind, ein ›kollektives Auftreten‹ fremd?

Im übrigen habe ich nicht ein Gespräch mit ›Vertretern‹ der Gruppe 47 angeregt. Es gibt keine ›Vertreter‹ dieser Gruppe. Bei uns spricht jeder, der sich dieser Gruppe freiwillig zugehörig fühlt, für sich selber. Es gibt auch keine ›im Namen‹ der Gruppe 47 verbreitete Erklärung. Was zur *Spiegel*-›Affäre‹ gesagt wurde, haben die Schriftsteller geschrieben, die mit ihrem Namen und mit ihrer Unterschrift dafür einstehen. Diese Schriftsteller erklärten nicht, daß sie den ›Verrat militärischer Geheimnisse‹ für eine sittliche Pflicht halten . . . ›Der Verrat militärischer Geheimnisse‹ und ›die Unterrichtung der Öffentlichkeit über sogenannte militärische Geheimnisse‹ sind zwei grundverschiedene Dinge. Diese Ansicht vertritt auch die Bundesanwaltschaft und der Generalstaatsanwalt von Berlin . . .

Sie setzen sich . . . dem Anschein aus, dass Sie durch Diffamierungen, falsche Behauptungen und diffuse Unterstellungen die publizistische Bewegungsfreiheit deutscher Schriftsteller und Journalisten behindern und die Verbreitung einer Ihnen nicht genehmen Meinung einschränken, ja, die Meinung selbst unterdrükken wollen. Damit rücken Sie, und nur Sie, sehr geehrter Herr Dufhues, in die Nähe der politischen und geistigen Konzeption der von Ihnen heraufbeschworenen ›Reichschrifttumskammer‹. Das finde ich für Sie und für Ihre Partei mehr als bedauerlich. Leider verstärken Sie diesen Anschein, indem Sie ein von Ihnen ge-

wünschtes Gespräch mit Bedingungen belasten, die niemand erfüllen kann. Wie soll sich jemand von etwas distanzieren, was er nie gesagt hat? Ich habe für einen solchen Meinungsaustausch keine Bedingungen gestellt. Ich habe nicht verlangt, dass Sie die Bezeichnung ›geheime Reichsschrifttumskammer‹ zurücknehmen, damit dieses Gespräch möglich wird. Ein freies Gespräch kann niemals unter vorher gestellten Bedingungen stattfinden . . . Mit vorzüglicher Hochachtung, Hans Werner Richter«
(Die Gruppe 47, a.a.O., p. 508f.)

Im Dezember 1963 hatte Hans Werner Richter den Prozess gegen die organisierten Christen satt, sehr zur Enttäuschung seiner Mitkläger

Alfred Andersch, Ingeborg Bachmann, Heinrich Böll, Heinz von Cramer, Hans Magnus Enzensberger, Günter Graß, Uwe Johnson, Siegfried Lenz, Ernst Schnabel, Wolfdietrich Schnurre, Martin Walser und Peter Weiss,

und gab sich zufrieden mit einem Vergleich, wonach die C.D.U.-Führung lediglich abzurücken hatte von der Behauptung, Hans Werner Richter und seine Freunde verfolgten faschistische Tendenzen und die Absicht, eine Diktatur über Meinungen nach Art der »Reichsschrifttumskammer« errichten zu wollen. Die Nachhilfestunde für die Christenpartei war verschenkt, und ratlos für alle war Wolfgang Neuß:

Ich find mich nicht mehr durch
Wer hat hier noch ne Richtung
Ist die Gruppe 47 noch ganz dicht?

Ist Duefhus denn schon Dichtung?
Ist unser Volk der Reimerchen
seit Gottfried Benn im Eimerchen?
Ich find mich nicht mehr . . .

Also, die ham sich doch mal verglichen! Ohaja. Da war ein Prozess! Einer hatte zu die gesagt »Reichsschrifttumskammer«, – dann ham die sich angekuckt, ham sich verglichen . . . hat der eine gesagt: Hat mir ferngelegen, hat der andere gesagt: Ist mir nahegegangen . . .
(Wolfgang Neuß, Das Jüngste Gerücht. Rowohlt, Reinbek 1965 (= rororo 841), p. 71)

Am 20. Dezember 1963 hatte Wolfgang Neuß Premiere im Haus am Lützowplatz, und abermals war es ein Auftrag, ihm Anlässe für sein Programm anzubieten, etwa das ethnologische Rätsel in der Seele der Westberliner, das sie an Abenden von Tagen, die eine politische Handlung verlangt hätten, Kerzen in ihre Fenster stellen liess, was nirgends einen raschen Umschlag bewirken konnte als in den Gardinenlagern der Textilindustrie. Oder wenn ein Bürger von Friedenau sauer ist auf eine Stadtverwaltung, die ihm seinen Lauter-Platz, in ungebrochenem Revanchegeist, umbenennt in »Breslauer Platz«, so konnte er diesen Ärger unterbringen bei Wolfgang Neuß, der sein Publikum nun allabendlich fragte, wer jener Dr. Breslau denn eigentlich gewesen sei. Das Honorar von Wolfgang Neuß war so grosszügig wie je: freier Eintritt an allen Abenden (montags spielfrei), auch für mitgeführte Gäste, auf seine Kosten der Verzehr. Wo bist du, faltenreiches Kind?
Ein anderer Auftrag schien erteilt von den Bürgern der

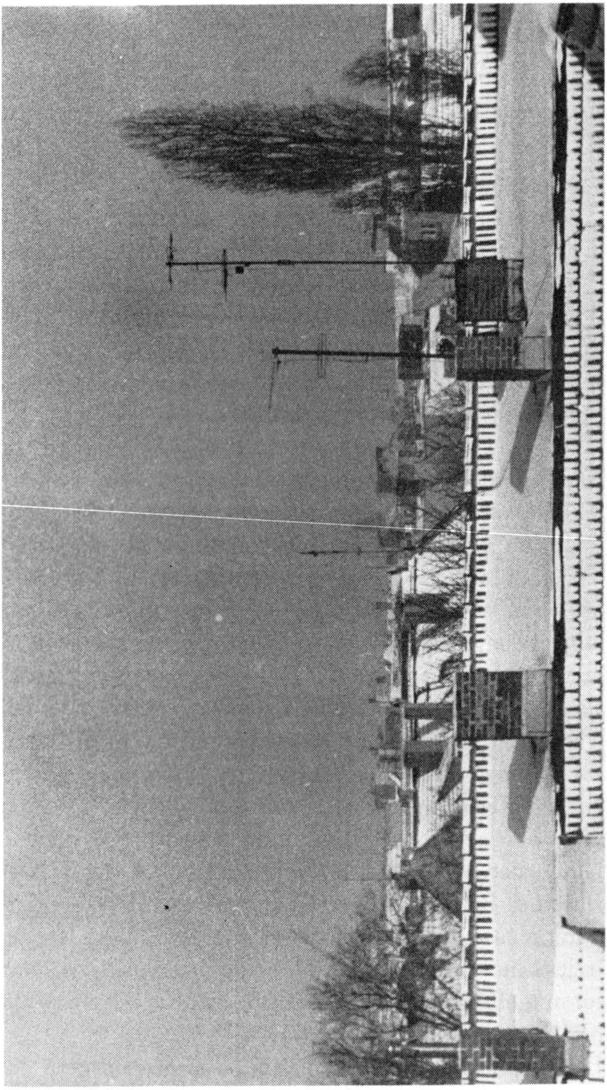

Städte Berlin: im Sommer 1961 hatten die Sachwalter des »real existierenden Sozialismus« in Deutschland beschlossen, die Auslegung der Autobahn Rostock–Berlin in der Landschaft auf eine lange Bank zu schieben und das Bauwerk vorerst aufzustellen zwischen dem sowjetischen und den westlichen Sektoren, zum Trocknen: wie die Berliner ausserhalb der D.D.R. sagten. Ihre andere Reaktion auf die Ausmauerung ihrer ostdeutschen Nachbarn war sentimental: in ihrer Mehrheit folgten sie dem Aufruf des Deutschen Gewerkschaftsbundes vom 17. August und dem nachfassenden Appell der Sozial-Demokratischen Partei vom 17. Oktober, die Stadtbahn zu boykottieren, unter der etwas unberlinischen Voraussetzung, die ostberliner Verwaltung dieses Verkehrsmittels habe ihre Einnahmen in westberliner Münze benutzt zum Einkauf von, für jene Grenzsperre unerlässlichem, Stacheldraht, die Rolle zu zwölf Metern für jeweils 4 Mark (Preisnachlass bei Abnahme grösserer Posten), und zwar auf dem westdeutschen Markt. Von den ungefähr fünfhunderttausend täglichen Benutzern der Stadtbahn in Westberlin stiegen vier Fünftel um auf die teureren Busse und Untergrundbahnen. Ob die Kundschaft nun sich verweigerte aus einer Überzeugung oder in der Sorge, einer Sympathie für die Bauherren der Mauer verdächtigt zu werden, sie empfand den Boykott als eine politische Aktion.

Politisch war daran allenfalls des Irrationale. Allen voran war eine Presse beschämend, die die staatliche Umgebung Westberlins oft genug mit Metaphern aus dem Bereich von Gefängnis und Lager gebrandmarkt hatte und nun allen Ernstes die Annahme verbreitete, gerade ein solches Staatswesen sei ungenügend mit eigenem Stacheldraht versehen gewesen. Und den jeweils zwanzig

Pfennigen, die ein Westberliner damals für eine Fahrt mit der Stadtbahn zu erlegen hatte, standen im Konto gegenüber 268 Millionen Westmark, die den Behörden der D.D.R. in den Jahren 1951 bis 1961 als Reingewinn verblieben waren aus den Gebühren für die Benutzung von Strassen und Wasserwegen, Gebühren, gegen deren fortgesetzte Entrichtung weder der D.G.B. noch die S.P.D. etwas empfehlen mochte. Als Stadtregierung verstiess die S.P.D. gegen ihren eigenen Aufruf, indem sie schon zwei Millionen Mark an Ostberlin gezahlt hatte für die Instandhaltung der durch den Ostsektor laufenden Linien der Untergrundbahn, unter Verzicht auf eine Kontrolle des Verwendungszweckes. Schliesslich, die als östlich verteufelte Stadtbahn war Eigentum der Stadtkommandanten von Westberlin, gehörte mithin den Bürgern, und sie schädigten eines der Organe in ihrer eigenen Stadt, wenn sie ihm die Groschen vorenthielten, deren es bedurfte, um in Westberlin nötige Reparaturen in der dort gültigen Währung zu bezahlen. Diese Widersprüche, auch ausserhalb der Ökonomie, wirkten ungereimt auf einen, der nun schon im fünften Jahr unter den Berlinern lebte, und um sich ein wenig zu revanchieren für die Gastfreundschaft, versuchte er ihnen öffentlich etwas vorzurechnen, in einem hamburger Blatt versteht sich, über das Aushungern der Stadtbahn. (Die Zeit, 10. Januar 1964; jetzt in: Berliner Sachen, Frankfurt am Main 1975, p. 22.)

Von den Antworten sei eine vorweggenommen, die bei einigem guten Willen gedeutet werden kann als Zustimmung, jedoch aus einem anderen Grund: weil sie zeigt, welches Ausmass an Verständigung möglich wäre zwischen Autor und literarischer Kritik. Wie die unzutreffende Tatsachenbehauptung im letzten Nebensatz beweisen wird, möchte ihr Verfasser in einer übertreibenden Pointe sich salvieren mit einer vorgeblich parodischen Absicht; in Wahrheit hat er ein Gespräch geführt mit diesem Parteigänger der Stadtbahn von Berlin. Er ist ihm auf die Schliche gekommen, mit denen der seine Leser auch unterhalten will in einer Abwechslung von Gesten und Formen; nun, da sie ihm vorgeführt werden, kommt der Autor sich erkannt vor. Selbst die Übertreibungen, in denen er das Verhalten des Verfassers zum sprachlichen Ausdruck nachahmend reproduziert, sind tatsächlich Hinweise, in wie immer neckendem Ton; immer noch fühlt der Autor sich verstanden und kann für ein Mal gewiss sein, es habe der Kritiker den Lesern in einem ausgewählten Bereich getreu vorgeführt, um was es ihm gegangen war und wie er zu Wege ging:

KLAUS SAUER
Beschreibung eines Schriftstellers
Bei der Durchquerung des zwischen den Stadtbahnhöfen Friedenau und Wilmersdorf gelegenen Teiles der Weststadt Berlin, in jenem Winkel bebauter Flächen und Parks, den die nach Wannsee, auch Potsdam, ausstrahlende Radiale mit dem riesigen Ring bildet, fällt auf, gelegentlich in den Vormittagsstunden, eine männliche Person, gross und ungelenk, gekleidet in eine schwarze Lederjacke und Manchesterhose gleicher Farbe, aber mit blondem Haar: der Schriftsteller, mutmasslich beschäftigt mit einem dritten Buch, in Wahrheit aber bedenkend: die Berliner Stadtbahn. Begriffen in Fortbewegung, die ist an ihm zu erkennen, bezieht er sich in unterschiedlicher Körperhaltung auf den innerstädtischen Verkehr, und zwar überquerend die Kreuzung an der Kaisereiche mit vorgebeugtem

Oberkörper, die Hände auf dem Rücken verschränkt, auch sitzend im Autobus der Linie A 48, die Arme hängend über den unbesetzten Vordersitz, nur freilich am Vormittag, nicht, wenn die Busse im Schritt hintereinander herfahren, der erste Bus nimmt nur drei Personen auf, der Schaffner schwitzt, schreit. Ferner: verweilend vor dem Bücherkarren in nachdenklicher Haltung, in der Hand wiegend ein Buch, weiss nicht von wem. Auch: vorsichtig durchquerend den Schwarm der Rentner, die mit kranken Beinen ihre kleine Rente abholen in der Post am Handjery-Platz, zuhaltend auf die im Vorraum der Schalterhalle angebrachten Postfächer, enteilend, zurückkehrend, zwecks Einwurfs einer falsch eingelegten Sendung in den dafür bezeichneten Schlitz.
Die Häufigkeit der Begegnung als Ersatz für ihre kurze Dauer, jeweils. Versuch, über den Schriftsteller eine Kurzgeschichte zu schreiben: Da kommt er also an einem Nachmittag die Handjerystrasse entlang, unterquert die Durchfahrt der Stadtbahn kurz vor der Wexstrasse, fühlt Kopfschmerz, mustert die zerschlissenen Matratzen, die verkommenden Mopedwracks, die Flaschen, Lumpen, den Müll, die Abfälle, das Gerümpel, das hier lagert – etwas qualitativ anderes, das möglicherweise vier Sätze füllt, und zwar kursiv –, weil die städtische Müllabfuhr nicht ausreicht gleich der städtischen Verkehrsgesellschaft, trotz hoher Tarife, atmet ein den Geruch von Fäulnis, der hier nicht zu vertreiben ist, und beizendem Urin von Betrunkenen, Hunden, die können, so oder so, nicht leben ohne Stadtbahn; eilt weiter zum Gebäude des Rundfunks im amerikanischen Sektor, blickt sich um auf der Aussentreppe, bevor er eintritt, sieht liegen unter einem aus-

gezehrten Himmel den Gleiskörper der Stadtbahn, der die Bahnhöfe Innsbrucker Platz – die Ladengeschäfte mit Bohlen vernagelt, zugestellt; die Glastüren des Untergrundbahnhofs schwenken unablässig hin und her zwischen den Fahrgästen – und Wilmersdorf miteinander verbindet. Sitzt dann im Studio vor dem Mikrofon, spricht Mutmassungen hinaus in den Äther der ostwestlichen westöstlichen Stadt, blickt hinüber zu ihrer unsrer seiner verkommenden Stadtbahn. Wer wollte das erfinden.

Oder das: Stehend an der hinteren, allein für den Ausstieg bestimmten Tür eines halbleeren Einmannbusses der Linie A68, der Schriftsteller, den Fahrer, der ist zugleich Schaffner, verärgernd durch unbewusste Unaufmerksamkeit: denn nämlich: gehalten wird nur im Bedarfsfall, der tritt ein zum Beispiel, wenn, wie jetzt, an drei leeren Haltestellen, der Schriftsteller den Eindruck erweckt, als wolle er hier 'raus, will aber gar nicht, sondern nun erst an der vierten. Bedeutet: Erschwerung des Verkehrs in der Weststadt Berlin.

Wer möchte da erfinden. Nein, da sind wir doch lieber mit unserem Funkwagen, mit unseren Kameras und westdeutschen Gästen, mit unserer Reportage an den Innsbrucker Platz gefahren: vor dem Stadtbahnhof drängen sich auf einmal die Bürger der Weststadt Berlin, ihre Blicke gehen nicht länger aneinander vorbei, langsam bewegen sie sich durch die Schalterhalle, diszipliniert einander vorwärts schiebend, der Beamte in der Wanne am Ausgang zum Bahnsteig hat keine Zeit für entgegenkommende Freundlichkeit, er knipst und knipst die ihm in ununterbrochener Folge hingehaltenen Stadtbahnfahrkarten aller Tarife (von 20 bis 80 Pfennige); endlich erreichen auch Sie den Bahnhof,

stehen unter dem frischgestrichenen Bahnsteigdach – das hat uns Uwe Johnson gesagt – und sehen: eben ihn, doch unkenntlich für die andern, die ihn zugleich anerkennen als einen der ihren: er hält nämlich *Die Zeit* vorm Gesicht, in der er sich liest.
(Der Monat, März 1964, letzte Seite (unpaginiert))

Zur Sache tröpfelte die Zustimmung spärlich. Überdeutlich hingegen erwies sich als Irrtum die Hoffnung, es dürfe ein Boykott der S-Bahn von Berlin besprochen werden wie eine Angelegenheit der Haushaltsführung. Offenbar war hier, wie immer versehentlich, ein Sakrileg begangen worden. Den ersten Pranger errichtete der Lokalredakteur eines von Axel Springer freien Blattes, ein Mann, der nach eigener Einschätzung bekannt war für sein humorvolles Wesen. Er begann mit dem Tadel, freilich komme der Aufsatz in dem hamburger Blatte »eigentlich« um zweieinhalb Jahre zu spät; er schloss mit einem Lokalbekenntnis:

Wir wissen, dass wir dem Sowjetzonenregime mit dem Verzicht auf Fahrten mit der S-Bahn keinen ins Gewicht fallenden Schaden zufügen können, zumal die S-Bahn [. . .] ja zu einem Dumping-Preis, einem Kampf-Tarif fährt, und nicht auf ihre Kosten kommt, auch nicht käme, wenn mehr Westberliner die S-Bahn benutzten. Die Gründe für den Kampfpreis sind politisch. Die Gründe der Westberliner, die freiwillig auf dieses günstige Angebot nicht eingehen, sind ebenfalls politisch. Es handelt sich um ein Phänomen jener Berliner Haltung, deren politische Bewährung dafür spricht, dass sie auch vernünftig ist.
(Der Tagesspiegel, 16. Januar 1964)

Solcher Spielart des Hegelianismus, die sich selbst ins Recht setzt aus dem Grunde, dass es möglich war, so zu denken, solcher Philosophie möchte man gern widersprechen, eingeschrieben, durch Eilboten! Die Bitte um einen Abdruck der Erwiderung fand der Chefredakteur und Herausgeber des »Tagesspiegel« »überraschend«.

> Sie haben in »Die Zeit«, einer in der Bundesrepublik viel beachteten Zeitung, die Berliner S-Bahn unter Ihre Lupe genommen. Wir fanden verzerrte Stellen in dem Bild, das Sie sahen und den »Zeit«-Lesern vorsetzten. Deshalb befasst sich Herr Matthes im Tagesspiegel mit Ihrem von »Die Zeit« veröffentlichten Artikel. Das nennt man eine Zeitungspolemik. So etwas ist zwar ausser Übung gekommen, hat aber auch seine Spielregeln. Sollten Sie sie nicht kennen? Einen klaren Hinweis gäbe dann die Frage, ob Sie nicht meinen, dass der Widerspruch des Herrn Matthes im Tagesspiegel den Lesern der »Die Zeit« kundgetan werden sollte. Stimmten wir in der Bejahung überein, dann wäre auch die Entgegnung an Herrn Matthes in »Die Zeit« das Natürliche. Uns bliebe das nobile officium, unsere Leser über die Antwort des Herrn Johnson in »Die Zeit« zu unterrichten.
>
> Stimmten wir darin nicht überein, bliebe uns noch die Hoffnung, dass Sie nun verstehen, warum Ihre Bitte uns überrascht.
>
> (18. Januar 1964)

Verblüffend war eher die Wendigkeit, mit der eine in der Bundesrepublik weniger beachtete Zeitung von Westberlin ihren Stimmungsbeitrag in die Spalten einer etwas mehr beachteten Zeitung zu lancieren suchte, und zwar ausgerechnet durch die Vermittlung dessen, dem sie mit diesem Beitrag einen Unglimpf zugefügt hatte. Das wäre dann schon einen edlen Dienst wert gewesen. Es blieb ein Hindernis: Spielregeln von solcher Nobilität waren unbekannt, bei welchem officium auch man danach fragte. Eine Woche später druckte »Der Tagesspiegel« drei Leserbriefe, mit einem Vorspann:

> Da die unserer Auffassung zustimmenden Leser sich im wesentlichen darauf beschränken, unsere Argumente zu unterstreichen, veröffentlichen wir hier nur [gegen uns] kritische Stimmen.

Sieh an. Von allen – sagen wir: hunderttausend? – Lesern nur drei unpatriotisch genug, anders zu denken als die westberliner Redaktion.
Das bedeutet neunundneunzigtausendneunhundertsiebenundneunzig Stimmen in dieser Tonart:

> Im übrigen werter Herr Johnson sind wir West-Berliner mit Belehrungen und Kritiken bis zur nächsten Steinzeit eingedeckt. Leben Sie wohl!
> Die uneinsichtigen Westberliner.
> Seine Polemik gegen den Boykott, »den die Vernunft nicht erklärt«, begründet Johnson fast nur mit der Zweckmässigkeit der S-Bahn. Die S-Bahn ist sehr praktisch, so schlau ist man in Berlin auch. Nicht um die zwanzig Pfennig für Ulbricht geht es. Gerade wegen der zugehörigen Opfer ist der Boykott eine gute Demonstration, und wir alle leiden darunter, dass wir viel mehr nicht tun können.
> (Antwort überflüssig)
> Ich habe selbst erlebt, dass Ostberliner mich danach

fragten, ob die Westberliner immer noch die S-Bahn schnitten, und dass sie durchaus damit zufrieden waren, als ich das bejahte. In dieser Hinsicht bedeutet der Boykott eine ständige Solidaritätskundgebung für alle »westlich« gesinnten Landsleute in der D.D.R.

Unter den Leserbriefen, die »Die Zeit« drucken konnte, war ein Dokument kriminalistischer Linguistik:

> [Des Verfassers] Terminologie ist eigenwillig. Er spricht vom »Staatsratsvorsitzenden« auf der einen und vom »Westberliner Besatzungsgebiet« auf der anderen Seite. Er hält sich strikt an die Weisungen, die Walter Ulbricht den SED-Funktionären in seinen Zirkularen erteilt: »Vom Schiessbefehl an der Mauer ist in Diskussionen nicht zu sprechen«. Herr Johnson spart sie [?] aus. Herr Johnson wohnt in Westberlin, aber Schüsse an der Mauer sind für ihn tabu, sie erreichen weder sein Ohr noch sein Herz. Für sie hat er keine humanitäre Antenne. Wer zum Mord schweigt, duldet und begünstigt ihn.

(Weiterführende Literatur: Autorenkollektiv, Die Berliner S-Bahn. 2., überarbeitete Auflage, Transpress V.E.B. Verlag für Verkehrswesen, Berlin (Ost) 1968. Darin weitere Literatur, p. 310ff. Berliner S-Bahn, 50 Jahre elektrischer Stadtschnellverkehr, zusammengestellt von Hans D. Reichardt, Alba Buchverlag, Düsseldorf 1974.)

Damals, 1964, war der »Sender Freies Berlin« gesegnet mit einer Wesensart, die ihn aus freien Stücken einkommen liess um die Ausstrahlung einer »umstrittenen« Sache, und sei das eine Beschwörung gegen den Boykott der Stadtbahn. Am Rande vervielfachte er damit die öffentliche Aufmerksamkeit für deren Verfasser. Was, der Kerl steht im Telefonbuch? dem werd ich mal die Meinung geigen! Es muss auch Leute gegeben haben mit der Vorstellung, der Beruf des Schriftstellers werde in der Regel ausgeübt zu nachtschlafender Zeit, die stellten sich eigens ihren Wecker auf drei Uhr morgens; wie es war, weckten sie einen ihrer Mitbürger, dem sie so früh schon eine Fahrkarte »in den Osten« anbieten wollten. Andere hinwiederum bedauerten, dass im Buch nur die Nummer stand, ohne eine Adresse, sonst wären sie liebend gern bereit und zur Stelle gewesen, diesem Fernsprechteilnehmer die Fresse zu polieren, dem roten Schwein!

Und was tat die Verwaltung der »Berliner Stadtbahn«? Über einen Aufsatz unter diesem Titel im Sommer 1961 (jetzt in: Berliner Sachen, p. 7) hatte sie gut und gern hinwegsehen dürfen, darin war etwas anderes besprochen als ihr Betrieb und Verkehr. Nun aber stand der Verfasser enthüllt als der berliner S-Bahn Fürsprech und Bannerträger; das war doch mindestens eine Einladung auf die Tribüne wert, nämlich bei den Festlichkeiten zum Tag des Eisenbahners (jährlich der 8. Juni). Unentmutigt, denn sie war regelmässig ausgeblieben, sagte dieser ihrer Anhänger noch am März 1970 etwas für die S-Bahn Werbendes auf im Fernsehen der A.R.D. (jetzt in: Berliner Sachen, p. 42); immer noch wartet er, im Bewusstsein geleisteter Dienste, auf die persönliche Zeitkarte, kostenlos und gültig auf Lebenszeit. (Aber sie pusten auf Kuchen, die Genossen von der Deutschen Reichsbahn-Reklame G.m.b.H. in D.D.R.-102 Berlin, im Bahnhof Jannowitzbrücke.)

Andere waren da geschwinder. Die Redaktion der ostberliner »BZ am Abend«, nachdem sie den Text in der hamburger »Zeit« ganze zwei Monate lang geprüft hatte, brachte am 11. März 1964, unter der Überschrift »Steigen mehr Westberliner um?«, einen Kommentar dazu. Er bestand fast nur aus Zitaten, siebzig Zeilen davon. Das Abendblatt der H.d.R. (Hauptstadt der Republik) kennzeichnete die Untersuchung ungefragt als einen »bemerkenswerten Artikel«. Des Guten zuviel tat es in der Angabe des Berufs: der Verfasser sei für jenes hamburger Blatt tätig als »Westberlin-Korrespondent«.

Dafür hatte er sich lediglich Urlaub genommen aus einer anderen Korrespondenz. Das war die Auseinandersetzung mit einer der Personen, in deren Gesellschaft er die Zeit vom 17. Oktober bis zum 10. November 1956 verbracht hatte. Denn sie zu erfinden, war zwar der Anfang der Bekanntschaft gewesen; spätestens seit sie einen Namen hatte, war sie unabhängig geworden als eine Gesine Cresspahl. Was sie einmal bezogen hatte an Herkunft, menschlicher Umgebung, Ausbildung, Arbeitsstelle, alles hatte sie sogleich in Besitz genommen, sich anverwandelt als Eigenschaft und jenes unverlierbare Eigentum, das beschlossen ist in der Vergangenheit einer Person. Das machte sie zu einem ebenbürtigen Partner in dem Bewusstsein, in dem sie umging, so wirklich anwesend wie sonst Personen des Alltags, von denen Mimik, Sprechweise, Gangart erinnerlich waren. Sie war unmittelbar kenntlich an ihrer Stimme, einem Alt von nunmehr dreissig Jahren Lebensalter, geschult und erzogen in vier Sprachen, mecklenburgisch akzentuiert nur unter Aufsicht. Sie sprach fast ernsthaft nörgelnd, sorgsam an der Grenze der Verträglichkeit, mit einem Vorwurf, um so dringlicher, als sie eines Anderen Sache zu fördern suchte. Um Karsch ging es ihr. Und was beliebte ihr mit

Herrn Karsch? Offenbar war sie unzufrieden mit dem Verfahren, ihn auf drei Monate zu verschicken in das fremde Land D.D.R., nach Sachsen obendrein, und dann von allen seinen neunzig Tagen nur zu zeigen, was erheblich gewesen war für einen Versuch, mit westdeutschen Mitteln der Sprache und Kenntnisnahme die Biographie eines Radrennfahrers zu schreiben, der dagegen sich wehrt mit allen ostdeutschen Perspektiven und Vorbehalten, die er nachgerade erworben hat als eine Lebensart. Aber so war es doch mit ihm verabredet gewesen! Gewiss, und Karsch hatte sich gehalten an den Vertrag. Nun aber sei es an der Zeit, sich auch zu kümmern um Karsch bei jenen Gelegenheiten, in der ihm anderes widerfahren war als die Ausübung seines Berufs. Angefangen mit seinem Gesundheitszustand im Frühjahr 1960. Hätte ein Arzt ihm eine solche Reise, eine solche Arbeit überhaupt erlaubt? Und was waren das für Leute in der Fremde, mit denen er sich einliess aus freien Stükken, ausserhalb des Plans für das Buch? Schliesslich hatte er sich die Mühe gemacht, an die dreihundertzehn Kilometer in den Norden zu fahren, zu einer Schleuse in der Havel; vielleicht war doch berichtenswert, was er dort erwartet und vorgefunden hatte. Von dem Abstecher nach Westberlin ganz zu schweigen. Und war etwa unerheblich, wie es ihm ergangen war mit seinen neuen Kenntnissen in einem Hamburg, das sich gegen sie sträubte? Karsch hatte doch einiges auszustehen, eher er zur Ruhe kam in einer Klinik in Mailand und an einem Wohnsitz überhaupt in Italien, um dauerhaft seine Ruhe zu haben vor dem Gerede von einer Einigung der deutschen Provinzen. So redete die Dame Cresspahl, fordernd, spöttisch, streng, reinweg wie für einen Freund; unverkennbar war das ein Auftrag. Karsch bekam seinen

Nachtrag, einen Exkurs ganz für sich allein, dreiundfünfzig Seiten unter der Überschrift »Eine Reise wegwohin«; mit den Empfehlungen von Gesine Cresspahl.
Was ihre eigene Person anging, so hielt sie sich zurück. Auf den Vorhalt, nach ihrem Ton zu urteilen könne doch auf mehr als eine Bekanntschaft mit Signor Karsch geschlossen werden, antwortete sie ernsthaft frozzelnd: Das könne man, und beliess es dabei. Fragte man sie, was Karsch etwa zu suchen hatte bei Schleusenleuten in Südostmecklenburg, mit denen die Cresspahls immerhin im ersten und zweiten Grad verwandt waren, so war sie wahrhaftig imstande, das »so genannte Spielerische des Lebens« ins Feld zu führen. Kurz, sie verweigerte sich. Mit Glück ging es zu, ihr Einzelheiten abzuluchsen über ihren Gang um Osterwasser, über ihre Beihilfe zum Umzug einer jerichower Rentnerin zu den darob missvergnügten Angehörigen »im Westen«, und über die Pakete, die sie selber nach Jerichow schickte aus ihrem Düsseldorf. An diesem Düsseldorf war etwas für sie unrichtig, das deckte sie ab. Mit Hängen und Würgen kam eine Krücke von einem Lebenslauf zustande, zu dem schwieg sie so beharrlich ins Belieben stellend, dass die schiere Selbstachtung verbot, ihn abzudrucken. So allerdings kommt man schwerlich in einen Titel: »Karsch«, das war der eine Teil, »und andere Prosa«, das blieb bei einem solchen Verhalten übrig für Gesine Cresspahl. Wenn das sie störte, geschah ihr recht.
Recht aber war ihr das. Sie wollte sich Zeit lassen. Sie erlaubte Notizen, she enjoyed teasing with tidbits, verlokkende Andeutungen liess sie einem vor der Nase baumeln, das machte ihr gerade Spass. Sie erlaubte einem einzigen Absatz, fertig zu werden:

Gesine Cresspahl öffnete Briefe wie sie ihren Vater hatte tun sehen. Die linke Hand hielt den Umschlag vor die Augen und dann die lichtere Schmalkante der Papierschere hin, mit der die rechte am Inhalt entlang einen Rand abschlug, wieder die andere schüttelte die Hülle aus und hielt sie gegen das Licht, liess sie weggleiten, beide Hände griffen nach dem Papier, falteten es auf, hielten es aufrecht neben der locker über dem unteren Daumenglied wippenden Schere. Wie ihr Vater verschob sie die Scherenklingen leise gegeneinander, während sie auf dem spannsteifen Karton einer Doppelkarte gedruckt las ihr Vater sei gestorben.

Danach erübrigte sich, dass auch sie noch ein Stop-Zeichen gab. Es war offensichtlich: ein Buch mit ihr würde anders anfangen. Stillvergnügt sah sie der Suche des Schriftstellers nach ihr selbst zu; über zwei Jahre ging das vergeblich, bis er Vernunft annahm und aufgab, vorläufig. Was kümmerte sie seine Pläne! sie hatte ihre eigenen, und es war ihr unbestreitbares Recht, in Ruhe abzuwarten, bis sie einmal zu den seinen passten.
Das Komma in »Karsch, und andere Prosa« betrachtet sein Urheber als einen unantastbaren und vollendet getarnten Aufstand gegen die Heiligen Gesetze der Interpunktion, wird vor einer Erklärung jedoch sich hüten. Wer eine Lösung allein darin erblickt, dass »Karsch« als Titel eine solche Abtrennung erfordere, ist auf dem Holzwege, denn der Titel des ihm gewidmeten Stückes lautet ja anders.
Ein anderer Auftrag war die Einladung Hans Werner Richters, am 17. März 1964 bei ihm in Berlin-Südende anzutreten zu einer Diskussion über »zwei deutsche Literaturen«, bei der die Mannschaftsaufstellung so ausfiel:

Max Walter Schulz	Heinz von Cramer
Hermann Kant	Günter Graß
Paul Wiens	Uwe Johnson.

Vorfreude war wenig angezeigt. Denn die drei Kollegen aus der Deutschen Demokratischen Republik waren Angehörige einer Riege, die sich im August 1963 stark gemacht hatte dafür, dass einer ihrer heutigen Partner einem Kongress in Leningrad fernbleiben musste. Der Generalsekretär der Communitá Europea degli Scrittori, Giancarlo Vigorelli, hatte noch im Juni 1963 versichert:

> per Johnson ho avuto tutte le assicurazioni e tutte le garanzie da parte degli amice sovietici; scrivigli anche tu insistendo per al sua partecipazione,

auch das Visum für die Einreise in die Sowjetunion war bereits genehmigt worden. Dann telegrafierte er am Sonnabend vor dem Kongress:

> NOTWITHSTANDING AUTHORISATION GIVEN BAY RUSSIAN WRITERS VERY SORRY INFORM YOU YOUR PARTICIPATION IMPOSSIBLE BECAUSE OF OPPOSITION YOUR ANCIENT COLLEAGUES WHO COULD RAISE UNPLEASANT INCEDENT STOP OFCOURS I SHALL PRETEST . . .

Ja, in der Schluss-Sitzung des Consiglio direttivo der COMES wurde Einspruch erhoben, weil einigen Schriftstellern aus Portugal und Spanien die notwendigen Genehmigungen vorenthalten worden waren, übrigens auch einem Schriftsteller aus Westberlin. Den sowjetischen Mitgliedern dieses Leitungsausschusses war die Frage nach diesem offiziell unbehaglich; in privaten Ge-

sprächsumständen erwähnten sie einen Brief, den der Ausgeladene sollte gesandt haben, mit einem Verlangen nach förmlicher Ausreisegarantie, nach welcher unhöflichen Skepsis gegenüber sowjetischer Gastfreundschaft das Willkommen habe wegfallen müssen. Wenn es so einen unpraktischen Brief gibt, ist er fabriziert. Andererseits schienen die sowjetischen Vertreter selber an der Existenz des Schriftstücks zu zweifeln, denn sie stellten dem Geschädigten in Aussicht, sie würden ihn demnächst zu einer längeren und privaten Reise in die U.d.S.S.R. einladen; die Rede war von zwei Monaten. Wenn dies Angebot dauerhaft ausblieb, so lässt sich vermuten, dass die Funktionäre des ostdeutschen Schriftstellerverbandes zu jener Zeit beim sowjetischen noch Freunde besassen.
(Was soll hier der Vorwurf der Kleinlichkeit! ein Angehöriger der westdeutschen Delegation hatte in Chruščevs swimming-pool baden dürfen! Chruščev hatte ihm seine Badehose geliehen! Gesprächsweise hatte Big C geäussert: Man muss die Bienen schwärmen lassen, wenn die Ernte gut ausfallen soll! Dergleichen zu versäumen, wegen des Futterneids jener »altertümlichen Kollegen«!)
Von jenem Verein der unterschobenen Briefe und der »unangenehmen Zwischenfälle« gesandt, kamen die drei Gäste nach Westberlin, und kein bisschen waren sie befremdet von der Höflichkeit, mit der hinwiederum sie begrüsst wurden auf der anderen Seite. Und was war die Bedingung für das Gespräch vor den Mikrofonen in Südende? es sollte das Tonband unbeschnitten gesendet werden, vom »Deutschlandsender« wie vom »Sender Freies Berlin«.
Das war abgemacht. Herr Schulz, Herr Kant, Herr Wiens, alle gaben sie vor, sich zu verstehen auf ein Wort.

In der Folge erwies sich, dass dies den Bruch des Wortes einschloss.
Nachdem der »Sender Freies Berlin« das Gespräch ungekürzt ausgestrahlt hatte, fragte ein Redakteur in Axel Springers »Die Welt« »beispielsweise nach der schriftstellerischen Legitimation des Hermann Kant«, der sich immerhin erlaubt habe, »Günter Graß, wie gehabt, einen Faschisten zu nennen und Uwe Johnson als Kriminellen hinzustellen«. (3. April 1964)
Schon am 22. April stellte sich Hermann Kant in der Zeitung seiner Partei:

> Es schien mir nur fair zu sein, [meinen Gesprächspartnern in Westberlin] die Chance zu einer ersten Erwiderung zu lassen. So weit ich sehe, haben sie diese Gelegenheit nicht genutzt, und so antworte nun ich. [. . .]
> Über Johnson habe ich mich nur gelegentlich in literarischen Zusammenhängen geäussert, [. . .]. Habe ich auch nie Johnson einen Kriminellen genannt, [. . .].

So gross war eben schon damals die Machtfülle eines Hermann Kant, dass sie hinreichte zur Entfernung der Zeitung »Neues Deutschland« vom 18. Februar 1962 aus den Archiven zumindest seines Landes. Oder aber, wenn Hermann Kant jemand bedenkt mit den Strafandrohungen des D.D.R.-Gesetzbuches, so sind dies für ihn literarische Zusammenhänge.
Solch Benehmen lohnt sich schon. Dafür wird man später einmal Präsident eines Schriftstellerverbandes aus welchem – um ein Mitglied abwandelnd zu zitieren – die Talente rascher ausgewiesen werden als aus einem Zirkus die für seinen Betrieb untauglichen Flöhe.

(Dies sind, es sei wiederholt, lediglich Materialien für eine Poetik. Allerdings, manchmal drängt eine theoretische Fixierung sich geradezu auf.)
Ein anderer Auftrag verdankte sich der Tatsache, dass keine einzige Tageszeitung im Westberlin noch des Mai 1964 das Programm des »Deutschen Fernsehfunks« druckte, der D.D.R.-Anstalt in Berlin-Adlershof. Das ging schon vier Jahre so, nämlich seit der Verlag Axel Springer im Sommer 1960 mit anderen Programmzeitschriften ein Kartell aufgezogen hatte, dessen Zweck die Unterdrückung des Ostfernsehens war, solange die Presse der D.D.R. es versäume, ihre Leser über das Westfernsehen zu unterrichten. (Wie Axel Springer dabei einen widerspenstigen Verlegerkollegen fertig machte, und die Geschichte des Konzerns überhaupt, ist nachzulesen bei Hans Dieter Müller, Der Springer-Konzern, R. Piper & Co. Verlag, München 1968.) Da die Zeitungsgrossisten mit den Springer-Produkten dreissig bis vierzig Prozent ihres Umsatzes machten, fügten sich die übrigen Zeitungen und Zeitschriften unter der Drohung des Boykotts und liessen das Ostprogramm weg, erst recht, nachdem Axel Springer Anfang September 1961 hart nachgefasst hatte. Jedoch gab es in der Bundesrepublik und in Westberlin eine Anzahl Leute, zwischen 600,000 und 700,000, die in dieser Sache anders dachten als Axel Springer. Sie kauften solche Blättchen wie »Blinkfüer«, »Funk-Express« und »Lotto-Toto-Express«, weil dort das adlershofer Programm auch abgedruckt war. Wie die Westberliner sich ungern eingestanden, dass immerhin an die Hunderttausend von ihnen werktäglich die geächtete Stadtbahn benutzten, so sahen sie quasi heimlich die Sendungen aus der Umgebung ihrer Stadt, zuverlässig am Montag, wenn dort der be-

währte Kitsch der alten Ufa in die Falle eines politischen Kommentars locken sollte. Um etwas an dem kaputten öffentlichen Selbstverständnis der Stadt zu reparieren, schloss jemand (ohne nennenswerte Kenntnis des Fernsehbetriebs) mit dem westberliner »Tagesspiegel« einen Vertrag, der da lautete: wenn ihr das ostberliner Programm druckt, dann rezensier ich euch das.

Selbstverständlich ist es ein Unfug, Tag für Tag kritisch über ein Fernsehprogramm zu schreiben. Da eine Wiederholung selten, und dann auch nur einmal vorkommt, fehlt dem Leser ein Vergleich mit seinen eigenen Eindrücken, ausser er hat zufällig die besprochene Sendung auch gesehen. So etwas ist in der Regel ein Bericht über etwas, was der Leser der Zeitung verpasst hat. In diesem besonderen Falle war auch noch zu erwarten, dass die Redaktionen von Adlershof dem Urteil gerade dieses Schreibers das taube Ohr zukehrten. Unsinn hin, Unsinn her, es kam einzig darauf an, als eine Wirklichkeit anzuerkennen, dass man in Westberlin neben den beiden westdeutschen Anstalten noch das Programm einer dritten empfangen konnte. Am 4. Juni 1964 ging es los:

> Nennen Sie es, wie Sie wollen: Ostfernsehen, Ulbrichtschimmer, den 5. Kanal, D.F.F., den westlichen Brückenkopf von Intervision –, es ist doch da und passiert täglich, wird gesendet im Ortsteil Adlershof von Treptow, zwischen dem früheren Flugplatz Johannisthal und dem Teltowkanal, an der Rudower Chaussee, in Berlin, und ist vorrätig in unseren Apparaten wie in denen von der V.V.B. Rundfunktechnik, von morgens an mit Medizin nach Noten bis zu den Abendnachrichten und Vorführungen bis kurz vor

Mitternacht; es ist aber bisher nicht erwähnt worden.

Wenn diese Zeitung heute beginnt, davon das Programm zu drucken und von dessen Sendungen Notiz zu nehmen, so nicht allein aus Aufsässigkeit gegen die Lebenserfahrung von Prof. Palmström (im höheren Alter betrat er eine sechsbahnig befahrene Kreuzung und bestritt mit Berufung auf die Strassenverkehrsordnung von 1890, überfahren worden zu sein. Er war überfahren worden). Mehr noch verstehe ich hier Dienst am Kunden, mit allerhand Interessen. Aus Interesse an der Umgebung der Stadt West-Berlin, mit der sie früher eins war; aus Interesse an den Veränderungen dieser Umgebung. Insbesondere aus Interesse an den 41 Prozent der Haushalte in dieser Umgebung, die Fernsehgeräte haben, und an den Leuten, die den Kanal 7 und UHF nicht haben oder nicht einschalten; nämlich um wahrzunehmen, was ihnen geboten wird als Kenntnis der Welt, als Neuigkeiten von uns und als Erklärung ihrer eigenen Lage, da wir die so veränderten Nachbarn unverhofft wiedersehen könnten und uns vorbereiten sollten, sie zu verstehen. Kurz, aus Interesse an der Vervollständigung der Nachrichten in dieser Zeitung.

Unter diesen Umständen und mit solcher Absicht wird hier künftig berichtet werden über die Meinungen in diesem Programm, und zwar im Vergleich zu der des Berichterstatters, und über die Kunst in diesem Programm, im Vergleich zu der hiesigen.

Schon am 6. Juni begann auch das »Spandauer Volksblatt« mit dem Abdruck und der Besprechung des Programms von Berlin-Adlershof, und immer noch hielt

Axel Springer still. Immerhin hatte er für den Schadensersatz-Prozess des »Blinkfüer«-Verlages gegen den Springer-Konzern an der allerfeinsten Adresse schneidern lassen:

»Die Drohung des Hamburger Axel Springer-Verlags mit einer Liefersperre seiner Presseorgane gegenüber sämtlichen Zeitschriftenhändlern, die nach dem Bau der Berliner Mauer Rundfunk- und Fernsehprogramm der Sowjetzone vertreiben wollten, ist nach den Feststellungen des Bundesgerichtshofes in Karlsruhe nicht (nicht) rechtswidrig gewesen«, kabelte die Nachrichtenagentur UPI am 13. November 1963 ungläubig vom Sitz des höchsten Gerichts.
Das Urteil des sonst so abwägenden hohen Gerichtshofes, seiner Präzedenz wegen um so unverständlicher, fand unter Juristen scharfe Kritik. Liest man die schriftliche Begründung, so muss man zu dem Schluss kommen, dass die Richter von den Konzentrationsmechanismen auf dem Pressegebiet so gut wie nichts verstanden und die Verfassungsbedeutung des Falles nicht erkannten. Da der Entschluss zum Boykott »der spontanen Gegenwehr gegen die östliche Propaganda«, also rein politischen Erwägungen entsprungen sei, [. . .], habe auch kein wettbewerblich schädigendes Motiv, folglich kein rechtswidriger Eingriff in den eingerichteten und ausgeübten Gewerbebetrieb »Blinkfüer« vorgelegen. Der nachgewiesene Auflagenrückgang von 10 Prozent sei für Schadensersatzansprüche ausserdem zu geringfügig. Die mögliche Schädigung der Händler sei nur eine »Nebenwirkung« gewesen, die bei der »folgerichtigen Durchführung« des politischen Anliegens des Konzerns »nicht zu um-

gehen« gewesen sei. [. . .] Mag der Rückzug der Richter auf die rein formale Position in einem Zivilstreit bis zu diesem Punkt noch plausibel erscheinen, so tauchen daneben jedoch Wortfärbungen und Gedankensprünge auf, die in ihrer Vermischung von geschäftlichen und politischen Interessen dem Kopfe Axel Springers oder seines Chefjustitiars Arning selber entsprungen sein könnten: ohne vollständige Boykottandrohung hätten einzelne Händler, die weiter Blätter mit Ostprogrammen vertrieben, gar einen »geschäftlichen Vorteil«, ein »Monopol« erringen können – ein wettbewerbliches Motiv, das eben noch bestritten wurde. [. . .] Schliesslich: der Konzern sei berechtigt gewesen, im Vertrieb von Ostprogrammen eine mittelbare Unterstützung des Zonenregimes zu sehen und diese »für die Öffentlichkeit nicht tragbar« zu halten, darum habe er einen Weg der Meinungsäusserung beschritten, der ihm in einer »die Lebensinteressen des eigenen Volkes weniger berührenden Angelegenheit« nicht offengestanden hätte – eine für den demokratischen Staat völlig unmögliche Gleichsetzung der politischen Meinung einzelner mit den »Lebensinteressen des Volkes«, die Konzedierung eines privaten Zensurrechts, festzusetzen, was »für die Öffentlichkeit tragbar« sei und was nicht.

Analysiert man das Urteil auf seinen Kern, so erlaubten die Richter dem Riesen [Springer], seinen mächtigen Wirtschaftskörper nach seinem »Gewissen« zu bewegen, auch wenn er dabei andere niedertrat.
(Müller, a.a.O., p. 242f.)

Zumindest an den Donnerstagen muss Axel Springer eigens auf die Verkaufszahlen seiner berliner Blätter geachtet haben; an diesem Tag hatte man in der Stadt die Wahl zwischen einer Zeitung mit dem vollständigen Fernsehprogramm und einer, in der dem Programm etwas fehlte, so zu sagen minderwertiger Ware. An fast allen anderen Tagen aber konnte er wahrnehmen, dass »Der Tagesspiegel« unter dem Titel »Vor dem Fernsehschirm« auch berichtete über Vorgänge in Ostberlin und der D.D.R., über tatsächlich nachweisbaren Bau von Wohnungen in jener Gegend, über die Abhängigkeit des Ostens von westlichen Standards in den Dekorationen, über die Mimik des Nachrichtensprechers, über ein Vorkommnis auf der Terrasse des Müggelsee-Turms, über dortige Warentests, über einen Schriftsteller mit Bierkrug, über Verkäuferinnen am Alexanderplatz – lauter Dinge, die seinem »Gewissen« zuwider sein mussten. Das alles in einem Kiosk, womöglich an einer Wäscheklammer mit einem seiner Blätter. (Sein Gewissen ertrug den gemeinschaftlichen Vertrieb mit dem rechten Hetzblatt »Deutsche Nationalzeitung und Soldatenzeitung« (mit seinen Anzeigen darin) auf das ruhigste.) Wann würde er den Grossisten untersagen, Sachen wie »Der Tagesspiegel« und »Spandauer Volksblatt« öffentlich zum Kauf anzubieten? Für die Verleger dieser Zeitungen muss das Warten auf Axel Springers Entschluss eine dunkle Wolke gewesen sein.

Der Blitz schlug aus einer ganz anderen Ballung. Am 12. Juni 1964 richtete der Ausschuss für gesamtdeutsche und berliner Fragen beim Deutschen Bundestag an den Deutschen Presserat in Bad Godesberg ein Schreiben, in dem es unter anderem hiess:

> Wir sind nach sorgfältiger Prüfung der rechtlichen Seite der Sache zu der Auffassung gelangt, dass es

keine juristische Möglichkeit gibt, den Abdruck der sowjetzonalen Programme zu verhindern. Der Ausschuss meint aber, dies sei vor allem eine allgemeine politische Frage und eine Sache der nationalen Disziplin. Er kam deshalb, und zwar einmütig, zu der Auffassung, dass die Zeitungen und Zeitschriften so lange die Programme der Sender der ostzonalen Gebiete nicht verbreiten sollten, so lange nicht auch die Ankündigungen der hiesigen Sender dort mitgeteilt werden.

Wir meinten, dass wir den Deutschen Presserat bitten sollten, in diesem Sinne auf die Presse einzuwirken. Es sollte natürlich keine Vorschrift gemacht, aber es müsste daran erinnert werden, dass der politischen Propaganda kein Vorschub geleistet wird, die sich gegen die Grundrechte der Freiheit, der Menschenwürde und der unabhängigen, freien Bestimmung jedes Bürgers des Landes über das nationale Schicksal wendet.

Der Ausschuss für gesamtdeutsche und Berliner Fragen wäre Ihnen sehr verbunden, wenn Sie seinem Wunsche entsprechen und die Presse anregen würden, in eigener Entscheidung und Verantwortung auf den Abdruck sowjetzonaler Programme zu verzichten. Wir wählten den Weg über Sie, das frei gebildete Organ der deutschen Presse, weil wir auch den Anschein vermeiden möchten, als wollten wir der Presse eine Verpflichtung auferlegen, deren Notwendigkeit sie nicht selbst erkennt.

Raten Sie einmal, wer das als Vorsitzender unterzeichnet hat. Wer mag das sein, der etwas durchaus Erlaubtes verhindern möchte? Wer war damals imstande, aus dem Verhalten eines Staatswesens, dem er die Existenz be-

stritt, einen erzwungenen Verzicht auf das Recht auf Information zu Hause abzuleiten? Wer schafft es, eine Nachricht, die Ankündigung von Bildfunksendungen, zu denunzieren als Vorschubleistung für politische Propaganda? Zu wessen politischem Stil passt es, die Sache zu deichseln auf eine fatal deutsche Weise, ohne eine ausgesprochene Vorschrift oder Drohung, schlicht durch die Andeutung von Druck? Wer nimmt sich unbefangen heraus, der Presse ihre Urteilsfähigkeit abzusprechen, wenn sie ein Bedürfnis nach Nachrichten aus der »Ostzone« bedient? Wer betreibt hier offene Diskreditierung? Auch Weltmeister dürften sich schwer tun bei diesem Quiz: das war, auch einmal Herbert Wehner.
Und immer noch hielt Axel Springer still, bei so gewichtiger Rückendeckung. Was mochte mit seinem Gewissen passiert sein? Genierte er sich am Ende, mit einem Boykott auch noch den »Tagesspiegel« so mundgerecht kleinzuschlagen, dass er in das Maul des Springer-Konzerns passte?
Mittlerweile, nach mehr als zwei Monaten vor dem Bildschirm hätte der Fernseh-Rezensent des »Tagesspiegel« gern einmal gewusst, wie weit er denn der öffentlichen Anerkennung von zumindest Berlin-Adlershof einen Vorschub geleistet hatte. Denn er hatte doch oft genug Anlass gefunden, einen Blick auf das Programm dieser Station anzuregen, etwa so:

> Solche Ratespiele wie »Kreuz und quer« im ostdeutschen Fernsehen sind dem Publikum der westlichen deutschsprachigen Gebiete wohl zu empfehlen. Zwar sind dem hiesig geneigten Zuschauer teure Dekorationen nichts Neues, und so eine smarte Redeweise wie die des quizzenden Herbert Köfer hat er erst neulich

aus einer rheinischen Stadthalle vernommen. Was dieses Quiz ihm an aufregend Neuem vermitteln kann, ist eine Kenntnis besonderer Art: eine Unkenntnis. Zwar hätte mancher Westdeutsche noch gewusst, an welchem Flusse Goethes Gartenhaus steht. Aber Flugzeugkonstrukteure, Regisseure, eine Bergakademie, einen Schlagersänger, ein Braunkohlenwerk der östlichen Gegend? Und ganz gewiss wird ein Bewohner des Währungsgebietes Westmark nicht erraten, was für einen Ausdruck ostsprachige Leute in einer vorgegebenen Umgebung von Worten und Satzbau gebrauchen würden. Über die Entstehung und die Beharrlichkeit solchen Mangels an Kenntnissen kann man nachdenken bei flott hüpfender Musik, und zu beachten ist jedenfalls, dass die ostdeutschen Abonnenten das alles wissen oder rauskriegen, denn sie können dafür gewinnen einen Kühlschrank, ein Motorrad, eine Waschmaschine ausser der Reihe, oder einen Kraftwagen noch früher als nach der Wartefrist von zwei Jahren. Und da ostdeutsche Autos auf dieser Seite auch nicht bekannt sind, muss man seinen Namen nachtragen: Trabant 601. Oder hätten Sie es gewusst?

Keine Post von Herbert Wehner in Sachen nationaler Disziplin. Selbst die anonymen Anrufe waren selten geworden. Von den beiden Fachleuten, die den Rezensenten berieten bei der Übermittlung der Fernsehwirklichkeit der D.D.R., war der eine im Württembergischen unfähig, das ostdeutsche Programm zu empfangen, und der andere in der H.d.R. (Hauptstadt der Republik) wies es von sich, ein Fernsehgerät eigens zu erwerben. Am 12. August stand auf dem adlershofer Programm etwas durchaus anderes, als der Bericht darüber am 14. August behauptete:

> Wenige Wochen, nachdem »Neues Deutschland«, das Organ der S.E.D.-Ost der liverpooler Musikgruppe »Beatles« Volkstümlichkeit und Lebensfreude nachgesagt hatte, zog die Sendeleitung der Fernsehanstalt Adlershof nach und setzte am Mittwochabend vor die Kamera einen bärtigen jungen Ansager, der finsteren Blickes eine Überraschung ankündigte, nämlich Leute mit heiklen Frisuren, und mürrisch setzte er hinzu: Übrigens singen die auch so Sachen. Einer Sinnestäuschung ähnlich folgte dem der Film über Glanz und Elend der Beatles, wie er gegenwärtig im westberliner Zoo-Palast zu sehen ist, und nichts war unter die Schere der parteiischen Kulturpolitik gekommen, nicht die Sticheleien gegen den deutschen Film, nicht Ringos Lächeln und Seelenschmerz, nicht das wilde Gerenne der Ruhmverfolgten, nicht das Gekrächz der weiblichen Verehrerinnen, nicht einmal die aus der Hand gefilmten, undeutlichen Bilder; lediglich der Ton bei den Gesangsnummern war geringfügig gedrosselt, aber nun hatte auch schon das »Neue Deutschland« die Lautstärke gerügt. Der erstaunliche Onkel hatte durch die sächsische Nachsynchronisation noch gewonnen. Das raste, kreischte, witzelte und brüllte aus dem Bildschirm wie die Eröffnung des neuen Zeitalters für die unterhaltenden Künste Ostdeutschlands, und wer hätte das gedacht. Darauf das Programm wie gedruckt.

Gewiss, die Lernbereitschaft einer Redaktion an der Rudower Chaussee gegenüber jener an der Mauerstrasse, sie mochte westlichen Vorstellungen von einem sozialistisch-demokratischen Zentralismus einleuchten. Aber dass sie sollte gleich zu einer Programm-Änderung geführt haben? Und ein bärtiger junger Ansager vor der offiziellen Kamera der D.D.R.? In einer Gegend, wo Polizei mit Razzien und Zwangs-Schuren vorgeht gegen Jugendliche mit allzu langen Haaren, so geschehen am Bahnhof Lichtenberg? »Einer Sinnestäuschung ähnlich« . . . da war doch eine Frage eingeladen, verwandt mit der, wieso das deutschsprachige Land D.D.R. eine Übertragung in gerade jenen Dialekt sollte vorgenommen haben. »Wer hätte das gedacht . . .«

»Überhaupt nicht lustig« fand den Lügenvogel auch Hans Scholz, der Feuilletonchef vom »Tagesspiegel«: »Wir haben das«, sagte er tapfer, »Johnson natürlich abgenommen, aber eigentlich kann man so was nicht machen. Am nächsten Tag hat er angerufen und gefragt, wie [die] Leser reagiert hätten. Es hatte aber keiner. Pech«
(Die Zeit, 28. August 1964)

Am gleichen Tag, am dritten nach der angeblichen Adoption der liverpooler Singeknaben durch das ostdeutsche Fernsehen, meldete eine Zeitung, die eben jenes Programm sowohl druckte als auch beobachten liess:

»Kanal 5«-Schauer konnten sich kürzlich einer recht ungewöhnlichen Darbietung erfreuen. Der Fernsehsender Adlershof brachte einen Film über die »Beatles«, den Film, der gerade im Zoo-Palast angelaufen ist, »Yeah, Yeah, Yeah«.
(Spandauer Volksblatt, 15. August 1964)

Warum sollte da auch einer anrufen? Denn:

> Ein ergreifendes Zeugnis von Beeinflussbarkeit boten die Gäste von [Wolfgang] Neuß' Mitternachts-Pfeffermenü gegen politisch Einverstandene. »Die Leute haben«, so Neuß, »in der Pause über die Ost-Televisions-Beatles gesprochen, die Fassung sei besser gewesen als die westliche (Kino-)Fassung. Der Opa kam besonders plastisch raus, haben die behauptet.«
> (Die Zeit, a.a.O.)

Ausgerechnet in dieser Woche warb der »Tagesspiegel« mit der Betrachtung:

> Papier ist, wie man sagt, geduldig . . .
> es liesse sich, dem Sprichwort folgend, mit Lüge und Wahrheit bedrucken, ganz wie's gerade kommt. Zeitungspapier macht da keine Ausnahme – technisch gesehen.

Da war eine Entschuldigung fällig, um so mehr als westberliner Kinobesitzer in ihren Verträgen mit »United Artists« sich auf eine Klausel beriefen, nach welcher sie einen Film zurückweisen konnten, der gleichzeitig durch ein östliches Vorführgerät lief, selbst wenn sie an diesem »Yeah, Yeah, Yeah« bereits seit dem 5. Dezember des vergangenen Jahres verdienten. Zwar war jener auf Erfindung gestützte Bericht namentlich gezeichnet gewesen, ausserhalb der Verantwortung der »Tagesspiegel«-Redaktion, aber . . .

> Jedenfalls fuhr der geplagte [Filmkaufmann] unverzüglich zur Aussenhandelsstelle der »Defa«, Berlin

N 58, Milastrasse 4. Die Defa-Leute setzten sich mit dem Fernsehen in Adlershof in Verbindung, und es gab ein grosses Gelächter. [Der Filmkaufmann] erinnert sich: »Mit dem einen der Herren kann man vernünftig reden, der andere ist schwierig. Es hiess sofort: Da sehen Sie, dass Westberlin nicht wahrheitsgemäss unterrichtet.«
(Die Zeit, a.a.O.)

Nunmehr wusste der Fernseh-Rezensent des »Tagesspiegel« sich einig mit seinen Lesern, was die Einschätzung dieser seiner Tätigkeit anging; von nun an wurde es Arbeit nach dem Vertrag, tägliche Schreibübung, die mindestens fünfmal in der Woche einen Text für den Druck ergeben musste, nützlich als die stilistische Aufgabe, für jeden Schreibvorwurf einen eigenen Gestus zu finden.
Der Kontakt war die Ausnahme, im folgenden Fall eher Genugtung für Anhänger einer Regierung (und ihrer Produkte), die damals Anerkennung in noch schmerzhaft weiten Bereichen entbehrten:

»Tagesspiegel« empfiehlt DEFA-Film
Der DEFA-Film »Der Fall Gleiwitz« verdiene Aufmerksamkeit, betont der »Tagesspiegel« vom Dienstag in einer Empfehlung unter Hinweis auf die Vorführung dieses Films im Deutschen Fernsehfunk. Der Film sei »dramaturgisch wie technisch auf der Höhe der Zeit«. Unter der Regie von Gerhard Klein sei es gelungen, »einen Vorfall der Vergangenheit mit Mitteln des Spielfilms zu rekonstruieren«.
(National-Zeitung, Ost-Berlin, 3. September 1964)

Aus der Begegnung wurde eine Verfehlung; schon bevor das ostberliner Blatt Lob und Preis aus Westberlin hatte zitieren können, musste da in einer Zeitung stehen:

> OST: Entschuldigen Sie bitte
> An dieser Stelle wurde gestern auf einen DEFA-Film hingewiesen, und zwar für den Vormittag, im Vertrauen darauf, dass die Sendeleitung in Adlershof schon Wochen vorher von Volkskammersitzungen oder ähnlichen Störungen des Programms Kenntnis bekommt. Es werden alle jene Zuschauer um Entschuldigung gebeten, die sich auf die Programmankündigung verliessen und 102 Minuten vergebens auf den angekündigten Programmpunkt warteten. In der 103. Minute begann der Sender übrigens den versprochenen Film auszustrahlen, und er wäre dem Andenken des 1. September gewiss dienlicher gewesen als die eingeschobenen Veranstaltungen, aber inzwischen waren die Meisten wohl mit dem Mittagessen beschäftigt.
> (Der Tagesspiegel, 2. September 1964)

Im täglichen Trott: Hinweis auf das Gesamtdeutsche im Ausnützen der so genannten leichten Muse. Widerspruch für den Chefkommentator von Adlershof, der oft nötig, Zustimmung, die leider gelegentlich angebracht war. Die Frage, wie man bei unablässigem Blick auf das Gymnastikprogramm sich auch noch verhalten kann nach dessen Weisungen. Eine Beschwerde über die Verfälschung der hamburger Mönckebergstrasse. Die Anfrage, warum in Adlershof die Bezahlung von Söldnern im Kongo in Westmark gerechnet werde. Bericht von einer Trauerfeier für einen an der Grenze getöteten Grenzsoldaten. Sport muss sein! aber wenn Adlershof berichtet von der Olympiade in Tokio, sollte es doch den Nachrichtensatelliten identifizieren, den es benutzt, und wenn das dreimal zugenäht ein amerikanischer sein sollte (einziges Ergebnis: eine Meldung von U.P.I.). Beschreibung einer Farce:

Warten auf Chruschtschow
Am Donnerstag um 17 Uhr 06 brachte die Agentur A.F.P. die erste Meldung. Um 20 Uhr 30 wurde Chruschtschows Porträt in Moskau vom gleichnamigen Hotel entfernt. Um 20 Uhr 33 begann die Fernsehanstalt von Adlershof eine neue Folge der Reihe Prisma auszustrahlen; der Redakteur versuchte den Arbeitskräftemangel und andere Belastungen eines dresdener Spezialbetriebes in grössere Zusammenhänge der Volkswirtschaft zu setzen, weiterhin ging es um die Rolle des Alkohols bei Straftaten, auch um die Frage, ob man Glasschrott wegwerfen oder ihn wie üblich in der Bauindustrie verwenden soll. Danach folgte nichts über Chruschtschow, sondern eine Reprise inszenierter Schlager über Matrosen, Bier im Klavier und dergleichen. Danach nichts über Chruschtschow, sondern ein Film über Leben in Ostberlin zwischen zwei und acht Uhr morgens, angelegt als Feuilleton, dann doch als Reportage durchgeführt, ziemlich vollständig von Nachtbars und Bäckern bis zu den ersten Flügen und Untergrundbahnen. Um 22 Uhr 04 gab die Agentur dpa die erste Bestätigung durch die sowjetische Agentur T.A.S.S. weiter, und in Adlershof begannen die Nachrichten und endeten ohne Neuigkeiten über Chruschtschow. Dazwischen lag ein Bericht aus Tokio über Syncom III, dessen Namen die Leute offenbar nicht aussprechen können. Das erste westdeutsche Programm hatte längst die

Meldung gebracht, Chruschtschows Biographie und Leistungen zusammengestellt, den Vorgang kommentiert, die Nachfolger vorgestellt, umfassend und nüchtern; um 23 Uhr 37 brachte Adlershof eine Sonderausgabe der Nachrichten, die Chruschtschows Abschied gewidmet war, nur war von ihm nicht viel die Rede, weniger weil er als bekannt vorausgesetzt wurde, sondern um gleich ein günstiges Bild der beiden Nachfolger aufzubauen, und der Vorfall wurde nicht kommentiert. Rasche Berichterstattung und technische Perfektion dabei sind offenbar sportlichen Ereignissen vorbehalten.
(Der Tagesspiegel, 17. Oktober 1964)

Es ist wahr: wegen jener Verwendung von Glasschrott hat eine Firma für den Bau chemisch-pharmazeutischer Glaswaren sich erkundigt. Ansonsten war unter einer Glasglocke zu schreiben: über die ostdeutsche Variante von Kriminalserien, über Jazz in Sachsen wie über die Peinlichkeit, dass Westberliner, als Zuschauer eingeladen zu einem Rundgespräch über die einseitige Entwicklung der Persönlichkeit, in den seltensten Fällen mit einer Nummer in Berlin-Adlershof telefonieren konnten, »und hätte mancher sich doch gern erkundigt«. So fort. So weiter. Ende November kam dem Plan entsprechend die Sendung dran, mit der die Kinder in der D.D.R. zu Bette gehen sollen, Anfang Dezember das erstaunliche Konzept eines Werbefernsehens in der D.D.R., und schon war der halbjährige Vertrag ausgelaufen. Und war der Lohn dahin?
Er war erhalten, seit eines Morgens eine Dame in der Fernsprechzentrale des »Tagesspiegel« über dessen Fernsehrubrik sass und der zuständige Rezensent für

diesen Tag einen Beitrag ankündigte. Sie las gerade seine dankbare Anmerkung zu einem Musikprogramm aus Adlershof:

> endlich einmal fehlte die weltfremde Frage, wo denn die Blumen, die Mädchen, die Männer geblieben seien; die Antwort muss sich da herumgesprochen haben.

So wie heute morgen lache sie selten über einen Beitrag in »Der Tagesspiegel«: versicherte sie. Das verstandene, anerkannte »da«, es war genug Lohn.

Und war ein Zuschlag, ein Bonus obendrein. Denn das, worauf es angekommen war, hatte Früchte getragen schon im August. Ab Nummer 34 nahm die münchener Illustrierte »Revue« (1,3 Millionen Exemplare) den Abdruck des anderen deutschen Fernsehprogramms auf (gemeldet in »Der Tagesspiegel« am 19. August 1964). Am 23. August zog die »Fernseh-Revue« nach. Es folgten: »TV-Hören & Sehen« (1,4 Millionen Exemplare), die »Neue Illustrierte«, »Gong«, »Funk Uhr«, »Bild und Funk«. Und wer war da noch mit von der Partie?

Der Springer-Konzern war gegen die kleinen Blättchen von der Art des »Lotto-Toto-Express« vorgegangen, weil er ihnen ihre 650,000 Käufer missgönnte. Nun die millionenstarke Konkurrenz auf den Markt getreten war, wollte er mitmischen. Ab Nr. 37/1964 druckte Axel Springers »Hör zu« das Fernsehprogramm der D.D.R., als Kundendienst »im Interesse der Leser in Berlin und den Zonenrandgebieten«. So war es demnach bestellt mit der »selbstverständlichen nationalen Pflicht«. So verhielt es sich also mit Axel Springers Gewissen.

Desgleichen blieb aus: ein erneuter Hinweis Herbert Wehners auf die Verpflichtungen aus der »nationalen

Disziplin«. In Berlin wie anderswo durfte ein Teil der umgebenden Wirklichkeit wieder zur Kenntnis genommen und ausgesprochen werden.
Zum Schluss seien diejenigen beruhigt, die einmal fürchteten, auch diese Schreibarbeit eines halben Jahres werde noch als Buch herausgebracht, mit Vorgeschichte, begleitenden Erscheinungen und Kommentaren ein schmuckes Bändchen von doch immerhin neun Bogen, 144 Seiten – sie haben umsonst gebangt.
Ein anderer Auftrag bekam Vorsichts halber gleich zu Anfang einen Titel, Due Aspetti hiess das, »Zwei Ansichten«, auf dass der Verlag später eben das zu empfangen meine, worauf er inzwischen wartet.
Die Psychologie des Erzählens ging aus von einem Prozess, den Stendhal 1822 so beschrieb:

> Im Hirn eines Liebenden, das vierundzwanzig Stunden hindurch in Aufruhr ist, geht vergleichsweise folgendes vor:
> In den Salzburger Salzgruben wirft man in die Tiefe eines verlassenen Schachtes einen entblätterten Zweig; zwei oder drei Monate später zieht man ihn über und über mit funkelnden Kristallen bedeckt wieder heraus; selbst die kleinsten Zweiglein, nicht grösser als die Krallen einer Meise, sind überzogen mit zahllosen schillernden, blitzenden Diamanten; man erkennt den einfältigen Zweig gar nicht wieder.
> Ich bezeichne als Kristallisation die Tätigkeit des Geistes, in einem jeden Wesenszuge eines geliebten Menschen neue Vorzüge zu entdecken.
> (Stendhal, Über die Liebe. Dieterichsche Verlagsbuchhandlung, Leipzig 1955, p. 15. (Erstes Buch, Zweites Kapitel.))

Die Kristallisation war anzuwenden auf zwei Personen, bei einer längeren Trennung als von Stendhal vorausgesetzt, etwa sechs Monate. Von den vierundzwanzig Stunden waren jene separat zu bedenken, die ein Mensch abzugeben hat an seine Arbeit und die für sein Überleben notwendigen Beziehungen zu seiner Umwelt. Die immer neuen Vorzüge waren zu erweitern auf das Bild, das solche Liebesleute sich von einander machen, so daß der Leser an den Abweichungen oder Übereinstimmungen der beiden Projektionen unter anderem das Vergnügen erfährt, stets um ein Weniges mehr zu wissen als die Betroffenen und beim Ausgang der Geschichte sich sagen und denken darf, diesen habe er vorausgesehen.
Das Verhältnis des Erzählers zu diesen beiden Personen, obwohl im Text grundsätzlich ersichtlich, wird der guten Ordnung halber in den beiden letzten Kapiteln in seiner Entstehung vorgeführt:

> Der grossgewachsene junge Mann in dem schwarzen Anzug, dem der Hemdkragen hing wie aufgerissen, taumelte so haltlos, schlug mit dem Kopf in den Rinnstein, als habe er sich fallen lassen. Ich habe ihn aufheben helfen und bin mit dem heulenden Krankenwagen zur Unfallstation gefahren. Die Ärzte fanden eine leichte Gehirnerschütterung.
> (Zwei Ansichten, Suhrkamp Verlag, Frankfurt am Main 1965, p. 239)

Und:

> Sie erzählte höflich, ein wenig befangen, von Ostberlin. Später nahm sie mir ein Versprechen ab. – Aber das müssen Sie alles erfinden, was Sie schreiben! sagte sie. Es ist erfunden.

Es ist demnach dieser beider Material, das sie dem Erzähler zur Verwandlung in einem Falle überlassen, im anderen angeboten haben.

Zur Technik des Schriftstellers ist nach drei Büchern zu erwarten, dass er für noch eines die ihm bekannten holsteinischen Kleinstädte noch überprüfen muss an einer vierten, will er seine eigene aufbauen, und das in den drei Wochen, für die er eine Vertretung gefunden hat im Geschäft des Fernseh-Rezensenten. (Früher hiess so etwas Ferien; mittlerweile mussten Erfahrungen planmäßig erworben werden.) Zum anderen, er bedarf einiger Kenntnisse vom gegenwärtigen Betrieb eines allgemeinen Krankenhauses, ermangelt jedoch eines Leidens, das ihn berechtigen würde zu längerem Aufenthalt in einer solchen Anstalt (mit TV-Gerät); er wird folglich einiges von dem, was früher die Geselligkeit gewesen ist, verbringen im Gespräch mit Leuten, die mehr als er wissen von der praktischen Medizin und der Ausbildung von Pflegerinnen (und die sich ungern darein finden, dass das gemeinsame Abendessen offenbar noch einen anderen Zweck hat als sich selbst). Drittens, er benötigt Kenntnisse von Ostberlin, der seit fünf Jahren nie gesehenen Stadt, aber kein Briefwechsel mit einer Redaktion des Deutschen Fernsehfunks (Adlershof) gedeiht innig genug, eine Einladung in die fremde Gegend, nämlich zusammen mit gültigen Papieren für den Grenzübertritt an Land zu ziehen; so wird er sich bemühen müssen, aus den Erscheinungen des ostberliner Lebens von 1964 auf dem Bildschirm das glaubwürdige und für das Jahr 1961 mögliche Bild abzuziehen und es an Erinnerung zu überprüfen. Schliesslich nötigt die Beschäftigung mit dem Ostfernsehen, das schon in Hamburg nur mit einer Spezialantenne zu erwischen wäre, zur Ablehnung noch der

dringlichsten Einladungen nach auswärts, und ergibt eine lange Reihe ungestörter Nachmittage – wer will schon jemand besuchen, um ihm Gesellschaft zu leisten bei der Betrachtung des Ostprogramms, der dieser Mensch sich hingibt von morgens bis abends, geht man nach seinem eigenen Bekunden?
Zu der fertigen Arbeit hat der deutschamerikanische Journalist Michael S. Schoelman Fragen gestellt, zu denen die Antworten hier wiedergegeben seien:

Auskünfte und Abreden
Mit dem Stoff zu beginnen, der Trennung von Liebesleuten gegen beider Willen, Sie nennen ihn veraltet, erschöpft durch die berühmten Beispiele am Hellespont im 6. Jahrhundert, in Siena und Verona im 16. Jahrhundert und im vorigen »auf dem Dorfe«, seitdem aus der Zeit, eine solche Geschichte nur noch als Anekdote denkbar, und zwar eine von der abseitigen Art –
[. . .]
Entsprechend meint der Titel auch die alten Bedeutungen des Wortes Ansicht, die vue, den Prospekt, »von einer Seite her gesehen«, bis hin zur schlichten Verschiedenheit von Meinungen.
Die Orte sind vornehmlich die Städte Berlin, auch eine kleine Stadt in Holstein, und die Flugzeuge dazwischen.
Das Wort »gesamtdeutsch« verstehe ich nicht, es ist in der Wirklichkeit schwer zu belegen, und mit dem Etikett »Dichter beider Deutschland« können Sie mich jagen, freilich auch wegen der Berufsbezeichnung. Wohlmeinende geben mir zu verstehen, das Erzählen ausschliesslich von beiden Seiten unserer Grenze müsse auf einen Tick zurückgehen, und raten mir, die

Entfernung zwischen den deutschen Restgebieten mit den Augen der Regierungen zu sehen, als nicht verringerbar; es wird dann hingewiesen auf Vorgänge an unseren Grenzen gegen Westeuropa und ihr Fehlen in der Literatur. Verzeihen Sie, ich nahm Ihnen das Wort aus dem Munde; aber mögen Ihre Verdachte gegen Literatur mit beiden deutschen Schauplätzen nicht auch aus Ihrem Unbehagen an dem einen Schauplatz rühren?

Tatsächlich nicht Engagement; En-Gagement müsste ja zwei Seiten haben, nicht nur die Ausführung der Arbeit, auch den Auftrag dazu und das Honorar dafür. Es sind lediglich meine Erfahrungen, Lebenszeiten in beiden deutschen Staaten, und die Überzeugung, ihre Unterschiede seien beachtlich genug, dass wir daran umkommen können.

Wirkungen? um sie zu versuchen, müsste man sie berechnen können. Es ist nicht mehr, als dass ein erzählendes Buch ein Modell der Welt anbietet, Geschichten als Beispiele, die Welt in der Version des Verfassers, Lesern vorgelegt zum unterhaltsamen Vergleichen mit ihrer eigenen Version. Eine Art Information, in der Form von Erzählung, wahrscheinlich weit weniger wirklich als die regelrechte Nachricht.

Übrig bliebe da »Vertrauen auf die Neugier der Leser«, wie Peter Suhrkamp es zuversichtlich annahm, auf die Neugier nach Geschichten, und zwar neuen, in neuen Formen.

Solche Vergleiche sind zweischneidig; wenn Sie diesem Buch Einfachheit zugutehalten, und zwar nicht aus Gründen der Fabel, so verdächtigen Sie die Schwierigkeit der vorigen, als sei die vermeidbar gewesen. Es ging aber, bei den »Mutmassungen über Jakob« wie dem »Dritten Buch über Achim«, lediglich darum, für die Erzählung ein Benehmen zu finden, das der Geschichte jeweils genau passte und geeignet war für die Bewegungen und Schnelligkeiten der Fabel, für die persönlichen und gesellschaftlichen Beziehungen, ihre Lokale, Gefühlsfarben, auch Ergebnisse. Der Versuch, in dem einen Fall den Lebenslauf eines Toten und die Ereignisse vor seinem Sterben zusammenzufinden aus Vermutungen, Behauptungen und knappen Zeugenberichten, ein solcher Versuch muss »schwierig« ausfallen, ebenso in dem anderen Fall, der Beschreibung eines Lebenslaufes gleichzeitig mit den Hindernissen, ihn zu beschreiben. Hier aber sind es lediglich »zwei Ansichten«, in der Hauptsache nur zwei Personen, deren Aufenthaltsorte, Handlungen, Auffassungen und Entschlüsse streng auseinandergehalten sind. Es ist eben eine einfachere Geschichte, grossenteils sogar geeignet für das traditionelle Verfahren, die Entwicklungen von Gefühlsregungen zu beschreiben.

Unter einer solchen Geschichte verstehe ich einen erfundenen Zusammenhang, dessen Beschaffenheit die Art der Erzählung vorschreibt; aber über eine »Poetik«, wie die Klappe des Schutzumschlages sie mir nachsagt, verfüge ich nicht.

Die Ausstattung, also auch das Bild auf dem Umschlag, fällt in die Zuständigkeit des Verlages.

Sie rechnen die beiden Personen in dieser Geschichte zu den »einfachen Leuten«; meinen Sie da mehr als ihre gesellschaftliche Geltung? Der Seufzer Heinrich Bölls über die wiederholte Nachricht, dass die Grossen der Welt »Rolex«-Uhren tragen, und dass er dem nichts hinzuzufügen wisse, erscheint mir nach wie vor unübertrefflich. Ich bin überzeugt, dass die »einfachen Leute« das erheblichere Beispiel abgeben für Lebensverhältnisse in unserer Zeit, nicht allein wegen ihrer Überzahl, auch nicht nur weil sie in der Verteilung des Nationaleinkommens jenseits allen gerechten Verhältnisses benachteiligt sind; insbesondere, weil sie jede Verschlechterung der Lage unerbittlich ausbaden müssen, ihre Schwierigkeiten mit dem schärfsten Risiko überwinden müssen, ohne dass Geldreserven sie auffangen und Privilegien sie schützen, ohne dass sie in der Schule und später an die höheren Tricks herangekommen wären, meist auch ohne Hilfe.

Erlauben Sie mir zu bemerken, dass zwischen den Zeilen nichts steht, weder gedruckt noch geschrieben.

Was die Hilfe bei der Flucht aus der ostdeutschen Republik angeht, so ist das Buch in dieser Hinsicht historisch. [. . .] das ist historisch im Vergleich zu den Leuten, die heute sich dicktun mit Schiesseisen und schweren Wagen, die tausend Prozent der wirklichen Kosten kassieren, die ihre Leute und die reisewilligen Ostdeutschen bedenkenlos in die Falle laufen lassen und schicken.

Historisch ist aber auch die Situation der Krankenschwester im Ostberlin von 1961, die verbreitete bittere Stimmung, das blindwütige Verlangen aus dem Staat heraus, der Blick auf nichts als die Grenze, das Verhalten wie bei einer schweren inneren Verletzung; heute, vier Jahre später in Ostberlin lebend, mit aufgefangenem Gefühl, in den aufgefangenen Verhältnissen, vom Resignieren längst zum Akzeptieren der Zustände fortgeschritten, jetzt würde sie einen fremden Pass wohl nicht mehr nehmen, wohl nicht drei Jahre Lebenszeit riskieren einer Liebschaft zuliebe und für

nichts als ein Leben im Währungsgebiet Westmark. Und, zudem, die Leute in der Kneipe in diesem Buch, die damals sich Mühe gaben für sie, wären da nicht mehr zu finden, und würde ihr nicht geholfen werden.
[. . .]
(in: Dichten und Trachten Nr. 26, 2. Halbjahr 1965, Suhrkamp Verlag, Frankfurt am Main)

Der Erzählung ist ein Fehler unterlaufen. Als das Buch veröffentlicht war, wies ein Kollege aus der D.D.R. darauf hin: 1961 habe man in seinem Land noch keine Fernsehgeräte auf Raten kaufen können, das sei erst neuerdings eingeführt. Leider war das alles, was er zu diesen beiden Ansichten zu äussern wünschte.
Vielleicht wäre es poetologisch ergiebig zu erwägen, warum der folgende Brief an einen anderen Schriftsteller in der D.D.R. geschrieben werden musste:

Sehr geehrter Herr [. . .],
In der »Neuen Berliner Illustrierten«, Nr. 28/1965, dem zweiten Juliheft, fand ich ein Stück aus Ihrem neuen Roman »Die Liebe des Christoph B.« und dass darin offenbar zumeist eine Familie Babenderärde vorkommt.
Vielleicht haben Sie vergessen, dass Sie vor neun Jahren für den Aufbau Verlag ein Manuskript von mir gelesen und beurteilt haben, in dem zumeist eine Familie Babendererde vorkommt, auch im Titel.
Da ich auf den Titel nicht gerne verzichten möchte, fände ich es sehr nett, wenn Ihre Familie in der Buch-Ausgabe sich von meiner mehr unterschieden könnte als durch den einen Buchstaben.

Vielleicht wäre es poetologisch noch ergiebiger zu erörtern, warum es schicklicher schien, das Abschicken eines solchen Briefes zu unterlassen.
Wenn ein Westberliner im Jahre 1965 den Auftrag erhält, eine Arbeit aus Brechts Nachlass zu edieren, wird er sich durch Vortäuschung eines westdeutschen Hauptwohnsitzes einen Personalausweis der Bundesrepublik erschleichen, damit die Posten in den Kellern des Bahnhofs Friedrichstrasse ihn auch durchlassen zu dem Archiv an der Chausseestrasse. Wird das Brecht-Archiv geschlossen, kann es schade sein um den Abend. So kommt es zu Unterhaltungen mit lebenden Schriftstellern, die das Wohlwollen der von ihnen gewählten Behörden noch besitzen, etwa über das Projekt, einander auszutauschen, für den ostberliner eine Woche in Westberlin und vice versa, bei Haftung für Leib und Leben. Es heisst dann, für so etwas sei es noch zu früh.
Wenn einer aber auch noch einen Herrn Biermann besucht, in dem zuverlässigen Wissen, dass dieser das Wohlwollen seiner Behörden verloren hat, so soll er wohl gewärtig sein, dass die Posten vor der Friedrichstrasse ihn Anfang Januar 1966 stellen mit der Frage: ob er der und der sei, mit dem und dem Namen? Was kann er auf bejahende Auskunft denn anderes erwarten als den Bescheid:

> Sie sind in der Hauptstadt der D.D.R. nicht mehr erwünscht.

Nach der Betonung zu urteilen, liess sich das auch nehmen als die Einladung, es doch mit einer Bezirksstadt zu versuchen. Oder mit einer Kleinstadt. Aber vor Leipzig oder Güstrow schob sich ein neuer Auftrag.

2. Teil

Der neue Auftrag war als solcher unkenntlich und stand vorerst im Zeichen der Parole »mal was Andres«. Das andere war jene Gegend, die »Amerika« heisst, obwohl es doch nur einige Vereinigten Staaten darin sind.
Da war etwas liegen geblieben. 1961, zur Zeit der ersten Reise in die U.S.A., war noch das Meiste ein Faszinosum, was einem zustossen konnte zwischen Detroit und Princeton, zwischen Chicago und San Francisco, zwischen New Orleans und Washington, und für einen schreibenden Besucher aus der alten Welt ist sprichwörtlich die unglückselige Versuchung am 22. Tage des Aufenthalts, der Neuen Welt auf den Leib zu rücken mit jener verblüffend einfachen Analyse, die ihm in den ersten Tagen so unerreichbar erschienen war. Gnädiger Weise, siehe auch den Hinweis in der IV. Vorlesung (p. 166) durfte der Besuch länger dauern als jene fatalen drei Wochen, aus denen »Reisebücher« schlüpfen, ganze vier Monate waren dort spendiert, mit der täglichen Belehrung, die hiesigen Leute und ihr Land ergäben sich nur dem vorsichtigsten und geduldigsten europäischen Verständnis, und nun waren sie ja auch noch unter einander verschieden genug. Und so vielseitig und -stöckig am Ende des Aufenthalts das Internationale Seminar Henry Kissingers einen fremden Gast einzuführen versuchte in die Umgebung der Harvard University in Cambridge, es schloss doch ab mit dem schon zielbewussten Zweifel, ob man denn die Unterweisungen in U.S. party politics, The American Mind und American Journalism als begriffenes Wissen nach Hause bringen werde. Selbst der »elektrische« Stuhl in der Massachusetts Correctional Institution in Walpole war im Grunde als Rätsel übrig

geblieben. Was für eine Geschichte aber hat das Wort »faszinieren«? Das 18. Jahrhundert erst hatte es übersetzt aus dem lateinischen Wort für »behexen«. Wer die U.S.A. genauer kennen lernen will als in der beliebigen Vermutung, dort werde zumindest technologisch die Zukunft Europas als eine Gegenwart aufgeführt, der muss suchen, wiederzukommen.

Eine zweite Reise in die U.S.A., 1965, bekräftigte die erwartete Erkenntnis, dies Land und seine Leute würden jemand sich verweigern, der mit ihnen zu tun bekommt nur zwischen Flugplatz und Vortragssaal und Busbahnhof und Sehenswürdigkeit und Unterkuft. Geeignet war die Reise für das Unternehmen, bei so vielen Very Important Persons wie aussichtsreich einen Wunsch vorzutragen: den nach einer Arbeit in den U.S.A., an einer beliebigen Stelle – aus dem Praktikum beim leipzig V.E.B. Reclam waren Kenntnisse im Packen von Paketen zu behaupten –, befristet auf ein Jahr. (Ohne Job keine Aufenthaltserlaubnis.) Es war der Start einer Lotterie, die eine An-Stellung herbeischaffen konnte in Minneapolis so gut wie in Indianapolis, in San Francisco wie in New York City, von welcher Stadt immerhin schon die klischierende Warnung bekannt war, sie sei ein Klischee und im übrigen ausserhalb »Amerikas«. Gewünscht war San Francisco. Nach einem Abendessen mit Prof. Dr. Henry Kissinger – es war am 19. Mai 1965 in Boston: dies für Ihre Memoiren, Herr Professor – was kann danach noch schief gehen?

Es gab eine Einschränkung, gerichtet gegen eine Sorte Arbeit, vor der eher ein Zurückweichen geboten war. Sie führte den Namen einer Gastprofessur für »Creative Writing«, für »schöpferisches« Schreiben. Obwohl das Adjektiv creative und das Verb create im Amerikanischen einen mehr nüchternen Wert haben als in der deutschen Entsprechung – dort mag der Schreiber eines Filmdrehbuchs in der Titelei aufgeführt werden als verantwortlich für die Ausführung des Skripts, über seinen Ruhm aber steigt derjenige, who created it, der also, der den Einfall hatte –, es wäre doch genant gewesen, auf die Frage nach der eigenen Beschäftigung ausgerechnet das Wort creative am Hute zu führen. Zumal in einem Zusammenhang mit dem Schreiben. Da war es allenfalls zuzugestehen als schieres Glück, weder zu beaufsichtigen noch zu kommandieren, verdient lediglich durch Fleiss. Das Schreiben hinwiederum, wie anders kann Einer es erlernen denn in eigener Person? Nur für sich kann einer den jeweils vorläufigen Verhandlungsfrieden finden zwischen der vorgefundenen Sprache und seinen Ansprüchen an ihre Ausdrucksmöglichkeiten; was manchmal in dem Terminus Personalstil begriffen wird. Eine andere Person beraten zu wollen bei der Verwandlung ihrer Erfahrungen in Mitteilungen für ein lesendes Publikum, es übertrifft an Selbstvertrauen und Verantwortung noch die Psychiatrie. Das alles nun noch mit mehreren Leuten zu einer Zeit, und in einer bloss angelernten Sprache, es verbot sich von selbst.

Der Verzicht war erleichtert durch den Umstand, dass solche Kurse im Schreiben unter Aufsicht in der Regel abgehalten wurden an Universitäten, und durch die Erinnerung an zehn Tage Besuchs an einer Universität. Die amerikanische Art, den Gast zu pflegen, schloss die Party ein, angerichtet eigens für ihn, ihm zur Begrüssung und vorgeblich auch zur Bekanntschaft mit dem jeweiligen Freundeskreis. Anfangs verrannte er sich in der Choreographie der cocktail party, die ihn nach der Erkundung von Bewandtnis und Woher Des Weges abdrängte zu einem nächsten Partner, und von dem zu wieder einem, so daß er Schritt für Halbschritt kurvend gründlich gehindert war, irgend einen der Anwesenden kennen zu lernen. Eine Party rechtfertigen kann jedoch auch die Tatsache, dass jemand umgezogen ist, und der Fremde soll willkommen sein und behilflich beim »Anwärmen des Hauses«; inzwischen kennt er von den übrigen Eingeladenen fast ein Drittel, wenn auch nur vom Sehen. Zu einer dritten Party – etwa anlässlich einer Ehescheidung – wird man den Fremden nur einladen, wenn er inzwischen als faux pas das Begehren erkannt hat, mit einigen der Gäste eine Sache, eine Frage, ein Ding etwas länger zu besprechen, vielleicht bis zu einem Ende. Hier wird er von schon fast der Hälfte der anderen Gäste meinen, er habe sie schon einmal gesehen bei ähnlicher Gelegenheit, und artig wendet er sich, einen Viertelkreis nach dem anderen beschreibend, den übrigen zu. Es war vorauszusehen, bei der wievielten party er sämtliche Gäste von hiesigen parties kennen würde, ausgenommen den jeweils neuesten Fremden vom Dienst; so sehr waren die Leute an der Universität für sich. Weit davon entfernt, aus dieser Erfahrung einen umfassenden Schluss zu ziehen, wollte er doch das Risiko einer Wiederholung umgehen und bestehen auf einer Arbeitsstätte ausserhalb, in jenem »Amerika«, das die Insassen dieses zum Teil vergoldeten Käfigs angaben als ihr Reiseziel, verliessen sie einmal ihre vornehme, traditionsreiche, kleine Stadt. Alles mögliche, ausser einer Gastdozentur für Poetik, mit den Ritualen einer Universität! Aber selbst dafür kamen keine Einladungen aus den U.S.A.

Was sich beschreiben liess als das Verlangen nach einem einjährigen Betriebsausflug, hatte als andere Seite einen Fluchtversuch. Das war der Wunsch, wenigstens aus der

Hör- und Sichtweite einer Kennzeichnung zu gelangen, die seit dem Herbst 1959 verhängt war und sich verbreitet hatte einem Schwarme Heuschrecken gleich. Zwei Beispiele mögen stehen für die üblichen:

> Dichter des gespaltenen Deutschland.
> (Herbert Ahl, in: Diplomatischer Kurier, Köln, 10. Jahrgang 1961, Heft 21, p. 73ff)
> Gleich mit seinem ersten Roman »Mutmassungen über Jakob« ist er zum Dichter der beiden Deutschland geworden, und mit seinem neuen Buch befestigt er diese Position auf das nachdrücklichste.
> (Günter Blöcker, Kritisches Lesebuch. Hamburg 1962, p 196)

Das sass im Rücken, unentfernbar wie bei Siegfried das Lindenblatt, und recht schmerzlich, weil es auf alberne Weise ungenau war.
Wie immer jemand steht zu der Berufsbezeichnung Dichter, er wird entweder eine Ehrfurcht bekennen oder eine Anwandlung von sanfter Nachsicht. Was dem einen die Feierlichkeit des Sehers, Künders und Stifters bedeutet, das ist dem anderen Hekuba und im schlimmeren Fall das Vor-Urteil, hier sei einmal eine Ungeschicklichkeit in weltlichen Dingen von einem Beruf bedingt. Beides war weniger wünschenswert.
Zum anderen, es fehlte die Voraussetzung von solchen schriftlichen Arbeiten, in denen Zeilen alle Nasen lang eine unterschiedliche Länge und an ihren Enden, Mitten und Anfängen Wörter gleichen oder ähnlichen Lautes aufweisen.
Allenfalls hätte der Titel sich hinnehmen lassen, wäre er zugetroffen in der Hinsicht, dass die Arbeiten des so Be-

troffenen in dem einen Teil Deutschlands von den Lesern geprüft werden durften wie in dem anderen. Als Sachverhalt ist zu melden, dass sie in dem zweiten oder ersten der beiden Deutschland auf einem schwarzen Markt gehandelt werden, weil der Aufbau Verlag in der Französischen Strasse, D.D.R., Bücher dieses Schriftstellers so regelmäßig ablehnt, wie der Suhrkamp Verlag, B.R.D., sie ihm anbietet. Demnach gibt es ihren Verfasser nur für die eine Sorte Deutschland, und Anlässe für eine Pluralbezeichnung entfallen.

Peinlich setzt in solcher Berufsbeschreibung der gute Wille sich durch, der damit ja jemanden loben will und ehren für seine Beschäftigung mit dem »gespaltenen« Deutschland, als wär das ein Verdienst. Tatsächlich ist es bloss das Ergebnis einer Biographie, die einem Schriftsteller für seinen Fall gerade zwei verschiedene deutsche Erfahrungen zugewiesen hat, als sein Material. Peinlich ist in solcher Nachrede die Vermutung wahrzunehmen, er befasse sich mit den für ihn vorliegenden »beiden Deutschland«, weil die Mehrzahl ihn verstimme und er einen Singular vorziehe in einer Wieder-Vereinigung.

Daran ist zum ersten bemerkenswert, in einer gewiss rührenden Art, das Vertrauen auf die Wirkungen einer Kunst in der Erreichung von politischen Fernzielen. Endlich schreibt jemand mal Bücher über Leute in beiderlei deutscher Szenerie, nun braucht nur noch Konrad Adenauer eines davon zu lesen, einen Tag später liest er wahrhaftig einen Brief, den Walter Ulbricht ihm geschrieben hat, zur Erinnerung an sich selbst – in der Art, etwa.

Zum anderen, die Sache selbst, es wird sie jemand ansehen für das Gegebene, wenn er als Kind die Geschichte Preussens in der Schule lernte und danach beim Ende des neuesten Weltkrieges dabei war. Die Teilung, den Verlust oder Gewinn von Gelände, er hatte das gelernt als den Zweck wie die Folge von Kriegen. Da die Deutschen sich angelegt hatten mit so vielen anderen, wurde ihr Land gespalten von einer Menge von Siegern, von denen inzwischen zwei als Gruppe übrig waren. Eine Erwartung an die Sieger, sie möchten etwas oder alles von ihnen Erworbene zurückgeben, setzte bei ihnen Grossherzigkeit voraus, Güte geradezu, damit einen Mangel an Solidarität gegen und Rücksicht auf die Opfer, die sie in ihren Reihen gebracht hatten. An solchen moralischen Regungen bei einem modernen Staatswesen zweifelt leicht, wer schon bei Privatpersonen erfährt, wie schwer sie sich tun mit dem Vergessen, von einem tätigen Verzeihen zu schweigen. Die Teilung Deutschlands, voraussehbar, war pünktlich eingetroffen, und am Verhalten der Mehrzahl der Deutschen war zu merken, dass ihnen die Einheit, als Wert an sich, vielleicht an dritter Stelle stand als nationale Aufgabe.

Bis 1952 war aufgefallen, dass es die Deutschen im westlichen »Teil« waren, die vorangingen in dem Bemühen, die Schnitt- und Riss-Stellen sauber zu schneiden, hart zu machen. Die britisch-amerikanische Bi-Zone von 1947, das war schon eine separate Vereinigung, durch den Zusammenschluss undurchlässiger geworden gegen die übrigen Zonen. Als Trizone, nach dem Beitritt des französischen Besatzungsgebietes im Juni 1948, standen nun schon drei zusammen gegen die eine sowjetische. Folgerichtig banden die sich im Marshall-Plan, im European Recovery Program, an »Amerika«, an Westeuropa, und nahmen es hin, dass der sowjetische Anteil der Deutschen davon ausgeschlossen war. Die ehemals Alliierten erreichten auf der Moskauer Konferenz (März/

April 1947) wie auf der von London (Dezember 1947) lediglich die Einigkeit, in ihrer Deutschlandpolitik uneinig zu sein. Es waren die Westmächte, die weitere Anstrengungen in Richtung eines doch so feierlich verabredeten »Deutschland als wirtschaftliche Einheit« (Potsdam, Sommer 1945) aufgaben, sie bauten im Alleingang am 20. Juni 1948 die Währung ihrer Zonen um, erst am 23. Juni zog die Wirtschaftskommission der sowjetischen Deutschen nach. Am nächsten Morgen wurde Berlin geteilt, durch die Einführung der Westmark. Wer die Währung hat, hat die Stadt, so lautete das berühmte Wort; die leisere Fortsetzung lautet: dem fehlt nun die andere Hälfte.

Das sollte sogleich aus dem Regionalen sich erheben ins Gesamtdeutsche, und vorläufig bleiben, einzig in seiner Art. Es waren die Leute im Westen, die am 23. Mai 1949 von ihren Besatzern ein Grundgesetz einer Bundesrepublik Deutschland annahmen; die in diesem Bunde abwesende Zone bekam ihre Verfassung erst am 7. Oktober 1949. Die Westdeutschen waren es zufrieden, Fremde statt Verwandtschaft um nachbarschaftliches Einvernehmen zu ersuchen; schwerlich konnten die östlichen Deutschen ihnen folgen in solche Sachen wie den Europa-Rat, dem die Bundesrepublik schon 1950 angehört als assoziiertes, 1951 als Vollmitglied. Die Westdeutschen wandten sich ab in die Europäische Zahlungsunion (E.Z.U., 1950), in die Montanunion (E.G.K.S.) am 18. April 1951, in ein General Agreement on Tariffs and Trade (G.A.T.T.) im gleichen Jahr. Und nachdem ihr Bundeskanzler immerhin schon 1950 in einem »Sicherheitsmemorandum« deutsche Truppen angeboten hat, laufen sie ihm folgsam nach in den Plan einer »Europäischen Verteidigungsgemeinschaft«, die schliesslich durch die »Pariser Verträge« in ihren Beitritt in den Nordatlantischen Vertrag mündet. Denn es sollte ja gehen nach dieser Melodie:

> Was östlich von der Elbe und Werra liegt, sind Deutschlands unerlöste Provinzen. Daher heisst die Aufgabe nicht Wiedervereinigung, sondern Befreiung. [. . .] Das Wort Wiedervereinigung sollte endlich verschwinden, es hat schon zuviel Unheil angerichtet. »Befreiung« sei die Parole.
> (Konrad Adenauer, in: Rheinischer Merkur, Köln 20. Juli 1952)

Bei so wenig westdeutschem Verlangen nach einer nationalen Einheit, und sei sie um ihrer selbst willen, konnte Stalin, der grosse Lehrer, der grosse Gärtner, seinen Deutschen in aller Ruhe beibringen, wie nun wieder er das Potsdamer Abkommen verstanden hatte: gleich 1945 wurden unter seiner Obhut alle finanziellen Guthaben blockiert. Aller Besitz nationalsozialistischer Aktivisten und Kriegsverbrechen Beschuldigter verfiel der Beschlagnahme, summarisch. Landbesitz über 100 Hektar wurde enteignet und in Parzellen zu je 5 bis 25 Hektar aufgeteilt, bis Ende September 1947 drei Millionen Hektar insgesamt. Ende 1946 mussten die Landtage die beschlagnahmten Industriebetriebe überführen in den Besitz der öffentlichen Hand; Grossbetriebe arbeiteten als Sowjetische Aktiengesellschaften für das Konto Reparationen. Betriebe überhaupt, auch Banken und Versicherungen, galten ab März 1947 als volkseigen – dahin gehend und weiter lautete Stalins Auslegung, und man hätte denken sollen, er sei entzückt von den Nebenfolgen seiner Direktiven: seine ostdeutsche »Gegenseitige Bauernhilfe« konnte sich schlecht verständigen mit den Raiffeisen-Darlehens-Kassen-Vereinen, seiner »Deutschen Notenbank« gebrach es glatt an Sprache für eine »Bank deutscher Länder«. Ebenso entschieden gegen einander standen seine Planwirtschaft und die altmodische Marktwirtschaft des Westens, zum Beispiel die Vereinigung Volkseigener Betriebe gegen die Bundesvereinigung der Deutschen Arbeitgeber, gegründet gleich 1949. Es sieht aus, als habe Stalin seine Deutschen fast ganz abgeschottet gegen die der einstigen Verbündeten, als sei er nun bewahrt vor der Gefahr, die seinigen zu verlieren in eine Wieder-Vereinigung hinein. Zu erwarten war, dass er auch diese seine Kriegsbeute zu behalten gedachte, Trotzkist der er war in der heimlichsten Ecke seines Trachtens und exportiert den Aufbau des Sozialismus aus seinem Lande in ein nächstes und in noch eins und in noch eins!

Unbegreiflicher Weise war es gerade dieser Staatsmann, der der westlichen Welt lästig fiel mit der beharrlich vorgetragenen Ansicht, nach einem Kriege müsse auch ordentlich aufgeräumt werden, wie üblich in einem Friedensvertrag, auf den die Deutschen ein Recht hätten. Als Ganzes? die Deutschen als ungeteilte Nation. Er hatte demnach keinen Witz machen wollen, indem er sich einführte mit der Prophezeiung, dass die Hitler kommen und gehen, aber das deutsche Volk, der deutsche Staat bleibe bestehen. Schon für die erste Vollversammlung der deutschen Ministerpräsidenten in München, im Juni 1947, hatte er die seinen abgerichtet, mit den westdeutschen Kollegen nur zu verhandeln, wenn sie als ersten Punkt der Tagesordnung diesen Passus annahmen:

> Bildung einer deutschen zentralen Verwaltung durch Verständigung der demokratischen Parteien und Gewerkschaften zur Schaffung des deutschen Einheitsstaates.
> (nach: Thilo Vogelsang, Das geteilte Deutschland, dtv München 1966 (= dtv 4011), p. 66)

Ein solches Vorhaben widersprach den Bedingungen, die die Generäle Clay und Robertson überhaupt als eine Voraussetzung für eine solche deutsche Zusammenkunft gestellt hatten, und von der französischen Militärregierung war die Genehmigung nur zu erlangen gewesen gegen die Zusicherung, dass Verhandlungen über die Einheit Deutschlands der Tagesordnung ferngehalten würden. Weisungsgemäss lehnte der Gastgeber, der bayrische Ministerpräsident, den ostdeutschen Vorschlag ab:

> Die Tagung darf nicht in eine politische Demonstration ausarten. Wir sind noch nicht so weit, dass wir die Besatzungsmächte unseren Wünschen gefügig machen können.
> (Vogelsang, a.a.O., p. 67)

Ob nun »weisungsgemäss« (wie Vogelsang, allerdings mit Anführungszeichen, behauptet) oder aus in der Sache befindlichen Gründen, die ostdeutschen Ministerpräsidenten reisten ab aus München; die Tagung wurde ohne sie durchgezogen. Das war der Anfang vom Ende einer deutschen Einheit; hiermit durfte Stalin seinen Besitzstand in diesem Lande gesichert glauben. Im folgenden hatte es den Anschein, als wolle er ihn ausbauen, vermittels einer Blockade gegen Westberlin, oder doch zumindest gründlich absichern, vermittels eines ostdeutschen Staates.

Wer das gemeint, und öffentlich erläutert hatte, bekam seine schlimme Not spätestens am 23. Oktober 1950, als auch die New York Herald Tribune (Europäische Ausgabe) und die londoner Times berichten mussten über eine Tagung in Prag, auf der zwei Tage zuvor der sowjetische Aussenminister seine Kollegen aus Albanien, Bulgarien, der Č.S.R., der D.D.R., Polen, Rumänien und Ungarn angehalten hatte zu einer

> Stellungnahme gegen die »New Yorker Beschlüsse«: Forderung an die Westmächte auf Rückkehr zu gemeinsamer Politik auf der Grundlage der Potsdamer Beschlüsse. Aufhebung aller Beschränkungen der deutschen Friedenswirtschaft, Abschluss eines Friedensvertrages mit Gesamtdeutschland, Bildung eines Gesamtdeutschen Konstituierenden Rates auf paritätischer Grundlage.
> (Deutsches Institut für Zeitgeschichte, Geschichtliche Zeittafeln, Berlin (Ost) 1954, p. 45)

Für den Fall, dass der Bundeskanzler Adenauer die Meldung übersehen hatte, schrieb der Ministerpräsident Grotewohl ihm einen Brief. Darin war die Rede von, wie zu erwarten, der Aufnahme von Verhandlungen über die Bildung eines Gesamtdeutschen Konstituierenden Rates.

So etwas lässt man unbeantwortet, wenn man überlastet ist mit dem Versuch, Einigkeit mit Frankreich herzustellen in Sachen Kohle und Stahl, wenn man sich entscheiden muss zwischen dem Plan des französischen Ministerpräsidenten Pleven (»kleinstmögliche« nationale

Truppeneinheiten in Bataillonsstärke) oder dem Spofford-Plan (»Kampfgruppen« – combat teams in Stärke von 6,000 Mann = Brigaden – als grösste nationale Einheiten) für die militärische Integration der Bundesrepublik in den Westen. Im übrigen genügt es allemal, das Kriterium der Freien Wahlen zu zitieren, 1949 vom amerikanischen Aussenminister Acheson erfunden und seitdem unausschöpflich als Ausrede für verschlampten Briefwechsel mit ostdeutschen Partnern.
Man kann es danach abtun als Propaganda, wenn der Ministerpräsident Grotewohl am 30. Januar 1951 in einer Sondersitzung der Volkskammer die Abgeordneten auffordert, dem Bundestag nochmals die Bildung eines gesamtdeutschen »Konstituierenden Rates« vorzuschlagen, populär geworden als eine Möbelthese:

> Deutsche an einen Tisch!

mit den einzelnen Verhandlungsthemen:

> Bedingungen der Einheit Deutschlands; Änderung des »Friedens«-Schutzgesetzes und seine Anwendung auf ganz Deutschland [. . .]; Stärke, Bewaffnung und Standorte der Polizei; Verbot der »Remilitarisierung«; Bedingungen für »allgemeine gleiche, geheime und direkte Wahlen«; Massnahmen zum Abschluss eines Friedensvertrages und darauf folgenden Abzug der Besatzungs-Truppen sowie andere Vorschläge, »die der Vereinigung Deutschlands auf friedlicher und demokratischer Grundlage dienen«.
> (Berlin-Chronik der Jahre 1951–1954, Berlin (West) 1968, p. 8f.)

Die westlichen Anführungszeichen sollen andeuten, dass die Bundesregierung die so bezeichneten Worte ansieht als losgelöst von ihrem eigenen Verständnis; sah sie aber überhaupt hin? Da stand es doch: Allgemeine Wahlen. Gleiche Wahlen. Geheime Wahlen. Direkte Wahlen.
Es gab eine Sondersitzung der Bundesregierung, ja wohl. Am gleichen Tag, sieh an! Eine Stunde dauerte sie. Die Bundesregierung lehnt den Vorschlag der Volkskammer ab. Kunststück, sie hat andere Sachen in Gang zu bringen als die deutsche Einheit!
Unter den Freunden einer solchen Bundesregierung gab es einen, der wollte ihr, bei allem schuldigen Respekt, widersprechen, einen Rat geben geradezu: Jens Daniel hiess er damals und Rudolf Augstein so wie heute:

> Gebt Grotewohl eine Antwort!
> Regierung und Opposition stehen mit dem Rücken zur Wand. Wenn es wahr ist, dass Grotewohls Taktik in Moskau gemacht wird, dann können die deutschen Aussenminister-Aspiranten vom Kreml etwas lernen. Erst war Adenauer dran, nein zu sagen; und nun ist der Bundestag dran, nein zu sagen: der Bundestag, der mit Adenauers hölzerner Ablehnung nicht durchweg einverstanden war, der aber schon im voraus festgelegt ist, da die Parteiapparate längst entschieden haben.
> Grotewohls zweites Angebot enthält mehr Konzessionen als das erste und bietet beinahe schon eine Verhandlungsgrundlage. Aber die Unsicherheit der Bonner Politiker ermutigt die Regierung von Pankow geradezu, demnächst noch ein drittes, noch günstigeres Angebot loszulassen, das dann etwa der Bundesrat ablehnen kann. Anstatt praktische Politik zu machen, anstatt die unangreifbare westdeutsche Position in die

rechte Beleuchtung zu rücken, entrüstet Bonn sich moralisch und gibt sich jener Kreuzzugsstimmung hin, die in ihrem Ursprungsland Amerika offen und unbelehrbar nur noch von Leuten wie McArthur proklamiert wird.

[. . .]

Es ist doch inzwischen ein offenes und indirekt bestätigtes Geheimnis, dass die Amerikaner gesamtdeutschen Wahlen nicht nur darum skeptisch gegenüberstehen, weil sie einen Staatsstreich nach Prager Muster befürchten – dagegen gäbe es Garantien. Vielmehr und vor allem befürchten sie, eine gesamtdeutsche bürgerliche Regierung in Berlin wollte aus freien Stücken mit dem Osten paktieren. Diese Befürchtung könnten wir verstehen, aber sie ist angesichts unserer tief verwurzelten Abneigung gegen das Sowjet-System in der Tat unbegründet. Und hier ist der Punkt, wo entweder eine deutsche Aussenpolitik geboren wird oder die eines Satelliten.

Schaukelpolitik zwischen Ost und West ist für uns undiskutabel, weil man zwischen Freiheit und Unfreiheit nicht schaukeln kann. Tatsache ist, dass im Osten Staatssklaven leben und im Westen freie Bürger. Aber wenn nur eine schwache Aussicht ist, dass wir die Bewohner der Ostzone wieder zu freien Bürgern machen, müssen wir verhandeln. Da ist es lächerlich und absurd, wenn die Bundesrepublik, ein unselbständiger Teilstaat, plötzlich zu fein ist, sich mit Grotewohl zusammenzusetzen, weil er vom Kreml ferngelenkt wird.

(In: DER SPIEGEL, 7. Februar 1951, p. 4)

Aber leider läuft Rudolf Augsteins SPIEGEL in Bonn, zum Beispiel im Bundesinnenministerium, als Geheimsache. Eine Zeitschrift, die man an jeder dritten Strassenecke kaufen kann, darf dort nur in besonders gekennzeichneten Aktendeckeln und nur an besonders zuverlässige Empfänger weitergegeben werden; die Zuwiderhandlung ist strafbar und kann mit Zuchthausstrafe geahndet werden. Da ist es kein Wunder, wenn in der 125. Sitzung des Deutschen Bundestages, am 9. März 1951, alle Parteien (ausser der K.P.D.) einer Note Konrad Adenauers an die Westmächte zustimmen, in der er sein unaktives Vokabular noch einmal über die Weide treibt: die Bundesregierung fordert »mit aller Entschiedenheit« die baldige Abhaltung freier Wahlen in ganz Deutschland . . . Da ist es kein Wunder, wenn alle Parteien (ausser der K.P.D.) eine Entschliessung billigen, in der verlangt wird, »die staatliche Einheit des deutschen Volkes als unverzichtbares nationales Recht zu verwirklichen«, wenn ausgerechnet diese Bundesregierung ermächtigt wird zu einem Ersuchen, »keinen Deutschland berührenden Beschluss ohne Zustimmung des deutschen Volkes zu fassen«. Das ist billig, das kann man billigen. Das kann der Deutsche Bundestag sich aufbewahren in seiner Drucksache Nr. 2020, das steht am nächsten Tag in der »Neuen Zeitung (B)«, im »Tag«, im »Tagesspiegel«, im »Telegraf«, in der »Neuen Zürcher Zeitung«; für berichtenswert wird es gehalten in keiner Zeitung der D.D.R. Wer sich selbst für gewieft erklärt in dem Zeichensystem der Diplomatie, wird zu lesen verstehen als Reaktion des Partners: Das ist keine Antwort. Das ist ungenügend.

Jener Ministerpräsident Grotewohl, er hat, von wem immer, jenen Vorschlag, vor dem der Bundeskanzler Adenauer gewarnt war. Am 15. September 1951 erklärt er, in einer ausserordentlichen Sitzung der Volkskammer, seine Bereitschaft, »allgemeinen, freien, geheimen und gleichen Wahlen« zuzustimmen.

Die Volkskammer schlägt dem Bundestag in einem dringenden Appell Wahlen zu einer »deutschen Nationalversammlung« unter Teilnahme aller »demokratischen Parteien und Organisationen« vor. Zu ihrer Durchführung wird weiterhin eine gesamtdeutsche Beratung von Vertretern Ost- und Westdeutschlands angeboten, auf der auch über den Abschluss eines Friedensvertrages beraten werden könne [. . .].

Ein Sprecher der Bundesregierung erklärt dazu, die Sowjetunion wisse, dass ein Herausbrechen Deutschlands aus dem Westen die Integration und die Verteidigung Westeuropas unmöglich machen würde. Deutschlands Einheit hänge nicht von Wahlen ab, sondern von einer Verständigung der Grossmächte, die wegen der sowjetischen Haltung zur Zeit nicht möglich sei. Damit enthülle sich das Volkskammer-Angebot als reiner Propaganda-Trick.

(Berlin-Chronik, a.a.O., p. 178)

Vielleicht wäre es geschickter gewesen, die vielen Zeichen der distanzierenden Anführung anzuwenden auf das Wort »Propaganda« und so auch auf seinen guten Ruf zu verweisen, den vor dem schlechten zu schützen sich lohnt. Vielleicht stünde das Andenken jener Bundesregierung heute in besserem Ansehen, hätte sie einmal auch die Demütigung begriffen, die sie dem Menschen Grotewohl zufügte mit dem verächtlichen Abtun seiner doch geduldig wiederholten Bitten. Auch täuschte die Bundesregierung sich selbst, wenn sie ihr Benehmen bei allen Bürgern der ostdeutschen Republik gebilligt wähnte. Denn, neben Wilhelm Pieck, war dies ein Politiker, der von der Verachtung der Ostdeutschen in weiten Bereichen ausgenommen war; Beweis dafür die halb spöttische, halb einsichtige Parodie seiner Manier, in dem Wort »Verständigung« das »st« getrennt zu sprechen, ein Zitat, das selbst unter privaten Umständen als ein sprachliches Mittel in ostdeutschen Haushalten benutzt wurde. »Propaganda«, entstanden aus dem lateinischen Verbum »ausbreiten«, ursprünglich eine Form der Werbung, siehe auch dort. Eine Kurzbezeichnung für katholische Missionseinrichtungen, während der französischen Revolution von 1789 und der Julirevolution von 1830 der Name politischer Gruppen. Gewiss, das »Reichsministerium für Volksaufklärung und Propaganda« hat das Wort erheblich beschädigt; nimmt man es aber zurück auf das, was es bedeutet, wird es unweigerlich zu messen an dem, dem es dienen soll. Warum sollte eine Propaganda für die deutsche Einheit verwerflich sein? unter den Leuten in Ostdeutschland hatte sie eine bessere Reputation. Gewiss, das Verlangen nach einem Friedensvertrag, nach einer Beendigung des Kriegszustandes nämlich, musste da auf Spruchbändern umhergetragen werden in widerlich obligatorischen Aufzügen, es musste in Sprechchören gerufen werden wie anderes auch; im Unterschied zu dem war dies aber etwas, was die Ostdeutschen tatsächlich wünschten und ansahen für etwas Wünschenswertes in der Zukunft. Eine halbe Generation hatte da bis jetzt vor Schulwänden gesessen, an die Sprüche Goethes zur Einigung seines Deutschland gemalt waren, und erwarteten ihre eigene als ein Recht. Die Parole – auch dies Wort hat einen vernünftigen Sinn –, die Losung »deutsche Einheit« war in der ostdeutschen Republik eine persönliche, eine private Kategorie, eben weil die Teilung hineinschnitt in Familienbindungen, in Lebensaussichten; es war ein akzeptiertes Bestandteil des Alltags, und wenn der Präsident Pieck noch den ihm fremden Evangelischen Kirchentag in Berlin am 10. Juli 1951 ermahnte:

> Treten Sie, wer und wo Sie auch immer sein mögen, als Deutscher und als Christ ein für die Erhaltung des Friedens und für die Wiederherstellung der Einheit Deutschlands,

so hatte er für einen Bürger der ostdeutschen Republik etwas gänzlich Unverdächtiges unternommen, und man liess ihn den guten Mann sein, für den er galt. Die ostdeutsche Bereitschaft zum Anschluss an die verlorene Gemeinschaft, mit Pieck und mit Adenauer, sie mochte in der rheinischen Stadt Bonn wenig bekannt sein.

> 165. Sitzung des Deutschen Bundestages [27. September 1951]
> Bundeskanzler Dr. Adenauer bezeichnet in einer Regierungserklärung zu den Vorschlägen der Volkskammer über gesamtdeutsche Wahlen [. . .] die Wiederherstellung der deutschen Einheit in einem freien und geeinten Europa als oberstes Ziel der Politik der Bundesregierung.
> (Berlin-Chronik, a.a.O., p. 189)

Es folgen vierzehn Punkte, als Vorschläge für eine gesamtdeutsche Wahlordnung.
Am 10. Oktober, in ausserordentlicher Sitzung der Volkskammer, wirft Grotewohl zwar

der Bundesregierung vor, nur eine »Teilantwort« gegeben zu haben und die Hauptfrage eines beschleunigten Abschlusses eines Friedensvertrages mit dem Ziel des Abzuges der Besatzungstruppen nicht erwähnt zu haben.
(Berlin-Chronik, a.a.O., p. 203)

Aber der einstimmige Beschluss der Volkskammer lautet:

Wir sind bereit, über alle Fragen zu sprechen. Nicht eine einzige Frage wollen wir auslassen, über die wir nicht miteinander verhandeln könnten. Die Mehrzahl der vom Bundestag in der Sitzung vom 27. September gemachten Vorschläge über die Bedingungen für die Durchführung gesamtdeutscher Wahlen (14 Punkte) sind annehmbar.
Ausser diesen Fragen gibt es jedoch auch andere Fragen, die von Vertretern Ost- und Westdeutschlands auf der gesamtdeutschen Beratung erörtert werden müssen, um die demokratischen Wahlen in ganz Deutschland zu sichern. Das trifft besonders auf die Frage der internationalen Kontrolle über die Wahlen zu. Wir denken, dass es zweckmässig sein wird, diese wichtigen Fragen auf der gesamtdeutschen Beratung zu erörtern. Es gibt keine vernünftigen Gründe, um diese gesamtdeutsche Beratung abzulehnen.
(Volkskammer der D.D.R., Stenografische Niederschriften, 12. Sitzung, 10. Oktober 1951)

An diesem Problem der »internationalen Kontrolle« lässt der Kanzler die Bewegung zu einer deutschen Einheit auflaufen. Auf sein Bitten ersuchen die westlichen alliierten Hochkommissare die United Nations, »in ganz Deutschland eine Untersuchung über die Voraussetzung für eine derartige Wahl durchzuführen«, ausgehend von der Überlegung, »dass nur durch solche Massnahmen zweckmässig und zufriedenstellend festgelegt werden könne, ob in ganz Deutschland Bedingungen gegeben sind, die eine allgemeine Wahl als praktisch durchführbar erscheinen lassen«. Die Regierung der D.D.R. hält es für unangebracht, den Kreis der Verantwortlichen zu erweitern; sie wünscht sich eine Wahlkommission aus ost- und westdeutschen Vertretern, mit der Begründung: nachdem der Kontrollrat und die Viermächtekonferenzen an der Lösung der deutschen Frage gescheitert seien, müssten die Deutschen ihre Angelegenheiten selbst besorgen. Bei diesem Unterschied bleibt die Sache stehen. Es gibt noch einen (höflichen) Briefwechsel zwischen Pieck und Heuss, es gibt Besuche (Dibelius bei Grotewohl), es werden Telegramme an die United Nations gerichtet, es reisen zwei deutsche Delegationen nach Paris (die ostdeutsche zum Missvergnügen Walter Ulbrichts) und sind dort vor der Vollversammlung der United Nations, dem Zweiten Politischen Ausschuss, uneinig, aber die Sache tritt auf der Stelle. Den Hintergrund für den Wunsch nach Zeitverlust (oder -gewinn) hat der Freund Rudolf Augsteins, jener Jens Daniel, den Deutschen von damals pünktlich ausgeleuchtet:

> Ein Lebewohl den Brüdern im Osten
> [. . .] der Bundestag hätte sich etwas Besseres einfallen lassen können, als den Antrag, die UNO solle untersuchen, ob in Ost- und Westdeutschland die Voraussetzungen für freie Wahlen gegeben seien. Wem ist mit solch deklamatorischen, zeitraubenden Anträgen ge-

dient? Jedermann weiss, dass in Ostdeutschland die Bürgerfreiheit missachtet wird. Würde sie nicht missachtet, wäre die Frage der deutschen Einheit nicht so brennend. [. . .]

Warum hat der Bundestag die UNO nicht gebeten, mit den vier Besatzungsmächten unverzüglich die Abhaltung freier Wahlen unter dem Protektorat der UNO zu erörtern? Weil man die Spekulation der Amerikaner teils nicht erkannte teils zu unterstützen gesonnen war: Die Sowjets würden einer Untersuchungskommission, die notwendig zu einem das Sowjet-Regime kompromittierenden Ergebnis gelangen muss, keineswegs zustimmen. Ausserdem brauchen solche Kommissionen Zeit, und inzwischen kann Westdeutschland nach Westen integriert werden. [. . .]

Es kam also darauf an, den Sowjets die Zurückweisung der UNO zu erschweren. Statt dessen hat man sie ihnen in den Mund gelegt.

(in: DER SPIEGEL, 2. Januar 1952)

Damals hiess es, eine solche Kommission solle ihren Bericht erst am 1. September 1952 vorlegen, also lange nach dem 9./10. Januar, für welche Tage im Westdeutschen Bundestag die 2. Lesung zum Gesetzentwurf des Schumanplans angesetzt war. Dies seitdem auch als Montanunion bekannte Vertragswerk ging zurück auf den Vorschlag des französischen Aussenministers Robert Schuman vom 9. Mai 1950, die Gesamtheit der französischen und westdeutschen Produktion von Kohle und Stahl unter gemeinsame Aufsicht zu stellen. Angestrebt war ein verbundener Markt für Kohle, Koks, Eisenerz, Schrott und Stahl für das Gebiet, dessen Leitwährung der amerikanische Dollar war. Hier hatte Konrad Adenauer eine Wahl.

Den Schuman-Plan zum jetzigen Zeitpunkt ratifizieren, bedeutet die 18 Millionen Deutschen der Ostzone abschreiben. Durch den Schuman-Plan gehen Kohle und Stahl Westdeutschlands in einem Pool auf, der seiner natürlichen Bestimmung auch ein Rüstungspool sein muss. Sind wir wirtschaftlich erst an diesen Rüstungspool angeschlossen, entfällt für die Sowjets das Interesse an der deutschen Einheit. Sie hätten im Gegenteil dann alles Interesse zu verhindern, dass die Sowjetzone diesem Pool auch noch zugeschlagen wird.

Den Schuman-Plan jetzt wollen, heisst die deutsche Einheit nicht wollen. Ein Mann, der hier ganz konsequent war, ist der Kanzler selbst. Er hat keinen Augenblick geschwankt, den Schuman-Plan zu wollen, und er hat nicht gezögert, kundzutun, dass er die deutsche Einheit unter Verzicht auf den Schuman-Plan nicht will.

(Jens Daniel, a.a.O., p. 4)

Am 9. Januar billigt und veröffentlicht die Volkskammer der D.D.R. den Entwurf eines Gesetzes für die Durchführung gesamtdeutscher Wahlen. In der Begründung lehnt Ministerpräsident Grotewohl jede Beteiligung der U.N. ab. Der Entwurf schliesst sich formal an an das Reichswahlgesetz vom 6. März 1924. Gross-Berlin gilt als ein Wahlkreis. Nach § 1 sind auch Massenorganisationen zugelassen, § 23 erlaubt Listenverbindungen von Parteien und Organisationen. Im § 1 steht das Wort »Freiheit« zweimal, einmal das Adjektiv

»frei«. Es ist ein Wahlgesetz in der bürgerlichen Tradition. Und: »Alle Beschränkungen im Personenverkehr innerhalb Deutschlands einschliesslich Gross-Berlin werden spätestens drei Monate vor der Wahl aufgehoben . . .«

Auf der 182. bis 184. Sitzung des Deutschen Bundestages, vom 9. bis 11. Januar 1952, wird die Gründung der Europäischen Gemeinschaft für Stahl und Kohle (Montanunion – Schuman-Plan) besprochen. Die S.P.D. beklagt die undeutliche Stellung (West)Berlins in einzelnen Formulierungen des Vertrages. Gegen die Stimmen der S.P.D. (und der K.P.D.) billigt der Bundestag den Beitritt zur Montanunion.

Am 11. Januar berichtet Joseph Wirth (Mitglied des Reichstages 1920–1933, Reichskanzler 1921/22, zeitweise Aussen- und Innenminister, von 1933–1948 in der Schweiz) in einer Pressekonferenz im westberliner Hotel »Esplanade« über seinen Besuch in Ostberlin: die D.D.R.-Regierung bemühe sich ehrlich um die deutsche Einheit. Der Vorsitzende der Sowjetischen Kontrollkommission, Armeegeneral Tschuikow, und Botschafter Semjonow hätten ihm versichert, dass die Sowjetunion kein Veto gegen gesamtdeutsche Wahlen und deren Resultat einlegen würde. Was den Widerstand der D.D.R.-Regierung gegen die Einmischung durch eine Kommission der United Nations angehe, so handele es sich dabei um einen scharf umrissenen Rechtsstandpunkt; es sei die Voraussetzung für die uneingeschränkte Souveränität einer zukünftigen deutschen Nationalversammlung.

Am 16. Januar erklärt der stellvertretende Ministerpräsident der D.D.R., Walter Ulbricht, dass dem Wunsch westdeutscher Politiker, sich in der D.D.R. umzusehen,

entsprochen werden könne. Nach gesamtdeutschen Beratungen.
Am 1. Februar billigt der Bundesrat den Vertrag über die Gründung der Montanunion.
Am 6. Februar, in der 189. Sitzung des Deutschen Bundestages, gelegentlich der Debatte zum Gesetzentwurf für die »freie Wahl einer Verfassungsgebenden Deutschen Nationalversammlung«, appelliert Kanzler Adenauer an die Behörden der D.D.R., die Wahlprüfungskommission der United Nations zu unterstützen. An die »sowjetzonalen Behörden«.
Am 7. und 8. Februar, in der 190.–191. Sitzung des Deutschen Bundestages, erklärt Kanzler Adenauer zur Ablösung des Besatzungsstatuts durch den Generalvertrag und zu einem deutschen Truppenbeitrag in einer Europäischen Verteidigungsgemeinschaft: die Bundesrepublik könne Berlin und den deutschen Osten nur über ein vereintes Europa zurückgewinnen. Der beste Schutz für Berlin liege im Zustandekommen dieser Abwehrfront gegenüber Sowjetrussland.
Am 13. Februar bittet der Ministerpräsident Grotewohl die vier Besatzungsmächte abermals um den beschleunigten Abschluss eines Friedensvertrages mit Deutschland. Eine Abschrift seines Schreibens, wird dem Bundesbevollmächtigten in Westberlin zugestellt, mit der Bitte um Weitergabe.
Am 16. Februar bewertet das Bulletin der Bundesregierung Grotewohls Schreiben als einen neuen sowjetischen Versuch, die Konsolidierung des Westens aufzuhalten, kenntlich aus Mangel an substanziellem Inhalt seines Briefes. Nachdem seine bisherigen Täuschungsversuche ohne Erfolg geblieben seien, habe er wohl nur einen »neuen Ball in die Arena« werfen wollen.

Um den 22. Februar folgert Otto Grotewohl vor dem Z.K. seiner Partei in Sachen Agitation: Da die Forderung nach einem Friedensvertrag allein sicher keine durchschlagende Wirkung haben werde, müsse auch die instinktive Abneigung des »Mannes auf der Strasse« gegen die Aufstellung neuer Truppen angesprochen werden.
Am 26. Februar verpflichtet sich die Bundesregierung, einen Jahresbeitrag von 10,2 Milliarden Mark an eine Europäische Verteidigungsgemeinschaft zu zahlen.
Am 10. März 1952 übergibt der stellvertretende sowjetische Aussenminister, Andrej Gromyko, den Botschaftern der drei Westmächte in Moskau eine Note, die die Grundlagen eines Friedensvertrages mit Deutschland beschreibt:

Politische Leitsätze

1. Wiedervereinigung Deutschlands, das damit die Möglichkeit erhält, sich als unabhängiger, demokratischer, friedliebender Staat zu entwickeln.
2. Abzug sämtlicher Besatzungstruppen spätestens ein Jahr nach Abschluss des Friedensvertrages und Liquidierung aller ausländischen Militärstützpunkte auf deutschem Territorium.
3. Gewährleistung der demokratischen Rechte, damit alle unter deutscher Rechtsprechung stehenden Personen ohne jeden Unterschied die Grundrechte und Menschenrechte geniessen können (einschliesslich Rede-, Presse- und Versammlungsfreiheit, freier Ausübung religiöser und politischer Überzeugungen).
4. Gewährleistung freier Betätigung für alle demokratischen Parteien und Organisationen.

5. Verbot aller Organisationen auf deutschem Boden, die der Demokratie und der Sache des Friedens feindlich gegenüberstehen.
6. Gewährleistung der bürgerlichen und politischen Rechte auch an alle ehemaligen Angehörigen der Wehrmacht und der NSDAP mit Ausnahme derjenigen, die nach Gerichtsurteilen noch Strafen für von ihnen begangene Verbrechen verbüssen.
7. Verpflichtung Deutschlands, keinerlei Koalitionen oder Militärbündnisse einzugehen, die sich gegen irgendeinen Staat richten, der mit seinen Streitkräften am Krieg gegen Deutschland teilnahm.

Territorium

Das Territorium Deutschlands ist durch die Grenzen bestimmt, die durch die Beschlüsse der Potsdamer Konferenz der Grossmächte festgelegt wurden.

Wirtschaftliche Leitsätze

Deutschland werden für die Entwicklung seiner Friedenswirtschaft, die der Hebung des Wohlstandes des deutschen Volkes dienen soll, keinerlei Beschränkungen auferlegt. Deutschland werden auch keinerlei Beschränkungen in Bezug auf den Handel mit anderen Ländern, die Seeschiffahrt und den Zutritt zu den Weltmärkten auferlegt.

Militärische Leitsätze

1. Es wird Deutschland gestattet sein, eigene nationale Streitkräfte (Land-, Luft- und Seestreitkräfte) zu besitzen, die für die Verteidigung des Landes notwendig sind.
2. Deutschland wird die Erzeugung von Kriegsmaterial und -ausrüstung gestattet werden, deren Menge oder Typen nicht über die Grenzen dessen hinausgehen dürfen, was für die Streitkräfte erforderlich ist,

die für Deutschland durch den Friedensvertrag festgesetzt sind.
(nach: Berlin-Chronik, a.a.O., p. 308f.)

Ungünstig, meine Damen und Herren, war an diesem Vorschlag in der D.D.R. des Frühjahrs 1952 lediglich der Zeitpunkt, und auch der nur für die kleinen Gruppen Jugendlicher, die in eben diesen Wochen sich vorbereiten wollten auf das Unternehmen, durch Offenlegung ihrer Kenntnisse in den Natur- und einigen anderen Wissenschaften in schulamtlicher Prüfung das Zeugnis einer Reife zu erlangen. Für die jeweils persönliche Zukunft neben einer Zulassung zur Universität auch noch eine Wahl unter allen deutschen Universitäten erwägen sollen, das macht unruhig; es lenkt ab von der Rüstung gegen die bevorstehenden Verhöre über den Knochenbau des Menschen oder die Funktionen des Elektronenmikroskops. Günstig allerdings traf sich, dass gerade diese Einheit Deutschlands nach allen Lehrplänen für die Oberschule behandelt worden war, und dieser Teil des zu lernenden Stoffs war sogar glaubwürdig erschienen, eben weil beide der Regierungen in Deutschland auf diesem Punkte beharrt hatten als dem vornehmsten Ziel ihrer Politik. Denn dies war sie doch, die vielberufene Wieder-Vereinigung der Ostdeutschen mit den Westdeutschen; nur zuzugreifen brauchten sie noch. Wovon immer der Grosse Stalin hier sich leiten liess, sei es ein Überdruss mit seinem Anteil von den Deutschen oder ein Bedürfnis nach klaren Verhältnissen, sein Angebot lief hinaus auf eine Preisgabe der D.D.R., so wie sie war, auf einen freiwilligen Verlust dieses Teilstaates in einen neutralen ganzen hinein; dialektisch mochte daran sein, dass er von den übrigen Siegern ein Gleiches erwartete. Und was würde denn übrig bleiben als Haken, wenn die Deutschen den Köder der Einheit erst einmal sicher verschluckt hatten? es war ihr Verzicht darauf, jemals eigene Soldaten zu stellen für irgend ein internationales Militärbündnis, sei es das der Europäischen Verteidigungsgemeinschaft oder eines mit der Roten Armee der Sowjetunion. Nach den Erfahrungen, die die Deutschen in diesem Jahrhundert bisher unter Waffen erworben hatten, es empfahl sich ein Weiterleben nach dem schwedischen Vorbild. Oder nach dem schweizerischen. Was den westdeutschen Häuptling anging, so war ihm dies einmal der liebste Ausweg gewesen:

> Wir sind einverstanden damit, dass wir völlig abgerüstet werden, dass unsere reine Kriegsindustrie zerstört wird, und dass wir nach beiden Richtungen hin einer langen Kontrolle unterworfen werden. Ja, wir wollen noch weiter gehen: ich glaube, dass die Mehrheit des deutschen Volkes damit einverstanden sein würde, wenn wir wie die Schweiz völkerrechtlich neutralisiert würden.
> (Konrad Adenauer, in: Rheinische Post, 30. Dezember 1946)

Bei diesem Bundeskanzler waren die Deutschen gefeit gegen eine Armee um ihrer selbst willen, gegen kriegerische Abenteuer bloss so zum Spass und aus Revanche, glaubte man ihm denn:

> In der Öffentlichkeit muss ein für allemal klargestellt werden, dass ich prinzipiell gegen eine Wiederaufrüstung der Bundesrepublik Deutschland und damit auch

gegen die Errichtung einer neuen deutschen Wehrmacht bin.
(Konrad Adenauer, Interview mit dpa, 4. Dezember 1949)

Das war nur zweieinviertel Jahre her; er brauchte sich nur zu erinnern. Gewiss, er hatte seitdem etwas gegensätzliche Äusserungen getan:

Wer die Neutralisierung und Demilitarisierung in Deutschland hier bei uns will, ist entweder ein Dummkopf ersten Ranges oder ein Verräter –
(Auf der Landestagung der C.S.U. in Bad Reichenhall, am 24. Juni 1951)

er musste die bloss aufessen, dann wurde er Kanzler einer Vereinigten Deutschen Republik, der ersten nach dem Zweiten Krieg. Denn ging man danach, wie die Anhänger Stalins in seinem Teil Deutschlands seine Absichten hatten übersetzen müssen in ein Wahlgesetz, so würden sie zuverlässig majorisiert werden von den Adenauers und jenen Deutschen, denen an einer deutschen Einheit noch aus anderen Gründen gelegen war. Ein Ehrenplatz im Buch der Geschichte war für Herrn Dr. Adenauer gebucht obendrein. Nach dem Abitur die Wiedervereinigung, das stand bevor als die Bescherung für den Jahrgang 1952. Unter den künftigen Abiturienten wurde Manchem der Abstand zwischen den Radionachrichten lang; es ist vorgekommen, dass einer freiwillig eine Zeitung kaufte, darin zu suchen nach den ersten Anzeichen für die Antwort aus dem Westen Deutschlands auf die Note Stalins.
Sie ist im nachhinein bezeichnet worden als ein blosses

»Ablenkungsmanöver«; es sah in ostdeutschen Augen aus als eher wünschenswert, dass die Deutschen im Westen abgelenkt würden von der Aufstellung von wiederum Soldaten. Auch hat man diesen Vorschlag Stalins einen »Erisapfel« geheissen, die mythische Göttin des Streites verwendend zur Betonung der Gefahr, die Westmächte möchten sich darüber entzweien; den Deutschen durfte es nur recht sein, wenn in aller Welt auf das lauteste gezankt würde darüber, ob man diese Nation schon wieder unter Waffen stellen solle; ausserdem unterscheidet Hesiod zwischen der »schrecklichen« Eris, schuldig an Kampf, Feindschaft und grosser Not, und der »guten« Eris, die den Wettstreit unter den Menschen anfacht. Und welche immer von den beiden den Apfel unter die weiblichen Gäste bei der Hochzeit der Thetis warf, sie hatte es jedenfalls getan mit den Worten: Der Schönsten! so ein Streit war dann entstanden. Und war auf dem Markte der diplomatischen Eitelkeiten ein Zerwürfnis denkbar über die Entscheidung, welche der Westmächte sich erweisen würde als Die Schönste im Wetteifern um eine Zusammenführung der Deutschen in einen selbständigen, friedlichen Staat? Die Note Stalins vom März 1952 ist des weiteren denunziert worden mit ihrer Grosszügigkeit, wonach allein das Ausmass der angebotenen Konzessionen sie entlarve als eine Finte. Was ist das denn? ein Vorwand, eine Täuschung, ein Scheinmanöver, benutzt zur Irreführung. Wessen staatsmännische Klugheit hinreicht, dergleichen zu durchschauen, ja, zu benennen! der wird der Finte doch begegnen mit dem Betragen der Treuherzigkeit, die da fragt, ob Stalin denn tatsächlich alles das herschenken wolle, und sich dankbar erklären als zur Annahme bereit. Dieses nennt man das Sondieren in der Hohen Schule der

Diplomatie, jeweils anzuwenden, wenn gewöhnliche Leute im Zweifel über die Absichten ihrer Nachbarn sind und sich gerne vergewissern möchten. Es unterblieb bei dieser Stalin-Note vollständig, das Sondieren.

Die Westmächte brauchten ihren Anteil an den Deutschen selber, zunächst als wirtschaftliches, vorhergesehener Massen als militärisches Potential, und Dr. Adenauer rechtfertigte ihr Begehren mit einer von ihm selbst erdachten Theorie von einem »Sog«. Von der Sowjetunion gehe ein »Sog« aus, dem nur ein militärisch hinten angebundenes (West)Deutschland zu widerstehen vermöge. Am 25. März 1952 überreichten die Geschäftsträger der Westmächte in Moskau dem sowjetischen Aussenminister, Andrej Wyschinski ihre Antworten, die die westdeutsche Regierung gebilligt hatte ohne jeden Vorbehalt. Dort heisst es zum Anfang, solch ein Friedensvertrag, die Teilung Deutschlands endend, sei ebenfalls stets der Westmächte Ziel gewesen. Jedoch könne man zu einer gesamtdeutschen Regierung durch freie Wahlen nur über eine Kommission der United Nations kommen; erst danach sei ein Gespräch denkbar über einen solchen Vertrag. Im übrigen sei man auf der Konferenz zu Potsdam keines Weges zu einer endgültigen Festlegung der deutschen Grenzen gelangt, und:

> »Von der Notwendigkeit einer Politik der europäischen Einheit überzeugt, gibt die amerikanische (französische, britische) Regierung Plänen ihre volle Unterstützung, die die Beteiligung Deutschlands an einer rein defensiven europäischen Gemeinschaft sichern, die Freiheit wahren, eine Aggression verhüten

und das Wiederaufleben des Militarismus ausschliessen sollen. Die amerikanische (französische, britische) Regierung ist der Ansicht, dass der Vorschlag der sowjetischen Regierung, nationale deutsche Streitkräfte aufzustellen, mit der Erreichung dieser Ziele nicht zu vereinbaren ist.«

Nicht zu vereinbaren mit irgendeiner Art deutscher Wiedervereinigung war aber auch dies westliche, von der Bundesregierung unterstützte Programm. Zwar, die Deutschen erfuhren wenig davon, aber in den Kanzleien und in den bedeutenden Blättern des Westens wurde das Dilemma mit nicht zu überbietender Deutlichkeit gesehen. Ein Deutscher tat damals gut daran, keine deutsche Tageszeitung, sondern die »New York Times« zu lesen.

Drew Middleton am 30. März 1952: »Beide, die Alliierten und der Kanzler, sind dabei, heftig die deutsche Einheit zu fordern, während sie zur selben Zeit Tag und Nacht arbeiten, um die Integration Westdeutschlands in Westeuropa perfekt zu machen, ein Prozess, der allen Hoffnungen, Deutschland in unmittelbarer Zukunft ohne Krieg wieder zu vereinigen, ein Ende machen wird.«

Harold Callender am 10. April 1952: »Denn die Einheit von Westeuropa, wie sie jetzt geplant ist, unter Einschluss Westdeutschlands, impliziert die mehr oder weniger permanente Teilung Deutschlands, obwohl die Westmächte sich auf das Prinzip der deutschen Wiedervereinigung verpflichtet haben.«

Anne O'Hare McCormick am 28. April 1952: »Den Deutschen ist sichtbar die Wahl geboten zwischen der Einheit ihres Landes und der Einheit eines Landesteiles mit dem Westen. Die zweite Alternative bedeutet, dass Deutschland für unbegrenzte Zeit geteilt sein wird – oder doch, bis irgendwelche unvorhersehbaren Umstände und Entwicklungen das ganze Bild geändert haben werden.«

Und wieder Drew Middleton in der »New York Times« vom 20. Juli 1952: »Wenn diese beiden Prozesse (der Eingliederung Westdeutschlands in das westliche und Ostdeutschlands in das östliche System) zum Abschluss gekommen sind, ist jede Wiedervereinigung Deutschlands um viele Jahre, wahrscheinlich Jahrzehnte, hinausgeschoben.«

»Aber wo sonst auf dem Kontinent«, so fragten die Brüder Alsop in der »New York Herald Tribune«, »können amerikanische Truppen stationiert werden? Und wie kann der Westen sicher sein, dass ein souveränes Deutschland sich nicht letztlich mit der Sowjetunion verbündet?«

Die Antwort wurde praktiziert. Die Sowjets erfuhren in den nächsten zwei, drei Jahren ein deutliches Nein nach dem anderen. Ihr Notenwechsel nahm die Natur eines Alibi-Monologs an, dazu bestimmt, die Gegenseite darauf festzunageln, dass sie nicht hatte verhandeln wollen.

(Rudolf Augstein, in: DER SPIEGEL, 9. Oktober 1963, p. 79)

Am 9. April 1952 beweist Stalin noch einmal, dass er die Sache mit den Deutschen tatsächlich noch vor seinem Tode aufräumen möchte, und erklärt sich einverstanden mit »gesamtdeutschen freien Wahlen« unter der Aufsicht einer Kommission, die aus Vertretern aller vier Siegermächte gebildet werden könne. Die eine Antwort Adenauers an die Sowjetunion, am 26. Mai 1952, besteht in

seiner Unterschrift auf dem Papier des Generalvertrags, der ersten Stufe auf der Leiter, die sein Land in die Nordatlantische Vertragsorganisation führen wird.
Die andere verrät ein Jahr später, wie ernst, wie heilig es ihm war mit jenen Wahlbedingungen:

> In San Francisco sagte Adenauer am 12. April 1953, die Bundesrepublik werde ihren Platz in der Europäischen Verteidigungsgemeinschaft auch dann nicht aufgeben, wenn die Sowjets freie Wahlen in Gesamtdeutschland zugestehen sollten.
> (Rudolf Augstein, a.a.O., p. 80)

Zu Hause allerdings, bemüht um die Stimmen seiner Westdeutschen zur Wahl am 6. September 1953, verspricht »Bundeskanzler Adenauer« mitsamt seiner C.D.U. vor der Abbildung einer schwörenden Hand (Innenseite):

> Diesen Schwur lege ich ab für das ganze Deutsche Volk: Wir werden nicht ruhen und nicht rasten, bis ganz Deutschland wieder vereint ist in Frieden und Freiheit.
> (Nach: DER SPIEGEL vom 9. Oktober 1963, p. 91)

Ein solches, wie alle künftigen Bekenntnisse dieses Politikers zu einer Einheit Deutschlands sind zu messen an seinem freiwilligen Eingeständnis:

> Zu dem damaligen französischen Ministerpräsidenten Mendès-France [. . .] sagte Adenauer (laut Newsweek vom 30. August 1954): »Sie verlieren nichts, wenn Sie die deutsche Einheit opfern. Aber ich. Doch wir sind

bereit, sie zu opfern, wenn wir in ein starkes westliches Lager eintreten können.«
(Rudolf Augstein, a.a.O., p. 80f.)

Seit 1952 war das Ei kaputt, aus dem eine Wiedervereinigung Deutschlands hätte schlüpfen, war der Ofen aus, an dem sie sich ein bisschen hätte wärmen dürfen. Den Sowjets begann dies sinkende Gestirn zu dämmern; sie genehmigten ihren Anhängern in Deutschland die Einrichtung einiger Sachen, mit denen sich zu vereinigen Anstände bereiten würde: Polizeiverordnung über die Einführung einer besonderen Ordnung an der Demarkationslinie zwischen der Deutschen Demokratischen Republik und Westdeutschland, 27. Mai 1952 (erster Schiessbefehl, Sperrzone, Befestigung der Grenze). Auf der II. Parteikonferenz der S.E.D. verkündet Walter Ulbricht: »Wir werden siegen, weil uns der grosse Stalin führt«, nämlich beim Aufbau des Sozialismus in der D.D.R., 9. bis 12. Juli 1952 (Einführung einer anderen Wirtschaftsform, in der Landwirtschaft zum Beispiel Kollektivierung). Auflösung der Länder Sachsen, Thüringen, Sachsen-Anhalt, Brandenburg und Mecklenburg, Neuaufteilung ihrer Territorien in 14 Verwaltungsbezirke, 23. Juli 1954 (Änderung der staatlichen Einrichtung, Differenz gegenüber dem föderativen System Westdeutschlands). Seit dem 19. September gelten westdeutsche Besucher als so fremd in der ostdeutschen Republik, sie müssen sich binnen vierundzwanzig Stunden melden bei der Deutschen Volkspolizei, Ausländer, verdächtige, die gilt es im Auge zu behalten.
Bei so zunehmender Entfernung zwischen den beiden deutschen Gegenden (Obrigkeit, Gewerkschaften, Ernährungsweisen, Lebensarten, Schnapssorten, Auto-

marken, Tabakmischungen), einige Leute in Ostdeutschland verzweifeln an einer nationalen Vereinigung und betreiben sie privat. Im Jahre 1952 treffen in Westberlin 117,735 von ihnen ein, Flüchtlinge genannt, und wenn die Beauftragten des Senats auch 58,400 von ihnen die Anerkennung (als politisch Gefährdete) verweigern müssen, bleiben dürfen sie doch, denn alle Deutschen sind einig, sofern sie einmal im Geltungsbereich der Bundesmark vorkommen. Aber in diesem Währungsgebiet liegen um diese Zeit eine Million arbeitsloser Bürger auf der Tasche der Bundesregierung, eine stabile Zahl trotz allen wirtschaftlichen Aufschwungs im Westen, und Konrad Adenauer macht sich Sorgen. Ende Januar 1953, nachdem allein in diesem Monat an die 30,000 ehemals ostdeutsche, nun unversorgte Bürger eingetrudelt sind in der Einheit, spricht er zu den übrigen von ihnen über den Norddeutschen Rundfunk. Er fordert sie auf, »auszuharren« wo sie sind.

> Ich sage das nicht mit leichtem Herzen. Ich sage es, obwohl ich mich der Missdeutung aussetze, dass ich vom sicheren Port aus gemächlich rate. Aber ich darf nicht verschweigen, dass, wenn Hunderttausende fliehen, andere Hunderttausende nachrücken werden. Und das werden Russen oder Asiaten sein. Jeder Deutsche, der bleibt, verteidigt ein Stück Deutschland, ein Stück der westlichen Welt.
> (Bulletin der Bundesregierung, Nr. 22 vom 3. Februar 1953, p. 176)

Und wenn einer von Berufs wegen weiss, wie sorgenvoll und süchtig Leute in der D.D.R. zu dieser Zeit »Westfunk« hören, dem liegt auch der Schluss nahe: du musst es zweimal sagen, und zwar deutlicher. Am 14. Februar rechnet der Chefredakteur des Bayerischen Rundfunks, Walter von Cube, in einer Kommentarsendung öffentlich auf, dass die ostdeutsche Zuwanderung die Westdeutschen teuer zu stehen komme, unverantwortlich aufwendig:

> 360,000 Flüchtlinge im Jahr – das bedeutet die Notwendigkeit, für mindestens 120,000 Arbeitsplätze zu schaffen. Die Schaffung eines Arbeitsplatzes kostet, wie das Ministerium Blücher in Bonn mitteilt, etwa zehntausend Mark – Arbeitsplätze für 120,000 Fücht-linge kosten also 1.2 Milliarden. Für 360,000 Flüchtlinge Wohnungen zu bauen, eine Wohnung für durchschnittlich vier Personen, also 90,000 Wohnungen zu je 15,000 Mark – auch diese Zahl stützt sich auf amtliches Material –, 90,000 Wohnungen zu bauen kostet 1.35 Milliarden Mark. Dazu kommt, wenn man den Jahresimportbedarf für die Flüchtlinge mit der gleichen Zahl ansetzt wie für die heimische Bevölkerung, also mit 200 Dollar, eine zusätzliche Belastung der Devisenbilanz von 72 Millionen Dollar oder 290 Millionen Mark. [. . .] Amerika mit dreimal mehr Menschen und einem fünfzehnmal grösseren Etat erlaubt in jedem Jahr 154,000 Menschen die Einwanderung – und diese 154,000 sind ausgesucht nach politischen und wirtschaftlichen Gesichtspunkten, sie sind gesiebt und durchleuchtet, begutachtet und kontrolliert. Wir aber, voll selbstmörderischer Humanität, nehmen mehr als doppelt so viele auf, obgleich nur 3 Prozent von ihnen echte politische Flüchtlinge sind, die wirklich wegen Gefährdung von Freiheit und Leben fliehen. (Nach: DER SPIEGEL vom 11. März 1953, p. 8)

Dem Patrioten von Cube das Bundesverdienstkreuz zu verleihen, vorläufig verbot es sich; statt dessen protestiert der Bundesminister des Inneren, Robert Lehr, im Auftrage der Bundesregierung gegen die politische Linie des Bayerischen Rundfunks. Als Chefredakteur bleibt von Cube, und seine Verdienste um das Wohl der westdeutschen und der bayerischen Republik reichten im Jahr 1960 aus, ihn auf den Posten des Programmdirektors für den Hörfunk am Bayerischen Rundfunk zu hieven; Kürschners Deutscher Literaturkalender für 1973 meldet ihn in eben dieser Funktion und als Stellvertreter des Intendanten. Und was die damaligen Hörer von Cubes angeht, die »heimische Bevölkerung« vorwiegend im Sendegebiet des B.R., so sind sie dort in einem Verhältnis von 8 zu 1 für ihn, und das sind nur die, die ihm schreiben. Zählt man die Briefe aus Berlin hinzu, so ändert es sich in eines von 4 zu 1 für die, die mit ihm den »Einwanderern« aus Ostdeutschland einen nationalen Grund für den Zuzug bestreiten. Unter ihnen darf man den Bundeskanzler Adenauer vermuten, denn am 4. März vor dem Bundestag, 252. Sitzung, warnt er die »Deutschen im Sowjetischen Besatzungsgebiet vor einer Flucht aus unbegründeter Panikstimmung«. Du musst es dreimal sagen. Sie kommen, die kostspieligen Mitdeutschen, im Jahr 1953 zu 331,390, und allmählich lernt die Partei Adenauers, solche Mengen zu Gunsten des eigenen Ansehens einzusetzen. Und da die diesjährige Zahl sich den Nachwehen des fehlgeschlagenen Aufstands in Ostdeutschland verdankt, hat Adenauer einen unerschöpflich nutzbaren Augenschein für seine Beteuerung, eine andere Wieder-Vereinigung sei an Aussichten völlig verarmt, denn »in Frieden und Freiheit«, so soll es doch vor sich gehen, und daran fehlt es eben.

Im Jahre 1955 wurde in Österreich die Probe gemacht auf das Exempel, das die westdeutsche Regierung drei Jahre zuvor ausgeschlagen hatte. Der Österreichische Staatsvertrag, von allen fünf interessierten Hohen Seiten am 15. Mai 1955 unterzeichnet, zeigte den Deutschen, was auch sie einmal, mit territorialen Abstrichen zwar, hätten haben können: das Land war als souveräner, unabhängiger und demokratischer Staat in den Grenzen vom 1. Januar 1938 wiederhergestellt. Die alliierten Streitkräfte zogen ab, gleichzeitig entfiel die Aufteilung in Besatzungszonen und die Viermächtekontrolle. Eine wirtschaftliche oder politische Vereinigung mit Deutschland (was immer für ein Gebilde das nun sei) war untersagt. Die Entnazifizierung und Demilitarisierung war fortzuführen; der Besitz und die Herstellung einiger Waffen (auch atomarer) verboten. Ausgenommen die sowjetischen Beteiligungsrechte an österreichischer Ölförderung und an Bergwerken und die Entschädigungszahlungen an die Sowjetunion, verzichteten alle vier der ehemaligen Kriegsgegner auf Reparationen. Offenbar für Zwecke der Dekoration bei Staatsbesuchen, auch den Anhängern der Tradition zuliebe, waren dem Lande uniformierte Truppen zugestanden. Der Vertrag wurde am 3. Juni ratifiziert, seit dem 27. Juli 1955 ist er in Kraft. Das war's.

Die Anmerkungen aus Bonn waren verworren, und sie klangen schnippisch. Ein Freund Rudolf Augsteins, jener Jens Daniel, kam zu dem Schluss, es werde »absolut unmöglich, jemals eine aussenpolitische Plattform zu erarbeiten, wenn derartig formuliert wird«:

> Die Russen hätten eingesehen, so sprach der Bundesfinanzminister Fritz Schäffer letzte Woche, dass sie

Österreich nicht sowjetisieren könnten. Darum hätten sie es freigegeben. Das Argument ist nicht zu verachten. Vielleicht stimmt es sogar. Aber wer die Bonner Parolen liebevoll registriert hat, dem fällt doch eines auf: Wieso können die Russen Österreich künftig nicht mehr sowjetisieren, wo es praktisch doch neutralisiert worden ist? Es bekommt 58,000 Wehrmänner und darf sich keinem Militärbündnis und keinem anderen Staat anschliessen. Gesetzt einmal, Deutschland wäre wiedervereinigt und ähnlich neutralisiert, mit 250,000 Soldaten vorerst, wäre es dann in Gefahr, sowjetisiert zu werden?

Ganz zweifellos, wenn man den Parteifreunden Fritz Schäffers glauben will. Der berühmte russische »Sog« geistert durch alle aussenpolitischen Verlautbarungen der CDU, von Adenauer bis Cillien, jener Ostdrift vergleichbar, die nach Ansicht des anti-kopernikanischen Dichters Johannes Schlaf dadurch entsteht, dass sich das Weltall von links nach rechts um die Erde dreht. Nun denn, unglückliches Österreich, dann bist du schlecht dran. Je kleiner ein Land ist, sollte man meinen, desto eher verfällt es dem Sog. Sieben Millionen können eher angesaugt werden als 70 Millionen, noch dazu, wenn die sieben Millionen in ihrem Wohlstand und in ihrer Widerstandsmoral entscheidend behindert sind, weil nicht Erhards soziale Marktwirtschaft sie kräftigt, sondern ein nach dem Wiener Proporz verwässertes Mischsystem, an dem auch Sozialdemokraten teilhaben.

Man muss wirklich staunen, »von amtlicher Seite« in Bonn zu erfahren, der neue Status Österreichs würde, auf Deutschland übertragen, den Weg in die Unfreiheit bedeuten, wie ihn Ungarn, Polen und die Tsche-

choslowakei bereits angetreten hätten. Wie denn, sind diese Länder denn von innen heraus kommunistisch geworden? Sind sie »angesaugt« worden? War es nicht vielmehr so, dass sie kommunistisch geworden sind, weil die Rote Armee ins Land gekommen war? In der »befreiten« Tschechoslowakei waren die Kommunisten schon vor dem Prager Umsturz mit 38 Prozent der Stimmen die weitaus stärkste Partei, und das ohne Wahlschiebung. Darf man guten Gewissens behaupten, es sei dasselbe, ob die Rote Armee ein Land besetzt hält oder ob sie es räumt? Darf man auch nur für möglich halten, dass die SED bei freien Wahlen in der Sowjetzone 38 Prozent erreichen könnte? Würde der »Sog« der Bundesrepublik im Fall freier Wahlen nicht ungleich grösser sein als der von Moskau?
(Jens Daniel, in: DER SPIEGEL vom 27. April 1955, p. 6)

Für die Deutschen waren 1955 und 1956 die Jahre, in denen ihre Vereinigung ausgeläutet wurde, ihre Teilung besiegelt. Am 15. Januar 1955 beendet die Sowjetunion den Kriegszustand mit Deutschland. Die deutsche Frage sei nur noch eine der Deutschen: verlautbaren ihre Führer. Am 5. Mai lässt die Bundesrepublik sich aufnehmen in die N.A.T.O.; die Demokratische geht in den Tagen vom 11. bis 14. Mai in das Militärbündnis des Warschauer Vertrages. Im Juli kündigt die sowjetische Aussenpolitik an: in Zukunft werde sie sich richten nach einer »Zwei-Staaten«-Theorie für Deutschland. Vom 9. bis 13. September ist eine Delegation bundesrepublikanischer Politiker in Moskau, zwecks Aufnahme diplomatischer Beziehungen, aber eben für einen selbständigen, abgetrennten Staat. Am 20. September 1955, im

»Vertrag über die Beziehungen zwischen der D.D.R. und der U.d.S.S.R.«, wird die ostdeutsche Republik für frei erklärt hinsichtlich ihrer Innen- und Aussenpolitik, einschliesslich ihres Verhaltens zur B.R.D., als ein unabhängiger, abgetrennter Staat. 1955 spricht der ostdeutsche Ministerpräsident noch einmal von dem einen Tisch, an den die Deutschen sich setzen sollen; zum letzten Mal. Im Oktober 1955 wird der westdeutsche Bundestag zu seiner einwöchigen Sitzung in Berlin (West) von den Behörden Ost-Berlins noch begrüsst; zum letzten Mal; (zehn Jahre später stören die sowjetischen Freunde solche Sitzungen mit Düsenjägern, die die Schallgrenze über den Fremden durchbrechen). 1955 gibt es noch einmal eine Aussenministerkonferenz der Vier Mächte, in Genf diesmal, aber die Zeiten sind vorbei, in denen sie das »deutsche Problem« noch hätten lösen können und mögen als eines für sich; so sind sie denn abermals uneinig über einen Eden-Plan. Hier klingt eine westdeutsche Stimme erleichtert:

> Im vertraulichen Informationsgespräch hat Staatssekretär Walter Hallstein im Ministerflügel des Bonner Aussenamtes das Ergebnis der Genfer Konferenz dahingehend kommentiert, es sei immer gut, wenn Irrtümer ausgeräumt würden, auch wenn sie so angenehm und verführerisch seien wie die Illusion einer Wiedervereinigung Deutschlands in naher Zukunft.
> (DER SPIEGEL, 30. November 1955, p. 11)

Das Jahr 1955 ist auch jenes, in dem die Bundesrepublik ihrer nationalen Identität sicher wird: die Hochkonjunktur hat begonnen, in der Wirtschaft.

Am 18. Januar 1956 wandelt die D.D.R. ihre Kasernierte

Volkspolizei um in eine »Nationale Volksarmee«. Am 30. Juni hört der westdeutsche Bundestag den frischgebackenen Aussenminister, Heinrich von Brentano – unentwegter Begleiter auch dieser Vorlesung – eine Willensentschliessung formulieren, wonach seine Regierung es ansehen werde als einen unfreundlichen Akt, wenn irgend ein Land der Welt – ausgenommen die Sowjetunion – die ostdeutsche Republik behandelt als einen Staat und sie anerkennt; die westdeutsche Regierung werde die Unfreundlichkeit erwidern mit dem Abbruch diplomatischer Beziehungen ihrerseits. Am 7. Juli 1956, nach einer Änderung des Grundgesetzes, wird in Westdeutschland die allgemeine Wehrpflicht eingeführt. Es ist vorbei. Ausser man hört auf den Bundeskanzler Adenauer:

(12./13. Oktober 1956)
Auf der 5. Bundestagung des Evangelischen Arbeitskreises der CDU/CSU in der Freien Universität Berlin gibt Bundeskanzler Dr. Adenauer seiner Zuversicht Ausdruck, dass die Wiedervereinigung kommen und dass Recht und Freiheit durch die Kraft ihrer Überzeugung siegen würden. Andererseits glaube er aber auch daran, dass man mit den »Russen« freundlich sprechen, dabei aber »bis an die Zähne bewaffnet« sein müsse. Einschränkend bemerkt Dr. Adenauer, dass er das allerdings nicht wörtlich meine. Die Bundesrepublik müsse aber zu erkennen geben, dass sie einen harten Willen habe und nicht bereit sei, die Freiheit zu verkaufen.
(Berlin-Chronik 1955–1956, p. 613)

Die Deutschlandpolitiker der D.D.R. signalisieren, wie sie es von nun an verstehen wollen:

Das DDR-Aussenministerium lässt dem Auswärtigen Amt in Bonn eine Note überreichen, in der die DDR-Regierung unter Hinweis auf ihre Erklärung vom 13. Oktober 1956 dazu auffordert, unverzüglich dafür Sorge zu tragen, dass alle Polizei- und Justizmassnahmen gegen Bürger der DDR, die auf dem Gebiet der Bundesrepublik für den Frieden und die friedliche Wiedervereinigung wirken, eingestellt werden und ihnen eine angemessene Entschädigung für die durch die Inhaftierung entstandenen materiellen Nachteile gewährt wird.
In der von ADN übernommenen Meldung macht dpa darauf aufmerksam, dass damit erstmals das Aussenministerium und nicht, wie bisher, das Innenministerium der DDR derartige Interventionen vorgebracht habe.
(Berlin-Chronik, a.a.O., p. 617)

Ein noch so verbindlicher Hinweis auf eigene Staatlichkeit, er muss notwendig einen Bundeskanzler Adenauer verfehlen, der mit seinem Aussenminister glaubt, allein die westdeutsche Regierung vertrete Deutschland und sei zuständig für sämtliche Gebiete, die im Jahre 1937 deutsch waren, wenn auch mit dem lästigen Vorbehalt, dass zum Beispiel und de facto in Polen wie in der D.D.R. andere an der Macht sind als gerade diese beiden Herren. Notwendig muss ihnen über die Begriffe gehen, dass eine andere deutsche Regierung ihnen am 26. Juli 1957 vorschlägt, Beratungen über eine Konföderation beider deutscher Staaten zu beginnen; so verwirrend ist das Ansinnen, schon drei Tage später erklären die Regierung Adenauer und die Westmächte, für eine deutsche Wiedervereinigung seien allein die vier Besatzungsmächte zuständig und verantwortlich (wo es doch vor kurzer Zeit noch unabdingbar nur hatte zugehen sollen mit einem Einspruchsrecht für jeden der 105 Mitgliedstaaten der United Nations!), und wenn schon vereint, so sollten die Deutschen das Recht geniessen, »sich an kollektiven Einrichtungen zur Selbstverteidigung zu beteiligen«.

> Wenn wir von der Wiedervereinigung sprechen, meinen wir doch alle nichts anderes als die Liquidation des derzeitigen Machtregimes in der Besatzungszone drüben hinter dem Eisernen Vorhang.
> (Heinrich Krone, Fraktionsvorsitzender der C.D.U., in der 4. Sitzung des Deutschen Bundestages am 5. November 1957)

Bestreitet aber der Fraktionsvorsitzende der S.P.D., der militärische Status Deutschlands sei für jedermann annehmbar, und gar, die deutsche Einheit sei zu erlangen durch eine militärische Übermacht, wird ein Adenauer im Wahlkampf 1957 daraus unermüdlich eine Verunglimpfung seiner Konkurrenten konstruieren:

> [Fritz Erler] hat dort ausgeführt, und zwar hat er ausgeführt, dass, nachdem die Sowjets Ungarn niedergeknüppelt hatten, da hat er ausgeführt, meine Damen und Herren – ich versuche, es Ihnen wörtlich vorzulesen –, hat er gesagt, und zwar am 16. Januar dieses Jahres: »Die Schwäche des Atlantikpaktes ist offenbar geworden. Daher müssen wir die Stunde nützen, um unsere Politik nach vorn zu entwickeln, und nicht nur von neuen Wegen zu reden, sondern vor allem auch neue Wege beschreiten . . .«

Meine Herren! Was heisst das in einem solchen Fall: Neue Wege gehen? Das heisst also nicht, mit den freien Völkern des Westens zusammengehen, sondern zusammengehen, meine Damen und Herren, mit Sowjet-Russland und seinen Satellitenstaaten.
(Konrad Adenauer am 8. August 1957 in Salzgitter; nach: DER SPIEGEL vom 11. September 1957, p. 25)

So am nächsten Tag in Braunschweig, so am übernächsten Tag in Hannover, so fort. Auch lohnt es sich, Politikern der S.P.D. eine Karriere in sowjetischer Spionage zu unterschieben. Den Franken spricht Konrad Adenauer vom Frankenwein, den Rheinländern vom Gewächs an Rhein und Mosel, ja den Saarländern vom Saarwein, und den Ostpreussen redet er von der Zeit, wenn sie ihre Heimat zurückbekommen werden, wenn sie ihm nur in einem folgen:

Keine Experimente!

Ein Experiment, das verstanden die westdeutschen Wähler auf Anhieb, wären Schritte in Richtung deutscher Einheit gewesen, eine Annäherung an die Gefahr, gemeinsam mit den Ostdeutschen die wirtschaftliche Hinterlassenschaft des Krieges auszubaden, die man ihnen immerhin überlassen hatte in einem Übermass. So wurden auch diese wieder zu panischen »Adenauer-Wahlen«. Was die deutsche Einheit anging, so war für sie ausreichend vorgesorgt. Zum ersten, sie war ein Verfassungsauftrag. Zum anderen, es gab ein Amt dafür, ein richtiges Ministerium! Um die »Sowjetzone und die deutschen Ostgebiete« sowie um »Massnahmen zur Wiederherstellung der Einheit Deutschlands« kümmert sich das Bundesministerium für Gesamtdeutsche Fragen.

An Gesamtdeutschem produzierte die westdeutsche Seite, unter allen Regierungen Konrad Adenauers und seiner Partei, lediglich zwei Sachen, und das eine geschah sogar fast von Amts wegen.

Erstens, der Interzonenhandel. Ursprünglich in Gang gesetzt als simpler Warenaustausch zwischen den vier Besatzungszonen Deutschlands, 1946, bekam er für den Westen 1949 eine politische Funktion, weil das Jessup-Malik-Abkommen, das die Blockade Berlins beendete, ausdrücklich versprach, es würden »alle« Einschränkungen aufgehoben, die über den innerdeutschen Verkehr verhängt waren; das erste deutsche Junktim. Danach empfahl es sich für den Westen gelegentlich, den Handel mit der »Sowjetzone« zu rechtfertigen mit einem »humanitären« Motiv, da er unausweichlich die ostdeutsche Wirtschaft befestigen und deren Industrialisierungsprogramme fördern musste, ehe er dem Lebensstandard der ostdeutschen »Brüder und Schwestern« zugute kommen konnte. Denn unter den Bezügen der Ostseite, aus der »harten« Liste, waren Erzeugnisse der eisenschaffenden Industrie, der Ziehereien und Kaltwalzwerke, der Schmiede-, Hammer- und Presswerke, Erzeugnisse des Bergwerks, NE-Metalle, Erzeugnisse des Maschinen-, Fahrzeug-, Stahl-, Eisen- und Schiffsbaus, elektronische Erzeugnisse und Büromaschinen. Zwar war es gelungen, der ostdeutschen Regierung eine Anerkennung zu verweigern, die hier hätte hereinschlüpfen können; mit dem Ministerium für Aussenwirtschaft der D.D.R. verhandelt bis auf den heutigen Tag nur eine »Treuhandstelle für den Interzonenhandel«. Das widersprüchliche Ergebnis blieb, dass die westdeutsche Regierung hier eine

Pflanze begoss und hegte, die sie nach eigenem Bekunden hätte ausreissen mögen, das Wachstum einer sozialistischen deutschen Wirtschaft: der Interzonenhandel ist als Binnenhandel steuerfrei (die Ostdeutschen sprechen von einem »Handel zwischen zwei Staaten«, scheinen jedoch mit dem Wegfall entsprechender Abgaben einverstanden). Setzt man den Interzonenhandel in eine Beziehung zum Umfang der Aussenwirtschaft in beiden Teilen Deutschlands, so ergibt sich für den westlichen ein Anteil von knapp zwei Prozent, für den östlichen aber einer von über neun Prozent. Es sieht aus wie ein Liebesdienst, wenn der Westen Braunkohlenbriketts und industrielle Konsumgüter und Steine und Erden annimmt, also anderswo kaum absetzbare Waren, und das für Erzeugnisse der Metallurgie oder der chemischen Industrie. Die D.D.R. hat den Segen der Bundesrepublik, wenn sie in diesem Handel ihre Konten bis zu zwei Millionen V.E. überziehen möchte; die V.E. sind aber Verrechnungseinheiten auf der Grundlage der Westmark. Auch nach den Bestimmungen des Vertrages über die europäische Wirtschaftsgemeinschaft vom 25. März 1957 gilt der Interzonenhandel als innerdeutsch; alle Vertragspartner wollten davon absehen, die D.D.R. anzusehen als das Drittland, das sie ist. So kann sie ihre Waren zollfrei nach Westdeutschland liefern, und ihre agrarischen Lieferungen sind befreit von den Sonderbestimmungen der E.W.G. Welcher Verächter der D.D.R. hat da wohl ein gutes Wort eingelegt für die D.D.R.? Wer wollte gut einschlafen können mit dem Seufzer: et salvavi animam meam? Von westlicher Seite ist die Sentimentalität zu hören, bei den im Interzonenhandel anfallenden Geschäftsverhandlungen, Montagen, Transport- und Dienstleistungen kämen die Menschen zusammen, die

Summe solcher Kontakte habe politisches Gewicht und als politisches Interesse einen Vorrang gegenüber einem wirtschaftlichen. Wie gering das politische Gewicht des Interzonenhandels für die Regierung Adenauer ausschlug, erwies sich im September 1960, als Bürgern der Bundesrepublik das Betreten Ostberlins plötzlich nur mehr mit Bescheinigungen der Deutschen Volkspolizei gestattet werden sollte und sie später einen wahrhaftigen Auslandspass vorzulegen hatten. Sofort kündigte die westdeutsche Regierung das Abkommen über den Interzonenhandel, fristgerecht zum Jahresende, offenbar um den ostdeutschen Partner in die Knie zu zwingen. Ende Dezember 1960 nahm sie die Kündigung noch eben zurück, so fristgemäss wie humanitär, und was sie erreicht hatte in der D.D.R., war eine neue Aussenhandelspolitik mit dem Ziel, die Abhängigkeit der ostdeutschen Wirtschaft von der westdeutschen planmässig zu verringern. Und ob Sie als westdeutscher Besucher bei der Einreise in die Hauptstadt der D.D.R. Ihren Pass weiterhin vorzeigen und obendrein aus der Hand geben müssen zur Kontrolle, Sie wissen es selbst. Die westdeutsche Regierung wünscht den Interzonenhandel, aber die ostdeutsche hat seine Prinzipien effektiver erfasst. Das ist das eine Gesamtdeutsche.

Das andere kam in kleineren Kisten, Kästen und Kartons als Postsache nach Ostdeutschland, und es ist beachtlich, dass das Wort »Liebesgabe« hierfür verweigert wurde. Womöglich war es noch zu nahe an den Paketen, die man auf Weisung des Ministers Goebbels geschickt hatte an die Soldaten einer schlimm erinnerlichen Front, vielleicht muss an einer Liebesgabe etwas mit der Hand gearbeitet sein (Pulswärmer). Tatsächlich waren diese Sendungen vielen Westdeutschen bewusst als ihre private

Abschlagszahlung an die Ostdeutschen, mochten sie nun geschwisterlich oder in zweitem Grade oder in einigen Meinungen verwandt sein; gemeint war die Gruppe. Den Verwaltern des ostdeutschen Gebiets war das unwillkommen, standen diese Pakete doch für die im Westen verbreitete Überzeugung (oder Kenntnis), im Osten werde ein wenig mehr gehungert. Auf sowjetischen Befehl verweigerte der Leiter des Postamtes 017 am Schlesischen Bahnhof zu Berlin am 5. Februar 1949 die Annahme von Paketen, die in den westlichen Sektoren der Stadt für die sowjetische Besatzungszone aufgegeben worden waren. Am 23. März 1949 verfügt der ostberliner Magistrat, es sei für alle Postsendungen aus dem Westen an Empfänger in der sowjetischen Besatzungszone und im Ostsektor eine Nachzahlung zu verlangen, und zwar in Westmark (am 25. März verordnet er eine Beschlagnahme jeden Betrags in DM (West)). Denn es seien in den Westsektoren für Sendungen aus dem sowjetischen Besatzungsgebiet Sondergebühren erhoben worden. Am 4. Juni sieht die Begründung schon anders aus: der ostberliner Magistrat lehnt es ab, die westberliner Marken anzuerkennen. Gleichzeitig lädt er die westberliner Bürger ein, ihre Pakete im Ostsektor aufzuliefern. Am 27. Juli teilt die Hauptverwaltung für das Post- und Fernmeldewesen in der sowjetischen Zone mit, sie habe den Postverwaltungen des Vereinigten Wirtschaftsgebiete, der Bizone, die Einführung des internationalen Päckchen- (bis zu 2 kg) und Paket-(bis zu 7 kg)Verkehrs vorgeschlagen; es soll jedoch weiterhin verboten bleiben, aus der sowjetischen Besatzungszone Lebens- und Genussmittel sowie Buntmetall zu verschicken. Am 31. Mai 1950, in einer Durchführungsbestimmung zu dem Gesetz zum Schutze des innerdeutschen Handels vom 21. April 1950, bekommt die Sache ihren Schick:

(1) Bei Geschenk- und Familiensendungen über 500 Gramm ist vom Absender in doppelter Ausführung ein Inhaltsverzeichnis, das mit dem Zusatz »Keine Handelsware« und seiner Unterschrift versehen sein muss, aufzustellen. Eine Ausfertigung wird der Sendung beigefügt. Die zweite Ausfertigung verbleibt bei der Aufgabepostanstalt.
(2) Neben die Anschrift ist vom Absender der Vermerk »Keine Handelsware« zu setzen.
(Neues Deutschland, Berliner Ausgabe, 2. Juni 1950)

Dies ostdeutsche Gesetz greift in postalische Gewohnheiten der westdeutschen Absender ein; dennoch müssen sie die gewünschte Versicherung unterzeichnet haben in der Überzahl. Denn am 15. Oktober verlautbart die Regierung der D.D.R. als eine ihrer Erkenntnisse, es seien in der letzten Zeit in verstärktem Masse Waren mit Hilfe von Geschenksendungen »zu Spekulationszwecken« in die D.D.R. und den demokratisch genannten Sektor Berlins eingeführt worden. Dies müsse im Interesse der Sicherung und Festigung des Aufbaues des Genitives der Friedenswirtschaft unterbunden werden. Das Höchstgewicht für Sendungen »aus den Währungsgebieten der Bank Deutscher Länder« ist bei Kaffee, Kakao oder Schokolade je 250 Gramm, bei Tabakwaren 50 Gramm; bei Verstössen gegen die Vorschrift werden die Sendungen ohne Entschädigungen eingezogen.
Inzwischen hat auch die Bundesregierung bemerkt, dass ein jedes Geschenkpäckchen, »keine Handelsware«, in seinem Absender zumindest das Bewusstsein hinterlässt,

wie gut er in seinem Alltag fahre im Vergleich zu dem Empfänger. Also lässt der Bundesminister für Gesamtdeutsche Fragen sich am 12. Dezember 1952 im Bundestag etwas fragen. Er antwortet darauf, Päckchen und Pakete erreichten ihr Ziel im »sowjetischen Besatzungsgebiet«, wenn man die dort gültigen Vorschriften beachte. Er fügt hinzu, hoffentlich werde niemand sich durch ein kleines Risiko davon abhalten lassen, den Deutschen im oben angeführten Gebiet Geschenke zu Weihnachten zu schicken. Zu Weihnachten, und am 6. Mai 1953 kann der Bundestag den Bericht des Ausschusses für Gesamtdeutsche Fragen billigen, aus dem eine Vermehrung der Lebensmittelsendungen durch die westdeutsche Bevölkerung hervorgeht, auch durch karitative Verbände. Demnach ist fast sicher anzunehmen, dass für die Deutschen des Ostens öffentlich gesammelt wurde. Am 8. Mai 1953 ruft die Bundesregierung zu verstärkter »Päckchenhilfe« auf. Ihr selbst, das weiss man, sind die Hände gebunden.

Im nächsten Jahr hat das in der D.D.R. regierende Gremium es satt (und die Fatzen dicke, was immer das heisst), dass die B.R.D. ihr halsstarrig einen Namen gibt, den es für falsch hält; solch Spiess lässt sich umkehren. Von »Westdeutschland, West-Berlin und dem Ausland« ist die Rede in der neuen Verordnung über den Geschenkverkehr vom 5. August 1954. Nunmehr gelten alle unentgeltlichen Zuwendungen als Geschenksendungen, sofern sie unmittelbar von einem privaten Absender an einen privaten Empfänger gerichtet und zum privaten Verbrauch bestimmt sind. Hiergegen verstossen ist bereits aasig leicht. Gesetzt, posito, Sie seien befreundet mit einer Bürgerin der D.D.R., die eine eigene wissenschaftliche Arbeit vervielfältigen möchte, jedoch in der

Schriftenreihe ihres Institutes, dem seinerseits das im Grundsatz erforderliche Maschinenpapier in der passenden Qualität abgeht. An wen schicken Sie nun Ihre achthundert Blatt holzfrei? richtig! Aber die Dame geht hin und verbraucht es im Dienst eines staatlichen Betriebs! Erster Verstoss. Zweitens, wie unter Freunden möglich, Sie bitten Ihre Päckchenpartnerin um eine in Frankfurt am Main unerhältliche Buchpublikation. Schickt Sie Ihnen die, so liegt unter vorgenannten Umständen ein Entgelt vor, das ist der zweite Verstoss!
Die zweite Neuerung führt die klassische Formel ein:

Geschenksendung, keine Handelsware

muss es heissen von jetzt an. Das Inhaltsverzeichnis entfällt, und misstrauische Naturen legen es nun gerade bei, nachdem sie aus der D.D.R. einen Bericht erhalten haben über eine Sendung, an deren Umfang sie sich etwas anders erinnern.
Was des weiteren Sendungen von Firmen, Organisationen und juristischen Personen angeht, so sind sie als Geschenksendungen ungültig. Das verlegt dem westdeutschen Absender den Ausweg über ein Abonnement bei einem Feinkostgeschäft, das einem Tabakladen benachbart gelegen ist (obwohl gerade dieser Service mittlerweile sogar in Inseraten angeboten wird); selbst wird er benutztes Packpapier hervorkramen, mit eigener Hand sich bekennen als Sendenden, die Tante benennen als Empfangende, die magischen drei Worte hinmalen, samt Komma: so wird es privat, und dem Auge des Amtes für Zoll und Kontrolle des Warenverkehrs in der D.D.R. gefällig. Ein Bild von einem Paket ist das geworden!
Was vom Geschenkverkehr eigens ausgeschlossen ist, in

seiner Gesamtheit kann es dem aufmerksamen Absender Andeutungen verschaffen über die Lage, in der der Empfänger sich befindet. So soll er auf diesem Wege weder Zahlungsmittel noch Wertpapiere erhalten (es sei denn, sie seien geeignet für photomechanische Prozesse). Ähnlich verhält es sich mit Briefmarken (ausser denen, die man neben die Adresse klebt). Mitteilungen »jeder Art« verbieten sich hier, ausser eben der: dies schenk ich dir, und zieh keinen Kiosk auf damit! Und ernstlich ist der Absender gehalten, die Bücher zu lesen, die er seinen Geistesverwandten in Frankfurt an der Oder zuzuwenden gedenkt; sine ira aber cum studio soll er entscheiden, ob sie etwa »antidemokratisch« sind oder »gegen die Erhaltung des Friedens« gerichtet. Wer da zu wissen meint, was für eine Literatur gegen die Demokratie gewandt ist, fällt leicht in eine Grube. So sind Rowohlts Thriller in der Regel eine verträgliche Speise für den Begriff der Volksherrschaft in Potsdam, aber die einer anderen Reihe widerstehen ihm. Ein Buch, dessen Lektüre den Unschuldigen versetzt in den Zustand inniger Friedfertigkeit, es kann zurückkommen mit einem Stempel, der ihm solche Tugend abspricht, pauschal. Manchmal wird Jean-Paul Sartre empfunden als ein Kämpfer für den Frieden, dann wieder gilt er als dieser Haltung Verächter. Hilfreich wäre eher ein jährlicher Index, mit den jeweiligen Revisionen. Philologen, an die Front des Amtes für Zoll und Kontrolle des Bücherverkehrs!

Spielzeug »militärischen Charakters« ist eben ausgeschlossen von innerdeutschen Geschenksendungen bis zu dem Zeitpunkt, da der Absender einmal in der Rolle des Empfängers aus Leipzig einen massstabsgetreuen Spielkampfpanzer, seine Laufketten und sein Turm samt Kanone lenkbar durch batteriegespeiste Fernsteuerung,

entgegengenommen hat als eine »Geschenksendung, keine Handelsware«. So einfach ist das.
Verboten sind Schallplatten, Bilder, Landkarten, Magnetophonbänder, Filme, Fotomaterialien und das Befördern von Personen in Aufzügen, in denen das Befördern von Personen verboten ist:

> Es ist untersagt, in Postsendungen Gegenstände zuzulassen, die nach den Bestimmungen der Postordnung und des Weltpostvertrages in Postsendungen nicht zuzulassen sind.
> (Übersetzung)

Um der Flut der westdeutschen Hilfssendungen zu steuern, muss das ostdeutsche Ministerium für Aussen- und Innerdeutschen Handel schon am 14. Januar 1955 verordnen, dass ein Bewohner der D.D.R. nur noch einmal im Monat ein Geschenkpaket empfangen darf (und zwar ohne luftdicht verschlossene Behälter, es könnte ja Munition zwischen den Sardinen schwimmen).
Auch selber versenden darf er je Monat nur noch ein Paket. Was ihm verboten ist für solche Ausfuhr, der Westdeutsche kann es umgekehrt lesen, als Wunschliste: jegliche Fleischwaren, Milchpulver, Eier und Zucker, Textilien in einem höheren Wert von 20 Ostmark.
Und all diese Erlasse eines Staates, dem die Regierung Adenauer staatliches Wesen bestreitet, druckte dieser Regierung Bundesministerium für »Gesamtdeutsche Fragen« nach und lässt sie bis heute auslegen in den Ämtern der Deutschen Bundespost – wozu ist es denn da, solch Ministerium?
Es ist dies Ministerium, das die Besucher westdeutscher Postämter mit agitatorischen Dekorationen anhält zu ih-

rer mildtätigen und offenbar staatsbürgerlichen Pflicht, so mit dem mahnenden Fragesatz (zu sprechen im Ton des Beichtvaters, des Dentisten):

DEIN PÄCKCHEN NACH DRÜBEN,

darunter einem Paar abgemagerter, bittender, barmender Hände, in Fangstellung emporgereckt und fast ausreichend für die Vorstellung, in Rostock würden Pakete durch Abwurf vom Lastwagen zugestellt. Ein anderes Plakat ruft aus:

jetzt helfen!

und zeigt über durchscheinend gerasterten, kopfhängerischen Menschenumrissen die Nachricht:

Lebensmittel in der Zone wieder knapp.

In einem schwarzen Handschuh aufgestellt warten ein Postpaket, ein Briefumschlag und etwas, das verteufelt aussieht wie ein Buch; sie erläutern einen Vorschlag, der juristischer Beratung bedürfte:

Sei ihnen drüben PATE.

Oder auf einem in die Luft ostwärts erhobenen Band, dessen Pfeilspitze zwischen Berlin und Magdeburg niedergeht, wandern vier Postpakete mit derben kindlichen Beinchen über die Grenze Elbe, neben ihnen ein Brief mit Engelsflügeln, diesmal nach der Verantwortung und Imagination der Bundespost (bp) die

Gesamtdeutsche Brücke.

Die jeweilige Regierung Adenauer gab zu erkennen, dass sie, bei allem Vertrauen auf »gesamtdeutschen« Idealismus, ein wenig zweifle an der Freiwilligkeit dieser Nachbarschaftshilfe, so

> dass nach dem Erlass eines westdeutschen Justizministeriums jeder solche Pakete pro Stück mit dreissig Mark absetzen konnte von seiner Steuer, weil die Bedürftigkeit ostdeutscher Empfänger zu unterstellen sei und von einer Prüfung seiner Einkommens- und Vermögensverhältnisse in jedem Falle abzusehen.
> (Karsch, und andere Prosa, a.a.O., p. 27)

(hier fehlt ein Aktenzeichen, ein Ortsname. Wer von den Teilnehmern der V. Vorlesung hilft, das dokumentarische Loch zu stopfen?)
So konnten die Regierungen Adenauer einmal sich gutschreiben, dass sie das offenbar unbillige Opfer des einzelnen Staatsbürgers subventionierten oder zumindest ausglichen (mit einem zugedrückten Auge: war es doch rechnerisch wie packtechnisch eine akrobatische Leistung, westdeutsche Waren im Wert von exakt DM 30.00 unterzubringen in einem Karton für Ostdeutschland). Zum anderen konnten die Regierungen den Absendern noch hier die eigene Auffassung und Benennung des Zielgebietes aufnötigen, denn der vorgedruckte Text eines einschlägigen Formulars lautete:

> Zur Vorlage beim Finanzamt
> als Anlage zum Antrag auf Gewährung einer einkommens-(lohn-)steuerlichen Ermässigung wegen aussergewöhnlicher Belastung betreffend den Versand eines

gewöhnlichen Päckchens nach der sowjetischen Besatzungszone und dem Sowjetsektor von Berlin.

Antragsteller:

Empfänger:

O[ber]F[inanz]D[irektion] D[üssel]dorf 5. [Mai?] 1967,

ein verführerischer Anlass für solche Absender, die zu einer Wahl neigten zwischen dem Festhalten an einer eigenen innerdeutschen Nomenklatur und der steuerlichen Vergünstigung.

Neben der Peinlichkeit, für eine schlicht gebotene Hilfeleistung entschädigt zu werden, hält sich jene, dass die Gegenstände des eigenen täglichen Bedarfs und Verbrauchs bei den Freunden in der D.D.R. unweigerlich auffallen als solche des Luxus und des Überflusses. Es ist in zweifachem Sinne genierlich, dass es so wenig Sachen gibt, die erhältlich sind bloss in der D.D.R., so dass man um sie bitten könnte wie um ein symbolisches Entgelt, damit eine Gleichberechtigung wieder hergestellt sei. (In Friedenszeiten, zum Erntedanktag die ländlichen Pakete mit Würsten, Schinken, Eiern in Nestern aus Zeitungspapier, sie waren doch Dank an die städtische Verwandtschaft gewesen, für die Hilfe beim Einbringen von Korn und Kartoffeln, die bereits geleistete wie die für das Frühjahr erhoffte.) Dennoch, ob wir selten oder oft ein Gegengeschenk bekommen aus der D.D.R., wir schikken unsere Pakete dahin, mit etwas leichterem Gewissen, wenn einmal ein ausgesprochener Wunsch zu befriedigen ist, mehr als ein ungefähr angenommener Mangel. Wir streiten uns mit dem Postbeamten, wenn er das »D.D.R« in der Anschrift bemängelt und ein X vor der Postleitzahl verlangt, das Zeichen für etwas Unbekanntes. (Das Zeichen 0 vor der bundesdeutschen Leitzahl, mit dem die Deutsche Post der D.D.R. seit 1962 antworten lässt, steht lediglich für den Übergang in ein internationales System, ein anderes eben.) Das ist die andere Gesamtdeutsche Sache. Sie mag Freundschaften über weite Abstände bestätigen. Sie mag getrennte Familien zusammen halten. Aber dass sie eine Funktion habe in der nationalen Einigung, das sage ein anderer.

Von diesen quasi alimentären Leistungen abgesehen, glaubten die Westdeutschen die Sache mit der deutschen Einheit wohl versehen bei der Regierung eines Adenauer, der lieber als mit den Ostdeutschen sich an einen Tisch setzte mit einem Amerikaner, dessen aussenpolitisches Konzept eingesperrt war in die Reaktionen von roll back und brinkmanship. Das eine war die Politik des »Zurückrollens«, angekündigt gegen den Kommunismus, vorgeblich mit friedlichen Mitteln, leicht missverständlich als das Versprechen amerikanischer Hilfe gegen Stalins neue Diktaturen, schuldhaft einzuschätzen wegen des Anreizes, den die osteuropäischen Aufstandsbewegungen daraus ziehen konnten. Das andere war die Kunst, immer dicht am Rande des offenen Krieges zu taktieren. Mit John Foster Dulles glaubten die Westdeutschen und Adenauer und von Brentano an eine »Politik der Stärke«, vermittels derer den Sowjets Kriegsbeute abzutrotzen sei, durch das Einbinden einer neuen deutschen Wehrmacht in einen westlichen Kampfverband. Adenauers Kurs lief hinaus auf einen Krieg gegen jene Deutschen, mit denen sich zu vereinigen er versprochen, geschworen und gelobt hatte. Die ihn wählten, stimmten für seine Sorte Zukunft, denn er erliess es ihnen, hinauszudenken über jenen Punkt, an dem er selbst aufhörte. Die Hand, mit der er seinen Eid ablegte auf die deutsche Einheit, verhehlte die andere, die die westdeutsche Republik wegzog von der ostdeutschen. Es sind wenige Namen, die in der westdeutschen Geschichte stehen für einen Widerstand gegen die schizophrene Politik in Sachen deutscher Einheit: Gustav Heinemann, Thomas Dehler, Jens Daniel, Rudolf Augstein. Und wo noch hatte schlechtes Gewissen sich gehalten, ein Unbehagen angesichts der Differenz zwischen der Rhetorik der Neujahrsansprachen und der Tatsächlichkeit der täglichen Entscheidungen?

Im westdeutschen Feuilleton. Da musste nur jemand kommen mit einem Roman, in dem Leute zu beiden Seiten der deutschen Grenze leben, wenngleich noch mit einer anderer Sorge als gerade dieser. Kühn zog das Feuilleton den Schluss, man müsse in der Literatur suchen, was in der Politik versäumt wurde, und ernannte den durchaus verdutzten Verfasser zum »Dichter der deutschen Teilung«.

Bitte, prüfen Sie die folgende Reihe von Genitiven:
Der Dramatiker des . . .
Der Maler des . . .
Der Philosoph des . . .
Der Schauspieler des . . .
Der Anwalt der . . .
Der Diener seines . . .
Der Theoretiker des . . .
Die Stimme seines . . .
Der Rächer der . . .
Der Prophet des . . .
Die Kinder der . . .

Deutlich zieht das Possessive des Genitivs den Träger des Nominativs in eine Verkettung. Es fesselt ihn in der, meinethalben ehrenvollen, Einschränkung: wie immer

Spezialist für dies Pulver, er habe es als einziges auf der Pfanne, ohne Blick für andere Ziele und Zusammenhänge, bis hin zu der Verkümmerung in einer idée fixe. Da der Nominativ im Singular verharrt, ist er vermutlich der einzige, der sich der Genitivsache annimmt, die es demnach nötig hat, mit der es schlecht steht, oder deren Dringlichkeit sich weit geringer beläuft als gelegentlich (von Schwärmern) angenommen. Das Pathos ist offensichtlich und aufdringlich. Es deutet düstere Theater-Dekorationen an, Schicksalschöre, eine Stimmung von trauriger Verlegenheit am Bette des Todeskranken.
Darauf muss und will jemand verzichten, der mit der so genannten »deutschen Frage« aufgewachsen ist und statt des Fatums oder göttlicher Fügung regelmässig sehen konnte, wie die Sache gefingert wurde, geschoben, verpatzt. (Für Sammler: Dokumentation zur Deutschlandfrage. (Hauptband I: Chronik der Ereignisse von der Atlantik-Charta bis zur Aufkündigung des Viermächtestatus Berlins durch die UdSSR im November 1958. Hauptband II: Von der Aufkündigung des Berlin-Status durch die UdSSR 1958 bis zur Berlin-Sperre 1961. Annexband III: Wortlaut der Verträge.) Siegler & Co. KG. Verlag für Zeitgeschichte, Bonn-Wien-Zürich, 1961.)
Jedoch gilt es als unschickliches Benehmen, wenn ein Betroffener literarischer Kritik widerspricht.
Im Herbst 1965 lief das Fass beinahe über. Die gesamtdeutsche Reaktion der Rezensenten von damals ist kondensiert in diesem Résumé:

> In »Zwei Ansichten« [. . .] konstruiert er in einem jungen Herrn B. – das Initial steht ganz zweifelsfrei für »Bundesrepublik« – und dem Mädchen D. – es repräsentiert ebenso offensichtlich die DDR – zwei modell-

hafte Figuren, in denen sich zwei Lebensformen darstellen sollen.
(Heinrich Vormweg, in: Die Literatur der Bundesrepublik Deutschland, München und Zürich 1973, p. 295f.)

Das Etikett »Dichter der beiden Deutschland« oder »der deutschen Teilung«, dessen der Kritiker als einer Prothese für Erinnerung und Urteil bedarf, hält ihn von vornherein davon ab, ein anderes Zentrum in einer literarischen Arbeit zu vermuten als eben jenes, an das er gewöhnt ist bis zur Süchtigkeit. Auf die bloss durch verbale statt analytische Wiederholung erprobte Krücke gestützt, unterstellt er dem Urheber jener »Zwei Ansichten« das wahnwitzig vermessene Unterfangen, in einer einzigen Person die Identität eines ganzen Landes (mit unterschiedlichen Klimazonen, Mundarten, Wirtschaftsstrukturen etc.) zusammenzubündeln. Der Kritiker erspart sich die Mühe einer Gegenprüfung vermöge der Frage, ob je irgend jemand in der Geschichte der Nationalliteraturen der Hybris verfallen sei, einen Charakter hinzustellen für irgend etwas anderes denn für ihn selbst. Der Kritiker sieht die Zahl Zwei, haarscharf rastet er ein auf der vergleichbaren Zahl von deutschen Währungsgebieten, zielbewusst fällt er die Diagnose, die er und da er sie wünscht. Im gleichen verwegenen Denkschritt hängt er dem Verfasser seines Opfers die unbedarfte, auch kommunalpolitisch törichte, Überzeugung an, es sei an der B.R.D. gerade das B(undeswesen), also die föderative Konstruktion die meist essentielle Qualität, und gehe es darum, die D.D.R. am deutlichsten von ihr zu unterscheiden, so müsse das Augenmerk vornehmlich gerichtet werden auf das D(emokratische) an diesem Staatswesen. Allen Ernstes bezichtigt er den Kollegen von der anderen Zunft der Geschmacklosigkeit, wegen eines derart uninformierten Erklärungsprinzips die Namen zweier lebender Personen über zwei ganze Erzählungen hin auf die Anfangsbuchstaben zu verkürzen. Dächte der Kritiker seinen vorsätzlichen Ansatz zu Ende, so müsste er stutzen an der gesamtdeutschen Gewohnheit, mit »die D.« einen unbescholtenen Menschen herabzusetzen, eine Person im Besitz ihrer bürgerlichen Unschuld vor Gericht gleichwohl zum Objekt sprachstrafender Behandlung zu machen. Lieber traut er dem Autor einen so verächtlichen Umgang mit seinen Personen zu, als dass er sich aufhielte bei der Überlegung, dass »die D.« die Abkürzung eines Familiennamens signalisiert, und es demnach ein anderes Bewenden haben müsse mit den Vornamen der beiden, die immerhin als Liebesleute mit einander zu tun haben, und das obendrein zumeist in der Erinnerung und der hoffenden Spekulation. So muss ihm die Einsicht verschlossen bleiben, mit der Beschränkung auf zwei Initialen habe der Leser dieser »Zwei Ansichten« gehindert werden sollen an einer allzu sentimentalen Identifizierung mit den Partnern einer probat betrübenden Geschichte. Wenn das das gute Recht des Kritikers ist, wird es zweifelhaft spätestens im darauf folgenden Jahr 1966, nämlich sobald die amerikanische Ausgabe erscheint als »Two Views« und darin die Namen, eingefahrenen Lesegewohnheiten in Übersee zuliebe, vollständig angegeben werden als Beate, als Dietbert, ohne dass ein einziges Mal die dazugehörigen Familiennamen erscheinen, auf denen die kritische Deduktion überhaupt aufgebaut ist. Kunststück.

Zugegeben, wenn ein deutschsprachiger Schriftsteller in seiner Biographie »den Unterschied: die Entfernung«

zwischen den beiden deutschen Lebensgebieten beständig hat verarbeiten müssen als konkrete Erfahrungen, wird er sie zu begreifen versuchen als universell vorhandene, im Rahmen der Nation, wenngleich immer abzüglich der oben angeführten Defizite an nationalpolitischen Entscheidungen. Unvermeidlich wird eine Anzahl der Personen, mit denen er erfindend und aufschreibend umgeht, vielleicht sogar eine Mehrzahl, sich in ihrem Lebenslauf befasst sehen mit praktischen Auswirkungen in der Realität, trete die nun auf als Verweigerung eines Interzonenpasses oder als das Gerücht, Cresspahl sei ja wohl rein eitel geworden auf seine alten Tage, trägt jedes Jahr einen neuen Anzug aus Manchestercord, schickt ihm sein Tochter aus Düsseldorf, ne nu aus Ju Jork! muss er bannig Zoll zahlen. Das mag, weil die Empfängerin eine postamtliche Vorschrift des Empfängerlandes beachtet, etwas zu tun haben mit der »deutschen Teilung«; eher aber gibt es Auskunft über die Treue einer Tochter. Dem Kritiker mag die Interpretation der Sperrbauwerke zwischen Berlin und Berlin erheblicher sein als ihre Wirklichkeit; wer davon erzählt, achtet eher darauf, eine vergessene Teetasse so auf das Brett vor einem leeren, offenen Fenster zu bugsieren, bis das Fehlen einer zweiten auffällt und ein Moment der Einsamkeit entsteht, den eine Beate D(usenschön) genehmigt mit dem Befund: So war det.

Zum vierten Mal eingesperrt in die Phrase des Gesamtdeutschen, wird einer die Flucht versuchen dürfen. Muss es gleich sechstausend Kilometer weit weg sein?

Es gab eine Alternative. Das war Bonn, eben jener Ort, in dem ein Schlüssel zu der Struktur der westdeutschen Geschichte zu suchen war. Bonn schien frei. Wolfgang Koeppen hatte es aufgegeben, neuere Ansprüche auf

Bonn waren unbekannt. Jedoch sah Bonn schwierig aus, vornehmlich für jemand, der wegen der westdeutschen Wehrpflicht seinen Status als Westberliner behalten wollte. Am meisten aussichtsreich schien ein Verfahren, das Berlitzens total immersion nennen, wobei man fragen kann und Anworten bekommt, nur in der Sprache, die es zu lernen gilt. Aber Rudolf Augstein muss es geschaudert haben bei der Vorstellung, diesen Schriftsteller als Volontär in der bonner Vertretung von DER SPIEGEL zu haben; er dankte für das Angebot, auf der Stelle.

Im Frühjahr 1966 erwies sich, dass eine einzige von all den Very Important Persons in den U.S.A. zugehört hatte: Helen Wolff. (Hier hat jemand Glück mit seinen Verlegern.) Sie bot einen Job in New York City, befristet auf ein Jahr, mit Arbeitszeiten von neun bis siebzehn Uhr an fünf Tagen der Woche, immer vorausgesetzt, das German Desk in Washington genehmige den Aufenthalt und die Anstellung, die nun einem Amerikaner fehlen würde, anzutreten im Juni.

Der Job war auszuüben in Stadtmitte, sechs Blocks vom Bahnhof Grand Central, in der Schulbuch-Abteilung von Harcourt, Brace & World, auf einem der unteren Stockwerke. Das einzige Privileg war das eigene Fenster. Denn auf dem weitläufigen Flur, so tief wie die ganze Hälfte des Hauses, war in der Mitte eine Kabinenwabe aufgestellt, beleuchtet von Neon, Käfterchen neben Käfterchen, jedoch mit Türen. Im offenen Raum sassen die Stenotypistinnen an ihren Tischen, jedem Blick offen. Der äussere Rand des Stockwerks war die Speckschwarte: wahrhaftige Zimmer, erträglich gross, mit einem Fenster und Blick auf die Aussenwelt, ein Stück East River, Brooklyn, Park der United Nations. Nur war es unmög-

lich, das Fenster zu öffnen, und weil die Klimamaschine das Haus erst vor ein paar Jahren zu studieren begonnen hatte, war die Aussicht in den wärmeren Monaten mit Kunststoffjalousien wegzuklappen. Es war kein persönliches Privilegium; dergleichen stand einem zu, wenn man »editor« war. Die Direktoren der Abteilung bekamen Eckzimmer zugeteilt, mithin zwei Fenster.

Der umfangreichste Auftrag wünschte für die company ein deutsches Lesebuch, zu verwenden in den beiden letzten Klassen der high school, Texte aus der Zeit nach Kriegsende, angereichert mit kurzen Biographien der Verfasser, aufklärenden Anmerkungen und, ausser bei Gedichten, einigen Fragen, die eine Besprechung des Gelesenen anregen sollten. Dazu ein Vokabularium, das die Unkenntnis von Worten wie Fachmann oder Fernlastzug voraussetzte.

Das Ergebnis, 1967 unter dem Titel »Das Neue Fenster« erschienen in New York / Chicago / San Francisco / Atlanta / Dallas, bedarf der Erklärung, ja der Verteidigung. Schulbücher in den U.S.A. müssen vor der Anschaffung eine Prüfung durch die parent/teachers associations passieren. Der Mass-Stab, nach dem diese Eltern/Lehrer-Ausschüsse an literarischen Texten das bewerten, was sie selber »sittliche Standards« nennen, ist in Boston etwas grosszügiger ausgelegt als in New Mexico; der Verlag wünschte jedoch keine regionalen Fassungen, sondern ein in der ganzen Union annehmbares (= verkäufliches) Textbuch. So war vor die Auswahl die Schwelle der geringsten Toleranz zu legen, die Verächter des Südens ansiedeln in San Antonio, Texas. In der Folge wurden die p.t.a.s. of S.A. zu einer unentbehrlichen Redensart. Sie würden Anstoss nehmen, so hiess es nach den nur mündlich erteilten Richtlinien, an:

Grausamkeiten gegen Tiere
Billigung oder Verherrlichung asozialen Verhaltens
Völlerei
Zärtlichkeiten unter erwachsenen Menschen
Genuss von Alkohol
Genuss von Rauschgiften
jeglichen sexuellen Handlungen
unamerikanischen Betätigungen
Erwähnung von Ehebruch
Unzucht mit Tieren
Billigung und Verherrlichung von Grausamkeiten gegen Menschen
Misshandlung von Tieren
Etc.

Wer mit einem derart bezinkten Kamm durch die Erzählungen und Gedichte gehen soll, die seit 1945 in deutscher Sprache geschrieben wurden, er hat wenig Aussichten, seine eigene Auffassung von gegenwärtiger deutscher Literatur vorzustellen, und er riskiert bei seinen Kollegen bedenkliches Kopfwiegen. Beispiele für Verluste und Enttäuschungen: Von Ingeborg Bachmann war damals bekannt, dass sie sich für die nächsten Jahre einem epischen Unternehmen verschrieben hatte; es fand sich aber in jeder ihrer vorliegenden Erzählungen etwas, das die p.t.a.s. of S.A. aufgefasst hätten als »unanständig«; so blieb nur der Rückzug auf Gedichte. Keine der Erzählungen von Alexander Kluge kam durch die Sittenkontrolle der p.t.a.s of S.A., Günter Graß war nur als Lyriker vorzustellen. Andere Autoren hinwiederum sind vertreten mit Texten, die weder sie noch der Herausgeber ansehen werden für die am genauesten treffende Auskunft über ihre Arbeit. Das Packen von Paketen wäre als Job erfreulicher gewesen.

(Ein amerikanischer editor und Partner half wachen darüber, dass die späteren (sechzehn- bis achtzehnjährigen) Benutzer des Lesebuches auf keiner seiner Seiten eine von den Handlungen wiederfanden, die sie selber auf dem Campus ihrer Schulen betrieben, oder auf den Rücksitzen der elterlichen Autos. Eines Tages, das Buch war schon im (Licht!-)Satz, kam er recht bleichen Gesichts: wir hatten in einer Erzählung einen Halbsatz übersehen. Darin trinkt ein Jugendlicher einen Martini. Ein ganzes Wasserglas voll! Mit Ach und Krach gelang es noch, eine Entschuldigung in die Produktion zu quetschen: *Martini,* as it is usually served in Europe, is not the American mixed drink, but a brand of sweet vermouth only.)
Der Spass, den die Arbeit verweigerte, liess sich am Rande einbringen in den Anmerkungen, so dass nun einige Amerikaner im Deutschunterricht erfahren können, was im Grunde auch in deutsche Schulbücher gehörte:

> *Bayerische Vorbehalte* make the claim that the former kingdom and republic of Bavaria is not really a part of West Germany. Bavaria calls herself a »Free State«.
>
> *Hans Globke,* an official in the Nazi Department of Justice, was an interpreter of the Nuremberg race laws of 1938 and is held indirectly responsible for the extermination policy against the Jews. After the war he headed Chancellor Adenauer's staff and remained there in spite of public protest.
>
> *Blumen ohne* indicates that it was not necessary to present a ration card to buy the flowers.

Leider hatten die Kollegen auf dem Schulbuch-Stockwerk erfahren, dass der neue Deutsche eine andere berufliche Vergangenheit hatte als die eines editors. Was lag da näher als der Verdacht, er verlängere sie heimlich unter der Tarnkappe des Angestellten? There is no show business like publishing business! Kurz, sie hielten ihn ernstlich für imstande, an ihnen Materialien zu sammeln für einen Roman über das Verlagswesen von New York, einen Schlüsselroman womöglich. Sie waren ganz dafür. Sie wollten gerne behilflich sein. Sie brachten den Krach an, den ein Präsident des Unternehmens einer Abteilungsleiterin auf dem und dem Stockwerk hingelegt habe, man habe es hören können bis in den Fahrstuhl hinein. Wer wen wie in der Hand habe. Und womit. Dass man die Kopiermaschinen im Flur gut und gern auch benutzen könne zum Vervielfältigen der eigenen Einladungen zur Geburtstagsparty. Office-parties seien streng verboten! warnten sie, und luden dazu ein. Sie rieten, ja vorsichtig zu sein mit Erfindungen aller Art im Dienst; denn es war im Hause üblich, sie als Eigentum der Firma zu sequestrieren. (Hier ist, mit Rücksicht auf noch lebende Angestellte, viel ausgelassen.) Es dauerte seine Zeit, bis sie einsahen, dass alle solche Mitteilungen auch bei diesem Mitarbeiter hinausliefen auf nachbarschaftliche Freundlichkeiten, und am Ende mögen sie sogar geglaubt haben, dieser Europäer wolle in der Tat mit vierzig Arbeitsstunden in der Woche bezahlen für den Vorzug, das Leben eines Bewohners von New York erlernen zu dürfen.

Es verhielt sich aber so. Der Gastarbeiter war gekommen ohne einen eigenen Plan. Wegen der Art seines Berufes war er gewärtig, der Aufenthalt werde hinauslaufen auf einen Betriebsausflug oder auf jene Ferien des Busfahrers, der an seinen freien Tagen im Bus fährt. Gewiss war er bereit, auf Angebote zuzugehen; er erwartete keine. Es war keine Lücke zu schliessen, was literarische Nachrichten vom amerikanischen Büroalltag anging; siehe auch die Klausel betreffend Erfindungen in der Arbeitszeit. Allerdings, Suchen gehört zum Handwerk, und so tat Helen Wolff ihm den Gefallen, beim Alleröbersten der new yorker Polizei die Erlaubnis zu einer Nacht Mitfahrens in einem Streifenwagen ohne Kennzeichen zu erwirken. (Hier hat einer Glück . . .) Das Suchen ging in die falsche Richtung, das Sensationelle der Neugier beweist es; das einzige und für immer unbrauchbare Ergebnis war die Erfahrung, dass die Funkstreifen von Manhattan jenem Signal die höchste Priorität beimessen, das einen tätlichen Angriff auf eine Kollegin meldet. Oder dass die Polizeianwärter auf den Strassen solch einem Fahrzeug, das sie doch ansehen sollten wie ein ziviles, immer wieder die Tarnung aufbrachen mit einem geringfügigen Wippen des Schlagstockes; es sitzen Vorgesetzte darin, leibhaftige detectives. Auch für einen Schlüsselroman über die rookies von Manhattan bestand kein Bedarf, weder bei einem deutschen noch einem amerikanischen Publikum.

Überdies liess die Existenz des Angestellten kaum Platz für eigene Schreibarbeiten. Das machte die offene Tür. Ganz gewiss war die Tür der Bürozelle ein einziges Mal geschlossen worden: als der Handwerker sie einsetzte und ihre Einpassung in die Füllung nachprüfte. Dann schlug er sie zurück an die Wand und ging seines Weges; seitdem stand die Tür offen. Sie war ein Privileg, ein Privileg ohne Schloss; eine Luke war sie, durch die der umherwandelnde Vorgesetzte auf einen Blick feststellen kann, ob der darin beschäftigte Gehaltsempfänger seinen

Aufträgen nachgeht oder aber etwa ein gutes Buch liest. Diese Mixtur aus vertrauensvoller und vorsorglicher Überwachung hält zuverlässiger zum Arbeiten an, als ein preussischer Krückstock das vermochte. Danach war der Abend nur zu verwenden nach dem Lehrbuch: zur Reproduktion der verbrauchten Kraft.

(Hier ist ein Dienstvergehen anzuzeigen, ein einziges: Auf Helen Wolffs Schreibtisch in der Schöngeistigen Abteilung (trade book department) lag ein Lese-Exemplar von Heinrich Bölls »Ende einer Dienstfahrt«, frisch aus der Post, also eines von vielleicht fünf Exemplaren in ganz New York, eine unzumutbare Versuchung. Helen Wolff hatte keine Bedenken, es für einen Tag herzuleihen; sie durfte zuversichtlich darauf vertrauen, dass der Angestellte es in seiner Freizeit las. Er fuhr, nach jeder Miene ein loyaler Mitarbeiter, in das Stockwerk seiner dienstlichen Verpflichtungen und legte das Buch zunächst ganz ordentlich zu den Privatsachen. Hinter ihm war die offene Tür, zwischen ihm und dem neuen Böll war ein Abstand von Griffnähe. Nun gab es die haltbare Entschuldigung, vielleicht sei gerade in diesem Buch ein selbständiges Kapitel zu vermuten, besser geeignet für das amerikanische Schullesebuch als die Erzählung, die man leider hatte wählen müssen; es ist aber das Bewusstsein der strafbaren Handlung, das den Täter überführt. Wer an der Tür vorbeiging, sah den Angestellten in lesender Haltung, ein Buch in der Hand, den Rücken zur Tür. So aber hatte man ihn des öfteren angetroffen, und jedes Mal hatte es sich gehandelt um Dinge des Geschäfts. Das heutige schien von grösserer Dringlichkeit. Denn nach einer halben Stunde hatte der Angestellte die Tür so weit angelehnt, dass seine Anwesenheit noch zu vermuten war, kaum jedoch die Art seiner Tätigkeit. Es gibt eben Arten des Entzückens, die sich in Bewegungen der Schultern ausdrücken. Lange nach fünf Uhr trat der Angestellte in einen Fahrstuhl zu einer Gruppe von Vorgesetzten, für die die tägliche Überstunde allerdings ein Bestandteil des Arbeitsethos war. Es vergingen zwei Wochen, und für fleissiges Verhalten bekam jemand eine Erhöhung seines Gehalts, der Abzüge hätte hinnehmen müssen als verdient.)

Fast war das vereinbarte Jahr vorüber, ein Pedant hätte schon Tickets gekauft für die Rückreise nach Berlin, da erwies sich, wonach, nach wem ich an den Wochentagen New York City, an den Wochenenden deren Umgebung abgesucht hatte. Die Übungsnotizen, neuerdings dem Angestelltendasein abgezwackt in der halben Stunde vor Beginn des Betriebs, lauten für den 12. April 1967:

GC
Ob sie wohl in Restaurants in ihrem Mantel sitzt? die Brille im Haar traegt? das Fleisch klein schneidet bevor sie beginnt zu essen?
Bar
Nu draengele doch nicht so, ich sitze ja diesem Herrn fast schon in der Tasche! Wenn er mich nun voellig rechtmaessig mit nach Hause nimmt, wie stehen wir dann da!
Eine kleine Nonne mit huebschen westindischen Zuegen, vor Froemmigkeit etwas stumpfsinnig blickend, traegt eine offene Glasschale in die Bar und zeigt den Herren was andere immerhin schon gegeben haben
Abteilungsleiterin
Am Morgen nach dem Anpfiff vom Vizepraesidenten erscheint sie in einem hellen, selten bei ihr gesehenen Kleid. Sie erklaert das mit dem Fruehling und gibt auf

Befragen an, der Stoff enthalte Nylon, daher der Glanz
im Zimmer eines Untergebenen, das ihr zu dunkel ist, das Licht einschalten
am Morgen danach mit der Kaffeetasse in der Hand bei dem Untergebenen erscheinen, der mit dem Praesidenten gegessen hat
Die haeufige Wiederholung der Anrede *Miss C.*

Am 13. April 1967:

Zu vermeiden der Eindruck hier wolle jemand lediglich in seine Kindheit zurueck
Das Wohnzimmer sieht laecherlich europaeisch aus. (In den Augen von Besuchern, des Supers etc.)
»Diese Person wird gesucht.«

Am Dienstag der folgenden Woche sah ich Mrs. Cresspahl auf der Südseite der 42. Strasse auf die Sechste Avenue zugehen. Sie war zu erkennen an der Kopfhaltung, an der lockeren, acht- und wachsamen Art, in der sie den rechten Arm pendeln liess, in der Hand eine kompakte schwarze Börse (im Notfall zum Zurückschlagen geeignet), verriegelt im Griff der Finger, von denen die ersten zwei die Bügel einer Sonnenbrille wippen liessen. (Das Tageslicht war für einen Moment beschlagen.)
Meine Damen und Herren, Sie werden mir vorhalten, sicherlich sei ich der einzige gewesen auf der ganzen 42. Strasse, ungefähr unterhalb der Rückfront der Public Library einer Gesine Cresspahl zu begegnen, wie sie in einem halbärmligen grauen Jerseykleid nach Westen unterwegs ist, geringschätzig die Blumenverkäufer musternd. Ich gestehe die Einschränkung zu: dazu war

ich ja da. Folgen Sie mir lediglich in die Annahme, sie *hätte* da gehen können, es sei immerhin möglich gewesen, so geraten Sie bereits in die Zwangslage zu beweisen, wieso und warum denn das ausgeschlossen bleiben müsse.
Sie mögen sagen, es heisse den Zufall übertreiben, mich auf ihre Spur zu setzen und sie auch noch finden zu lassen. Meine Damen und Herren, da frage ich Sie: wem denn sonst von den mir bekannten Leuten ich da hätte begegnen sollen. Jonas Blach war beschäftigt mit Folgen seiner Haft in Bautzen und dachte sich in einem fort rückwärts in der Philosophie. Der Mann, der sich Mesewinkel nannte oder auch Rohlfs, in einem dienstlichen Auftrag hätte er auftreten können in New York, aber der war an der Majorsecke auf seine Art gescheitert, in Ungnade seit Februar 1962, das hatte ich aus verlässlicher Quelle. Für Karin F. galt, wie für die meisten Bürger der D.D.R., die Ausreise-Sperre. Karsch war in den U.S.A. mehrmals im Jahr, aber immer auf Arbeit, durchreisend, selten in New York. Achim T. würde erst kommen mögen mit einer offiziellen Delegation seiner Volkskammer, aber da nahm seinen Sitz seit Jahren ein anderer ein, und Achim war als Sportlehrer ganz unabkömmlich. Dietbert B(allhusen) als Tourist, denkbar war es, aber waren wir ja von einander geschieden in gegenseitiger Geringschätzung und hätten es darauf angelegt, einander noch eben höflich auszuweichen. Beate Dusenschön als Emigrantin in den U.S.A., es fiel aus der Frage, die hielt zu ihrem Berlin, und überdies hätte sie zu dieser Tageszeit weisse Strümpfe und die hellen Tuchschuhe der amerikanischen Krankenschwestern getragen. Die da ging, trug Pumps an den Füssen, Grösse 39.
Meine Damen und Herren, Zweifel hatte ich selber. Die

Zeit stimmte, 5:30 p.m., für die Rückkehr von der Arbeit. Aber die 42. ist keine Wohngegend, und den Weg zu einem belebenswerten Teil New Yorks hätte sie günstiger im Ubahnhof Grand Central angetreten. Es ist erinnerlich, sie hatte einmal etwas zu tun gehabt mit jenen Lichtspielanstalten der 42. zwischen Siebenter und Achter Avenue, das war aber undeutlich. Und der Bryant Park, an dessen Stützmauern sie entlangging, er war eher die Domäne minderbemittelter Alkoholiker; die Gegend als Treffpunkt passte schlecht zu ihr. Allerdings, es war Dienstag, der internationale Zeitschriftenladen in der Nähe des Times Square würde die neueste Ausgabe des westdeutschen Nachrichtenmagazins DER SPIEGEL bereits aufliegen haben, aber um diese Zeit gab es ihn auch schon an dem Kiosk Broadway/96. Strasse, und bequemer. Und doch hätte ich wetten mögen, dass sie ohne viel Überraschung den Kopf wenden würde, spräche einer sie an mit den Worten: Mein Gott, Frau Beckmann!

Das ist ein norddeutscher Schnack, der Ausruf steht für unbändige Verwunderung, ist jedoch auch anwendbar gegen männliche Menschen, so wenn ihnen der Eierkuchen aus der Pfanne springt oder sonst Plötzliches unterläuft. Dies war allerdings eine Dame, übrigens mit den gleichen Vokalen in ihrem Familiennamen, und so erwiderte sie denn ohne eine Spur von Panik, fast faul, langsam, auf den Formelcharakter hinweisend und mit einem einladenden Rand mecklenburgischen Akzents: Mein Gott. Frau Beckmann!

Von einer Dame nach dem Ergehen gefragt, teilte ich wahrheitsgemäss mit, dass morgen eines meiner Bücher in amerikanischer Ausgabe herauskommen werde, leider zu $ 5.75 Und war es wohl an dem, dass sie ein Exemplar

als Geschenk wünsche? (Für Postsachen braucht man eine Adresse.)
Ihrem Schweigen, ihren Augenwinkeln war anzumerken, dass sie recht versucht war zu der Behauptung, schon die Kosten für eine deutsche Ausgabe habe sie sich erspart. Sie rang geradezu mit sich. Während dessen sah sie um sich, als wolle sie einen Polizisten zur Hilfe herbeirufen, so glaubwürdig zitierte sie aus dem Notwörterbuch der englischen und deutschen Sprache (Langenscheidsche Verlagsbuchhandlung, Berlin S.W., Fünfte Auflage o.J., vielleicht 1904): Oh no. Not again.
Sie hatte begriffen, dass nach dieser Publikation ihr Verfasser frei war auch von der Arbeit an der Übersetzung, einer neuen Beschäftigung begierig, so dass er wider Zucht und Sitte auf offener Strasse einer Dame einen Antrag machte, dem sie vor fast exakt vier Jahren schon einmal ausgewichen war.
– Solche Leute, die in ein fremdes Zimmer gehen, und machen da das Licht an, bloss weil sie eine Weisungsbefugnis haben, die würden sich hübsch ärgern: schlug ich vor, als Beweis für Vertrautheit des Verfassers mit unliebsamen Zwischenfällen am Arbeitsplatz von Gesine Cresspahl.
– Die frisst mir aus der Hand inzwischen: versicherte Mrs. Cresspahl, froh und vergnügt über eine Gelegenheit zur Absage, die obendrein zutraf.
Nun hätte ich sie am liebsten gefragt nach dem unerfindlichen Essen mit ihrem Chef, zögerte aber in der Sorge, an etwas Intimes zu geraten, und Mrs. Cresspahl nutzte die Pause, in den Niedergang der IND.-Subway an der Sechsten Avenue zu entschwinden, um einem so intimen Unternehmen wie einer gemeinsamen Fahrt in der Ubahn zu entrinnen. Genickt hatte sie zum Abschied.

Auf der IND.-Subway konnte sie unterwegs sein auf die Oberste Westseite von Manhattan, zur Bronx, nach Coney Island, nach Jamaica, bis hin nach Rockaway Island, und schon zwei Stationen weiter nördlich von hier sich unsichtbar machen durch blosses Umsteigen auf die B.M.T. Aber hatte sie ausdrücklich verboten, nach ihr zu suchen? davon konnte keine Rede sein.

Niemand weiss wo Frau Beckmann wohnt; die Adresse von Mrs. Cresspahl war einen Augenblick später gesichert. Ein Mecklenburger Kind, aufgewachsen eine Stunde Fusswegs von der Ostsee entfernt, was würde die für eine Wohnung brauchen für den Abend nach zehn Stunden zwischen den Schluchten aus Stein und Glas von Manhattan? da kam in Frage allein der Riverside Drive, eine in der Architektur fast europäische Strasse an der Westküste von Manhattan, mit Blick auf Parkbäume, Wiesen, Bodenschwünge und dahinter den Fluss Hudson so breit wie ein Binnensee in Mecklenburg. Das war eine beliebte Gegend, so leicht stand da keine Wohnung leer. Doch, eben die, von der ein Verlagslektor aus Europa wahnwitziger Weise gemeint hatte, er miete sie für die eigenen Bedürfnisse; nun er zurückstieg in den Beruf des Schriftstellers, zog er auf der Stelle davon, noch erleichtert, dass die Räume wenigstens frisch gestrichen waren, und fest entschlossen zu dem Wissen, dass hier seit dem Mai 1961 die Cresspahls gewohnt hatten, eine Frau von vierunddreissig Jahren, mit einem mittlerweile zehnjährigen Kind. Das Haus unterlag der Mietensperre; die hundertacht Dollar pro Monat würden die ohne Mühe aufbringen können, zu urteilen nach den Kleidern, die Mrs. Cresspahl an einem Werktag trug. Das Telefon gab er ohne Widerstand drein; es war immer auf ihren Namen gemietet gewesen. Ihre Adresse

war: Apartment 204, 243 Riverside Drive, New York, N.Y. 10025.
Das ist zwischen der 96. und 97. Strasse auf der Oberen Westseite, unpraktisch zu erreichen von der B.M.T. aus (Mrs. Cresspahl bestätigte später den Heimweg am 18. April als ungewöhnlich und eine Ausnahme; sie hatte zu tun gehabt in der Public Library). Ihre Linie war die I.R.T., ihre Haltestelle die für Expresszüge an der 96. Strasse unter dem Broadway, take the A train!
Wie verhext verwandelte sich das bisher »privat« verbrachte Jahr in eine Zeit des vorbereitenden Trainings: der morgendliche Weg auf der Ubahn bis zum Times Square, dann mit der Pendelbahn zum Grand Central und der Lexington Avenue, er erwies sich nun als eine Sammlung von Anhaltspunkten für die Art, in der eine Frau das Gedränge in den rasenden Eisenkästen verträgt, und zwar diese. Das korrekte Ausfüllen der amerikanischen Formulare für die Bundes-, Staats- und Stadtsteuer, es war einzig studiert worden wegen der Gewissheit, dass Mrs. Cresspahl darauf sich geschickter verstand. Die allabendliche Erschöpfung nach einem Tag unausweichlichen Umgangs in der englischen Sprache, statt zu einer privaten Erfahrung war sie zu einem Hinweis darauf geworden, wie Mrs. Cresspahl zumute war in ihrem ersten Jahr in New York; immerhin hatte sie damals im Französischen sich wohler gefühlt. Die Beschäftigung mit der amerikanischen Wirtschaftsgeschichte, der Soziologie, der Mafia, das Auffischen der in Arbeit versäumten Wirklichkeit der Stadt mit Ausschnitten aus der New York Times, es hatte ausgesehen wie das leicht renegate Selbststudium eines Gaststudenten; tatsächlich war es hinausgelaufen auf den Versuch, von der Stadt New York und den Staaten U.S.A. annähernd das zu

lernen, was Mrs. Cresspahl widerfahren war in ihren sechs Jahren Anwesenheit; übrigens war hinkünftig aus der Times statt objektiv subjektiv zu schneiden, mit Mrs. Cresspahls Augen, mit Aufmerksamkeit für Berichte von Ereignissen, die ihr auffielen, die sie aufbrachten, mit denen sie zufrieden war.

Wie die Tochter von Mrs. Cresspahl aussah, das war bekannt. So ein Kind mit langen sandgrauen Zöpfen, es fällt doch auf im Fünferbus. (Der Bus Nummer 5 fährt von der 96. Strasse aus nördlich an einigen Privatschulen vorbei.) Maries Stimme ein Sopran; wie das Alt ihrer Mutter an den Rändern schartig von all der Zeit in der verdorbenen Luft New Yorks. Von der Mutter war zu erwarten, dass die Tochter sich unterschied von den anderen europäischen Kindern, die es aufzunehmen versuchten mit dem hiesigen way of life; sie war gewiss kein einziges Mal für Fortschritte in der fremden Sprache belohnt worden mit einer Portion Speise-Eis, oder gar mit Geld. Vorauszusehen war einiger Zweifel an der Geschwindigkeit, mit der dieses Kind voraus und um die Ecke denken konnte; gerade als ein fremder Ankömmling von viereinhalb Jahren hatte sie tüchtiger, gewitzter und amerikanischer werden müssen als die anderen, die dergleichen gelernt hatten mit dem tausendsten Atemzug. Schwieriger stand es mit der Körpergrösse; es verbietet sich doch, mit dem Bandmass heranzugehen an ein Kind, dem man überhaupt erst in einer Zukunft vorgestellt zu werden hofft! Ein zehnjähriges Mädchen schrieb aus England: Wenn diese Marie fast auf den halben Zoll so gross ist wie ich, dann misst sie vier Fuss zehn Zoll. Dear Claire, we are much obliged.

Und wenn Mrs. Cresspahl am Morgen jeden Arbeitstages sich auf den Weg macht zur Stadtmitte New Yorks, betrat sie da etwa, sechs Blocks nördlich vom Bahnhof Grand Central, ein Verlagshaus, um ihre Arbeit in der deutschen Sektion einer Schulbuchabteilung zu verkaufen? Sie würde auf das artigste sich bedanken. Die Firma, die sich ihrer Dienste erfreut, ist eine Bank. Dafür würde Gesine Cresspahl am liebsten auch auf das manierlichste sich bedanken. Aber auf den gewünschten Beruf, den Umgang mit der englischen Sprache zu einem Vergnügen, hatte sie nun einmal verzichten müssen, als sie dazu ein Einverständnis zu der Erledigung des Aufstands vom Juni 1953 hätte abliefern sollen. Auf den Umgang mit der englischen, französischen und italienischen Sprache in dem Beruf der Dolmetscherin hatte sie verzichtet, als ihre Arbeitgeber von ihr erwarteten, sie werde mit deren Aktionen im Ägypten des Herbstes 1956 einverstanden sein. Als Marie geboren war, meinte sie das Kind schützen zu können mit einem Beruf in der unmittelbaren Nähe des Geldes, und machte ab 1958 eine Banklehre in Düsseldorf, streng und mit Abschluss. Wegen Anstelligkeit, wegen ihres Dolmetscherdiploms in die U.S.A. entsandt zu einem befreundeten Institut, sollte sie die feineren Tricks erlernen beim Erwerb und der Vermehrung des Geldes; gleich war sie arbeitslos. Sie muss noch froh sein, es seitdem gebracht zu haben zu einer Anstellung als Fremdsprachensekretärin in einer Bank von New York. Was ihr da und auf den Strassen bis zum Riverside Drive begegnete, es sollte die eine Seite ihres Buches werden, sie musste nur noch einverstanden sein.

»Anniversarii« hiess es vorläufig, das Vorhaben ihr schmackhaft zu machen; später Anniversaries, Jahrestage. Die andere Schublade des Titels sollte enthalten, was sich an Tagen nährte aus der Vorgeschichte ihrer Person. Wie es Leuten in ihrem Alter überhaupt zustossen kann,

war sie angelangt in einem psychischen Zustand, für den die Wissenschaften noch keinen genauen Namen nennen. Grob umrissen, war das ein Mangel an Vorfreude auf die Zukunft. Bis 1963 noch hatte sie gelebt mit einem Willkommen für eine neue Stadt, auch für Widerstand gegen unvernünftige Ansinnen von Chefs, für die Aussicht auf Ferien in Europa, ja auf den morgigen Tag. Unbemerkt war das geschrumpft zu einer bloss umsichtigen Vorbereitung auf ein Jahr nach dem anderen, als Verantwortung für ein halbwüchsiges Kind. Vielleicht war es die Lebensmitte, der Beginn der biologischen Rückbildung, die ihr das Bewusstsein des Lebenslaufes umkehrte in Richtung der Vergangenheit, in den Versuch zu finden, wie die jeweils vorvergangenen Zustände ihres Lebens noch durch etwas anderes verbunden waren als ihr Nacheinander.
Ansätze hatte sie genug, so in der wiederholten Erkenntnis, dass sie manchen semantischen Bereich der hochdeutschen Sprache behandelte wie einen Mechanismus, »Übersetzung« bloss und kaum Äquivalent zu den niederdeutschen Entsprechungen, die sie als erste gelernt hatte. Oder die ergiebige Frage, was den Stellmacherssohn und Sozialdemokraten Heinrich Cresspahl 1931 bewogen haben mochte zu einer ehelichen Verbindung ausgerechnet mit der Tochter eines Getreidekaufmanns, den die Enkelin in unbösem Ernst auch erinnert als einen Grossschieber; warum ihr Vater, gut ansässig in England und der deutschen Händel müde, hat zulassen mögen, dass sein Kind geboren wurde im Dritten Reich Hitlers, wieso er obendrein seinen Haushalt samt Handwerk dahin zurückbrachte. Wenn ein Kind bei der Grossmutter Papenbrock ermahnt wurde, die Arme in der Gegend des Handgelenks gegen die Speisetafel zu stützen, es war

doch mehr gewesen als eine Dressur in Manieren, allmählich kenntlich geworden als Einführung in einen Gesamtkatalog gesellschaftlicher Forderungen an ein heranwachsendes Mitglied. Mit Elementen solcher Art, unschematisch abwechselnd mit Kapiteln für die jeweils heutige Zeit New York, sollte die Erzählung aus einem Bewusstsein zumindest des Jahres 1920 voranschreiten bis zu dem gegenwärtigen Jahr und Tag in New York, so dass hier einmal einer Katze es gelingen sollte, den eigenen Schwanz zu fangen.

Von den reichlich vorhandenen und meist noch unbedachten Haken des Unternehmens fiel einer gleich auf: die Erzählung war begrenzt durch 365 Tage Gesine Cresspahls in New York und Umgebung, also der Erzähler an diese Gegend gebunden. Der Täter musste am Tatort verbleiben; es war aber der letzte der vierzehntägigen Schecks für die Arbeit als Lektor schon vorauszusehen. Tatsächlich wird es Helen Wolff um die Einleitung eines Abschieds gegangen sein, als sie diesen ihrer Autoren einlud zu einem Mittagessen, zum Aufräumen offener Fragen vor seiner Abreise. Gefasst hörte sie an, dass er unverhofft und ungeplant ein Buch gefunden hatte in New York, jedoch eines, wozu er eines weiteren Jahres in New York bedürfen werde.

Das war im Mai, und im Juni hatte sie das mit ihr liierte Verlagshaus beredet, mit einem ehemaligen Lektor einen Vertrag abzuschliessen über einen »untitled novel«, da dies fast die einzige Auskunft war, zu der er sich hatte entschliessen mögen. (Hier hat einer Glück mit seinen Verlegern.) Als einen Vorschuss (»that is *our* grant for him«) zahlte das Haus zweitausend Dollar im Juni, im September und Dezember; offenbar war da einmal ein Schriftsteller nach einer Pauschalzahlung durch die Lappen gegangen. Da sie nun einmal die Spendierhosen anhatte, lieh die Firma diesem Autor einen grosszügig bemessenen Büroraum (1967, zur Zeit der Hochkonjunktur), mit Telefon und Schreibmaschine, auf ein Jahr, und zwar in ominöser Beschwörung einer Zukunft in einer Abteilung namens »International Sales«.

Die Leute in der Abteilung Internationaler Absatz waren anfangs gestört in ihren Erwartungen, die sie an die Aufführung zeitgenössischer Schriftsteller stellten. Denn dieser kam wie sie morgens um neun, verliess seine Zelle nur zur Mittagspause, und ging nach Hause zur Zeit des Büroschlusses. Er hatte die Eigenart, die Tür hinter sich zuzumachen. Nach den Geräuschen im Inneren des Raums zu urteilen, sass der von neun bis fünf vor einer Schreibmaschine und betrachtete ihre Typen. Oder das Korkbrett an der Wand. Waren Schriftsteller so?

Am Ende wurde auch dieser einigen Vorstellungen ähnlich, die Hollywood über diese Berufswelt verbreitet: er kam gelegentlich erst um zehn, des öfteren um die Mittagszeit, und manchmal liess er die Nachmittage ausfallen. Das machte, er hatte anderen Ortes logistische Forschungen zu betreiben, von denen hier drei angedeutet seien.

Die erste sticht durch Hässlichkeit hervor. In einer der religiösen Privatschulen am oberen Riverside Drive meldete sich an der Pforte ein Besucher, lediglich ausgewiesen durch einen westdeutschen Reisepass, und bat um einen Termin bei der ehrwürdigen Mutter Oberin. Dieser einmal gegenüber, gab er sich aus als Träger des befremdlichen Namens »Johnson« und brachte mit frecher Stirn das Ansinnen vor, zu Gunsten einer Arbeit über komparative Pädagogik in westeuropäischen und angelsächsichen Ländern für einige Zeit am Betrieb und Unterricht

des Instituts teilnehmen zu dürfen. Die Ehrwürdige Mutter Oberin glaubte einem wissenschaftlichen Vorhaben förderlich sein zu sollen, und erteilte dem Hochstapler die Erlaubnis. Gefasst wurde der Schwindler nie, und als einzig Brauchbares wäre über ihn mitzuteilen, dass ich von ihm Einzelheiten erfahren konnte über die Schule, die Marie Cresspahl besucht.
Zweitens, Marie Cresspahl brauchte ihre persönliche ärztliche Versorgung, über die Leistungen eines allgemeinen Krankenhauses hinaus; auch in dieser Richtung waren Erkundigungen einzuholen. Es wird wohl ein jeder Wohlmeinende das Befremden eines Arztes von der Park Avenue nachfühlen können, wenn dieser auf einer cocktail party von einem Schriftsteller angesprochen wird auf Ausstattung von Warteräumen, Quadratmeter-Mietkosten für Arztpraxen und dergleichen Beschwernisse, wie der erfahrene Mediziner sie selbst im Behandlungsraum zu behandeln sich weigern wird; Mrs. Wolff sah besorgt in die Richtung solcher Gespräche, denen sie gleichviel durch ihre Einladungen weiterhin Vorschub leistete. Am Rande meldete sie ihren Eindruck, hier sei ein Schriftsteller durch Umgang mit wohlhabenden Leuten »des Geldes bewusst«, money-conscious geworden. Das soll er wohl sein, wenn er eine Fremdsprachenkorrespondentin ist mit einem Kind, für dessen Schulkosten allein sie im Jahr 1,600 Dollar hinzublättern hat. Bei einer Monatsmiete von 108 Dollar! Bei einem Gehalt von 650 Dollar!
Nach Rücksprache mit einem Menschen, der hier Gnaden halber unter der Bezeichnung »Personalchef« versteckt werden soll, erwies es sich als gerade so eben noch tunlich, der Angestellten Cresspahl das Gehalt auf $720.80 im Monat anzuheben. Denn die Behandlung ei-

ner gewöhnlichen Entzündung der Atemwege, die auch so wieder weggegangen wäre, hatte bei einem Fachmann an der Park Avenue, einschliesslich Blutzählens, um die 49 Dollar gekostet.
Drittens, die Bank, Mrs. Cresspahls Arbeitsstelle. Der davon schreiben wollte, verfügte über keinerlei Papiere, etwa zu Anlagezwecken, vermittels derer er sich Zugang in die Chefetagen von Kreditinstituten und die dort gepflegte »philosophy« hätte verschaffen können. Sobald er diese Lücke in Besitz und Bildung einer Helen Wolff eingesteht, wird sie ihn wie beiläufig, schon eine Woche später zusammenbringen mit einem Ehepaar, das auf das liebenswürdigste ein ganzes Mittagessen lang abzulenken weiss von dem Gesprächsgegenstand, dass es über einige Millionen Dollar verfügt. Wenn einer sich zuverlässig bemüht um die Sitten der gebildeten grossen Welt, wird er beim Mokka erfahren, dass diese beiden Privatpersonen nur im allgemeinen Bescheid wissen über Geld, dies allerdings gründlich. In depth. Dazu gehört, dass sie über Freunde verfügen, deren eines

> responsibility at [. . .] bank is to follow financial affairs in eastern European countries and, so, I think he will have a breadth of experience which should make him a good person to check with.
> If it does not work out, will you please let me know, as I can get a substitute from the Chase Manhattan Bank or the First National City Bank.

Am gleichen Tage, am 15. Februar 1968, wird man schreiben an ein Haus in der Wall Street, nur damit einem friend of Helen Wolff sein Genüge geschieht:

> My good friend, [. . .], tells me that you might be willing to have lunch or perhaps an appointment with my friend, Uwe Johnson.
> Mr. Johnson has been in this country about two years and will be returning to West Germany shortly. He is writing a book and is interested to be sure that his understanding of certain technical problems of international banking is accurate.
> I attach a clipping from the New York Times magazine, which includes a picture of Mr. Johnson, and a clipping from the New Yorker, which would give you a little information about the man.
> I will ask Uwe Johnson to give you a call. I greatly appreciate your help and believe that you will have pleasure in it.

Das ist zu bezweifeln. Denn unter den Fragen, mit denen ein Kenner der osteuropäischen (und anderer) Bankgeschäfte im hauseigenen Speiseraum für die Chefs belästigt wurde, war am Rande, und sachfremd, die, ob etwa die amerikanischen Kreditinstitute Gewinne zögen auch aus dem Krieg in Viet Nam. Es war die einzige, die ihn verblüffte. Sie brachte ihn geradezu zum Schweigen. Endlich raffte er sich auf zu einem träumerischen Geständnis: dieser Gedanke sei ihm neu, ja, geradezu fremd. Jedoch verspreche er, darüber nachdenken zu wollen. Hier muss er sich versprochen haben. Sicherlich wünschte er zu sagen: er werde darüber nachdenken lassen. Aber zu jeder der Erkundigungen, die sein Gast angestellt hatte, kam nach wenigen Tagen das ihm verfügbare Material, und ihm sei für die Hilfe ebenso gedankt wie für die beherrschte Versicherung, seine Firma gedenke sich jedem osteuropäischen Kreditgeschäft gegen-

über bar jeder Aggressivität zu verhalten. Das war seine philosophy, und hat geholfen bei der Vorstellung und Erfindung jenes Vorgesetzten und Chefs von Gesine Cresspahl, mit dem sie dereinst des öfteren zu Tische sitzen sollte.
de Rosny hiess dieser andere Vizepräsident. So hatte Mrs. Cresspahl es verlangt. Der Name sollte eine Camouflage sein, aber eine von solcher Art, dass die Tarnung auffiel (wie sie es später sich ausbedang für den ersten sowjetischen Ortskommandanten von Jerichow, der nun heisst wie kein Russe in der ganzen schirokaja natura: K. A. Pontij).
Dieser de Rosny, ein wendiger Mensch, hatte schon im Sommer 1967 aus der Č.S.S.R. Signale empfangen, die sich bei einiger Geschicklichkeit so lesen liessen, als seien die dortigen Kommunisten gesonnen und versucht, ihrer ruinierten Wirtschaft auf die Beine zu helfen mit einer Anleihe in harter Valuta, und de Rosny, obwohl einer Aggressivität unverdächtig, hatte Appetit auf das Manöver, weil seine Dollars, angeschmutzt durch den vietnamesischen Krieg, nur in einer westeuropäischen Einkleidung auf volksdemokratische Konten gelangen würden (vorläufig).
Ein Element von de Rosnys »philosophy« besteht in der (wie er sagt: erprobten) Überzeugung, wonach Kommunisten ihrer Natur nach in Verhandlungen mit dem Westen nur einem Partner trauen, an dessen antikommunistischer Haltung sie keinen Zweifel hegen. Da die Angestellten des de Rosnyschen Imperiums zu jener Zeit noch in lokalen Karteien geführt wurden statt in einem zentralen Computer, wurde Mr. Kennicott II, Personalchef der Hauptniederlassung in New York, zum Bericht gebeten bei einem Vizepräsidenten,

der sowohl seniore wie exekutive Tugenden aufwies, und gab vor, das gewünschte Material auf Lager zu haben: eine Angestellte Cresspahl, drei Fremdsprachen und Deutsch zuzüglich eines reaktivierbaren Russisch, mit einer kommunistischen Vergangenheit insofern, als sie nach 1945 in einem osteuropäischen Land gelebt habe, eines Antikommunismus zu verdächtigen wegen der Einsilbigkeit, die sie über die Umstände ihres Abschieds von der Heimat bewahre. Psychologisches, das entzieht sich dem Zuständigkeitshorizont eines Personalchefs, das nimmt ein de Rosny sich selber vor.

Eine erfahrene Angestellte vermag zu vermuten, was noch ein Vizepräsident zu hören erwartet, so innig sie auch meint, der eigene Lebenslauf gehe den einen feuchten Kehricht an; sie wird demnach als Anlass für ihre Wendung gegen den »Kommunismus« ostberliner Strassenszenen vom 18. Juni 1953 anführen und es dabei bewenden lassen, worauf ein de Rosny sich entschuldigt, betroffen und begeistert, an so gut erhaltene Wunden gerührt zu haben. Wenig wird er ahnen, dass diese Angestellte die Vorbereitung einer Anleihe für die Tschechoslowakische Staatsbank zwar im Auftrage von de Rosnys Konzern unternehmen will, subjektiv jedoch im Interesse der Chance, eine sozialistische Wirtschaft und damit Lebensumstände reparieren zu helfen. Was sie begreift als ihren letzten Versuch, sich einzulassen mit der Alternative Sozialismus, ein de Rosny kann es leicht verstehen als die Loyalität einer Angestellten, der er ausser der Aussicht auf einen Bonus im Erfolgsfalle, der Festanstellung und einer indexgebundenen Pension als Quelle auch noch eine irrationale Bindung an die Firma zutraut, nämlich wo sie über ihn selbst verläuft. Männer sind so, auch

de Rosny: das ist die eine Sekunde, in der Mrs. Cresspahl sich amüsieren darf.
Ansonsten ist es eher ein Schlag ins Kontor. Ginge es nach ihren Bedürfnissen, so bliebe ihrem Kind eine europäische Schulpause erspart. Der Auftrag bringt ihr die zweite Erhöhung des Gehalts in diesem Jahr 1967; er nimmt ihr aus dem Herbst des nächsten ein volles Vierteljahr oder mehr Zeit des Lebens weg, zu verbringen in einem prager Hotelzimmer, neben einem Fernschreiber. Aber ihr ist bewusst, um welche Haaresbreite sie 1961 der Schwarzen Liste entronnen ist, vermittels derer amerikanische Bankinstitute einander warnen vor widerspenstigen Angestellten; glaubwürdig bezeugt sie die angebrachte Dankbarkeit für die Beförderung. Der Transport in eine der oberen Etagen, wo sie auf keine Freunde zu hoffen hat, wird sie die in den unteren kosten. Unwahrscheinlich steht zu erwarten, dass sie je einen persönlichen Nutzen ziehen wird aus dem Schnellkurs, dem sie sich nun zehn Monate lang unterziehen muss in tschechischer Sprache, Wirtschafts- und Nationalgeschichte; eine Frau ist eben als Frau kein »Material« für den Posten eines Vizepräsidenten, Spezialität to follow financial affairs in eastern European countries. Andere würden vergnügt sein, einmal im Leben mitfingern zu dürfen am Antrieb der Historie, sie hingegen hat als schlimmste Unabänderlichkeit die Zukunft erfahren.
Führt die Zeitgeschichte die Orientierung Mrs. Cresspahls in einen so unerwarteten und fremden Bereich wie den der Tschechoslowakei, so wird der Erzähler ihres Lebenslaufs, übrigens, erleichtert sein, sich bis hin zur Ehelichkeit verbündet zu wissen mit einer Person, die sich im Tschechischen, in der Sprache wie der Kultur wie der Ortskenntnis, ausgebildet und geübt gehal-

ten hat, seit sie im Herbst 1961 ein Semester verbrachte in Prag.
»He is writing a book.« Das stimmte sogar, seit dem 29. Januar 1968. Vorangegangen war ein Versuch, konzentriert auf das Stadtviertel Mrs. Cresspahls in New York, die Obere Westseite, separat publiziert als »Ein Teil von New York«. Von der Lektüre wird abgeraten, da das Stück von vornherein produziert wurde als eine Eiserne Ration für den berechenbaren Notfall, in dem New York als ein gegenwärtiger Ort zum Schreiben fehlen würde, und inzwischen fast ganz vom Projekt des Buches aufgefressen wurde. Da hat jemand sich mit der eigenen Sachkenntnis Mut machen wollen.
Danach war von allen möglichen Anfängen als einziger übrig die Erinnerung an den 20. August 1967, an der Atlantikküste verbracht als Besuch bei Freunden, aber auch als ein langer Strandnachmittag in der Gesellschaft einer Gesine Cresspahl. Über dem Meer tobten zivile und militärische Flugzeuge; was lag da näher, als dass sie von der »Rottgoos« sprach, dem Halsbandregenpfeifer und der Brandgans? Da war es günstig, wenn einer seine Standardwerke intus hatte und sie allesamt erkannte als Ostseevögel, die Tingel- oder »Rott«-gänse allerdings als blosse Durchzügler und Gäste an der wismarer Bucht, bei Jerichow. Sie wollte wissen, wie es Karsch erging, und war unzufrieden, weil er neuerdings sich befasste mit Forschungen über die Mafia (die italienische), und wollte seinem Besuch in New York entgegensehen mit Vergnügen. Sie erwähnte den Tierarzt von Jerichow und bestätigte, dass er ihr als Pate verheimlicht worden war, solange die Braune Bande in Mecklenburg regierte, wegen der jüdischen Verwandtschaft dieses Christen Arthur Semig; auch für ihn bat sie um einen Namen, in

dem er versteckt bleiben konnte. Es war eine Verständigung und eine Prüfung in einem, sie konnte die verlangen von jemand, der fortan in ihrem Namen schreiben wollte, für sie und an ihrer Stelle. Das wurde nun kenntlich als der Vertrag über den Auftrag, mit ihr als Generalanwalt für alle Personen und ihrem unbedingten Vetorecht. In den folgenden Monaten war sie oft zu hören, in spöttischem Ton, mit dem leninistischen Zitat, in dem nach dem Wann gefragt wird, und ob es vielleicht das Jetzt sein dürfe; im Januar hatte der meeresähnliche Lärm der Autobahn jenseits des Riverside Drive, das Rauschen der Klimamaschine im Büro oft genug an den Vergleich zwischen den Wellen des Atlantik und der Ostsee gemahnt. So wurde der 20. August 1967 der Tag für das erste Kapitel, ohne Ahnung von dem, der ihm gegenüberstehen sollte binnen Jahresfrist.

Wenn aber eine Helen Wolff erfährt, dass das nunmehr fertiggedachte Konzept eines Buches seinen Schreiber bis mindestens zum 19. August 1968 in New York wissen will, an dem einen Ort seiner beiden Gegenden, wird sie sich ausrechnen, wann die im Dezember gezahlten zweitausend Dollar auf die Neige gehen, und es geht auf ihre Kappe, dass die Rockefeller Foundation Ende Januar verlautbart:

> I am glad to be able to inform you that action has been taken by the officers of The Rockefeller Foundation to make available the sum of $7,000, or as much thereof as may be necessary, to the New School of Social Research to enable Uwe Johnson to complete work on his fourth novel. This sum ist for use during a period of seven months beginning approximately February 1,

1968, at the end of which time any unexpended balance will revert to the foundation.
In recommending this grant, it was the officers' understanding that the funds provided would be used toward Mr. Johnson's living and professional costs.

Hiermit danke ich der Rockefeller Foundation für die Hilfe bei der Finanzierung des fortgesetzten Aufenthalts in New York bis zum August 1968.
Helen Wolff habe ich versucht zu danken, indem ich ihren Namen in die Widmung des Buches setzte.
Der 20. August 1968, der Einmarsch sowjetischer Truppen in die Sozialistische Tschechoslowakei ab 23 Uhr, das Verstummen von Radio Prag gegen 1:30 Uhr am folgenden Morgen, es war die endgültige Auskunft und Bestätigung für die Richtung, in die die geplante Erzählung zu einem Ende gedrückt worden war. Die 366 Tage bis zu diesem, das amerikanische Bewusstsein Gesine Cresspahls, konserviert in Ausschnitten aus der New York Times und etwa sieben Metern anderer Literatur, wurde aufgeliefert bei einer Luftfrachtagentur, deren Angestellte, angesichts der Zolldeklaration, sich wunderten über die Besorgnisse des Absenders; aber sie versprachen ihm einiges in die Hand, und tatsächlich konnte er es drei Tage später in einer Baracke von Berlin-Tegel abholen. Von Hand zu transportieren waren nur die geschriebenen Kapitel für siebzehn Tage, 47 Blätter.
Sie waren entstanden aus der Übung, für jedes der vorgegebenen 365 oder 366 Kapitel einen unabhängigen Ansatz, eine eigene Struktur herzustellen, die jeweils zu entwickeln waren auch aus dem Zustand des erzählenden Subjekts. War dieser Versuch einmal gesichert, konnte der Rest der Zeit verwandt werden auf Aufmerksamkeit

für die Wirklichkeit der Tage auf den Strassen von New York, wie sie sich gibt ausserhalb der New York Times und wie sie hätte verloren gehen können für den, der in einem Büro davon abgeschlossen ist beim Schreiben eines Kapitels für einen anderen Tag. Die amerikanische Ebene des Buches war in der Planung fertig.
(Wer mit solchem Gepäck zurückkommt, wird wenig anfangen können mit der neuesten Verlautbarung aus dem westdeutschen Feuilleton: die Literatur ist tot.)
Auf der anderen, der »europäischen« Ebene des Unternehmens war noch zu beschaffen, unter welchen Umständen der Vater Gesine Cresspahls gelebt hatte seit 1920, und was er in der Zeit seitdem bis 1945 aufgenommen hatte an Vorfällen in seiner Umgebung. Das liess sich zum Teil erschliessen aus der »Richmond and Twikkenham Times« bis 1933, aus dem »Lübecker General-Anzeiger« der Jahre 1931 bis 1945, einem abermaligen Absuchen der Literatur zur deutschen Zeitgeschichte bis 1967. Das kostete nur Zeit. (Ein Lokaltermin in Richmond kostete Geld.) Einmal allerdings, beim Aufbau des mecklenburgischen Amtes (dem preussischen »Kreis« entsprechend) Gneez mit darin der unabhängigen Stadt Jerichow, hielten die »Landjäger« die Erfindung beträchtlich auf; weder Zeitgenossen der weimarer Republik noch diplomierte Archivare entsannen sich ihrer, bis sie endlich aufgespürt wurden in dem einzigen Gesetzblatt des »Grossdeutschen« Reiches, das in Westberlin bei einem Polizeirevier (als Eigentum eines ostberliner Reviers) vorhanden ist: da war ihre Bewandtnis durch den Eindeutscher Hermann Göring vermehrt worden durch eine Änderung ihres Titels in »Deutsche Gendarmerie«. Das kam vor, anderthalb auf Recherchen verlorene Tage, die im Text einem Ergebnis von anderthalb

Zeilen gegenüberstehen. Das war der Preis; erst wenn die Geschichte in allen Bewegungen und Einzelheiten im Kopf vorbereitet und gesichert ist, bis hin zu ihrem letzten Satz, gibt sie die Erlaubnis, »es bloss noch hinzuschreiben«.

Nach dem Druck der Kapitel für das erste Drittel der vorgegebenen 365 Tage unter dem Titel »Jahrestage« [1], (p. 7–478, 1970), ist das Vorhaben gelegentlich bezeichnet worden als eine »Trilogie«, eben der Dreizahl wegen, später als »Tretralogie«, weil der dritte Band geteilt wurde und mithin noch ein vierter zu erwarten steht. Diese Bezeichnungen gingen vorbei an dem Umstand, dass der mehrfache Logos zwar einen Zusammenhang von Texteinheiten im Personal, in den Motiven, im Stoff und der Zeit voraussetzt, jedoch auf der Unabhängigkeit der einzelnen Stücke besteht, wie sie zum Beispiel gewahrt ist bei Wilhelm Raabes Stuttgarter Trilogie (»Hungerpastor«, »Abu Telfan«, »Schüdderump«) oder, wenn man will, bei William Faulkners Snopes-Trilogie (»The Hamlet«, »The Town«, »The Mansion«). Die einzelnen Lieferungen der »Jahrestage«, eine Tradition des achtzehnten Jahrhunderts ausbeutend, sind lediglich auf einander folgende Teile, in denen das Spätere angewiesen ist auf das Frühere und am Ende eine unteilbare Einheit erreichen soll.

Es gab diesmal einen Anlass, beim Erscheinen des ersten Bandes auf das Verhalten der Literaturkritik zu achten. Denn hier hatte sie neben ihrer gewöhnlichen Pflicht, die Leser von dem neuen Angebot zu unterrichten, obendrein die Chance, den Autor für seine Arbeit an den späteren Lieferungen zu beraten. Das Folgende ist eine Bestandsaufnahme nach bestem Wissen und Gewissen (wobei ich zu beachten bitte, dass Heinrich Cresspahl eine Mitgliedschaft in der N.S.D.A.P. durch einen von der Erzählung gemeldeten Trick vermeidet und dass die Wendung »sich vermutend sein« zurückgeht auf das niederdeutsche »moden sin«, in die Hochsprache eingeführt durch Thomas Mann):

> Kann man ein literarisches Unternehmen beurteilen, von dem erst ein Teil vorliegt? (HELMUT HEISSENBÜTTEL)
> Soweit es den ersten Teil betrifft, ist der Verfasser hinter das, was die »Mutmassungen« bedeuten, zurückgefallen. (HELMUT HEISSENBÜTTEL)
> Und wem wäre jetzt mit einer Rezension noch oder schon gedient, deren Einwände – und es wären allerdings Einwände zu machen – doch nicht mehr berücksichtigt werden können? (HANS SCHOLZ)
> Im Nebel von Brooklyn ist die Szene dieses Buches. Gemeint ist natürlich Roslyn, Long Island. Nein, Union City, New Jersey. (HANS BERTRAM BOCK)
> In Düsseldorf lässt sich die »New York Times« ebenfalls abonnieren und studieren. (MARCEL REICH-RANICKI)
> Der Roman wird erst zu beurteilen sein, als Kunstleistung, wenn er vollständig vorliegt. (ROLAND H. WIEGENSTEIN)
> Uwe Johnson ist immer quer über die Gleise gegangen. (MARCEL REICH-RANICKI)
> Ist der Verfasser eigentlich neu? Oder ist er alt in neuer Auflage? (PETER MEIER)
> Warum sollten wir den Verfasser bewahren vor Fehlern, die wir ihm viel überzeugender werden vorhalten können, wenn sie unabänderlich gedruckt sind? (C.H.O.R.)

Jerichow liegt in Pommern. (RICHARD KIRN)

Hauptfigur, die auch die erste Perspektive der Erzählebene für sich in Anspruch nimmt, ist die nach U.S.A. emigrierte Gesine Cresspahl aus Jerichow in Mecklenburg und deren Tochter. (GENO HARTLAUB)

Gesine Cresspahl aber, Tochter des Heinrich und Mutter der Marie, ist nicht viel mehr als blosser *Zuordnungspunkt* der Geschichte, so dass das »Leben von Gesine Cresspahl«, im Untertitel des Buches deutlich herausgestellt, für den epischen Bericht kaum eigene Relevanz zu besitzen scheint. (HANS MAYER)

Und es zeigt sich, dass Gesine im Zentrum der »Jahrestage« steht. (PETER MÜLLER)

Johnson kann sich in den beiden nächsten Bänden auch noch zugrunde erzählen. (JOST NOLTE)

Unzählige Figuren treten auf, manche gewinnen Kontur, andere bleiben im Halbschatten. (WERNER TAMMS)

Aber jeder Satz ist satt von Kraft der Vergewärtigung. (GEORG RAMSEGER)

Gesine Cresspahl ist eine junge Frau, die wie beinahe alle Figuren bei Johnson schattenhaft bleibt (dem Rezensenten jedenfalls gelang es nicht, sie zu sehen). (RICHARD KIRN)

Heinrich Cresspahl und Frau Lisbeth, ihre Eltern, den stockkonservativen Grossvater Papenbrock sehen wir leibhaftig vor uns. (WERNER TAMMS)

Das Buch ist im Hofmannsthalschen Sinne »geschrieben«, d.h. in mühsamster Klein- und Fleissarbeit ist Seite um Seite, ja Wort um Wort bewusst formuliert worden. Der Rezensent hat den Verfasser bei seinem

fehlerhaften Verhalten mit eigenen Augen überwacht. (PETER MEIER)
Der Johnson-Kenner wird sich vielleicht wundern über die Tageszeitungssüchtigkeit der Gesine Cresspahl. (JOACHIM KAISER)
Dass nämlich die Büroangestellte so hingebungsvoll Medienkritik betriebe, nimmt ihr der Rezensent nicht ab. Wie kommt eine Büroangestellte dazu, Zeitung lesen zu wollen! (PETER MEIER)
Es gibt kaum ein anderes Buch eines Nichtamerikaners, das dieses Manhattan zwischen Hudson und East River so genau mitteilte. (HANS MAYER)
Johnson schildert nicht New York. (L.O.)
Greift eine Thomas-Mann-Wendung auf. (JOACHIM KAISER)
Nämlich den unsagbar knorpeligen Satz »Cresspahl war sich nichts vermutend gewesen«. (HANS SCHOLZ)
Häufig wechselt die farbige Exaktheit der Erzählweise allerdings in stelzendes Altertümeln hinüber: »Cresspahl war sich nichts vermutend gewesen«. (WERNER TAMMS)
Johnson hat viel zu sagen. (JOST NOLTE)
Es ist relativ wenig. (L.O.)
Wenig Weizen unter viel Spreu. (WERNER TAMMS)
Cresspahl macht dem Misstrauen, das ihn als Ausländer umgibt, ein Ende, indem er die Parteimitgliedschaft erwirbt. (F.A.Z., REDAKTION)
»Cresspahl macht dem Misstrauen, das ihn als Ausländer umgibt, ein Ende, indem er die Parteimitgliedschaft erwirbt.« (PETER HAMM, zitierend)
Cresspahl, der ehemalige Sozialdemokrat und beargwohnte Ausländer, trat in die Nazi-Partei ein. (PETER MÜLLER)

So wie Lisbeth ihren Mann quasi veranlasst, der N.S.-Partei beizutreten! (MANFRED DURZAK)
Dass die Geschehnisse in den dreissiger Jahren in Mecklenburg in einer politischen Verwandtschaft zu denen Amerikas der sechziger Jahre stehen könnten, ist Johnson ernsthaft nicht untergekommen, wäre so pauschal und ohne Differenzierung sicherlich auch nicht wahr. (CHRISTIAN GEBERT)
Der Verfasser ist ein Sklave seines Zettelkastens. Oft hat er mir sein Leid geklagt. (JOACHIM KAISER)
Könnte es angehen, dass ein Schriftsteller in konsequenter Auflehnung gegen die Konvention so weit zielt, dass er am Ende auch den Leser abschaffen möchte? (DIETER LATTMANN)
Eine schon erschreckende Unsinnlichkeit... Gut, vielleicht ist es unbillig, von jedem Buch zu fordern, dass es eine Axt sei für das gefrorene Meer in uns. (PETER HAMM)
Er führt immer vor, was er beherrrscht, statt den Schritt in wilde Landschaften (der Seele, der kollektiven Tendenzen) zu wagen. (JOACHIM KAISER)
Diese Gelassenheit aber ist oft schwer verträglich, weil es ja wie Arroganz wirken muss, wenn einer dann nun gar nie aus der Haut fährt und lieber einmal bereit ist, etwas ganz falsch zu machen als gar nichts zu machen und gelassen abzuwarten. (PETER HAMM)
Der Roman wird insgesamt 1400 bis 1500 Buchseiten umfassen. Also wird es schiefgehen. (MARCEL-REICH-RANICKI)
Uwe Johnsons Ironie liegen Fakten zugrunde. (HORST THIEMER)
Der sich in Ironie flüchtet, was mit Realitätssinn nicht zu erfassen ist. (SABINE SCHULTZE)

Es sind aber einige Tage ohne Notiz geblieben, zum Beispiel der 6. Oktober und der 7. Dezember, ohne dass dafür ein Grund angegeben, noch einzusehen wäre. (HANS SCHOLZ)
Tag für Tag, kein Tag ausgelassen. (HERBERT AHL)
Sprachliche Detailbesessenheit, ein schier unersättlicher »Verantwortungsdrang«, angesichts dessen man sich mit einiger Beklemmung fragt: wie soll das im angekündigten zweiten und dritten Band der »Jahrestage«, insgesamt 1000 Seiten, weitergehen? (MANFRED DURZAK)
Der D.D.R.-Ausreisser und B.R.D.-Bewohner ... es war wieder in Berlin, wo sein drittes Buch entstand. (SABINE SCHULTZE)
Es hiess, er sei in Amerika. Er war in Amerika, in New York. Und was tat er in New York? Was er wirklich tat, wissen wir nicht. Oder doch? (HERBERT AHL)
Fast 500 Seiten, und doch nur ein erster Band. Wer endgültig urteilen möchte, muss abwarten können. (HANS MAYER)
Der Autor hat mit der körperlichen auch die geistige Magerkeit hinter sich gelassen. (WERNER HELWIG)
Eine Inversion ist eine Unart. (PETER MEIER)
Mit manchen Naturbeschreibungen gerät Johnson in die unmittelbare Nachbarschaft der Blut-und-Boden-Literatur von gestern. (MARCEL REICH-RANIKKI)
Das Mittel, den Leser durch Diskontinuität zu »verunsichern«, wie man heute zu sagen pflegt, ist inzwischen so abgenutzt, dass es schon wieder altmodisch wirkt. Johnson strapaziert es mit norddeutscher Gründlichkeit. (WERNER TAMMS)
Der Verfasser hat einen Baum beschrieben. Die Nazis

liebten das Beschreiben von Bäumen. Der Verfasser ist ein Neofaschist. (MARCEL REICH-RANICKI)
Das Prinzip ist geheimnisvoll, unberechenbar psychologisch. (ADOLF HASLINGER)
Da die Individualpsychologie so kurz kommt, erhofft und erwartet man dann doch ein Zeitgemälde. (JOACHIM KAISER)
Die Kritik verlangt nicht einen Goldschmied, sondern einen Bildhauer am Werk! (PETER MEIER)
Den Gebrauch seines Vornamens muss der Verfasser schlicht als kritisches Instrument verstehen, auch wenn der Schulhof nicht zitiert werden kann, auf dem er mit mir die Schweine hütete. Und mit meinem Vornamen kann man das eben nicht anstellen. Uwe spinnt sein Garn, ist das klar? (HELMUT HEISSENBÜTTEL)
Uwe Johnson nennt die U-Bahn Ubahn; verstopft sind beide Versionen. (ROLV HEUER)
Er sagt »Bildfunk« statt Fernsehen. Er soll aber immer »Fernsehen« sagen, wie wir alle! (ROLF BECKER)
Der Verfasser brauchte sich nur etwas zurückhaltender den vorgegebenen Gebrauchsmustern der neueren Literatur verpflichtet zu fühlen, lass er doch andere geschrieben haben und schreiben, was immer sie wollten und wollen, sollte sich der knifflichen und manieristischen Verpackung dessen, was er zu sagen hat, mehr und mehr entschlagen. (HANS SCHOLZ)
Das Stigma des bürgerlichen Romans, der Abhub von der Wirklichkeit, neutralisiert durch das beschwichtigende Imperfekt ... (CHRISTIAN GEBERT)
Da wäre noch die Sache mit der Villa, die der Rezensent dem Verfasser angedichtet hat, vergeblich zwar. Wird er ihm also diesmal ein geräumiges Dachgeschoss

einer Berliner Villa anhängen. Wenn es auch nicht stimmt, so lässt es sich doch noch beim fünften Mal mit Anmut sagen, und irgend eine kritische Funktion wird es schon haben. (WERNER HELWIG)
Aber Remarque hat sich nie bemüht, die Klischees zu umgehen, er hat sie geradezu gesucht, um sich jenen verständlich zu machen, die er unterhalten wollte. Das ist ihm gelungen. Millionen waren ihm dafür dankbar. (MARCEL REICH-RANICKI)
Was weiterhin nötig wäre, wäre eine Methode, die sich alle Einsichten der Selbstentblösser, der Exhibitionisten zu eigen macht. (HELMUT HEISSENBÜTTEL)
Wie ich morgen über dieses Buch denken werde? Ich weiss es nicht. Denken Sie jetzt mal gefälligst selbst darüber nach. (PETER HAMM)
Jetzt weiss der Verfasser wenigstens Bescheid, und wonach er sich in den folgenden Bänden zu richten hat! (C.H.O.R.)

Ergiebiger war die Zusammenarbeit mit einer anderen, auch ureigen nationalen Institution: der »Dichterlesung«, welcher Terminus in seiner Technik hinzudeuten scheint auf eine Gelegenheit, bei der die Arbeiten mehrerer Verfasser studiert werden, ernstlich jedoch eine Veranstaltung meint, in der (in der Regel ein einziger) Verfasser Auszüge aus bereits geschriebenen oder gedruckten Texten zu Gehör bringen. Was die Deutschen so dauerhaft verlangen lässt nach einer solchen Reproduktion (im Gegensatz zu den Angelsachsen, die sich eine Verarbeitung durch These und Diskussion wünschen), es mag am Ende die Neugier sein auf den im Druck zunächst unsichtbaren rhythmischen Hintergrund des Textes, den in der Tat nur der Urheber blosszulegen vermag (wenngleich das Andeuten von Unterschieden in der Gewichtigkeit des Vorgelesenen meist sich verbietet, und das Anhören der immer einen Stimme dazu verführen kann, ihr auch die der in Rede und Gegenrede zitierten Personen anzuempfinden). Wenn das der Vorteil des Publikums ist, so ist es für den Vorlesenden, besonders bei noch unpublizierten Arbeiten, eine Chance, seinen Text ein letztes Mal zu überprüfen auf einen Bruch in den akustischen Schwingungen, verursacht durch ein irrtümlich eingesetztes Wort, und auf die Vollständigkeit des semantischen Netzes, das er hier emporhält und übergehen weiss in die Vorstellung der Zuhörer. Das ist das eine. Der andere Vorzug für den Autor ist das Gespräch mit ihnen, sonderbarer Weise aus der angelsächsisch üblichen »question period« überkommen und angenommen. Immer abgesehen von jener Periode bis ungefähr 1970, da die studentische und schülerische Linke einer Feindseligkeit gegenüber der Ästhetik en gros sich verschworen hatte, andererseits nach dem Verlust einer politischen Kampfposition nach der anderen nun die Literatur als ein Instrument ihres Aktivismus zu vereinnahmen gedachte – das ausgenommen, zu anderen Zeiten kann ein Autor aus den Fragen, Erkundigungen, Unterstellungen, Protesten von Zuhörern eine Vorstellung von den Gesinnungen und Erwartungen seines Publikums mitnehmen an den Arbeitstisch und sie dort behalten als einen Kontakt und das Bewusstsein seiner Verantwortung gegenüber den künftigen Partnern.

»Singen gehen«, wie Heinrich Böll dies ein für alle Male benannt hat, heisst Reisen, Reisen verursacht Kosten, und hier ist die Gelegenheit, einmal vorzuführen, wie verbindlich dieser »freie« Beruf eingebunden ist in Verpflichtungen gegenüber der Gesellschaft, nämlich bereits durch den Beamten des Finanzamtes, in dessen Gestalt sie ihn fragen darf nach jeder Mark, die er unabdingbar zu teilen hat mit den Angehörigen seines Gemeinwesens. Im Jahre 1971 musste eine Liste zur Erklärung, in Wahrheit zur Rechtfertigung von Reiseausgaben so aussehen, obwohl die Belege dem Amte mit einer eidesstattlichen Versicherung vorgelegen hatten:

Beleg-Nr.	Datum	Summe	Grund
1	10.1.		
78	5.5.–6.5.	220.90	Taxi, Bus Berlin, Rückflugschein Berlin-Nürnberg, Bus, Restaurant Nürnberg, Restaurant Bamberg (Filmarbeit)
79	4.5.	6.50	Taxi Berlin
81	8.5.	6.00	Taxi Berlin
82	10.5.–11.5.	209.95	Taxi Berlin, Rückflugschein Berlin-Hamburg, Hotel, Restaurant, Taxi und Bus Hamburg (NDR)
87	24.5.–25.5.	204.40	Bus, Taxi, Restaurant Berlin, Rückflugschein Berlin-Köln, Bus, Restaurant Köln
102	26.6.	14.00	Taxi Berlin (Akademie)
112	5.8.	203.20	Taxi Berlin, Rückflugschein Berlin-Frankfurt, Restaurant Frankfurt
158	26.8.	398.60	Taxi Berlin, Flugschein Hannover-Zürich-Hanno-

Beleg-Nr.	Datum	Summe	Grund
			ver, Bus Zürich, Fahrkarte Bellinzona-Zürich
159	30.8.	31.90	Bus Zürich, Restaurant Stuttgart, Taxi und Restaurant Hannover
160	30.8. –31.8.	127.45	Taxi, Hotel und Restaurant Hannover
217	1.9.	1962.00	Flugschein Berlin-Frankfurt-New York & retour
164	14.10.	10.30	Taxi Berlin
161	22.10.	204.20	Taxi Berlin und Darmstadt, Rückflugschein Berlin-Frankfurt
162	22.10.	80.20	Restaurant Darmstadt
163	23.10.	77.70	Restaurant Darmstadt
165	24.10.	35.00	Taxi Darmstadt
166	26.10.	297.95	Restaurant Frankfurt, Fahrkarte Frankfurt-Hannover, Rückflugscheine Hannover-Berlin und Hannover-Frankfurt
167	27.10.	55.25	Taxi Frankfurt, Speisewagen
168	29.10.	677.00	Rückfahrkarte Hannover-Flensburg, Bundesbahn-Netzkarte
169	30.10.	54.10	Speisewagen, Hotel Flensburg
170	2.11.	64.00	Hotel Bremen, Speisewagen, Restaurant Duisburg
171	4.11.	12.80	Restaurant Kassel

Beleg-Nr.	Datum	Summe	Grund
172	5.11.	234.50	Hotel Hann. Münden, Taxi Hannover, Rückflugschein Berlin-München, Taxi Berlin ...

Für diejenigen unter Ihnen, meine Damen und Herren, die hier neben allen misslichen Begleitumständen dieses Berufes andererseits, doch immerhin, grosses Geld erkennen möchten, sei als weitere Warnung der Hinweis angefügt, aus einer solchen Aufstellung lasse sich lediglich auf den Umsatz und die Kosten schliessen. Die Kosten, soweit sie eben anerkannt werden als Betriebsausgaben, dürfen abgesetzt werden von den Einnahmen, die tatsächlich erst dann besteuert werden zu einem Satz von um die fünfzehn Prozent. Es sind in diesem Beruf wenige, die nach ihrem Gutdünken und ihren Bedürfnissen leben können von dem, was da übrig bleibt. Sie können von Glück sagen, wenn es reicht zum täglichen Bedarf. Was die Grosse Welt angeht, so seien Sie versichert, dass Kreditanstalten wie Diners Club oder American Express Ihren Antrag auf die Ausstellung einer Karte unter den Tisch fallen lassen und von Ihnen hören möchten erst dann, »wenn Ihre finanziellen Umstände sich entscheidend zum Besseren gewandelt haben« (Übersetzung).

Es sei einmal doch eingegangen auf eine Unterstellung der Literaturkritik, aber nur, weil sie öfters gestellte Fragen und also Annahmen von Lesern zur Sprache bringt:

> Endlich ich sagen
> Durch die deutsche Literatur zieht ein Trend zum Autobiographischen. Kritiker verzeichnen eine »Konjunktur des öffentlichen Privaten«.
> [...]
> Uwe Johnson spielt zwar ein bisschen Versteck und nennt sich Gesine Cresspahl, erzählt aber von durchaus eigenen »Jahrestagen« in New York [...].
> (DER SPIEGEL, 19. März 1973, p. 161)

Hier wäre eine Probe möglich auf die Verlässlichkeit bei Ermittlungen, mit der DER SPIEGEL für sich selber wirbt. Bei ihm läge die Last zu beweisen, dass er, nach eigenem Anspruch ein »Nachrichtenmagazin«, als verlässliche Nachricht ausgegeben hat, dass ich die Zeit von 9 bis 17 Uhr am 29. August 1967 im Dienste und als Angestellter einer Bank in New York zugebracht habe; dass ich es war, dem um den 2. September 1961 ein erstes Gespräch mit einer jüdischen Nachbarin im Riverside Park gelang; dass kein anderer als ich am 8. September 1967 mit einem Mr. Shuldiner zu Mittag ass, bei Gustafsson an der Zweiten Avenue, und danach bei Gristede einen Apfel stahl; dass statt Gesine Cresspahl ich zu Gast war im persönlichen Dienstwagen eines exekutiven und senioren Bank-Vizepräsidenten, unterwegs zwischen J.F.K. und Stadtmitte auf den längsten Parkplätzen der Welt, den Schnellstrassen auf Long Island – meiner Alibis sicher, und bei eingestandenem Respekt vor der Rechtsabteilung von DER SPIEGEL, könnte ich zumindest klagen auf Unterlassung der angeführten und weiterer Behauptungen, nämlich grundsätzlich, über die ehrabschneiderische Nachrede des Mundraubs hinaus.

Denn der Vorwurf des Autobiographischen (vielleicht achtenswert wegen der Inständigkeit eines, der einer These zuliebe den leiblichen Onkel enterbt) sieht entschlossen vorbei an der Wirklichkeit, die das Buch einer vierunddreissigjährigen Frau, ledig und mit einer zehnjährigen Tochter, einräumt in New York, mit nur ihr zukommenden Sorgen wegen der Schule, der beruflichen Aussichten, beständiger Eheansinnen, mit der fast täglichen Prüfung, einer berufsmässigen jungen Bürgerin von New York zu erzählen von einer anderen Kindheit im Deutschland der Jahre 1938 und 1945, mit ihrer ureigenen Übung, jeden Morgen die »Tante« New York Times zu studieren und, gewiss, an jedem Dienstagabend die Luftpostausgabe von DER SPIEGEL. Darüber hinaus setzt der Vorwurf des Autobiographischen die Person Gesine Cresspahl herab und will sie erscheinen lassen als bloss ein Instrument und Vehikel, Erfahrungen und Zustände des Verfassers zu übermitteln, mit welchem Zweifel an ihrer souveränen Partnerschaft ihr sogleich die Fähigkeit dazu verloren gehen muss.

Vergleichen wir zunächst die Tatsachen, auf die die autobiographische Vermutung sich gründet, wir können auch sprechen von *facts*:

Herkunft der Eltern des Verfassers: bäuerlich auf beiden Seiten. Gesine Cresspahl: Landarbeiteraristokratie, Agrarkapitalisten.

Geburtsjahre: des Verfassers 1934, Gesine Cresspahl 1933. Der Entschluss zu einem Kind war bei den Cresspahls unbelastet von der Machtübernahme der Nazis in Deutschland.

Orte der Kindheit: Vorpommern und später Mecklenburg für den Verfasser; für sie in einem fort der Jerichower Winkel, Mecklenburg, mit Sommerausflügen auf

das Fischland, aber eben nach Althagen, auf die mecklenburgische Seite.
Jugendlandschaften: für den Verfasser baumreiche, bloss mit Seen geöffnete Gegend in der Mitte Mecklenburgs, bald in einer grösseren Stadt. Gesine Cresspahl: baumarme Ebene, offene Küste, Kleinstadt, in der Kreisstadt erst spät, nur zu Besuch.
Abitur: der Verfasser war zu feige zum Mogeln. Gesine Cresspahl entschied sich für das Nötige.
Studium: des Verfassers ein abgeschlossenes, Germanistik mit Diplom. Gesine Cresspahl: Anglistik, abgebrochen nach zwei Semestern.
Verhalten zum Aufstand am 17./18. Juni 1953: Gesine Cresspahl floh panisch vor einer aufgedeckten Heimlichkeit des realen Sozialismus. Dem Verfasser hatte solch Mut zum Sprung ins Leere gefehlt.
Beruf: im Falle des Verfassers ein leider erfüllter Wunsch, übrigens mit der Auflage, jederlei eigene (»private«) Erfahrung seinen Personen zuzuwenden. Gesine Cresspahl wurden ihre Berufe einer wie der andere aufgenötigt; was sie getan, gesehen, gehört hat, es bleibt ihr.
Ortswahl: bei ihm Westberlin, wegen der westdeutschen Wehrpflicht für Männer. Sie kam zufällig nach Hessen und ins Rheinland, zufällig hielt eine Anstellung sie eine Weile in Düsseldorf.
Der Verfasser hat in einem Auto auf der linken vorderen Seite nur in Schweden und England gesessen. Gesine Cresspahl, internationaler Führerschein, unterhielt bis 1964 einen skandinavischen Tourenwagen.
Schliesslich, warum sollte der Verfasser »sich« mit einem weiblichen Namen »nennen«, wenn er in der dazu passenden Kleidung sogar auf dem oberen Broadway schei-

tern würde? Wenn gerade dieser Sachverhalt ihm einen wesentlichen Bereich der anderen Person vorenthält, den weiblichen? wenn ihm da ein Zugang so schlicht versagt ist, dass ein Verbot entfallen darf? Warum sich ein Handikap auferlegen, das unüberwindlich bleiben wird? Meine Damen und Herren, Sie werden mir vorhalten, schliesslich sei es der Verfasser gewesen, der dieser Person all diese Unterschiede als Eigenschaften anbot, dazu die Farben von Augen und Haaren, persönliche Kennzeichen und Eigenheiten und Unarten so mancher Art. Gewiss, aber nur eine Identität war fähig, sie anzunehmen. Damit steht Gesine Cresspahl dem Verfasser unabhängig gegenüber (später wird an einem Beispiel gezeigt, dass sie verfährt nach ihrem Belieben, gegen das des Verfassers). Hat er einmal berichtet, sie sei am 28. April 1961 gegenüber der 48. Strasse West in New York City angekommen, wird er leben und arbeiten müssen mit der Wirklichkeit, die sich als Zukunft für solche Vergangenheit ankündigt. Demnach ist sie nach allem, was er tun kann, anwesend. Sie werden einwenden, meine Damen und Herren, es sei eher eine Verabredung als ein Zufall, dass die Verhaltensweisen und Prinzipien Gesine Cresspahls gelegentlich denen des Verfassers ähneln. Was die Prinzipien angeht, so fragt er zurück, was für Leute denn Sie bevorzugen würden zu einem persönlichen Umgang, zu täglich fruchtlosem Streit oder zu gemeinsamer Produktion? Zu den Verhaltensweisen ist zu sagen, dass sie sich fast überall anders beträgt als der Verfasser, sei es in einem Schuhsalon, bei Tische, als weiblicher Elternteil. Und des öfteren ist sie imstande zu einer Art von moralischen Entscheidungen, für die dem Verfasser die Gelegenheit oder die Beherztheit abgehen; so wenn sie ausdrücklich ihres Onkels Martin Befund über das öffentliche Ansehen privater Wahrheit billigt: Schietkråm. Das ginge dem Verfasser übers Bohnenlied; sie ist dazu fähig. Zwar weiss er vorher, was sie sagen wird, wenn ihr ein Schlüssel abbricht im Schloss, und hörte es lieber anders; sie daran zu hindern ist er ausserstande. Es ist wahrhaftig sie, die er seufzen hört, wenn es einmal noch nötig wird, ihre Schuhgrösse zu erwähnen. Er spricht von ihr im Indikativ; anders wäre es doch Betrug.

1971 wurde die 2. Lieferung der »Jahrestage« veröffentlicht, die Kapitel für die Tage vom 20. Dezember 1967 bis zum 19. April 1968, die Seiten 487 bis 1008, mit einem synkopischen Anhang von 17 Seiten.

1973 folgte die Lieferung für die Tage vom 20. April bis zum 19. Juni 1968, der Zeit nach nur die Hälfte der vorigen. Zur Wahl hatte gestanden das Beharren auf der zwar adretten aber langweiligen Mengengleichheit und der Umstand, dass Gesine Cresspahl mit ihrem Erzählen nun angelangt ist in einer Zeit ihres Lebens, in der sie vieles schon mit eigenen Augen gesehen, von der sie demnach mehr behalten hat. Das brachte die Zahl der gedruckten Seiten bis auf 1383.

Die vierte und letzte Lieferung ist im Manuskript beim 20. Juli 1968. Wegen der Verzögerung bitte ich weiter unten nachzusehen.

Keine der gedruckten Lieferungen ist von der Hauptverwaltung Verlage oder der sonst zuständigen Behörde der D.D.R. befunden worden als zum Lesen geeignet für interessierte Bürger Ostdeutschlands.

Hochgestellter Besuch aus Moskau gab zu verstehen, wie man zumindest bei der »Literaturnaja Gasjeta« denke über die Möglichkeit, ein Buch des Verfassers in der Sowjetunion herauszubringen: er müsse es eigens schreiben, und zwar mit einem Bewusstsein, das *ein* Land in

Europa (nördlich von Bayern, östlich der Bundesrepublik, südlich der Ostsee, westlich der Volksrepublik Polen) weder in der Vergangenheit noch in der Gegenwart anerkenne als vorhanden.
Im August 1972 rückte die D.D.R., durch den Mund ihres Nationalen Olympischen Komitees, zu unguter Letzt heraus mit dem Grund, aus dem sie einem Freund der S-Bahn in Westberlin weder eine Freikarte noch den Orden »Verdienter Eisenbahner des Volkes« zuerkennen mochte, all die Jahre lang. Sie protestierte gegen das Buch »Deutsches Mosaik«, eine Anthologie, die der Suhrkamp Verlag in einer dreisprachigen Ausgabe an die Teilnehmer der XX. Olympiade in München verteilen wollte.

Dieses Buch enthält eine Reihe von Unwahrheiten, Verleumdungen, Fälschungen und Diskriminierungen, die das Ansehen und die Gefühle von Teilnehmern an den Spielen der XX. Olympiade, darunter auch der Sportlerinnen und Sportler der DDR, auf das tiefste verletzen.
(Neues Deutschland (Berlin-Ausgabe), 23. August 1972, p. 5)

Die Sowjetunion und die Sozialistische Tschechoslowakei traten diesem Protest feierlich bei.

Und warum dies alles? Wenn man das »Deutsche Mosaik« durchblättert, kommen eigentlich nur zwei, keineswegs sehr stichhaltige Motive für eine solche Zurückweisung in Frage. Sind die Empörten verstimmt, weil hier, neben Franz Mehring, Walther Rathenau, Rosa Luxemburg, Kurt Tucholsky und Carl von Ossietzky, auch Ernst Jünger zitiert wird – direkt neben Johannes R. Becher?

Oder stört, dies die wahrscheinlichste Erklärung, Uwe Johnsons »Boykott der Berliner Stadtbahn«? Sollten die Empörten tatsächlich übersehen haben, dass dieser Beitrag damals *gegen* den *Westberliner* Boykott geschrieben und dass er beispielsweise in der Ostberliner »BZ am Abend« vom 11. 3. 1964 mit langen Zitaten als »bemerkenswert« hervorgehoben worden war? Die Empörung beruht mithin wohl auf einem schlichten Irrtum. Einziger übrigbleibender Zankapfel in dem, ganz allgemein eher Westberlin-kritisch gehaltenen Essay könnten einige Johnson-Sätze auf Seite 372 des »Deutschen Mosaiks« sein. Da heisst es: »Die ostdeutsche Regierung verlor lebensgefährlich viele ihrer Arbeitskräfte, deren leere Stellen zogen täglich mehr nach ... In dieser Situation fand die ostdeutsche Regierung nicht den Mut, ihre wirtschaftlichen Ursachen anzugeben, so dringend ihre Ideologie sie dazu verpflichtet hätte. Unter dem Vorwand, es werde in Westberlin und in Westdeutschland ein bewaffneter Angriff gegen Ostdeutschland vorbereitet, wurden die Grenzen um Westberlin völlig geschlossen mit Stacheldraht, Mauersteinen und Militär, was alles zusammen ein antifaschistischer Schutzwall genannt wurde, gerichtet gegen die eigenen Bürger.«

Waren diese Behauptungen Johnsons so falsch, so unzumutbar, dass sie nun den olympischen Frieden stören? (J[oachim] K[aiser] in: Süddeutsche Zeitung, 24. August 1972)

Nun, Genossen, kämt ihr zu billig weg mit einer lebens-

länglich gültigen Freifahrkarte für die S-Bahn von Westberlin. Jetzt muss sie schon gelten für alle Strecken eurer Deutschen Reichsbahn, Genossen!
Am 16. Oktober 1972 verkündete der Vorsitzende des Staatsrates der Deutschen Demokratischen Republik, Walter Ulbricht, ein Gesetz zur Regelung von Fragen der Staatsbürgerschaft:

> § 1
> (1) Bürger der Deutschen Demokratischen Republik, die vor dem 1. Januar 1972 unter Verletzung der Gesetze des Arbeiter-und-Bauern-Staates die Deutsche Demokratische Republik verlassen und ihren Wohnsitz nicht wieder in der Deutschen Demokratischen Republik genommen haben, verlieren mit dem Inkrafttreten dieses Gesetzes die Staatsbürgerschaft der Deutschen Demokratischen Republik.
>
> § 2
> Eine strafrechtliche Verfolgung der in § 1 Abs. 1 des Gesetzes genannten Personen wegen ungenehmigten Verlassens der Deutschen Demokratischen Republik findet nicht statt.

Als Abschlag, meinetwegen. Im übrigen wie gesagt, Genossen. Ein Ausweis zur freien Fahrt zweiter Klasse auf allen Strecken der Reichsbahn.
Unter den Versuchen, den Schluss der »Jahrestage« abzuwenden, mag dieser für viele stehen: ein westdeutscher Schriftsteller, der die Eigenart pflegt, die Arbeiten seiner Kollegen zu studieren, kam bald darauf, dass die »Jahrestage« dem Titel nach und zufolge ihrer Grobstruktur hinausliefen auf ein letztes Kapitel oder, als bewusste

Abweichung von der Regel, auf ein überzähliges Kapitel, die Nacht vor dem Einmarsch der sowjetischen Truppen in die Sozialistische Tschechoslowakei oder gerade jene Nacht, und die neuere berufliche Ausbildung von Gesine Cresspahl liess ihn folgern, dass diese Dame und diese Armee notwendig auf einander stossen würden in dieser Nacht. Wäre es ästhetisch zu verantworten: stellte er dem Verfasser vor: ein Erzählwerk abzuschliessen mit einem so welt- und personengeschichtlichen Donnerschlag?

Sein Kollege, der mit den »Jahrestagen« beauftragte, gestand eine verwandte Abneigung gegen dramatische Schlüsse, gegen Lautstärke überhaupt. Jedoch: fügte er hinzu: es habe eben zu dem gemeinsamen Plan gehört, die Wirklichkeit jenes Jahres 1967/68 in diese Auswahl aus dem Leben von Gesine Cresspahl aufzunehmen, wie sie gerade komme, auf die Gefahr hin, binnen eines Jahrzehnts dazustehen mit Kapiteln unfunktionell gewordener Tages- oder Zeitereignisse, wenn auch mit dem so gewonnenen Hinweis, mit welch belanglosem und belastendem Schutt eine Person des zwanzigsten Jahrhunderts sich abzugeben habe Tag für Tag. So hätten die Ermordung des Negerführers Martin Luther King und des Senators Robert F. Kennedy in der Erzählung akkreditiert werden müssen, eben wegen der Zerrüttung, die der erste Mord angerichtet habe in Heimatlichkeit New Yorks für Mrs. Cresspahl, die ihrer Tochter zugefügt wurde durch den Mord an »ihrem« Senator. In ähnlicher Treue zum Vertrag sei die Wirklichkeit anzuerkennen in Gestalt des 20. August 1968, dessen Jahrestag 1967 sich insofern keiner Zufälligkeit verdanke, als er erst nach mehr als vier Monaten Prüfung sich erwiesen habe als der Anfang der Erzählung, in die Mrs. Cresspahl und ihr

Autor hätten eintreten können im gleichen Schritt. Es sei nur technisch möglich, den Zyklus der »Jahrestage« zurückzudrehen, mechanisch wie eine Uhr, etwa auf den 13. August 1967 (die Uhrmacher aber drehen vorwärts); ohne die Zustimmung Mrs. Cresspahls sei diese Operation unmöglich.

Ob sie vielleicht: schlug der Kollege vor: ob Mrs. Cresspahl am Ende zu bereden sei, die Stadt New York aufzugeben und ihr Auskommen, etwa von Mai 1968 an, zu verdienen als Angestellte einer Bausparkasse in dem süddeutschen Orte Wüstenrot.

Nun war der Autor der »Jahrestage« in der Zeit weiter voran, als er mit Mrs. Cresspahl bereits gekommen war; ihm waren die Ereignisse des 20. August 1968 bekannt. Seiner Person G. C. hatten sie in einer Ahnung unbestimmt bleiben müssen. Er hätte ihr eine Anwesenheit im Prag jener Nacht gern erspart; er versprach, ihr die Alternative vorzuzeigen. Zu berichten allerdings hatte er dem wohlmeinenden Ratgeber von Mrs. Cresspahl allerhand Gebärden des Erstaunens und die Erkundigung »Wüstenrot«?

Der Ratgeber war ganz unerschöpflich in seinem Bemühen, den »Jahrestagen« ein Ende zu verschaffen, das der Reputation des realen Sozialismus weniger Abbruch täte, er liess Mrs. Cresspahl Lübeck vorschlagen als einen Wohnort.

– Ihr seid mir edle Indianer: sagte sie diesmal. – Lübeck, zwanzig Kilometer entfernt von Jerichow, einen Gedanken weit weg, das tägliche Heimweh soll ich mir zumuten lassen jeden Morgen, jede Nacht? Bist du bei Troste, Genosse Schriftsteller? Du selbst warst es, der mir geraten hat zu vier Semestern Nationalökonomie an der Columbia University von New York, und sauer genug ist es mich angekommen jeden Abend, mit einem sechsjährigen Kind ohne Aufsicht in einer Wohnung auf der Westseite! Bloss weil du mehr Sicherheit wünschtest für mich! All die Mühe, ob die wohl passend bezahlt wird von einer Kreissparkasse in Lübeck oder einem Sparverein in ... Rotenwüst? (So ärgerlich war sie.) Dir ist es gleich, wenn ich kündige bei de Rosny, ich aber komme auf die Schwarze Liste und finde keinen Job mehr von Küste zu Küste auf diesem Kontinent! Und glaubst du am Ende, ich rackere mich ab in dieser tschechoslowakischen Schwerarbeit für das Geld, das sie bringt? das ist mein letzter Versuch mit einer Reparatur am Sozialismus, mit deinem Wissen, deinem Einverständnis sogar! Seit wann ist es denn Sitte, dass ein Halbgott, ein leibhaftiger Vizepräsident hört auf eine Angestellte, die für ihn immer die ehemalige Fremdsprachenkorrespondentin bleiben wird, wundersam von ihm erhöht? Was, wenn sie sich erdreistet, die Menge Dollars anzuhalten, die er in Schwung gebracht hat in eigener Person? Denn geschmissen wär für ihn der Laden mit meinem Abgang, das wohl. Es wär aber auch gegen mein Versprechen, und noch von mir aus hätte er das Recht, sich fürchterlich zu rächen. Das willst du Marie antun, noch einmal Monat nach Monat ohne Arbeit und Geld? Das willst du tun, ihr die Stadt New York wegnehmen, die Heimat, und sie entschädigen mit Fremde noch einmal? Nimm das zurück, Genosse Schriftsteller!

Da er sie selbst gebracht hatte in eine Lage, von der aus sie geradezu gezwungen war zur Gegenwehr, bekam sie die Entschuldigung, auf der sie bestehen durfte, recht zum Verwundern des interessierten Kollegen, der noch anmerkte, er habe seine Personen in einer indirekten, nichtsdestotrotz einer wirksamen Kontrolle und sei

durchaus imstande, etwas ihnen Gegebenes ihnen auch wieder wegzunehmen.
Ja dann.
Ein anderer, und mehr tüchtiger Versuch, das Unternehmen »Jahrestage« wegzuführen von einem Schluss am 20. August in Prag, ja eine Beendigung der Arbeit überhaupt zu verhindern, lief so ab:
Dem Verfasser wird im Juni 1975, als er nach einem Umzug seine Arbeit wieder ausgepackt hat und ein Abschluss ernstlich in Aussicht steht, endlich eröffnet: sein Umgang mit den tschechoslowakischen Elementen des Buches sei durchaus weniger unabhängig und freihändig gewesen, als er zwar habe annehmen dürfen. Es gebe in der Tat eine Möglichkeit, seine berufliche Integrität in Frage zu stellen. Denn er habe bei den »Jahrestagen« sich helfen lassen von der Absolventin eines prager Semesters, die er für seine Frau bloss gehalten, für seine Mitarbeiterin bloss angesehen habe, wenn sie ihm den Inhalt des Wortes rosny in der tschechischen Sprache aufschlüsselte, ihn aus ihrer Erfahrung beriete in Sachen der Č.S.S.R., oder die Druckvorlage herstellte für den Satz: »Wenn ihr wissen wollt, was an Sozialismus möglich ist zu unseren Zeiten, lernt Tschechisch, Leute!« In Wahrheit sei sie seit dem Herbst 1961 in inniger Verbindung mit einem Vertrauten des S.T.B., des tschechoslowakischen Staatssicherheitsdienstes, der über fast anderthalb Jahrzehnt seine Information zog aus einer Standleitung von Kontakt und Treff und Korrespondenz. Die Leute vom S.T.B., als Gast die Genossen vom ostdeutschen S.S.D., hatten über ihre »Weggefährtin« erfahren können, was der Verfasser in einem Geheimnis gesichert wähnte, von Anfang der »Jahrestage« an.
Eine Beschädigung der Herzkranzgefässe war begleitet

von einer Beschädigung des Subjekts, das ich in der I. Vorlesung eingeführt habe als das Medium der schriftstellerischen Arbeit, als das Mittel einer Produktion. Es ist nur billig, dass jemand für seinen Mangel an Respekt für die Zustandsbeschreibung »writer's block«, die Schreibhemmung, zurechtgewiesen wurde mit der Erfahrung einer solchen Verfassung am eigenen Bewusstsein. Jemand in der Lage der Depression wird sich zur gewohnten Zeit an die Schreibmaschine setzen, sobald die Ärzte ihm das erlauben; erleben wird er eine umfassende Unfähigkeit, etwas zu Papier zu bringen, mit dem er sich wenden möchte an künftige Leser. Es ging hinaus über die Bestätigung der Erwartung, dass das tschechoslowakische und eine Unzahl weiterer Wortfelder blokkiert sein würden; es war ein ganz allgemeiner Mangel an Mut. Der Zweifel an Kurt Tucholskys Befund, Schreiben sei Kraftüberschuss, er verwandelte sich in tägliche Erfahrung. Am schlimmsten war das beständige Scheitern des Vorsatzes und des Wunsches zur Arbeit. Mrs. Cresspahl hatte abgesagt, und es dauerte wahrhaftig drei Jahre, ehe ich wenigstens das aufschreiben konnte:

Du bist im Schatten mit deinem Gewerbe, und mag den eine sozialistische Moral werfen ohne deine Schuld, und wehren werde ich mich gegen eine Unschuld, die uns allen schadet. Ich wäre befangen, wollte ich weiter besprechen mit Ihnen, was ich tue den täglichen Tag, darunter doch Sachen der Č.S.S.R. Dann will ich Mrs. Verwalter, ehemals Bürgerin der Tschechoslowakischen Republik, vor Ihnen beschützen. Sie soll ihre Ruhe behalten. Selbst Dimitri Weiszand, über den wir doch lachen, ist mir zu schade, dafür. Ich kann meins auch selber sagen. Wir verabschieden uns.

Ja. Es ist auf einige Jahre gelungen, mich abzubringen

von dem Weiterschreiben an diesem Buch. Das war einmal ein Begleitumstand.
Denn ihr habt etwas unterschätzt, Genossen, nämlich das Bedürfnis, die Verständigung mit Mrs. Cresspahl von neuem herzustellen, ohne Mithörer, Mitleser, Mitsprecher diesmal. Wenn einem daran liegt, wird er am Ende versuchen, sich im Alter von 44 Jahren das »Schreiben« wieder beizubringen, mit zwei Zeilen am Tag, fünf Zeilen in der Woche, aber nach drei Monaten eben siebzehn Seiten. Und wenn er danach sich einlässt auf etwas so Verwegenes wie »Frankfurter Vorlesungen« – Sie erinnern sich: kaum Poetik, aber Berufsberatung –, wird er auch zurückkehren zur Fertigstellung eines bloss unterbrochenen Auftrages.
Um Ihnen in diesen Vorlesungen eine Unterhaltung am Rande zu bieten, und dem Training zuliebe, habe ich im ausgearbeiteten Text bis auf anderthalb Ausnahmen einen Boykott ausgeübt gegen ein im Deutschen oft gebräuchliches Adverb, wegen der Weiterungen gegen andere Worte, die eine solche Enthaltsamkeit nach sich zieht. Jenes Adverb mochte noch so sich vordrängen, es mochte noch so jammern und barmen, ich habe es dürsten lassen und hungern. Wer von Ihnen es herausfindet und mir melden mag, mit einer Beschreibung des Suchverfahrens, kann einer Buchsendung sicher sein. Wer der erste ist, kann das Manu-, Copy-, Montier-, Klebe-, Typoskript dieser Vorlesungen geschenkt bekommen, sofern Sie einen Wert darauf legen.
Meine Damen und Herren, ich danke Ihnen für Ihre Aufmerksamkeit.

Verzeichnis der Abbildungen

Inhalt

edition suhrkamp. Neue Folge.

Als „nicht wegzudenkender Bestandteil des geistigen Lebens der Bundesrepublik Deutschland“ wurde die edition suhrkamp bezeichnet. Diese Funktion möchte auch die Neue Folge übernehmen. Auch sie möchte Strömungen widerspiegeln und Impulse für neue Entwicklungen geben, Chronik und Anregung sein, Widersprüche zeigen und Widersprüche provozieren. Sie möchte eine Reihe sein, in der der Alltag differenziert betrachtet wird, in der der Mensch der Gegenwart sich erkennt, in seinen Problemen und Ängsten, in seinen Möglichkeiten und seiner Hoffnung. Die edition suhrkamp möchte, mit einem Wort, Forum sein für eine lebendige Literatur.

1
Gertrud Leutenegger: Lebewohl, Gute Reise
Ein dramatisches Poem

2
Hans Georg Bulla: Weitergehen
Gedichte

edition suhrkamp. Neue Folge.

3
Von nun an: Neue deutsche Erzähler
Herausgegeben von Hans-Ulrich Müller-Schwefe

4
Franz Böni: Hospiz
Erzählung

5
Bodo Kirchhoff: Body-Building
Erzählung, Schauspiel, Essay

6
Thomas Bernhard: Die Billigesser

7
Sinclair: Der Fremde
Erzählung

8
Octavio Paz: Suche nach einer Mitte
Die großen Gedichte. Spanisch und Deutsch

9
Tove Ditlevsen: Sucht
Erinnerungen

edition suhrkamp. Neue Folge.

10

Hoffnung auf Frühling

Moderne chinesische Erzählungen

Band 1: 1919–1949

Hundert Blumen

Moderne chinesische Erzählungen

Band 2: 1949–1979

11

Paul Feyerabend: Erkenntnis für freie Menschen

Revidierte Ausgabe

12

Norbert Elias:

Der bürgerliche Künstler in der höfischen Gesellschaft

Am Beispiel Mozart

13

Stanisław Lem: Dialoge

14

Leo Löwenthal

Ein autobiographisches Gespräch mit Helmut Dubiel

edition suhrkamp. Neue Folge.

15
William G. Niederland:
Folgen der Verfolgung: Das Überlebenden-Syndrom

16
Politik der inneren Sicherheit
Hrsg.: Erhard Blankenburg

17
Der gerechte Krieg. *Christentum, Islam, Marxismus*

18
Darcy Ribeiro: Unterentwicklung, Kultur, Zivilisation
Essays

19
Uwe Johnson: Begleitumstände
Frankfurter Vorlesungen

20
Walter Benjamin: Moskauer Tagebuch
Vorwort von Gershom Scholem
Hrsg.: Gary Smith

21
Dieter Leisegang: Lauter letzte Worte
Gedichte und farbige Miniaturen

22
Renate Rubinstein:
Nichts zu verlieren und dennoch Angst
Vorwort von Norbert Elias

23
Hanna Krall:
Schneller als der liebe Gott
Vorwort von Willy Brandt

24
Roberto Calasso:
Die geheime Geschichte
des Senatspräsidenten
Dr. Daniel Paul Schreber

25
Nicolaus Bornhorn:
America oder Der Frühling der Dinge

26
Winfried Menninghaus:
Paul Celan. Magie der Form

27
Claude Lévi-Strauss: Mythos und Bedeutung

28
Der Neger vom Dienst. *Afrikanische Erzählungen*
Hrsg.: Rüdiger Jestel

edition suhrkamp. Neue Folge.

29
Rainer Malkowski: Das weiße Schloß
Erzählung

30
Roland Barthes: Leçon/Lektion

31
Das kontrollierte Chaos. Die Krise der Abrüstung

32
Die Museen des Wahnsinns und die Zukunft der Psychiatrie
Hrsg.: Manfred M. Wambach

33
Alejo Carpentier: Stegreif und Kunstgriff
Essays

34
Ernst Kris/Otto Kurz: Die Legende vom Künstler
Ein geschichtlicher Versuch

35
Horst Antes: Künstler machen Bücher
Hrsg.: Klaus Gallwitz